Eliezer Arantes da Costa

Gestão Estratégica
da Empresa que Temos
para a Empresa que Queremos

2ª edição

saraiva uni

ISBN 978-85-02-06188-0
85-02-06188-7

DADOS INTERNACIONAIS DE CATALOGAÇÃO NA PUBLICAÇÃO (CIP)
(CÂMARA BRASILEIRA DO LIVRO, SP, BRASIL)

2.ed.
Costa, Eliezer Arantes da
  Gestão estratégica : da empresa que temos para a empresa que queremos / Eliezer Arantes da Costa. – 2. ed. – São Paulo : Saraiva, 2007.

  Inclui bibliografia
  ISBN 978-85-02-06188-0
     85-02-06188-7

  1. Planejamento estratégico. I. Título.

06-4346   CDD-658.4012
                                          CDU-65.012.2

Copyright © Eliezer Arantes da Costa
2007 Editora Saraiva
Todos os direitos reservados.

2ª edição
1ª tiragem: 2007
2ª tiragem: 2008
3ª tiragem: 2008
4ª tiragem: 2009
5ª tiragem: 2010
6ª tiragem: 2011
7ª tiragem: 2011
8ª tiragem: 2012
9ª tiragem: 2013
10ª tiragem: 2014
11ª tiragem: 2015
12ª tiragem: 2017

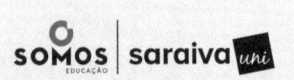

Av. das Nações Unidas, 7221, 1º Andar, Setor B
Pinheiros – São Paulo – SP – CEP: 05425-902

SAC   0800-0117875
De 2ª a 6ª, das 8h às 18h
www.editorasaraiva.com.br/contato

Presidente	Eduardo Mufarej
Vice-presidente	Claudio Lensing
Diretora editorial	Flávia Alves Bravin
Planejamento editorial	Rita de Cássia S. Puoço
Aquisições	Fernando Alves
	Julia D'Allevo
Editores	Ana Laura Valerio
	Ligia Maria Marques
	Thiago Fraga
Produtoras editoriais	Alline Garcia Bullara
	Amanda M. Loyola
	Daniela Nogueira Secondo
Suporte editorial	Juliana Bojczuk Fermino
Arte e produção	Know-how Editorial
Capa	Juliana M. Horie/Know-how Editorial
Impressão e acabamento	Edições loyola

351.236.002.012

Nenhuma parte desta publicação poderá ser reproduzida por qualquer meio ou forma sem a prévia autorização da Saraiva Educação. A violação dos direitos autorais é crime estabelecido na lei nº 9.610/98 e punido pelo artigo 184 do Código Penal.

EDITAR 12325   CL 650330   CAE 584750

Dedico esta obra, inicialmente, à minha esposa, Riitta, a meus filhos, Cristina, Carlos e Mônica (*in memoriam*), e a meus netos, Carolina e Eduardo, que sempre me serviram de inspiração.

Dedico também a todos os meus colegas de trabalho, companheiros de luta, amigos e parentes, que me estimularam e me apoiaram, em todos os sentidos, para a concretização deste sonho.

Espero, sinceramente, que os resultados deste esforço, agora já na segunda edição, com suas qualidades e deficiências, sejam úteis àqueles profissionais aos quais este livro foi especificamente dirigido:

- aos jovens idealistas, das novas gerações, que estão se preparando para ingressar em um mercado de trabalho cada vez mais exigente e turbulento;
- àqueles jovens dinâmicos que hoje estão assumindo maiores responsabilidades gerenciais, de chefia e de supervisão nas entidades das quais participam;
- aos meus dedicados e abnegados colegas professores, nos mais diversos cursos de administração, e de outras carreiras, tanto de graduação como de pós-graduação, que têm a difícil tarefa de formar os quadros de uma nova geração de empresários, empreendedores e líderes comunitários do futuro;
- aos líderes e dirigentes de empresas, de organizações, bem como de entidades sem fins lucrativos, que têm sob sua responsabilidade a incumbência de estabelecer, de maneira compartilhada, um propósito, uma visão e uma missão que façam sentido para o futuro das organizações que dirigem;
- aos meus colegas consultores, que poderão se beneficiar deste livro como um instrumento simples, claro, direto e prático, para orientar os negócios de seus clientes e para adequar suas estratégias corporativas e competitivas, com uma metodologia de eficácia comprovada neste conturbado ambiente em que estamos vivendo.

Agradecimentos

Agradeço a meus pais (*in memoriam*) Maximiana e João — conhecido como "seu Jango" — que, embora provavelmente nunca tenham ouvido ou usado a expressão *gestão estratégica*, ensinaram-me, com o seu viver íntegro e com suas palavras sábias, a importância dos valores e dos princípios para balizar as grandes escolhas da vida, tanto as pessoais e familiares quanto as empresariais.

Aos meus mentores Jorgen Elbrond, Igor Ansoff e Carlos Siffert, que abriram meus olhos para minha responsabilidade — como profissional e como acadêmico — de buscar formas de construir uma visão compartilhada do futuro das organizações, bem como da importância da uma escolha cuidadosa dos caminhos para atingi-la.

De forma especial, ao meu professor e orientador, Celso Bottura, da Universidade de Campinas (Unicamp), que me encaminhou e me estimulou para o estudo da teoria dos jogos como base para formulação das estratégias competitivas e cooperativas. Agradeço também aos professores Sergio Zaccarelli, da Universidade Cidade de São Paulo (Unicid), Adalberto Fischmann, da Faculdade de Economia, Administração e Contabilidade da Universidade de São Paulo (FEA-USP) e João Mauricio Boaventura, da Universidade Paulista (Unip), pelas excelentes sugestões recebidas e pelos incentivos e desafios de investigação acadêmica que me fizeram, cujos resultados de aprofundamento e reflexão estão, em parte, contemplados nos conteúdos da Parte VI deste livro.

Aos executivos e dirigentes das organizações às quais tive a honra de servir, pelas oportunidades que me propiciaram e pelas críticas e sugestões recebidas. Em especial, Anselmo Nakatami, da Furukawa brasileira, Adonias Silveira, do Mackenzie, Antoninho Marmo Trevisan, da Trevisan Consultores, Paulo Campos, da Unimed Campinas, e, mais recentemente, José Tadeu Jorge e Teresa Atvars, da Unicamp, Gerardo San Román, do Tecnológico de Monterrey — México, Hesio Maciel, do Mackenzie, Custodio Pereira, da Associação Santa Marcelina, e Oscar Alvim de Souza, do Hospital Santa Rita de Cássia, Vitória, ES.

Aos abnegados dirigentes de organizações sem fins lucrativos, aos quais devo muito e com os quais tive a satisfação de contribuir na busca de orientação e direcionamento estratégico para as atividades sociais e comunitárias das entidades pelas quais são responsáveis. Entre eles, destaco Custódio Pereira, da Associação Brasileira de Captação de Recursos (ABCR); Euclides de Oliveira, da Fundação Presbiteriana de Curitiba (FPC); Gilberto Celeti, da Aliança Pró-Evangelização das Crianças (APEC); Guilhermino Cunha e Wilson Lopes (*in memoriam*), da Igreja Presbiteriana do Brasil (IPB); Luiz César Araujo, da Igreja Cristã Evangélica do Brasil (ICEB); Paulo Cintra, da Associação Evangélica Beneficente (AEB); e Roberto Brasileiro, do Instituto Bíblico Eduardo Lane (IBEL) — entre tantos outros.

Aos amigos de caminhada, Adonias Araújo, Carlos Andrés, Celso Relvas, Cícero Martins, Cláudia Rosès, Clovis Queiroz, Edison Cunha, Joaquim Farinha, José Luiz Mendo, Michel Meles, Milton Freire, Pedro Ribeiro, Roberto Colombo e Wilson Santos, que me desafiaram e me apoiaram nesta aventura que foi a de escrever um livro prático, mas sem abrir mão dos conceitos, e ao mesmo tempo acadêmico, útil tanto para o ensino quanto para a orientação de dirigentes empresariais e de entidades sem fins lucrativos.

A alguns dos companheiros que participaram de meus cursos e workshops, alguns como alunos ou apoio, outros como assistentes ou multiplicadores, nas mais diversas ocasiões nas quais ministrei workshop de planejamento estratégico. Em especial, a Abdiel Neves, Adriana Leles, Antonio Biondan, Billy Lane, Claudimir da Silva, Clovis Franco (*in memoriam*), Cristina Wiik, Dario Cardoso, Eliel Hemerly, Euricles Cavalcante, Fernanda Guimarães, Fernando Carvalho, Flávio Rotter, Geraldo Silveira, Hothir Ferreira, Jane Pinto, Jared Toledo, Jefferson Dimbarre, João Guilherme Oliveira, José Carlos Rodrigues, José Roberto Cardoso, Juliano Neves Campos, Márcia Nubia, Marcos Azevedo, Mona Wiik, Pedro Ronzelli, Ricardo Agreste, Riitta Wiik, Roberto Avillez, Simoni Piragine, Silvia D'Ávila, Solange Divino, Tarcisio Faustini e Valdir Cunha, entre outros, que cooperaram comigo das formas mais diversas, inclusive com boas sugestões e com boas dúvidas, nas iniciativas de aplicação da metodologia nos mais distintos tipos de organizações, empresas, entidades e situações.

Para a primeira edição, em especial, devo muito ao consultor Daniel Druwe Araújo, da Oliver Wight, que leu e releu os primeiros manuscritos, fazendo excelentes críticas, contribuições e sugestões sobre o texto, principalmente nos conceitos e nas referências bibliográficas. Agradeço especialmente aos colegas Joaquim Farinha e Pedro Ribeiro, que me convenceram a escrever este livro, entre outros projetos de trabalho que tinha em vista.

Agradeço ao Henrique Farinha, à Flávia Alves e a toda a equipe editorial da Saraiva, destacando-se Angela De Marco, Gisele Guerra e Karina Guimarães, pelos estímulos, sugestões, apoio e críticas e pelo esmero na finalização do trabalho. Quero destacar a excelente contribuição do artista Antonio Roberto Bresson, que criou a belíssima capa do livro, que muito valorizou o seu conteúdo.

Para o texto desta segunda edição, agradeço a Rita de Cássia da Silva, da Editora Saraiva, que muito me estimulou e apoiou. Agradeço também a contribuição especial do professor Celso Bottura, da Unicamp, do engenheiro Alberto Alerigi, ex-colega da Promon, pela parceria na redação do Capítulo 17, e do professor Ricardo Bernard, da Universidade Federal de Santa Catarina (UFSC), no Capítulo 18. Em especial, quero registrar o grande apoio e colaboração recebidos do professor Douglas de Almeida Ribeiro, da Universidade São Francisco (USF), no planejamento de todo o trabalho de revisão, na redação do Capítulo 19, na revisão da bibliografia e do glossário e em várias pesquisas bibliográficas sobre temas incluídos na segunda edição deste livro.

Finalmente, quero destacar e agradecer as preciosas sugestões, críticas e comentários de muitos professores e estudantes de Administração e de alguns leitores, que muito me têm honrado com o uso de meu livro em suas aulas e estudos; muitas de suas sugestões foram contempladas nesta segunda edição, na medida do possível, e muito contribuíram para o seu aprimoramento.

Entre eles, destaco as colaborações recebidas de Almir Mendes, Faculdade Cecap do Lago Norte (Cecap) e Faculdade do Maranhão (Facam), Brasília (DF); de Benilda Bezerra; de Carlos Cottas, F. I. Toledo, Araçatuba (SP); de Celso Gaseta, Centro Universitário Salesiano de São Paulo (Unisal), Americana (SP); de Douglas Cardoso, Instituto de Ensino Superior — Fundação Educacional Comunitária e Cultural (IES-Funcec), João Monlevade (MG); de Edenis de Oliveira, Centro Universitário Gammon, Lavras (MG); de Ednilson Zanini, União Organizacional Paulistana de Educação (Unopec), Indaiatuba (SP); de Ettore Brecciani, Pontifícia Universidade Católica, Campinas (SP); de Fernanda Valentim, Universidade de Brasília, Brasília (DF); de Fernando Schuler, Faculdade Santa Maria, Recife (PE); de Francisco Oliveira, PUC, Poços de Caldas (MG); de Jonas Virgílio, Motorola, Campinas (SP); de Jorge Menelau, Universidade Federal de Juiz de Fora (UFJF), Juiz de Fora (MG); de Laís da Silva, Faculdade Metodista Grambery, Juiz de Fora (MG); de Lenice Lima, Centro Universitário do Norte (Uninorte), Manaus (AM); de Leonam Guimarães, MBA-Poli/USP, São Paulo (SP); de Ricardo Baldissera, Escola Superior de Propaganda e Marketing (ESPM), Porto Alegre (RS); de Ricardo Nogueira, Universidade Federal do Amazonas (Ufam) e Uninorte, Manaus (AM); de Rogério Alves, Faculdade Salesiana Dom Bosco, Piracicaba (SP); de Valter Efting, Universidade do Sul de Santa Catarina (Unisul), Porto Alegre (RS); e de Viviane Oliveira. A todos, os meus mais profundos e sinceros agradecimentos.

Prefácio

"Não existe nada mais difícil de fazer, nada mais perigoso de conduzir, ou de êxito mais incerto do que tomar a iniciativa de introduzir uma nova ordem de coisas, porque a inovação tem inimigos em todos aqueles que se têm saído bem sob as condições antigas, e defensores não muito entusiásticos entre aqueles que poderiam sair-se bem na nova ordem das coisas."
(Maquiavel)

Ao nos conduzir nos meandros da gestão estratégica, o consultor Eliezer Arantes da Costa, professor da Trevisan Escola de Negócios, inicia sua reflexão pelos desafios e obstáculos à introdução de processos de inovação e mudanças tanto nas empresas como nas entidades do terceiro setor, em analogia ao que mostra a citação anterior, escrita por Maquiavel em seu famoso livro *O príncipe*, hoje ainda mais atual.

Com certeza, a resistência ao novo e ao desconhecido tem instigado executivos e consultores a persistirem em um enfoque sistemático e cada vez mais essencial na gestão das empresas e entidades do terceiro setor, para posicioná-las em seu ambiente de competição, garantindo o sucesso continuado.

Como empresários ou dirigentes, por vezes oscilamos entre o pragmatismo da administração orientada para resultados e um conceito abstrato denominado estratégia, que nos confronta e nos coloca em xeque perante o futuro.

Quantos de nós, freqüentemente, optamos por um *planejamento de longo prazo*, acreditando que o futuro pode ser previsto como uma projeção de crescimento ajustado sobre um passado conhecido? Estamos, nesse caso, olhando pelo espelho retrovisor.

No entanto, na gestão estratégica, o futuro não é visto como uma mera extrapolação do passado, mas por meio da análise de vários conceitos fundamentais: o propósito, o ambiente externo e a capacitação, conforme demonstrado pelo autor neste livro.

Por que, então, vacilamos quando somos confrontados com esses conceitos fundamentais?

A resposta está na reação natural, de pessoas e de organizações, de lutar contra uma perturbação da cultura e da estrutura de poder dentro da empresa ou entidade, em vez de enfrentar os desafios dados pelo ambiente externo.

Nos tempos atuais de turbulência de mercado, as empresas são impelidas a desenvolver uma capacidade maior de monitoramento e análise do ambiente, como um *radar* em constante varredura para detectar ameaças e oportunidades no seu mercado.

Se as perspectivas desse *radar* apontam para a conquista do mercado internacional por meio da exportação de produtos ou de *know-how*, a empresa deve enfrentar novos concorrentes e uma outra dinâmica de competição.

Seja na estratégia de diversificação no mercado doméstico, seja na internacionalização, não podemos prescindir da gestão estratégica como forma de nos antecipar aos desafios e de enfrentar as mudanças no ambiente de competição.

Este livro, com uma abordagem bastante objetiva, destina-se a leitores interessados na gestão prática e sistemática do processo de adaptação das empresas e entidades do terceiro setor a ambientes sujeitos a transformações constantes e, de forma bem didática, ensina como *pôr a mão na massa*.

Antoninho Marmo Trevisan

É presidente da Trevisan Consultoria e da Trevisan Editora Universitária e fundador da Trevisan Escola de Negócios.

É membro do Conselho de Desenvolvimento Econômico e Social da Presidência da República, da Academia Brasileira de Ciências Contábeis, da Academia Paulista de Contabilidade, e da Academia Nacional de Economia.

Possui vasta experiência profissional, como auditor e consultor de empresas, tanto no setor privado como no público, e como professor em algumas das universidades brasileiras.

É membro do Conselho Superior de Economia da Fiesp, do Conselho Superior do Movimento Brasil Competitivo, do Conselho Consultivo da Associação Brasileira de Analistas de Mercado de Capitais, entre outros.

Participa ativamente de diversas associações profissionais e instituições do terceiro setor, como o Instituto Ethos de Empresas e Responsabilidade Social, a Associação da Assistência à Criança Deficiente (AACD), e a Associação de Apoio ao Programa de Alfabetização Solidária.

É autor do livro **Empresários do Futuro** e tem mais de 300 artigos e trabalhos em revistas e jornais do Brasil e do exterior.

Apresentação da 2ª Edição

Durante um ano inteiro tivemos o privilégio de conviver, trocar idéias e aprender muito com o professor Eliezer Arantes da Costa. A pedra de toque dessa convivência, então partilhada com um grande número de professores e funcionários da Universidade Estadual de Campinas (Unicamp), foi o presente livro. Por mais de uma razão o livro tornou-se conhecido no círculo dos dirigentes e entre os profissionais de nível gerencial da instituição: primeiro, a Unicamp estava iniciando a implantação do seu programa de planejamento estratégico; segundo, a obra do professor Eliezer destacou-se entre outros excelentes livros sobre o assunto que tínhamos em mãos.

Fomos atraídos pela clareza da exposição, pela maneira como o autor organiza seus conceitos e desenvolve-os em uma linha de reflexão progressiva, tudo isso com o apoio de uma linguagem tão objetiva quanto estimulante. A convivência mostrou-nos que essas qualidades eram fruto não apenas da capacidade do autor de "ver" filosoficamente as estruturas organizacionais e as pessoas que as movem, mas também de sua experiência de quase três décadas como executivo em empresas e como consultor, professor e formulador de conceitos e técnicas no campo da gestão estratégica.

Naquela circunstância, o professor Eliezer via-se diante não da estrutura de uma empresa que vende produtos ou serviços, mas de uma instituição pública — uma universidade — cuja missão é criar e disseminar conhecimento novo, formar profissionais competentes, alimentar o debate de idéias e contribuir para o desenvolvimento da sociedade; uma instituição que, com menos de 1.800 professores, é uma organização de porte médio em termos estruturais — as maiores universidades brasileiras contam com 3 mil a 5 mil docentes —, mas que, não obstante, apresenta indicadores de produtividade que a têm colocado em plano de destaque na produção de ciência e tecnologia, ou seja, no topo do *ranking* nacional da produção *per capita* de artigos científicos, segundo os relatórios do Institute of Scientific Information (ISI), principal indexador internacional na área.

Manter essa dinâmica de trabalho e afastar todo e qualquer risco de anquilosamento futuro — possibilidade sempre existente na história das instituições complexas — requer uma atenção contínua de par com o desenvolvimento e a capilarização, por seus canais operacionais, de uma sólida cultura de planejamento e gestão capaz de adaptar-se aos cenários nunca estanques do ensino, da ciência e da tecnologia. De resto, uma universidade que tem a inovação entre suas prioridades acadêmicas não poderia deixar de buscar seu equivalente nos planos gerencial e administrativo.

Fica logo claro, já nas primeiras páginas deste livro, que a conceituação e a prática da gestão estratégica aqui propostas são um campo aberto a experimentações não dissociadas da cultura própria de cada instituição, seja pública, seja privada. O foco está mais no ser humano do que na estrutura. Cada entidade terá de fazer suas opções e aplicar conceitos e procedimentos adequados à maneira de sentir, de pensar e de tratar o futuro de suas organizações.

Ao se concentrar mais nos conceitos do que nos procedimentos, este livro amplia sua aplicabilidade e alcança uma ampla variedade de tipos de entidades e organizações, de empresas a escolas, de cooperativas a hospitais, do setor público ao terceiro setor. Na prática, toda organização humana com algum propósito social — e não somente aquelas que buscam gerar riqueza e distribuir lucros — precisa de uma visão clara do futuro a que aspira e da definição de meios consensuais para chegar lá. Este livro cumpre à perfeição sua finalidade de ajudar nessa tarefa.

Nesse sentido, a presente obra pode ser de grande utilidade para os que exercem responsabilidades gerenciais e de chefia, aos professores das áreas de Administração, de Economia e de outras carreiras, a consultores e aos jovens que se preparam para ingressar no mercado de trabalho. Ao estimular e orientar a reformulação de conceitos no interior das instituições, um livro como este se torna, ele próprio, um importante fato cultural, na medida em que, em círculos concêntricos, impulsiona o desenvolvimento da cultura de planejamento no país e de sua necessária continuidade, a gestão estratégica.

Por isso, é muito bem-vinda esta segunda edição de *Gestão estratégica*, um livro que, aprimorando-se, responde proativamente às experiências que provocou — acrescido, nesta edição, de novos conteúdos conceituais e práticos. Ao somar um novo e importante segmento temático às cinco partes que o compunham originalmente, o autor estende seu interesse a um universo ainda maior de leitores, permitindo a ampliação de seu campo de aplicação, como aos cursos de MBA, aos programas de pós-graduação em Administração e às demandas executivas em seus mais variados níveis.

José Tadeu Jorge

Foi reitor da Universidade Estadual de Campinas,
para o período 2005-2009, e reconduzido à reitoria para o período 2013-2017.
É professor titular na Faculdade de Engenharia Agrícola (Feagri). Graduou-se em
Engenharia de Alimentos na Unicamp (1975), onde também realizou mestrado
em Tecnologia de Alimentos (1977) e doutorado em Ciências de Alimentos (1981),
concentrando suas pesquisas na área de Tecnologia Pós-colheita, na qual estuda produtos
minimamente processados, armazenamento de produtos agrícolas e propriedades físicas
de materiais biológicos. Titulou-se professor livre-docente em 1992, professor adjunto
em 1995 e professor titular em 1996. Foi diretor da Feagri de 1987 a 1991, diretor-executivo
da Fundação de Desenvolvimento da Unicamp (Funcamp) de 1990 a 1992,
chefe de gabinete da Reitoria de 1992 a 1994 e pró-reitor de Desenvolvimento
Universitário de 1994 a 1998. De 1999 a 2002, foi diretor da Feagri,
e de 2002 a 2005 ocupou o cargo de vice-reitor da Unicamp,
à frente da Coordenadoria-geral da universidade.

Apresentação da 1ª Edição

Reconhecido como uma das maiores autoridades em Gestão Estratégica, um professor da London Business School, há muitos anos, confessava sentir certo desconforto quando tinha de dizer a matéria que lecionava.[1] A razão do embaraço? A falta de uma metodologia que proporcionasse por si mesma um alto grau de sucesso na Gestão Estratégica. Comentava ele, ao apresentar aos alunos casos de sucesso, que os mais perspicazes argumentavam que o sucesso do caso apoiava-se na sorte, na percepção de oportunidades e na capacidade de liderança de um executivo ou empreendedor e não na metodologia utilizada.

Apesar do alegado embaraço, ele continua sendo extremamente bem-sucedido como professor, autor e consultor nessa área. O Wall Street Journal recentemente o considerou como um dos pensadores de negócios mais influentes do mundo. Como os dele, centenas de livros têm sido publicados sobre Gestão Estratégica, demonstrando sua importância para a gestão empresarial, mas introduzindo certa confusão quanto ao que realmente funciona.

Maior facilidade existe em outras áreas de gestão, onde tem sido possível definir regras e processos de aceitação praticamente universal. Esse é o caso da Contabilidade, dos Sistemas de Qualidade e de algumas GMPs (boas práticas de manufatura).

Talvez o exemplo de maior sucesso seja a área de gerenciamento integrado de recursos, apesar da profusão de rótulos de mercado como ERP, SCM, e logística integrada. Não conheço nenhuma outra área de gestão tão ampla, tão complexa e, ao mesmo tempo, tão uniforme em seus conceitos e técnicas básicos. Isso chega ao ponto de as ferramentas de suporte apresentarem mais semelhanças do que distinções, a despeito dos esforços de diferenciação de cada provedor.

Analisando o sucesso da gestão integrada de recursos em chegar a uma definição bastante padronizada, encontro três pontos fundamentais:

1. como em todas as outras áreas, também na gestão integrada de recursos estão em jogo egos, vaidades e interesses comerciais. Os diferentes pontos de vista que surgem procuram provar que a nova proposta não apenas é melhor que as anteriores, como também que as exclui. Entretanto, gradualmente os pontos fortes das novas propostas integram-se com os pontos fortes das prá-

---

[1] Gary Hamel, International Management Symposium, London Business School, 11 nov. 1997. Conforme citado por Stuart Crainer em *The ultimate book of business gurus*, edição AMACOM 1998, p. 81.

ticas anteriores, formando um novo corpo de conhecimentos e práticas, mais completo e robusto. Assim ocorreu com a integração à gestão integrada de recursos do *Just-in-Time*, da Teoria das Restrições e da Qualidade Total, e assim progredimos na integração da Manufatura Enxuta (Lean), do Seis Sigmas, do CRM e de outras soluções;

2. embora cada empresa, consultor e provedor de *software* apresente nomes, telas e algumas funcionalidades diferentes, a essência dos conceitos e práticas comuns prevalece como um elemento de unificação;
3. a gestão integrada de recursos beneficia-se de um grau relativamente alto de determinismo — embora haja muito espaço para decisões gerenciais e até para a intuição, uma execução correta dos seus processos garantirá resultados adequados. Onde o determinismo é menor, como na gestão da demanda, a aceitação de conceitos e técnicas uniformes progride mais lentamente.

Voltando à Gestão Estratégica, essas três condições não ocorrem com a mesma intensidade. Cada novo autor de sucesso tem os seus anos de glória, ofuscando os precedentes e sendo ofuscado pelos seguintes. O charme do modismo leva empresas e entidades a reformular completamente sua abordagem da Gestão Estratégica, mesmo que essa nova abordagem não seja, mais uma vez, efetivamente operacionalizada. E a experiência tem demonstrado que a percepção e a liderança do executivo ou empreendedor prevalecem sobre a metodologia na determinação do sucesso.

O presente livro do consultor e professor Eliezer Costa vem contribuir para preencher uma lacuna importante na Gestão Estratégica.

Ao longo dos últimos 25 anos, o autor teve a oportunidade de pôr em prática, como executivo em diversas empresas e, posteriormente, como consultor e professor, as principais propostas de conceitos e técnicas de Gestão Estratégica, ressaltando-se seu trabalho direto com Igor Ansoff, um dos primeiros gurus dessa área. Sem ter o compromisso de defender uma abordagem única e original, mas tendo a responsabilidade de produzir resultados práticos, o autor ficou na posição ideal para aprender, testar, ensinar e incorporar o que de melhor se praticou e se pratica na área, fazendo adições conceituais e metodológicas aqui e ali.

Se, por um lado, o livro apóia-se em contribuições amplamente reconhecidas, por outro a integração dessas contribuições foi sendo refinada pela longa prática profissional do autor, e pela sua incansável procura do real sentido de cada conceito ou técnica. Essa capacidade tem sido especialmente enriquecedora em seus trabalhos com organizações sem fins lucrativos, bastante distintas das empresas que tipicamente servem de base para a literatura técnica sobre gestão. A diversidade de propósitos, condições de ambiente e culturas dessas instituições com as quais tem trabalhado tem sido um motivador e um teste da separação entre a forma e a essência.

Acima dos modismos e dos rótulos de mercado, o livro oferece uma visão do que comprovadamente funciona e do por que funciona.

Outra qualidade importante do livro é que a personalidade prática do autor leva-o não apenas a apresentar os conceitos e técnicas, mas a explicar como qualquer organização pode efetivamente utilizá-los para construir o seu sucesso. Assim, sem se propor a oferecer uma nova panacéia, o autor fornece roteiros, formatos, listas de verificação e dicas importantes para passar dos conceitos à prática imediata.

Por último, mas não menos importante, está a ênfase dada à palavra *gestão*. Uma falha grave e infelizmente generalizada é a limitação da Estratégia somente ao *planejamento*. Nas gavetas das empresas encontram-se excelentes *planos estratégicos*, muitos dos quais teriam produzido casos excelentes de sucesso — se tivessem sido colocados em prática de forma competente.

Observando o mercado verificamos o sucesso simultâneo de empresas com direções estratégicas até opostas. Da mesma forma (e infelizmente com maior freqüência), observamos fracassos simultâneos também apoiados em direções estratégicas variadas. Parece claro que não existe uma estratégia única para o sucesso em cada momento e em cada mercado. Estratégias diversas podem dar resultados igualmente aceitáveis. Mais do que a estratégia escolhida, parecem ser fatores determinantes do sucesso a coerência no detalhamento, a competência na implementação e a capacidade de mantê-la adequada à medida em que se aprende com as condições dinâmicas em que vive a organização.

Se, de um lado, o livro expõe a necessidade de tratar a implantação inicial da Gestão Estratégica como um projeto, por outro enfatiza a necessidade de operá-la como um processo, dinâmico, contínuo e autodidata. O autor cuidou de apropriadamente enfatizar esses dois aspectos críticos da Gestão Estratégica.

Com todas as qualidades deste livro, alguém poderia esperar que o desconforto do professor mencionado no início deste texto deixaria de existir. Infelizmente, não creio que haverá jamais uma receita de Gestão Estratégica que diminua a importância do discernimento das pessoas-chave nas organizações.

Entretanto, a aplicação da metodologia apresentada com certeza contribuirá significativamente para o sucesso da Gestão Estratégica. Diagnósticos, dados, análises, gerenciamento de mudanças, medição e aperfeiçoamento constantes, conforme recomendados e explicados na obra, compõem um processo capaz de instruir e testar o discernimento do executivo ou empreendedor e de monitorar a execução. Dessa forma, a organização estará capacitada a promover a efetividade e a tomar atitudes corretivas sempre que necessário.

Sentindo no dia-a-dia a grande carência das empresas e entidades com relação à Gestão Estratégica, é com muita alegria que saúdo o lançamento deste livro do prof. Eliezer que, com certeza, contribuirá para o sucesso de muitas organizações, tanto daquelas que atuam no mundo dos negócios, buscando lucros e retorno sobre os seus investimentos, como daquelas, sem fins lucrativos, com interesses mais comunitários e sociais, que operam no crescente terceiro setor.

Daniel Druwe Araujo

é Consultor em Gestão de Transformações e Processos, representante da LaMash Global nas Américas Central e do Sul, professor em cursos de pós-graduação, diretor da ABAI (Associação Brasileira de Administração Industrial), membro fundador da Association of Change Management Professionals, profissional certificado e instrutor autorizado pela APICS (The Association for Operations Management) e Facilitador pela LaMarsh Global.

Como profissional na indústria, desempenhou funções chave nas áreas de Marketing, Planejamento de Produção e de Materiais e em Sistemas de Informação.

Foi responsável pela implantação de profundas mudanças de cultura e de processos.

Como diretor da T2People - Transformation Through People, trabalha com grandes empresas nas Américas e Europa, especialmente na implantação de programas de Excelência em Negócios, Gestão de Mudanças e Liderança.

Sobre o Autor

Eliezer Arantes da Costa graduou-se em Engenharia Eletrônica pelo Instituto Tecnológico de Aeronáutica (ITA), em 1962, e concluiu o curso de Especialização em Pesquisa Operacional, pelo Instituto de Pesquisa da Marinha (IPqM), em 1965. Obteve o título de Mestre em Engenharia Elétrica, em 1979, e de Doutor em Engenharia Elétrica, em 2008, ambos pela Universidade Estadual de Campinas (UNICAMP).

Ocupou várias posições técnicas, gerencias e executivas na VALE (ex-Cia Vale do Rio Doce), de 1963 a 1974, e na Promon Engenharia, de 1975 a 1994.

Na Ex-CVRD, atuou em projetos de sistemas de sinalização ferroviária e em estudos de otimização do sistema mina-estrada-porto, utilizando técnicas de pesquisa operacional; na Promon Engenharia, ocupou posições gerenciais e de assessoria em sistemas de informação, planejamento estratégico, de sistemas da qualidade e de gestão de recursos humanos.

Desde 1995 tem atuado como consultor de empresas, pela FutureTrends (www.futuretrends.com.br), em implantação de projetos de planejamento estratégico, de gestão estratégica, de organização empresarial, de sistema da qualidade e de desenvolvimento de negócios, para empresas industriais, comerciais, educacionais, de serviços, hospitalares e para organizações sem fins lucrativos.

Entre as entidades e empresas com as quais trabalhou como consultor neste período, podemos citar o Mackenzie, a Unicamp, o Hospital Santa Rita de Cássia, Vitória-ES, a Associação Santa Marcelina, a Techint, a Sakata, a Furukawa e o Instituto Wilson Mello de Ortopedia e Traumatologia, entre outras.

Como professor convidado, tem ministrado a disciplina de Gestão Estratégica de Negócios em cursos de pós-graduação (MBA) para vários institutos e universidades, como o Centro Paulista de Economia da Saúde (CPES) da Universidade Federal de São Paulo (UNIFESP), a Universidade Presbiteriana Mackenzie (UPM), a Fundação Instituto de Administração (FIA) e a Trevisan Escola de Negócios.

É autor do livro *Estratégia e Dinâmica Competitiva*, Saraiva, 2009 (Anhanguera, PLT 2010), do tópico "Estratégica de Negócios em Saúde", no Guia de Economia e Gestão de Serviços de Saúde, Manole, 2010, e do livro *Gestão Estratégica Fácil*, Saraiva, 2012.

Eleito Sócio Honorário da SBPO - Sociedade Brasileira de Pesquisa Operacional, em 2009.

Eleito Membro da ABQ - Academia Brasileira da Qualidade, em 2012.

Um Pouco de História

Os fundamentos históricos, metodológicos e experimentais que resultaram no conteúdo deste livro, em suas duas primeiras edições, são apresentados, de forma resumida, a seguir.

Bases Históricas — A Vale do Rio Doce e a Promon

É claro que o assunto planejamento e estratégia remonta a milhares de anos, pois a arte da diplomacia e da guerra sempre foi a grande fonte de inspiração para os estrategistas. Mas, para mim, os primórdios do seu envolvimento com a temática de planejamento estratégico e de gestão estratégica originaram-se nos anos 1970, como profissional de uma conhecida empresa de engenharia brasileira, a Promon, na qual trabalhei de 1975 a 1994.

No entanto, antes disso, já nos anos 1960, eu tinha adquirido experiência com o desenvolvimento de modelos matemáticos e estatísticos aplicados à otimização do planejamento operacional do complexo mineração, transporte ferroviário e operações portuárias, por conta de suas atividades à frente do grupo de pesquisa operacional da gigante de mineração brasileira, a Companhia Vale do Rio Doce, na qual trabalhei de 1963 a 1974, sob orientação do consultor internacional Jorgen Elbrond. Aliás, foi como resultado desse esforço com temas de modelagem e de otimização de sistemas que logrei obter o título de mestre em Engenharia Elétrica, opção Automação, na Faculdade de Engenharia Elétrica da Unicamp, em 1979.

Como se sabe, porém, o enfoque pretensamente "objetivo" e quantitativo da pesquisa operacional, baseado na construção de modelos matemáticos, está bem longe da metodologia mais "subjetiva", mais qualitativa, usada em planejamento e gestão estratégica.

Na Promon, o meu primeiro contato com a matéria foi em 1976, por meio da convivência com Carlos Siffert, então diretor de Desenvolvimento da empresa, tendo como base o Plano de Desenvolvimento Promon (PDP), cobrindo o qüinqüênio 1975-1979, cuja elaboração foi coordenada por Carlos Siffert e Celso Relvas.

Como aprofundamento dos esforços da empresa para a implantação de novas metodologias de planejamento e gestão estratégica, foi tomada a decisão, em 1977, de implantar-se um projeto de gestão estratégica com apoio de consultoria externa, conduzida pelo próprio Igor Ansoff, considerado, já na época, uma das maiores autoridades mundiais nessa metodologia, por ele aprimorada e aplicada em várias empresas multinacionais.

O primeiro ciclo de planejamento estratégico da Promon com orientação de consultoria externa durou cerca de um ano. O consultor contratado, em várias viagens ao Brasil, apresentava os conceitos de estratégia aos quadros dirigentes e gerenciais da empresa e explicava a sua metodologia de trabalho. Nesses períodos de estada na empresa, doutor Ansoff avaliava e criticava os trabalhos que tinham sido deixados como tarefa nas visitas anteriores e enunciava novas tarefas para o próximo período, a serem elaboradas pelas várias equipes de trabalho montadas para essa finalidade. Na seqüência, os resultados dos vários exercícios foram compondo, passo a passo, as peças do plano estratégico da empresa. Depois desse primeiro ciclo, a empresa passou a adotar a rotina de ciclos anuais de revisão estratégica, com aperfeiçoamentos e aprofundamentos progressivos à medida que novos conceitos e exercícios iam sendo incorporados à metodologia.

O consultor Igor Ansoff fez, ainda, algumas visitas posteriores, para as reuniões de análises críticas da implantação da gestão estratégica na empresa e para indicar e recomendar aprofundamentos e melhorias. Foi nesse projeto que estive envolvido, sob orientação de Carlos Siffert: com dedicação integral ao planejamento estratégico, de 1977 a 1983, e, em tempo parcial, de 1984 a 1994, quando me aposentei na empresa.

Como Consultor e Professor

A partir de 1995, passei a atuar como consultor, trabalhando na Faen Consultoria, em parceria com Joaquim Farinha, Carlos Andrés e Pedro Ribeiro, ex-colegas da Promon, tendo a oportunidade de aplicar, em várias empresas, instituições e entidades do terceiro setor, os conhecimentos e as experiências adquiridos naquela empresa.

Progressivamente, a metodologia usada foi sendo adaptada aos diversos tipos de empresas e entidades com as quais me envolvi diretamente. Em 2001, foi criada a FutureTrends Consulting Ltda., como sucessora da Faen, por meio da qual tenho prestado serviços de consultoria para empresas tais como Furukawa, Companhia Vale do Rio Doce — em parceria com a Unisoma —, Instituto Presbiteriano Mackenzie, Unimed Campinas e vários clientes da Trevisan.

Em 2003, fui convidado pelos professores José Tadeu Jorge e Teresa Atvars para participar do processo de planejamento estratégico da Unicamp, assumindo a tarefa de preparar os quadros gerenciais daquela universidade para tal, utilizando basicamente a mesma metodologia de planejamento estratégico apresentada neste livro.

Consolidação Metodológica

Embora os conceitos fundamentais adquiridos nos contatos com Elbrond, Ansoff e Siffert tenham permanecido basicamente os mesmos, a metodologia por mim aplicada evoluiu substancialmente pela experiência pessoal e pelas contribuições de outros autores e, por que não dizer, dos contatos com os executivos das empresas e entidades com as quais trabalhei.

A variedade de tipo e de porte das empresas e entidades com as quais tenho trabalhado como consultor, a diversidade de seus serviços e negócios e os diferentes estilos gerenciais com os quais tive contato exigiram a adaptação de linguagem e o enriquecimento de exemplos, alternativas de abordagem e soluções para cada caso.

Nesses últimos anos, tive a oportunidade de me envolver em um exercício continuado de consultoria em planejamento e gestão estratégica em mais de 30 participações e intervenções em empresas, cooperativas, associações comunitárias e organizações sem fins lucrativos e até eclesiásticas aperfeiçoando, ampliando, modificando e adaptando às condições de cada uma aqueles métodos e conceitos iniciais.

Ao longo dessas experiências, foram sendo incorporados à metodologia os resultados de novas contribuições, por diversos outros autores da área, voltadas para técnicas, hoje consagradas, de dinâmica de grupos para a execução dos exercícios práticos em pequenas equipes rotativas, multiníveis e interfuncionais, entremeados com apresentações sumárias dos conceitos necessários ao entendimento da matéria e à execução dos exercícios em casos reais.

Vale ressaltar, ainda, a experiência como professor e instrutor da matéria em vários ambientes e situações, para formação de quadros gerenciais e de facilitadores de planejamento estratégico e, mais recentemente, como professor no curso de pós-graduação da Trevisan Escola de Negócios, no Centro Paulista de Economia da Saúde, da Escola Paulista de Medicina — Unifesp, no Seminário Presbiteriano do Sul e na Universidade Presbiteriana Mackenzie, além de vários cursos abertos e *in company*.

Em certo sentido, a primeira edição deste livro, em seis tiragens revistas e atualizadas, foi o resultado dessa longa caminhada, tanto dos problemas enfrentados na consultoria como, principalmente, das perguntas, dúvidas, críticas e sugestões dos participantes dos cursos que tive oportunidade de ministrar.

Esta presente edição, a segunda, já é o resultado dos aprofundamentos conceituais e metodológicos resultantes, sobretudo, de minhas pesquisas por conta do meu programa de doutorado (concluído em 2008), no Laboratório de Controle e Sistemas Inteligentes (LCSI) da Faculdade de Engenharia Elétrica e de Computação (FEEC) da Unicamp, sob orientação do professor Celso Bottura. Esta segunda edição tem o propósito de estender e ampliar o uso do livro, de modo a servir, também, como texto básico para cursos de pós-graduação, de MBA e de especialização em gestão estratégica, bem como para uso em cursos básicos e avançados abertos e *in company*.

Creio que a leitura desta obra também será de grande valor para executivos e gerentes às voltas com formulações de estratégias competitivas e cooperativas em situações de conflito de interesses no mundo dos negócios.

Roteiro do Livro

A primeira edição deste livro era composta de cinco partes, distribuídas em 16 capítulos, mantidos, nesta segunda edição, com a mesma estrutura básica, devidamente revistos e atualizados, para uso primordialmente em cursos de graduação em Administração de Empresas. Esta segunda edição adiciona uma sexta parte, com quatro novos capítulos, e está estruturada de forma a prover uma visão integrada, tanto prática quanto teórica, das matérias sobre estratégias organizacionais, iniciando pela motivação e conceituação, detendo-se na análise e completando-se com a formulação e implementação da gestão estratégica, bem como de um tópico de aprofundamento.

O livro começa com uma introdução, mostrando como lidar com as mudanças e os desafios dos novos tempos.

A Parte I, Motivação, apresenta argumentações que procuram sensibilizar, motivar e convencer o leitor a envolver-se com a temática do livro, visando a mostrar quão importante é o assunto para o futuro das organizações, tanto das empresas quanto das entidades sem fins lucrativos do terceiro setor. O Capítulo 1 apresenta motivações para a estratégia, e o Capítulo 2 descreve alguns desafios e dificuldades a serem vencidos para a implantação das transformações estratégicas nas organizações.

Na Parte II, Conceituação, composta dos Capítulos 3, 4 e 5, o leitor tomará conhecimento dos principais conceitos que embasam a construção da gestão estratégica. O Capítulo 3 descreve os conceitos básicos da estratégia, o Capítulo 4 apresenta os conceitos de gestão estratégica, e o Capítulo 5 procura descrever o que é e para que serve a chamada transformação estratégica das organizações.

A Parte III, Análise, abrange os Capítulos 6, 7, e 8 e tem como propósito descrever os principais instrumentos de análise do ambiente externo e interno da organização, a fim de fundamentar a construção das estratégias da empresa ou entidade sobre bases mais objetivas do que opinativas. O Capítulo 6 analisa o ambiente externo, e o Capítulo 7 mostra como se faz a análise da turbulência e da vulnerabilidade. O Capítulo 8 encerra a Parte III com uma análise do ambiente interno da instituição.

A Parte IV, Formulação, composta dos Capítulos 9 a 12, apresenta algumas técnicas e métodos usados para a elaboração dos vários blocos componentes do plano estratégico da organização. O Capítulo 9 mostra como se representa e se constrói o portfólio de uma organização, com base nas avaliações de atratividade e de competitividade, e o Capítulo 10 completa o assunto explicando como se formulam as estratégias de balanceamento do portfólio, considerando o aproveitamento das sinergias e a diversificação de riscos. O Capítulo 11 relata várias classes de estratégias que devem ser consideradas: estratégias competitivas, de diversificação, de alianças e parcerias, de expansão. O Capítulo 12 tem por objetivo mostrar como são identificadas as lacunas de capacitação da organização que, se não superadas, podem afetar negativamente a implantação das estratégias formuladas nos capítulos anteriores. Mostra também como se formulam os programas de capacitação, indicando meios de implementá-los com sucesso.

A Parte V, Implantação, formada pelos Capítulos 13 a 16, pretende passar ao leitor a experiência já acumulada sobre como transformar decisões estratégicas em ações práticas visando à implantação da gestão estratégica nas empresas e entidades. O Capítulo 13 estrutura o formato e o roteiro de um plano estratégico, e o Capítulo 14 apresenta a metodologia usada para a elaboração do plano estratégico e dos planos de ação. O Capítulo 15 descreve como se organiza e como se realiza um workshop de planejamento estratégico e explica como se acompanha a implantação dos resultados do workshop. O Capítulo 16 apresenta uma série de recomendações e cuidados que devem ser considerados para fazer que a implantação da gestão estratégica em uma organização seja bem-sucedida.

A Parte VI, Aprofundamento, adicionada nesta segunda edição, é composta dos Capítulos 17 a 20 e procura estender e aprofundar o uso do livro para os leitores, professores e estudantes que pretendam conhecer mais sobre a matéria e alçar vôos mais altos na temática de gestão estratégica. O Capítulo 17 faz uma apresentação da aplicação da Teoria dos Jogos na formulação de estratégias cooperativas e competitivas, bem como algumas indicações para técnicas de negociação. O Capítulo 18 trata do tema da simulação de empresas, apresentando os jogos de empresas como um recurso utilíssimo para a formação dos quadros gerenciais das organizações, capacitando-os em planejamento e em gestão estratégica. O Capítulo 19 exibe um arsenal de ferramentas e instrumentos úteis às empresas e às entidades que pretendem levar à frente a implementação de técnicas e métodos de gestão estratégica, em busca da excelência empresarial. Finalmente, o Capítulo 20 complementa o conteúdo do livro com alguns métodos e práticas para aquelas empresas e entidades que se decidirem a dar "mais um passo" na busca da excelência. Ele contém um *checklist* completo para diagnóstico estratégico, roteiros práticos de organização de um workshop de planejamento estratégico e um roteiro prático para elaboração de um projeto de planejamento estratégico. Trata também da aplicação da gestão estratégica a outros tipos de entidades e organizações, como as entidades do terceiro setor (ETS), os *clusters* (grupamentos empresariais integrados) e as cadeias produtivas integradas, bem como uma metodologia para formulação de cenários alternativos.

Nesta segunda edição, o leitor encontrará também um glossário, com uma conceituação dos termos técnicos mais importantes utilizados no livro, e uma bibliografia mais abrangente que a da edição anterior.

O esquema a seguir mostra um roteiro geral do livro, indicando as seis divisões e os 20 capítulos.

Legenda: Capítulos já estudados | Capítulo em estudo | Capítulos ainda não lidos

Introdução

Parte I — Motivação
1. Motivações para a Estratégia
2. Desafios para a Estratégia

Parte II — Conceituação
3. Conceitos Básicos de Estratégia
4. Gestão Estratégica
5. Transformação Estratégica

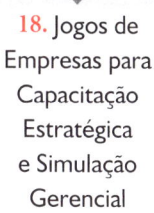

Parte III — Análise
6. Análise do Ambiente Externo
7. Análise da Turbulência e da Vulnerabilidade
8. Análise do Ambiente Interno

Parte IV — Formulação
9. Representação do Portfólio
10. Estratégias de Balanceamento do Portfólio
11. Formulação das Estratégias
12. Capacitação Estratégica

Parte V — Implantação
13. O Plano Estratégico
14. Metodologia do Planejamento Estratégico
15. *Workshop* de Planejamento Estratégico
16. Implantação da Gestão Estratégica

Parte VI — Aprofundamento
17. Formulação de Estratégias via Teoria dos Jogos
18. Jogos de Empresas para Capacitação Estratégica e Simulação Gerencial
19. Ferramentas para Planejamento e para Gestão Estratégica
20. Aplicações e Práticas da Gestão Estratégica

Sumário

Introdução — Como Lidar com as Mudanças e os Desafios dos Novos Tempos _____ 1

Parte I — Motivação

1 Motivações para a Estratégia _____ 7
- 1.1 Posturas Típicas em Relação ao Planejamento _____ 9
- 1.2 Atitudes Típicas em Relação ao Futuro _____ 10
    - 1.2.1 Atitude Tradicionalista _____ 10
    - 1.2.2 Atitude Pragmática _____ 11
    - 1.2.3 Atitude Estratégica _____ 12
- 1.3 O Mau Uso do Tempo _____ 13
- 1.4 A Mentalidade Estratégica _____ 14
    - 1.4.1 Mentalidade Imediatista _____ 15
    - 1.4.2 Mentalidade Operacional *Versus* Mentalidade Estratégica _____ 15
- 1.5 As Ferramentas Gerenciais Mais Utilizadas _____ 16

2 Desafios para a Estratégia _____ 19
- 2.1 Dificuldades de Percepção _____ 21
    - 2.1.1 Dificuldades de Percepção de Oportunidades _____ 21
    - 2.1.2 Dificuldades de Percepção de Riscos e Ameaças _____ 22
- 2.2 As Mudanças Estratégicas _____ 22
- 2.3 Obstáculos Culturais _____ 23
    - 2.3.1 Cultura Centenária _____ 24
    - 2.3.2 Cultura de Sucesso Garantido no Passado _____ 24
- 2.4 Obstáculos Organizacionais _____ 25
    - 2.4.1 Organizações Burocráticas _____ 25
    - 2.4.2 Organizações em Feudos _____ 26
- 2.5 Obstáculos Gerenciais _____ 27
    - 2.5.1 Administração Espasmódica _____ 27
    - 2.5.2 Ambiente de Aversão a Riscos _____ 27

Parte II — Conceituação

3 Conceitos Básicos de Estratégia _____ 33
    3.1 O Propósito da Organização _____ 35
        3.1.1 Visão, Missão, Abrangência _____ 35
    3.2 Princípios, Valores, Opção Estratégica _____ 38
        3.2.1 Princípios _____ 38
        3.2.2 Valores _____ 38
        3.2.3 Opção Estratégica _____ 39
    3.3 O Triângulo Estratégico _____ 40
        3.3.1 O Vértice do Propósito: o que Nós Queremos Ser? _____ 41
        3.3.2 O Vértice do Ambiente Externo: o que Nos É Permitido Fazer? _____ 41
        3.3.3 O Vértice da Capacitação: o que Nós Sabemos Fazer? _____ 42
        3.3.4 O Centro do Triângulo, as Estratégias: o que Nós Vamos Fazer? _____ 42
    3.4 Estratégias para a Construção do Futuro _____ 43
    3.5 Formulação das Estratégias _____ 45
        3.5.1 E se a Capacitação For Insuficiente para Atender a uma Estratégia Proposta? _____ 45
        3.5.2 E se o Ambiente For Desfavorável a uma Estratégia Proposta? _____ 46
        3.5.3 E se a Estratégia Proposta Conflitar com Algum dos Elementos do Propósito? _____ 47
        3.5.4 Riscos da Não-mudança _____ 48

4 Gestão Estratégica _____ 51
    4.1 Diagnóstico da Situação Estratégica _____ 53
    4.2 Prontidão Estratégica _____ 54
    4.3 Gestão Estratégica _____ 55
    4.4 Direcionamento Estratégico _____ 56
        4.4.1 Gestão da Estratégia Competitiva _____ 57
        4.4.2 Gestão Estratégica do Portfólio _____ 58
        4.4.3 Gestão da Flexibilidade e da Vulnerabilidade _____ 59
        4.4.4 Gestão Estratégica da Capacitação _____ 60
    4.5 Sistema de Vigilância Estratégica _____ 61

5 Transformação Estratégica _____ 65
    5.1 Fase Pioneira _____ 67
    5.2 Fase do Crescimento _____ 68
    5.3 Fase da Maturidade _____ 70
    5.4 Readequação Estratégica _____ 71
    5.5 Transformação Contínua _____ 72
        5.5.1 Vigilância Estratégica _____ 73
        5.5.2 Gestão Estratégica com Base nas Premissas e Cenários _____ 73

    5.5.3 O Sucesso Estratégico Conduzido pela Intuição dos Fundadores ___ *73*
    5.5.4 Conclusões e Recomendações ___ *74*

Parte III — Análise

6 Análise do Ambiente Externo ___ *79*
    6.1 Tendências e Descontinuidades ___ *81*
        6.1.1 Tendências ___ *82*
        6.1.2 Descontinuidades ___ *84*
        6.1.3 O Efeito Gatilho ___ *84*
    6.2 Catalisadores, Ofensores, Oportunidades e Ameaças ___ *85*
    6.3 Análise dos Concorrentes e da Concorrência ___ *87*
        6.3.1 Concorrentes Atuais ___ *88*
        6.3.2 Concorrentes Potenciais ___ *88*
    6.4 As Partes Interessadas (*Stakeholders*) ___ *89*
    6.5 Cenários ___ *91*
        6.5.1 Cenário ___ *92*
        6.5.2 Cenários Alternativos ___ *92*

7 Análise da Turbulência e da Vulnerabilidade ___ *95*
    7.1 Identificação dos Eventos Futuros ___ *97*
    7.2 Avaliação do *Timing* e das Probabilidades ___ *99*
    7.3 Avaliação dos Impactos ___ *100*
    7.4 Avaliação da Turbulência ___ *101*
    7.5 Avaliação da Vulnerabilidade ___ *104*

8 Análise do Ambiente Interno ___ *109*
    8.1 Auto-avaliação, uma Dificuldade Real ___ *111*
    8.2 Pontos Fortes, Pontos Fracos e Pontos a Melhorar ___ *113*
    8.3 Os 10-Ms do Autodiagnóstico ___ *114*
    8.4 O Gráfico-radar da Instituição ___ *118*
    8.5 Os Gráficos-radar das Áreas Críticas ___ *120*

Parte IV — Formulação

9 Representação do Portfólio ___ *127*
    9.1 Segmentação em Áreas Estratégicas ___ *129*
    9.2 Análise da Atratividade ___ *133*
    9.3 Fatores-chave de Escolha ___ *135*
    9.4 Análise da Competitividade ___ *137*
    9.5 Mapeamento dos Segmentos Estratégicos ___ *138*

9.5.1 Quadrante do Nascedouro _____ *140*
9.5.2 Quadrante das Estrelas _____ *140*
9.5.3 Quadrante das Vacas Leiteiras _____ *141*
9.5.4 Quadrante dos Cães de Estimação _____ *143*
9.5.5 Ciclo de Vida das Áreas Estratégicas _____ *144*

10 Estratégias de Balanceamento do Portfólio _____ *147*

10.1 Estratégias Típicas para cada Quadrante _____ *149*
    10.1.1 Estratégias Típicas para as Áreas Nascedouro _____ *149*
    10.1.2 Estratégias Típicas para as Áreas Estrelas _____ *150*
    10.1.3 Estratégias Típicas para as Áreas Vacas Leiteiras _____ *152*
    10.1.4 Estratégias Típicas para as Áreas Cães de Estimação _____ *153*
    10.1.5 Decisões mais Importantes sobre o Portfólio _____ *154*
10.2 A Rotação do Portfólio _____ *155*
    10.2.1 O Ciclo Virtuoso _____ *155*
    10.2.2 O Ciclo Medíocre _____ *156*
    10.2.3 O Ciclo Malsucedido _____ *156*
    10.2.4 Considerações sobre os Três Ciclos _____ *157*
10.3 Recomendações para Balanceamento do Portfólio _____ *159*
10.4 A Sinergia no Portfólio _____ *161*
    10.4.1 Sinergia Positiva _____ *161*
    10.4.2 Sinergia Negativa _____ *163*
10.5 A Diversificação de Riscos no Portfólio _____ *163*

11 Formulação das Estratégias _____ *167*

11.1 Estratégias Competitivas _____ *169*
    11.1.1 Produtos ou Serviços como *Commodities* _____ *170*
    11.1.2 Produtos e Serviços Diferenciados _____ *170*
    11.1.3 Estratégias de Inovação Competitiva _____ *171*
    11.1.4 Estratégias Baseadas em Recursos (RBV) _____ *172*
11.2 Estratégias de Diversificação _____ *173*
    11.2.1 Estratégias de Diversificação Horizontal _____ *174*
    11.2.2 Estratégias de Diversificação Vertical _____ *175*
    11.2.3 Estratégias de Diversificação Diagonal _____ *175*
    11.2.4 Estratégia de Diversificação Ancorada nas Competências Essenciais _____ *176*
11.3 Estratégias de Alianças e Parcerias _____ *177*
    11.3.1 Motivações Básicas para Formar Alianças e Parcerias _____ *178*
    11.3.2 Cuidados nas Alianças e Parcerias _____ *178*
    11.3.3 Cuidados nas Subcontratações e Terceirizações _____ *179*
11.4 Estratégias de Expansão _____ *180*
11.5 Estratégias Corporativas Genéricas _____ *182*

12 Capacitação Estratégica _____ 187

- 12.1 A Capacitação Decorre das Estratégias _____ 189
    - 12.1.1 Concentração Exclusiva em Capacitação _____ 189
    - 12.1.2 Concentração Exclusiva nas Estratégias para Fora _____ 190
    - 12.1.3 Vínculo entre Estratégias e Capacitação _____ 190
- 12.2 Identificação das Lacunas de Capacitação _____ 190
    - 12.2.1 Identificação das Lacunas de Capacitação a partir das Estratégias _____ 191
    - 12.2.2 Classificando as Lacunas por Prioridade Decrescente _____ 192
    - 12.2.3 Classificando as Lacunas por Áreas Críticas de Capacitação _____ 194
- 12.3 As Áreas Críticas de Capacitação _____ 194
    - 12.3.1 Os 10-Ms do Autodiagnóstico _____ 194
    - 12.3.2 Grupamento por Linhas de Responsabilidade Gerencial _____ 194
    - 12.3.3 Organização por Processo _____ 196
    - 12.3.4 Conceito Clássico de Processo _____ 196
    - 12.3.5 Conceito Moderno de Processo _____ 197
- 12.4 Estratégias Corporativas de Capacitação _____ 198
    - 12.4.1 Como Priorizar as Lacunas de Capacitação? _____ 198
    - 12.4.2 A Matriz de Slack para Priorização das Lacunas da Manufatura _____ 199
- 12.5 Programas de Capacitação Estratégica _____ 200
    - 12.5.1 Capacitação Tratada como Projeto _____ 200
    - 12.5.2 Gestão Estratégica da Capacitação _____ 202

Parte V — Implantação

13 O Plano Estratégico _____ 207

- 13.1 A Formulação do Plano Estratégico _____ 209
    - 13.1.1 Objetivos e Metas _____ 209
    - 13.1.2 Roteiro do Plano Estratégico _____ 210
- 13.2 Plano para cada Área Estratégica _____ 214
- 13.3 Plano para as Áreas Estratégicas Corporativas _____ 216
- 13.4 Os Planos de Ação _____ 217
- 13.5 Programa de Implantação _____ 219
    - 13.5.1 Investimentos Estratégicos _____ 219
    - 13.5.2 Orçamento Estratégico _____ 222
    - 13.5.3 Cronograma de Implantação _____ 224

14 Metodologia de Planejamento Estratégico _____ 229

- 14.1 Bases Metodológicas _____ 231
    - 14.1.1 Conceitos Fundamentais _____ 231

- 14.1.2 Características da Metodologia Aplicada _____ 232
- 14.1.3 O Estilo do Trabalho _____ 232
- 14.1.4 O Enfoque Estratégico _____ 233
- 14.2 Etapas de Implantação _____ 233
  - 14.2.1 Etapa de Preparação _____ 234
  - 14.2.2 Etapa do *Workshop* _____ 234
  - 14.2.3 Etapa de Detalhamento _____ 235
  - 14.2.4 Etapa de Implantação _____ 235
  - 14.2.5 Etapa de Revisão _____ 235
  - 14.2.6 Algumas Considerações sobre as Dimensões do Gráfico _____ 236
- 14.3 A Seqüência W _____ 236
  - 14.3.1 Direcionamento e Alinhamento _____ 237
  - 14.3.2 Reflexões e Proposições _____ 239
  - 14.3.3 Decisão e Divulgação _____ 239
  - 14.3.4 Implementação e Acompanhamento _____ 240
- 14.4 Seqüência Conceitual e Cronograma-macro de Implantação _____ 241
- 14.5 Acompanhamento da Implantação Estratégica _____ 243
  - 14.5.1 O Ciclo Operacional _____ 244
  - 14.5.2 O Ciclo Estratégico _____ 245

15 Workshop de Planejamento Estratégico _____ 249

- 15.1 O Conceito do *Workshop* _____ 251
  - 15.1.1 Participantes do *Workshop* _____ 251
  - 15.1.2 O Facilitador e o Instrutor _____ 252
- 15.2 A Preparação do Workshop _____ 253
  - 15.2.1 Obtenção do Compromisso da Alta Administração _____ 254
  - 15.2.2 Escolha da Data _____ 255
  - 15.2.3 Escolha do Local _____ 255
  - 15.2.4 Convite e Convocação dos Participantes _____ 256
  - 15.2.5 Escolha do Facilitador e do Instrutor _____ 257
  - 15.2.6 Recursos de Infra-estrutura _____ 257
  - 15.2.7 Material de Leitura Prévia _____ 257
  - 15.2.8 Material Didático _____ 258
  - 15.2.9 Diagnósticos _____ 258
  - 15.2.10 Roteiro do *Workshop* _____ 259
- 15.3 O Funcionamento do *Workshop* _____ 259
  - 15.3.1 As Exposições Conceituais _____ 260
  - 15.3.2 Os Trabalhos em Equipe _____ 260
  - 15.3.3 A Montagem das Equipes _____ 261
  - 15.3.4 A Equipe de Síntese _____ 262

15.3.5 Os Trabalhos de Secretaria _____ 263
15.3.6 Os Serviços de Apoio _____ 263
15.4 Os Próximos Passos _____ 264
15.4.1 Providências para os Próximos Passos _____ 264
15.4.2 O Facilitador de Gestão Estratégica _____ 265
15.5 A Espiral PDCA de Ciclos Sucessivos _____ 265

16 Implantação da Gestão Estratégica _____ 271
16.1 Algumas Dificuldades Típicas nas Implantações _____ 273
16.1.1 Diagnóstico Inexistente ou Inadequado _____ 273
16.1.2 Foco no "Aqui e Agora" _____ 274
16.1.3 O "Fogo de Palha" e a Novidade do Mês _____ 274
16.1.4 Falta de Comprometimento da Alta e Média Gerência _____ 274
16.1.5 Mudanças Inesperadas Durante o Andamento do Processo _____ 275
16.1.6 Falta de Metodologia Adequada e Consensual _____ 276
16.1.7 Muita Análise, Pouca Síntese e Nenhuma Ação _____ 276
16.1.8 Falta de Flexibilidade no Processo _____ 276
16.1.9 Falta de Vinculação dos Investimentos com o Orçamento Operacional _____ 276
16.1.10 Falta de Comando para Implementação _____ 277
16.2 Implantação como um Projeto _____ 277
16.3 Como Escolher os Níveis de Melhoria _____ 279
16.3.1 Melhorias Contínuas _____ 280
16.3.2 Melhorias Drásticas _____ 280
16.3.3 Os Saltos Estratégicos e as Grandes Descontinuidades _____ 281
16.4 Impacto das Mudanças sobre a Vida das Pessoas _____ 282
16.4.1 Mudanças, Mudanças e mais Mudanças _____ 282
16.4.2 Oportunidades ou Ameaças? _____ 285
16.4.3 Atitudes Recomendáveis Durante o Processo _____ 286
16.5 Fatores-chave de Sucesso _____ 286
16.5.1 Fatores-chave de Sucesso na Implantação _____ 286
16.5.2 Fatores-chave na Gestão Estratégica _____ 287
16.5.3 Determinantes da Gestão Estratégica Efetiva _____ 287

Parte VI — Aprofundamento

17 Formulação de Estratégias via Teoria dos Jogos _____ 293
17.1 Alguns Conceitos da Teoria dos Jogos _____ 295
17.1.1 Aplicação do Conceito de Árvore de Decisão _____ 297
17.1.2 Jogos Discretos Finitos _____ 299
17.1.3 O Falso Dilema: "Cooperar ou Competir?" _____ 301

17.1.4 A Rede-de-valores da Empresa _____ *302*

17.1.5 Jogos Equilibrados e Jogos Hierárquicos _____ *303*

17.1.6 Os Subjogos _____ *304*

17.2 A Matriz de Jogos Estratégicos (MJE) _____ *304*

17.2.1 Posicionamento Estratégico _____ *305*

17.2.2 Posturas dos Jogadores _____ *305*

17.2.3 Pressupostos de Relação de Forças _____ *306*

17.2.4 A Matriz de Jogos Estratégicos _____ *307*

17.3 Os Seis Jogos Estratégicos na MJE _____ *308*

17.3.1 Jogos Estratégicos Retaliatórios: Estratégia Minimax _____ *309*

17.3.2 Jogos Estratégicos Cooperativos: Estratégia de Pareto _____ *310*

17.3.3 Jogos Competitivos: Estratégia de Nash _____ *311*

17.3.4 Jogos Hierárquicos: Estratégia de Stackelberg _____ *311*

17.3.5 Jogos Dominante-marginal _____ *312*

17.3.6 Jogos Paternalista-solidário _____ *313*

17.4 Como Escolher o Jogo Certo e Jogá-lo Corretamente _____ *314*

17.4.1 A Matriz da Eficácia Estratégica (MEE) _____ *314*

17.4.2 Como Decidir Qual Jogo Jogar _____ *315*

17.4.3 O Jogo de Cena Estratégico _____ *315*

17.4.4 A Dinâmica do Posicionamento Estratégico _____ *317*

17.4.5 Manobrabilidade, Flexibilidade e Polivalência Estratégica _____ *319*

17.5 Negociações Estratégicas Usando a Teoria dos Jogos _____ *319*

17.5.1 Negociação de Preço entre Comprador e Vendedor _____ *320*

17.5.2 Negociação para uma Possível Integração entre *Software* e *Hardware* para o Mercado _____ *321*

17.5.3 A Escolha da Estratégia Competitiva em Vendas Corporativas _____ *323*

17.6 Conclusões e Recomendações _____ *325*

18 Jogos de Empresas para Capacitação Estratégica e Simulação Gerencial _____ *329*

18.1 Caracterização dos Jogos Estratégicos _____ *331*

18.2 Definições de Jogos e de Simulação de Empresas _____ *332*

18.2.1 Jogos de Empresas ou Simulação de Empresas? _____ *332*

18.2.2 Simulação Empresarial _____ *333*

18.2.3 Simulação Gerencial _____ *334*

18.3 Tipologias das Simulações Gerenciais _____ *334*

18.3.1 Quanto à Abrangência do Problema Gerencial _____ *334*

18.3.2 Quanto aos Objetivos Gerenciais _____ *335*

18.3.3 Quanto à Interação das Equipes _____ *335*

18.3.4 Quanto às Variáveis Envolvidas _____ *335*

18.3.5 Quanto ao Nível de Informatização _____ *336*

18.3.6 Quanto à Tomada de Decisão _____ *336*

18.4 O Uso do Método de Simulações Gerenciais para Capacitação Estratégica _____ *336*
    18.4.1 Dinâmica do Método _____ *337*
    18.4.2 Etapas de Aplicação do Método _____ *337*
    18.4.3 Uso de Sistemas de Apoio à Decisão (SAD) _____ *339*
    18.4.4 Avaliação dos Participantes _____ *341*
    18.4.5 Avaliação do Método _____ *342*
18.5 Exemplos de Utilização do Método _____ *344*
    18.5.1 Aplicações para Fins Educacionais _____ *344*
    18.5.2 Aplicações como Laboratório de Pesquisa _____ *346*

19 Ferramentas para Planejamento e para Gestão Estratégica _____ *349*

19.1 Sistemas e Ferramentas para Gestão Estratégica em Manufatura _____ *351*
    19.1.1 *Just-in-time*, Kanban e Manufatura Enxuta _____ *351*
    19.1.2 Teoria das Restrições (TOC) _____ *352*
    19.1.3 Métodos Quantitativos de Suporte à Decisão (OR/MS) _____ *353*
19.2 Ferramentas de TI para Planejamento e Gestão Estratégica _____ *354*
    19.2.1 Bancos de Dados Relacionais (DW e DM) _____ *354*
    19.2.2 Sistemas de Planejamento e Controle de Produção (MRP, MRP I, MRP II e ERP) _____ *355*
19.3 Gestão Estratégica da Qualidade _____ *356*
    19.3.1 Programa 5S _____ *357*
    19.3.2 Círculos da Qualidade (CCQ) _____ *357*
    19.3.3 Gestão da Qualidade — Normas ISO 9000, QS 9000 _____ *357*
    19.3.4 Qualidade na Gestão Ambiental — Norma ISO 14000 _____ *358*
    19.3.5 Gestão da Qualidade Total (TQM) _____ *358*
    19.3.6 Modelo de Excelência Gerencial da FNQ (MEG) _____ *359*
    19.3.7 Qualidade na Governança Corporativa _____ *360*
19.4 Monitoramento da Implantação da Gestão Estratégica (BSC) _____ *360*
    19.4.1 O Modelo BSC _____ *361*
    19.4.2 O Enfoque Financeiro _____ *362*
    19.4.3 O Enfoque no Cliente _____ *362*
    19.4.4 O Enfoque nos Processos Internos _____ *363*
    19.4.5 O Enfoque no Crescimento e no Aprendizado _____ *364*
    19.4.6 Os Indicadores do BSC _____ *364*
19.5 Gestão Estratégica de Projetos _____ *365*
    19.5.1 Gestão das Premissas _____ *365*
    19.5.2 Gestão da Integração _____ *366*
    19.5.3 Gestão do Escopo _____ *366*
    19.5.4 Gestão do Tempo _____ *366*
    19.5.5 Gestão do Custo _____ *368*

  19.5.6 Gestão da Qualidade _____ 368

  19.5.7 Gestão dos Recursos Humanos _____ 368

  19.5.8 Gestão das Comunicações _____ 369

  19.5.9 Gestão dos Riscos _____ 369

  19.5.10 Gestão das Aquisições _____ 370

20 Aplicações e Práticas da Gestão Estratégica _____ 373

 20.1 As Sete Dimensões do Diagnóstico Estratégico _____ 375

  20.1.1 Diagnóstico da Situação Estratégica _____ 375

  20.1.2 Diagnóstico da Prontidão Estratégica _____ 376

  20.1.3 Diagnóstico da Estratégia Competitiva _____ 377

  20.1.4 Diagnóstico da Estratégia do Portfólio _____ 377

  20.1.5 Diagnóstico da Capacitação Estratégica _____ 378

  20.1.6 Diagnóstico da Flexibilidade e da Vulnerabilidade _____ 379

  20.1.7 Diagnóstico da Vigilância Estratégica _____ 379

 20.2 Como Organizar e Conduzir um *Workshop* de Planejamento Estratégico _____ 380

  20.2.1 Recomendações ao Facilitador _____ 380

  20.2.2 Recomendações ao Instrutor _____ 382

 20.3 Roteiro para Elaboração de um Projeto de Planejamento Estratégico _____ 383

  20.3.1 Descrição do Empreendimento _____ 384

  20.3.2 Visão do Empreendimento _____ 385

  20.3.3 Missão e Abrangência do Empreendimento _____ 385

  20.3.4 Princípios e Valores do Empreendimento _____ 385

  20.3.5 Análise do Ambiente Externo _____ 386

  20.3.6 Análise do Ambiente Interno _____ 386

  20.3.7 Segmentação do Mercado em Áreas Estratégicas _____ 387

  20.3.8 Análise e Balanceamento do Portfólio _____ 387

  20.3.9 Estratégias Competitivas _____ 387

  20.3.10 Estratégias Corporativas _____ 388

  20.3.11 Estratégias Funcionais e Planos de Capacitação _____ 388

  20.3.12 Objetivos e Metas _____ 389

  20.3.13 Planos de Ação _____ 389

  20.3.14 Investimentos Estratégicos _____ 390

  20.3.15 Orçamento Estratégico _____ 390

  20.3.16 Cronograma-macro de Implantação _____ 390

 20.4 Aplicação da Gestão Estratégica para Outros Tipos de Entidades e Organizações _____ 390

  20.4.1 As Entidades do Terceiro Setor (ETS) _____ 391

  20.4.2 Os *Clusters* _____ 393

  20.4.3 As Cadeias Produtivas Integradas _____ 397

20.5 Formulação de Cenários Alternativos para o Planejamento Estratégico _____ *398*

    20.5.1 A Importância dos Cenários sobre o Planejamento Estratégico _____ *398*

    20.5.2 O Foco para Desenvolvimento de Cenários _____ *398*

    20.5.3 As Grandes Forças que Modelam o Futuro _____ *399*

    20.5.4 A Construção dos Quatro Cenários Alternativos (QCA) _____ *399*

    20.5.5 O Uso dos Quatro Cenários Alternativos para o Planejamento Estratégico _____ *401*

    20.5.6 Estratégias Roleta-russa e Estratégias Robustas _____ *401*

    20.5.7 Sinais Anticipadores na Vigilância Estratégica _____ *402*

Referências _____ *405*

Índice Remissivo _____ *411*

Mapa do *Site* do Livro

Convidamos os nossos leitores, professores e estudantes a visitarem o *site* do livro, no endereço www.editorasaraiva.com.br, no qual poderão encontrar material complementar e de apoio ao estudo deste livro e à aplicação prática dos conceitos e da metodologia apresentada.

O *site* do livro foi grupado em três grandes categorias:
- √ páginas de apresentação do livro;
- √ arquivos cujo acesso é reservado a alunos e a leitores que se cadastrarem;
- √ arquivos cujo acesso é reservado a professores da matéria, devidamente cadastrados como tais.

Os materiais podem ser encontrados nas páginas do *site*, conforme apresentados a seguir:

Páginas de apresentação do livro:

√ O livro	Apresentação
√ Sumário	Sumário do livro
√ Sobre o autor	Currículo do autor

Arquivos reservados a alunos e leitores:

√ Guia de estudos — FAQ	Entrevista — Perguntas mais freqüentes
√ Textos adicionais	Glossário de gestão estratégica [Port+Esp][1]
√ Guia de estudos — Questões	Diagnóstico estratégico [Port+Esp]
√ Casos	Estudo de caso — Projeto Amazonic
√ Guia de leitura — Textos explicativos	O poder da visão, Joel Barker
	Visão, missão, princípios e valores — 100 exemplos de entidades brasileiras
	"Seis regras para um casamento feliz... uh, parceria", por Rosabeth Moss Kanter
√ *Slides*	Visão panorâmica da gestão estratégica
√ Questões extras	Exercícios de planejamento estratégico [Port+Esp]
	Como usar a matriz de Slack para priorização das lacunas estratégicas
√ Suplementos	A — Preparação de um workshop de planejamento
	A1 — Recomendações aos instrutores e facilitadores
	A2 — Diagnóstico estratégico
	A3 — Níveis de intervenção estratégica

---

[1] Arquivos com versões em português e espanhol.

A4 — Sugestão de roteiros para um workshop
B — Condução de um workshop de planejamento
B1 — Instruções para os trabalhos em equipes
B2 — Instruções para montagem das equipes
B3 — Equipamentos e materiais de apoio para o workshop
B4 — Enunciado dos exercícios de planejamento estratégico
C — Implantação dos projetos estratégicos
C1 — Critérios para escolha dos projetos estratégicos
C2 — Instruções para elaboração dos projetos estratégicos
C3 — Ciclos de revisão estratégica
C4 — Modelos de planos estratégicos

Arquivos de acesso exclusivo a professores[2]:

√ Banco de testes	Banco de testes para elaboração de provas
√ Transparências	Transparências para aulas [Port+Esp]
√ Notas de caso	Instruções para o caso Projeto Amazonic

O *site* do livro é um repositório dinâmico de informações, que será atualizado continuamente, à medida que novos elementos práticos e teóricos sejam adicionados à metodologia adotada.

---

[2] Os professores devidamente cadastrados podem, também, acessar o material disponível para alunos e leitores.

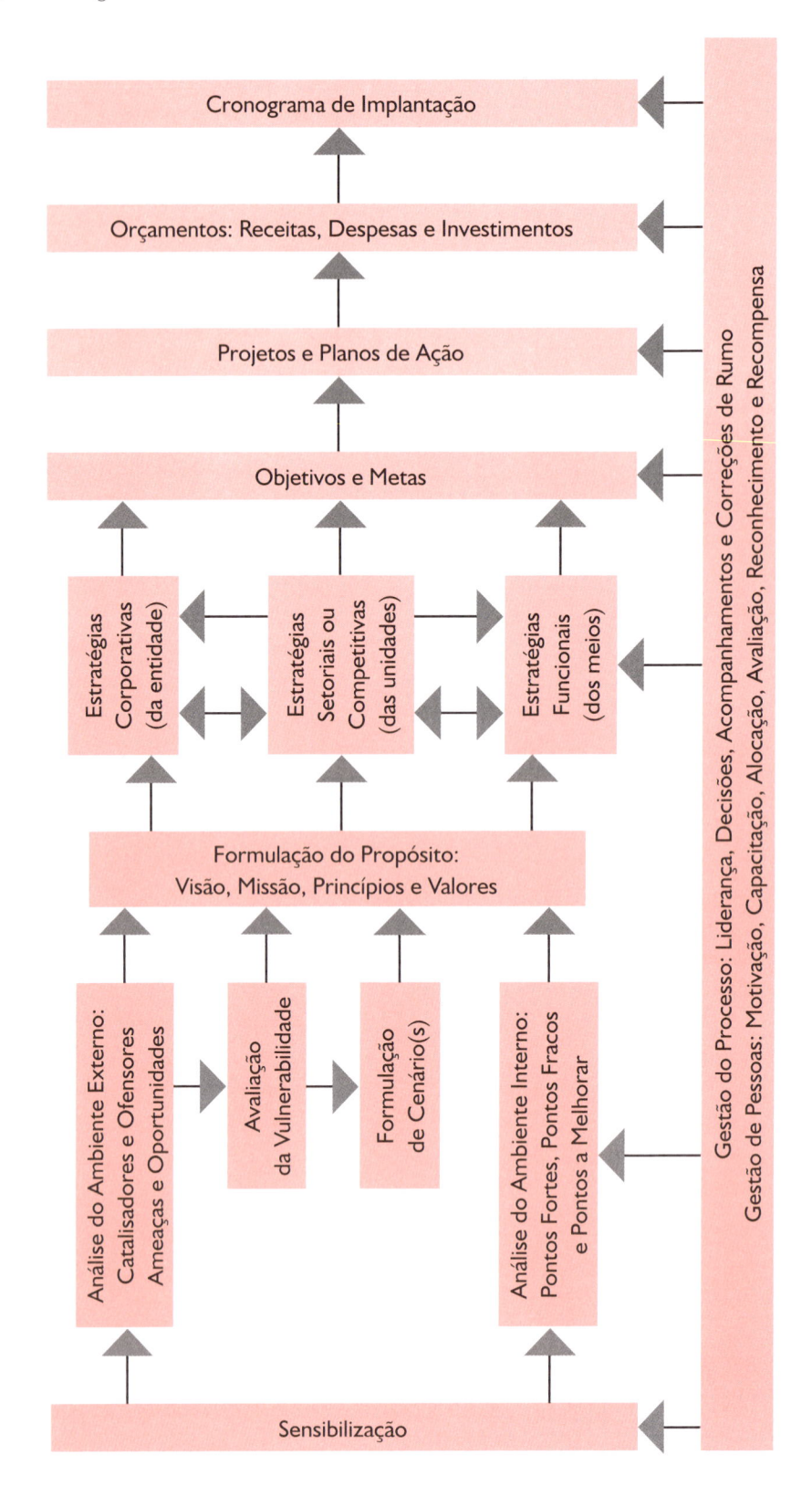

Visão Geral do Processo de Planejamento Estratégico

- Cronograma de Implantação
- Orçamentos: Receitas, Despesas e Investimentos
- Projetos e Planos de Ação
- Objetivos e Metas
  - Estratégias Corporativas (da entidade)
  - Estratégias Setoriais ou Competitivas (das unidades)
  - Estratégias Funcionais (dos meios)
- Formulação do Propósito: Visão, Missão, Princípios e Valores
  - Análise do Ambiente Externo: Catalisadores e Ofensores Ameaças e Oportunidades
  - Avaliação da Vulnerabilidade
  - Formulação de Cenário(s)
  - Análise do Ambiente Interno: Pontos Fortes, Pontos Fracos e Pontos a Melhorar
- Sensibilização

Gestão do Processo: Liderança, Decisões, Acompanhamentos e Correções de Rumo

Gestão de Pessoas: Motivação, Capacitação, Alocação, Avaliação, Reconhecimento e Recompensa

Introdução

Como Lidar com as Mudanças e os Desafios dos Novos Tempos

Nos tempos atuais, em que grandes mudanças ocorrem rapidamente em todos os ambientes — local, nacional e internacional —, novas ondas, tendências e mesmo descontinuidades estão tirando o sono dos nossos dirigentes, executivos, gerentes e responsáveis por empresas e organizações sem fins lucrativos. Fala-se muito de temas aparentemente novos, como planejamento estratégico, responsabilidade social, administração estratégica, ameaças estratégicas, alianças estratégicas e ações estratégicas... Mas, trocando em miúdos, como se poderia resumir, para não iniciados em administração, esses novos conceitos?

Talvez começando por descrever a **gestão estratégica** como um processo de transformação organizacional voltado para o futuro, liderado, conduzido e executado pela mais alta administração da entidade, com a colaboração da média gerência, dos supervisores, dos funcionários e demais colaboradores.

Esse processo deve ser levado a efeito sistematicamente, envolvendo, de forma integrada e harmônica, dirigentes, superintendentes, gerentes e supervisores. Seu objetivo principal é assegurar o crescimento, a continuidade e a sobrevivência da entidade a longo prazo.

Essas transformações estratégicas, inevitáveis, devem ser realizadas por meio da adequação contínua das estratégias da entidade, da sua capacitação e da sua estrutura e infra-estrutura física e logística, como conseqüência das mudanças, tendências e descontinuidades observadas ou previsíveis no ambiente externo à organização.

O processo de gestão estratégica passa, primeiro, por uma fase de diagnósticos, na qual se procuram detectar possíveis lacunas ou deficiências que, se não supridas ou corrigidas a tempo, podem comprometer o sucesso futuro da organização.

Aplica-se um exercício de reflexão estratégica, com a participação dos dirigentes e pessoas-chave da instituição, em que se formulam, em conjunto, respostas a questões como:

- √ Quais são as principais oportunidades e ameaças, atuais e futuras, para a nossa instituição?
- √ Que mudanças, tendências ou descontinuidades podem afetar, positiva ou negativamente, o sucesso das nossas atividades?

- √ Quais são os nossos pontos fortes? E os nossos pontos fracos? E os nossos pontos a melhorar?
- √ Qual é a nossa visão para o futuro da entidade? E a sua razão de ser, sua missão? Essas idéias são compartilhadas por todos?
- √ Quais são os princípios e valores fundamentais dos quais não estamos dispostos a renunciar, aconteça o que acontecer? Eles são compartilhados e vividos por todos?

Como resultado dessas reflexões sobre sua vocação, seus negócios e suas atividades, a instituição deve, inicialmente, questionar e resolver o seu trilema estratégico, conforme veremos adiante. Isso implica, às vezes, uma difícil opção entre concentrar todas as energias para se transformar em uma entidade dedicada à busca da excelência no fornecimento de produtos e serviços de ponta, ou à busca contínua da excelência operacional, ou à busca da excelência no relacionamento e intimidade com os clientes.

A partir dessa opção inicial e dos resultados das reflexões anteriores, são estabelecidas as diretrizes, as grandes linhas de ação, os objetivos, metas e desafios, qualitativos e quantitativos, chegando até os planos de ação detalhados.

Essas diretrizes devem abranger os aspectos institucionais, comerciais, financeiros, tecnológicos, de informática, de capacitação e de motivação de recursos humanos da instituição. Também são elaborados um orçamento e um cronograma de longo prazo, incorporando receitas, custos, despesas e investimentos para especificar e quantificar as ações, o tempo e os recursos necessários para sua implantação.

Finalmente, são estabelecidas as condições e as formas de acompanhamento estratégico para garantir que idéias, metas e programas de ação passem do plano das idéias, desejos e boas intenções para o de ações práticas e objetivas, que necessitam ser implantadas, avaliadas e acompanhadas.

Se as ações planejadas mostrarem-se desatualizadas com as novas realidades dos ambientes externos ou internos à instituição, devem ser revistas e alteradas de forma a produzir os efeitos desejados na fase de planejamento. O acompanhamento estratégico também fornece informações úteis para cada novo ciclo do planejamento.

Este livro trata desses assuntos e conceitos, bem como da metodologia para administrá-los, com ênfase na implementação e no acompanhamento, apresentando uma discussão de como acompanhar a execução e os resultados e de como tratar eventuais desvios verificados tanto no desempenho da execução quanto nas condições assumidas para o plano.

A ênfase é dada para a gestão estratégica, como um processo contínuo, em contraposição à ênfase costumeira aplicada apenas nas análises e na formulação de boas estratégias e planos de implantação.

O acompanhamento, as medições, as habilidades para interpretação dos progressos, a disciplina para manutenção do foco e a sabedoria da recalibração do plano, sem perder o rumo, são, provavelmente, os maiores desafios estratégicos nas organizações de hoje.

São características como essas que vão fazer a diferença entre uma empresa de sucesso continuado e sustentado e as demais.

* * * * * *

Embora não pensemos muito neste assunto, o fato é que nós passamos e as organizações ficam. E a nossa responsabilidade indelegável é deixar, para os que vão nos suceder, uma instituição saudável e com um futuro claro e delineado.

Este livro materializa o resultado das minhas experiências de campo em intervenções de diagnóstico estratégico, de planejamento estratégico e de acompanhamento e gestão estratégica, propondo fornecer os subsídios para o cumprimento desse grande mister.

Na página XL, ilustramos, de maneira auto-explicativa, a Visão Geral do Processo de Planejamento Estratégico adotado neste livro.

Informamos aos leitores que as figuras, as tabelas, os quadros e os gráficos apresentados no decorrer do livro e que não especificam a fonte de onde foram retirados foram elaborados pelo próprio autor.

I

Motivação

✓ **Capítulo 1**

Motivações para a Estratégia

✓ **Capítulo 2**

Desafios para a Estratégia

1
Motivações para a Estratégia

Tópicos

- Posturas Típicas em Relação ao Planejamento •
- Atitudes Típicas em Relação ao Futuro •
- O Mau Uso do Tempo •
- A Mentalidade Estratégica •
- As Ferramentas Gerenciais Mais Utilizadas •

Apresentação

Neste capítulo, nossa intenção é mostrar como os dirigentes percebem sua responsabilidade e comprometimento com a **construção do futuro** da sua empresa, assim como ressaltar a importância da **estratégia** nas agendas pessoais de cada membro da organização.

Começa-se descrevendo o comportamento não somente dos dirigentes, mas de todos os profissionais envolvidos no **planejamento organizacional**. Apresentam-se também estatísticas bastante interessantes que comprovam como os executivos, de modo geral, empregam mal o seu tempo no trabalho, direcionando suas ações e preocupações muito mais para as atividades internas, operacionais, administrativas e para o imediatismo, dedicando pouco (ou quase nenhum) tempo ao futuro da organização que dirigem.

Finalizando o capítulo, explana-se o resultado de uma análise extensa das ferramentas gerenciais mais utilizadas no mundo, o que comprova que o **planejamento estratégico** é trabalho praticamente obrigatório nas empresas competitivas de hoje.

Legenda: Capítulos já estudados — Capítulo em estudo — Capítulos ainda não lidos

Introdução

Parte I — Motivação
1. Motivações para a Estratégia
2. Desafios para a Estratégia

Parte II — Conceituação
3. Conceitos Básicos de Estratégia
4. Gestão Estratégica
5. Transformação Estratégica

Parte III — Análise
6. Análise do Ambiente Externo
7. Análise da Turbulência e da Vulnerabilidade
8. Análise do Ambiente Interno

Parte IV — Formulação
9. Representação do Portfólio
10. Estratégias de Balanceamento do Portfólio
11. Formulação das Estratégias
12. Capacitação Estratégica

Parte V — Implantação
13. O Plano Estratégico
14. Metodologia do Planejamento Estratégico
15. *Workshop* de Planejamento Estratégico
16. Implantação da Gestão Estratégica

Parte VI — Aprofundamento
17. Formulação de Estratégias via Teoria dos Jogos
18. Jogos de Empresas para Capacitação Estratégica e Simulação Gerencial
19. Ferramentas para Planejamento e para Gestão Estratégica
20. Aplicações e Práticas da Gestão Estratégica

1.1 Posturas Típicas em Relação ao Planejamento

Experimente perguntar a um executivo, a um empresário, a um dirigente de uma pequena empresa familiar, ou a um dirigente de uma organização não governamental sem fins lucrativos (ONG): "Como você percebe a visão do futuro de sua organização?". Nas conversas informais com a alta ou a média gerência de qualquer tipo de companhia, seja ela de pequeno, de médio ou mesmo de grande porte, quando se faz essa pergunta, as respostas variam de pessoa para pessoa e de organização para organização.

Cada profissional tem pensamentos, atitudes e comportamentos próprios quanto à sua responsabilidade em relação à visão de futuro de sua organização. Alguns simplesmente não aceitam nenhum planejamento de longo prazo. Para eles, o nosso País, as economias nacionais e a mundial mudam com tanta rapidez e de forma tão imprevisível que qualquer planejamento para a organização acaba ficando desatualizado e mesmo obsoleto no dia seguinte, ou até no mesmo dia; portanto, eles vão improvisando, sem se preocupar muito com o futuro.

Outros têm idéias próprias sobre o futuro da organização, mas que não são compartilhadas com os demais executivos ou dirigentes; por isso, preferem não levá-las para as reuniões, evitando serem mal interpretados pelos companheiros ou superiores, o que poderia causar atritos e conflitos "desnecessários".

Há, ainda, os que têm números e orçamentos, planejados mês a mês, para o ano seguinte, demonstrando a você que a organização pode crescer, penetrar em novos mercados, aumentar sua rentabilidade etc. Entretanto, não são capazes de estabelecer uma conexão entre esses números e o futuro no médio ou longo prazo para sua organização.

Existem também aqueles que acham o cotidiano da organização tão repleto de demandas e problemas que não encontram tempo nem disposição para refletir sobre o futuro.

Há até aqueles que são capazes de explanar, com riqueza de detalhes, as suas próprias idéias sobre como a organização deveria expandir as suas instalações físicas, as máquinas, os equipamentos, os produtos ou os serviços, porém não são capazes de explicar como os investimentos necessários para isso estariam ligados a resultados futuros, à sobrevivência ou, ainda, ao crescimento da organização. Pergunta-se, assim:

> Qual deles tem uma atitude positiva, correta e construtiva em relação ao futuro da organização?

A resposta: infelizmente, nenhum deles.

Esses comportamentos indicam a falta de um processo efetivo, sistemático e consensual que envolva todos os profissionais e incentive-os a planejar e a construir um futuro para a organização. Então, surge uma nova pergunta:

> Por que isso acontece? Por que as pessoas, de modo geral, encontram motivos até convincentes para não encarar a questão fundamental, que é a de procurar fazer um planejamento para a sua organização?

A resposta, talvez, não seja tão simples e remete a uma questão básica de como as pessoas, organizações e até países percebem o futuro. A primeira razão para esse tipo de comportamento em relação ao futuro deve-se, geralmente, a uma reação psicológica negativa decorrente, na maioria das vezes, de um certo "medo do desconhecido", que faz as pessoas evitarem essas questões.

Outra razão comum decorre de dificuldades reais e intrínsecas ao processo de explorar o futuro, tentando avaliar o que o desconhecido lhes reserva.

Existe também certa acomodação, própria de pessoas ditas "pragmáticas", para as quais o que interessa é o presente. Para elas, o destino decide o futuro — como costumam dizer, "o futuro a Deus pertence...".

Como veremos neste livro, a dúvida entre planejar e não planejar, queiramos ou não, é um falso dilema. As próximas seções ajudarão a esclarecer o porquê.

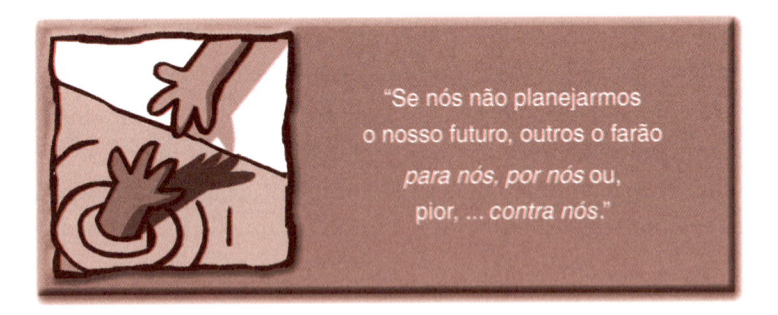

> "Se nós não planejarmos o nosso futuro, outros o farão *para nós, por nós* ou, pior, ... *contra nós*."

1.2 Atitudes Típicas em Relação ao Futuro

Podemos notar que as atitudes em relação ao presente e ao futuro variam muito de pessoa para pessoa, conforme mencionamos. Algumas dessas atitudes típicas são abordadas a seguir.

1.2.1 Atitude Tradicionalista

Muitos profissionais, até mesmo dirigentes de organizações de alto prestígio, vivem o cotidiano baseados em fatos e eventos ocorridos no passado, às vezes até remoto. Para eles, o que ocorreu ontem é o que condiciona o hoje. E é do passado, vitorioso ou problemático, que essas pessoas tiram as experiências para tomada de decisões sobre *por quê*, *o quê*, *como* e *quando* fazer as coisas.

Os dirigentes dessas organizações vivem seu cotidiano aplicando no presente o que deu certo no passado, ou evitando aquilo que deu errado. Para eles, as experiências adquiridas servem para delinear tanto o presente quanto o futuro. Entretanto, do ponto de vista estratégico, o que passou pouco contribui para o que pode acontecer, no futuro de nossas organizações.

Essa atitude está ilustrada na Figura 1.1.

Figura 1.1   Atitude Tradicionalista

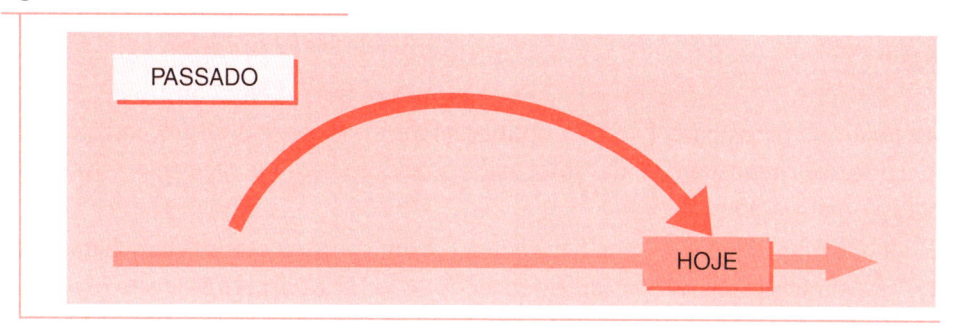

1.2.2 Atitude Pragmática

> *"Meu interesse está no futuro*
> *porque é lá que vou passar o resto da minha vida."*
>
> (Charles Kettering)

Convivemos, freqüentemente, com pessoas cujo cotidiano baseia-se em eventos, fatos, notícias, boatos ou palpites que acabaram de tomar conhecimento sobre o seu ambiente interno ou externo. Elas convivem com modismos e são surpreendidas, a cada instante, por notícias, boas ou más.

Como estão atentas apenas ao que acontece no presente, atuam quase sempre de forma reativa com relação aos impactos futuros, reais ou prováveis, positivos ou negativos, que ocorrem ou que podem ocorrer à sua volta. Obviamente, todos aqueles que atuam como dirigentes de alguma empresa têm a obrigação de estar informados sobre oportunidades e ameaças às atividades de suas organizações. Afinal, não há nada de errado nisso.

Preocupar-se excessivamente e direcionar todo o seu tempo e atenção para o presente pode, entretanto, prejudicar a organização, pois é do futuro que surgirão as grandes oportunidades a aproveitar e as grandes ameaças a enfrentar!

Figura 1.2   Atitude Pragmática

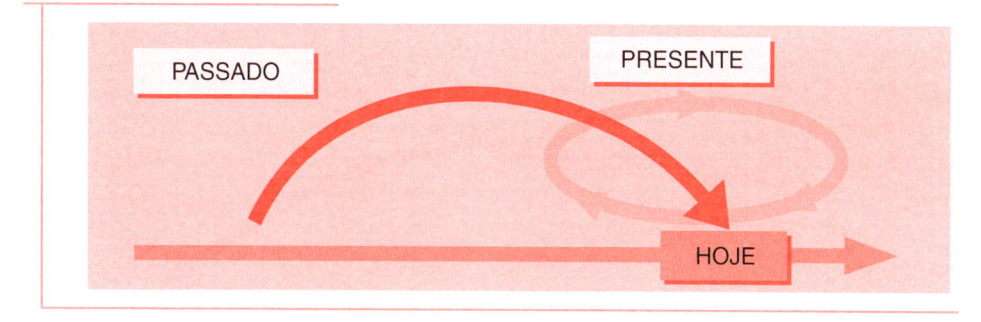

1.2.3 Atitude Estratégica

As formas de encarar o futuro, nas organizações, assumem aspectos diferenciados, dependendo muito mais dos dirigentes e da sua visão de mundo do que da situação real pela qual a empresa está passando ou poderá passar, como veremos a seguir.

Atitudes otimistas ou pessimistas. Algumas pessoas vêem o futuro de maneira sistemática e persistente. Elas têm opiniões definitivas sobre o futuro, independentemente das circunstâncias, das informações que recebem ou das perspectivas reais para a organização.

Enquanto algumas adotam habitualmente uma postura pessimista, achando que a situação está ruim e vai piorar, enfatizando somente os aspectos negativos, outras vêem o futuro com otimismo exagerado, afirmando que a situação está boa e vai melhorar, apesar das circunstâncias, enfatizando, assim, apenas os aspectos positivos.

Essas pessoas partem de pressupostos opostos entre si, mas todos de difícil comprovação, pois tanto as otimistas como as pessimistas sempre encontram fortes argumentos para justificar suas posturas. Entretanto, nenhuma dessas atitudes contribui, efetivamente, para a construção de uma visão positiva, porém realista, do futuro.

O futuro como extrapolação do presente. Para alguns, a reflexão sobre o futuro é como um acontecimento que se repete; na opinião deles, não passa de mera extrapolação ou continuidade do passado e do presente. Dizem que "não há nada de novo debaixo do sol...". Não percebem que o futuro é diferente e que as experiências, bem ou malsucedidas, do passado ou do presente, pouco contribuem, efetivamente, para se obter sucesso, ou para se evitar fracassos no futuro.

Devemos, portanto, evitar os dois extremos: o de que o futuro é uma repetição do passado, ou o de que o passado deve ser ignorado, evitado; deve-se buscar um meio termo saudável entre essas duas posições. A Figura 1.3 mostra as três atitudes: a pessimista, a otimista e a de extrapolação.

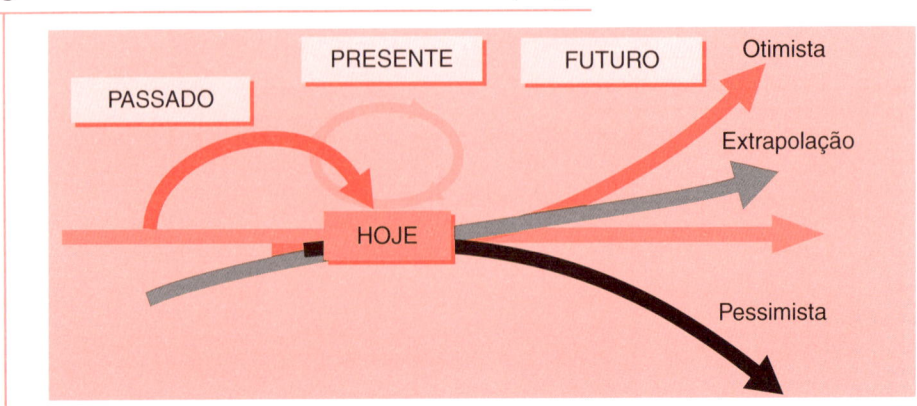

Figura 1.3 Atitudes Pessimista, Otimista e de Extrapolação

Atitude estratégica: olhando o presente a partir do futuro. Considerando-se que as atitudes anteriormente descritas pouco ajudam em relação ao futuro, seria pertinente o desenvolvimento de uma mentalidade mais imaginativa e criativa.

Esse processo consiste, exatamente, em um exercício de se transportar mentalmente para um futuro desejável, considerado possível, e a partir de lá olhar para trás, para o hoje, e perguntar o que deve ser feito no presente para que o idealizado no futuro se concretize.

Por exemplo, se fizéssemos uma reflexão estratégica no presente ano, precisaríamos primeiro nos transportar, mentalmente, para os anos 2010 ou 2015 e, assim, construir a visão de um futuro desejável. Em seguida, a partir do futuro desejável, deve-se olhar para o "passado", 2006, no caso, e perguntar: "O que nossa organização deveria ter feito 'lá atrás', em 2006, ou 2007, ou 2008, para que esse futuro, em 2010, ou 2012, pudesse se concretizar?".

Com isso em mente, a visão estratégica que se pretende criar consiste em desenvolver a capacidade de olhar, criticamente, o presente a partir do futuro, e não o futuro com os olhos do presente (!). Esse é o grande desafio a vencer.

A construção desse novo modelo mental pode ser efetivada e enriquecida se for realizada com equipes multiníveis e interfuncionais, e não individualmente. A Figura 1.4 ilustra essa atitude estratégica.

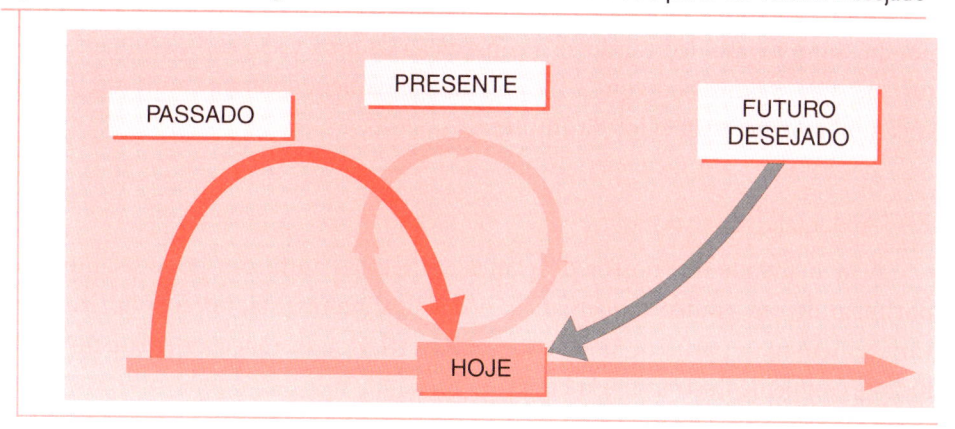

Figura 1.4 Atitude Estratégica: Olhar o Presente com os Olhos a partir do Futuro Desejado

1.3 O Mau Uso do Tempo

A alegada falta de tempo é um dos obstáculos para que se faça uma reflexão em conjunto para exercitar a visualização do futuro desejável. As agendas dos executivos estão quase sempre repletas de compromissos, bloqueando, assim, o tratamento dos problemas referentes ao futuro das organizações.

Uma estatística muito interessante, apresentada por Hamel e Prahalad[1], procura responder à pergunta: "Como os líderes e executivos das empresas utilizam o seu tempo disponível para trabalho?".

A resposta a essa pergunta, obtida em um levantamento feito em empresas internacionais, pode ser elaborada utilizando-se os dados apresentados a seguir:

- do total do tempo disponível aos executivos, cerca de 60% é gasto com assuntos do ambiente interno da organização, e apenas 40% é utilizado em relação ao que acontece fora dela;
- desses 40% do tempo olhando para fora, cerca de 70% é despendido com fatos do presente ou do passado, e apenas 30% é dedicado a questões relativas ao futuro da organização;
- dos 30% do tempo olhando para fora e para o futuro, 80% é gasto no estabelecimento de uma visão individual ou particular do futuro da organização, restando apenas 20% para ser dedicado à formulação de uma visão compartilhada do futuro.

Fazendo um cálculo grosseiro com base nesses números indicativos, constata-se que os executivos utilizam, em geral, apenas entre 3% e 5% do tempo total disponível para formular uma visão compartilhada do futuro — calculado como 20% de 30% de 40% —, fenômeno esse que é conhecido como a **regra 40-30-20**.

Conclui-se, desse levantamento, que os líderes e os executivos gastam realmente pouquíssimo tempo dedicando-se à construção de uma visão compartilhada do futuro de suas organizações, que é o elemento fundamental para a condução do bom encaminhamento estratégico da empresa.

1.4 A Mentalidade Estratégica

A mentalidade dos nossos dirigentes em relação ao futuro pode ser mostrada por meio de um gráfico esquemático, no qual se representa, no eixo horizontal, a variável tempo, a partir de hoje, e, no eixo vertical, a distância, a partir do ponto focado, conforme ilustrado pela Figura 1.5.

O gráfico da Figura 1.5 mostra várias regiões concêntricas, nas quais, progressivamente, os horizontes temporal e espacial expandem-se, conforme explicamos a seguir.

---

[1] HAMEL, G.; PRAHALAD, C. K. *Competindo pelo futuro*. Rio de Janeiro: Campus, 1995.

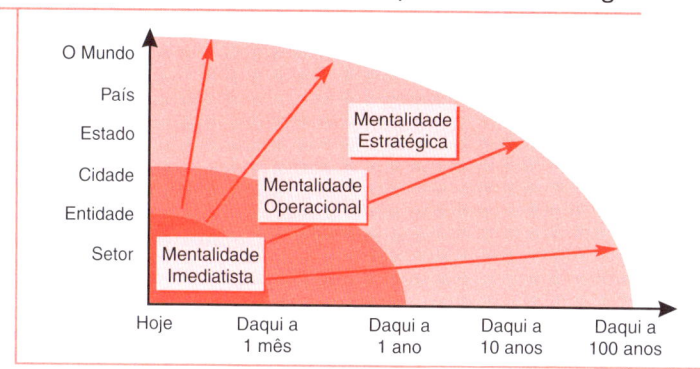

Figura 1.5   Mentalidade Imediatista, Operacional e Estratégica

1.4.1 Mentalidade Imediatista

A maior parte dos executivos tem **mentalidade imediatista**. Eles conseguem visualizar somente o que vai acontecer, no máximo, daqui a um mês e apenas o que se passa dentro do setor da organização em que atuam. Essa atitude é chamada de **miopia estratégica**, pois a pessoa enxerga muito bem o perto e o curto prazo, mas não tem a menor idéia (nem está, de fato, interessado nisto) do que pode acontecer a médio e longo prazos.

1.4.2 Mentalidade Operacional Versus Mentalidade Estratégica

A **mentalidade operacional** é baseada nos fatos do cotidiano e nas demandas para que tudo ocorra normalmente. Alguns executivos são capazes de visualizar, com bom nível de detalhes, tudo o que vai acontecer em um espaço de tempo, digamos, de 12 meses, estendendo um pouco mais seu horizonte espacial.

A **mentalidade estratégica**, entretanto, é a necessária para a construção da visão do futuro, abstraindo-se mentalmente do presente momento, a fim de se colocar em uma posição adequada, transportando essa visão para cinco a dez anos à frente e posicionando-se de uma perspectiva global a partir do futuro desejado.

Alguém poderia perguntar: "Por que é tão importante essa visão distanciada do cotidiano? Não seria perda de tempo, uma vez que o dia-a-dia é tão repleto de demandas?". A resposta não é tão simples, pois dois aspectos, ambos relevantes e conflitantes, fazem parte do nosso mundo atual.

Notamos que os ciclos de mudanças estão cada vez menores, exigindo que o tempo de reação das empresas e entidades encurte-se cada vez mais. Por um lado, tendências, mudanças de valores, novas tecnologias, surgimento ou desaparecimento de grandes agentes do mercado ocorrem hoje com muita freqüência, e com menor horizonte de previsibilidade do que há uma ou duas décadas. Por outro lado, também é incontestável que oportunidades e ameaças de longa maturação acentuam-se cada vez mais.

Esses dois aspectos são verdadeiros, e espera-se que os dirigentes saibam discernir a diferença entre eles. Profissionais bem preparados devem ser capazes de aceitá-los e saber como lidar com eles, pois podem aguçar a percepção e a mentalidade estratégicas.

Novas tecnologias, mudanças de estilos de vida, demográficas e geopolíticas, novas regulamentações e desregulamentações, por exemplo, podem afetar positiva ou negativamente os negócios ou atividades da organização. Podem ocorrer em uma época futura e em um local bem distante, mas podem acabar gerando oportunidades a serem aproveitadas e/ou ameaças a serem afastadas, para o que podem demandar ações imediatas, tanto para umas como para outras!

1.5 As Ferramentas Gerenciais Mais Utilizadas

Uma pergunta freqüente, quando se fala de gestão e de planejamento estratégicos, é: "Como essa ferramenta gerencial tem sido utilizada por organizações no Brasil e no mundo?".

Para responder a essa indagação, podemos nos apoiar em duas excelentes pesquisas da Bain & Company[2]. Ao perguntar a executivos da América do Norte, Europa e Ásia, em 1996, quais eram as ferramentas gerenciais que eles mais utilizavam em suas empresas, de uma lista com 25 opções, eles declararam que as mais utilizadas eram, por ordem decrescente, as mostradas na Tabela 1.1.

Tabela 1.1 Importância do Planejamento Estratégico (1996)

Planejamento estratégico	89%
Missão/visão	87%
Benchmarking	84%
Aferição da satisfação dos clientes	81%

Fonte: Adaptado de BAIN & COMPANY. Ferramentas para vencer. *HSM Management*, n. 6, jan./fev. 2000a; Id. Quem tem medo das ferramentas gerenciais? *HSM Management*, n. 19, mar./abr. 2000b.

Repetindo-se a mesma pesquisa anterior, agora em 1999, nos Estados Unidos, Canadá, América do Sul e Europa, com mais detalhes, a média das respostas, para as cinco ferramentas mais utilizadas, em cada região mundial, por ordem decrescente, foi a que está apresentada na Tabela 1.2.

---

[2] BAIN & COMPANY. Ferramentas para vencer. *HSM Management*, n. 6, jan./fev. 2000a; Id. Quem tem medo das ferramentas gerenciais? *HSM Management*, n. 19, mar./abr. 2000b.

Tabela 1.2 Importância do Planejamento Estratégico (1999)

Estados Unidos e Canadá		América do Sul		Europa	
Planejamento estratégico	92%	Benchmarking	85%	Benchmarking	88%
Missão/visão	86%	Planejamento estratégico	83%	Planejamento estratégico	77%
Aferição da satisfação do cliente	80%	Gestão da qualidade total	83%	Aferição da satisfação do cliente	76%
Benchmarking	79%	Terceirização	80%	Remuneração por desempenho	67%
Terceirização	78%	Remuneração por desempenho	78%	Terceirização	67%

Fonte: Adaptado de BAIN & COMPANY, 2000a, 2000b.

O que se pode depreender da análise do resultado dessas pesquisas? Pode-se concluir, com certeza, que o planejamento estratégico e a formulação da missão e visão ocupam a primeira ou segunda posição no *ranking* das ferramentas mais utilizadas pelas empresas ao redor do mundo. Em economias mais avançadas — como Estados Unidos e Canadá —, ocupam um inequívoco primeiro lugar.

Qualquer pessoa, porém, poderia perguntar: "Por que essas ferramentas são tão utilizadas pelo mundo afora?".

A resposta pode estar no fato de que as mudanças freqüentes e inesperadas nas áreas econômicas, tecnológicas, políticas, sociais e mercadológicas têm levado os executivos a se envolverem cada vez mais com esse essencial recurso gerencial: o *planejamento estratégico*.

É bom, contudo, que se alerte: como toda ferramenta, o pensamento e o planejamento estratégicos, de um lado, e a gestão estratégica, do outro, não são *garantias* absolutas de sucesso empresarial. Outros elementos devem estar presentes para condicionar o sucesso ou o fracasso das organizações, como veremos ao longo de todo o livro.

De qualquer forma, essas pesquisas mostram que os executivos consultados, em todo o mundo, são praticamente unânimes em dizer que não abrem mão dessas ferramentas no seu "arsenal para a guerra" no mundo dos negócios. E isso seria de esperar, em princípio e por motivos semelhantes, dos dirigentes de entidades do terceiro setor. É o que detalharemos nos próximos capítulos.

TERMOS-CHAVE

Neste capítulo, vimos que a **postura dos dirigentes e executivos**, no que diz respeito ao planejamento de suas empresas, varia muito entre pessoas e organizações.

As atitudes típicas dos dirigentes e executivos em relação ao futuro de suas organizações podem ser classificadas como **tradicionalistas**, **pragmáticas** e **estratégicas**.

Estatísticas muito pertinentes comprovam que os executivos, de modo geral, empregam mal o seu tempo no trabalho, direcionando suas ações e preocupações muito mais para as atividades internas e para o **imediatismo**, dedicando pouco tempo — ou quase nenhum — para ampliar sua **visão compartilhada do futuro** da organização.

Observou-se que o **planejamento estratégico** tem sido uma das ferramentas mais utilizadas nas organizações empresariais em todo o mundo, principalmente nas regiões mais desenvolvidas, talvez justamente por isso...

QUESTÕES

1. Como você imagina que os dirigentes das organizações que você conhece buscam construir uma **visão compartilhada do futuro** da organização, se é que o fazem?

2. Cite cinco motivos alegados pelos dirigentes para, se possível, não se envolverem pessoalmente com os pensamentos, reflexões e exercícios estratégicos da organização.

3. Cite três exemplos reais ocorridos com pessoas, empresas ou entidades de seu conhecimento que relutaram quanto puderam para dar início a um exercício de **planejamento e transformação estratégica** e que, como conseqüência, perderam poder de competitividade ou acabaram saindo do mercado.

4. Você se considera um **pragmático**, **tradicionalista**, **estrategista**, **otimista** ou **pessimista** em relação ao futuro de sua organização? Justifique.

5. Examine as estatísticas mostradas na Seção 1.5 e responda por que **planejamento e gestão estratégica** são, cada vez mais, as ferramentas gerenciais mais utilizadas no mundo dos negócios.

2
Desafios para a Estratégia

TÓPICOS

- Dificuldades de Percepção • As Mudanças Estratégicas •
- Obstáculos Culturais • Obstáculos Organizacionais •
- Obstáculos Gerenciais •

APRESENTAÇÃO

Neste capítulo, apresentaremos os principais **obstáculos e dificuldades** a enfrentar e os mais freqüentes desafios a vencer na implantação da **gestão estratégica** em uma organização.

Esses desafios, entretanto, não devem, de maneira nenhuma, desanimar ou assustar os nossos leitores quanto às dificuldades que poderão encontrar. Ao contrário, pretende-se que eles sirvam apenas de alerta, para que o leitor não desanime ao enfrentar os obstáculos que certamente se colocarão nos caminhos da **transformação estratégica**.

O primeiro obstáculo descrito constitui-se nas **dificuldades de visualização do horizonte futuro** para a organização, tanto em relação às oportunidades quanto às ameaças.

Também serão abordadas as **dificuldades de percepção** das principais fontes de mudanças — tendências e descontinuidades — que poderão gerar impactos positivos e/ou negativos para a organização: novas tecnologias, mudanças demográficas, geopolíticas, no estilo de vida, nas leis e regulamentações, entre outras.

Finalmente, são apresentadas três categorias de obstáculos à reflexão estratégica nas empresas e entidades: os **obstáculos culturais** — por exemplo, uma cultura centenária, ou de sucesso garantido no passado —, os **organizacionais** — por exemplo, organizações burocráticas, ou em feudos — e os **gerenciais** — como a administração espasmódica, ou ambientes de aversão a riscos.

Legenda: Capítulos já estudados | Capítulo em estudo | Capítulos ainda não lidos

- Introdução

Parte I — Motivação
1. Motivações para a Estratégia
2. Desafios para a Estratégia

Parte II — Conceituação
3. Conceitos Básicos de Estratégia
4. Gestão Estratégica
5. Transformação Estratégica

Parte III — Análise
6. Análise do Ambiente Externo
7. Análise da Turbulência e da Vulnerabilidade
8. Análise do Ambiente Interno

Parte IV — Formulação
9. Representação do Portfólio
10. Estratégias de Balanceamento do Portfólio
11. Formulação das Estratégias
12. Capacitação Estratégica

Parte V — Implantação
13. O Plano Estratégico
14. Metodologia do Planejamento Estratégico
15. *Workshop* de Planejamento Estratégico
16. Implantação da Gestão Estratégica

Parte VI — Aprofundamento
17. Formulação de Estratégias via Teoria dos Jogos
18. Jogos de Empresas para Capacitação Estratégica e Simulação Gerencial
19. Ferramentas para Planejamento e para Gestão Estratégica
20. Aplicações e Práticas da Gestão Estratégica

A implantação de uma nova metodologia de trabalho em uma organização vai esbarrar, quase sempre, em alguns obstáculos e dificuldades a serem vencidos com sabedoria, pertinácia e habilidade, principalmente se essas organizações depararem com mudanças que envolvam transformações culturais, de postura, de atitudes ou da estrutura organizacional.

2.1 Dificuldades de Percepção

Quando queremos implantar um processo de pensamento estratégico nas organizações, um dos grandes obstáculos a enfrentar é a dificuldade de percepção. Ou seja, bloqueios de toda espécie, que impedem a visualização de riscos, de um lado, e de oportunidades, do outro.

Muitas vezes, surpreendemo-nos com situações do cotidiano, quando, por exemplo, procuramos em uma prateleira do supermercado um determinado produto e não o encontramos, pois ele não está exatamente no lugar em que esperávamos que estivesse, ou não está naquela embalagem à qual estamos acostumados. São os bloqueios da percepção, que nos impedem de ver o novo, o diferente: *olhamos*, mas não *vemos*.

Alguns obstáculos, porém, vão além do "olhar e não ver": estão relacionados às dificuldades do processo de "pensar o impensável". Temos dificuldade em visualizar o que nunca imaginamos antes, aquilo que não se ajusta aos nossos **modelos mentais**.

De fato, os chamados modelos mentais são muito úteis para o aprendizado, a consolidação, a estruturação e a exposição de conceitos sobre determinado assunto, sistema ou fenômeno[1]. Entretanto, eles acabam transformando-se em **barreiras mentais** para a percepção de indícios, sinais ou informações que não se enquadrem nos modelos mentais preexistentes[2].

Um tipo freqüente de dificuldade de percepção, também apresentado por Senge, é a falta de visão sistêmica: deixamos de perceber muita coisa por não conhecermos suas inter-relações sistêmicas. Vemos algo em um ponto e não notamos suas causas — ou seus efeitos — no restante da cadeia associada ao negócio ou à atividade da organização. No entanto, infelizmente, o fato de termos dificuldades em imaginar o que *nunca foi pensado* não quer dizer que aquilo que não conseguimos pensar não possa, efetivamente, acontecer! E é exatamente isso que pode mudar a nossa vida, para melhor ou para pior!

2.1.1 Dificuldades de Percepção de Oportunidades

Diariamente vivemos situações em que as oportunidades estão passando à nossa frente, mas não somos capazes de vê-las, pois *não se vê aquilo que não se espera ver*.

---

[1] SENGE, P. M. *A quinta disciplina*: arte e prática da organização que aprende. 7. ed. São Paulo: Best Seller, 2000.

[2] Essa matéria foi extensivamente tratada por BARKER, J. A. *Paradigms, the business of discovering the future*. New York: Harper Business, 1993.

Por exemplo: quantas vezes paramos em uma esquina esperando por um táxi livre, mas ele não vem? Entretanto, se virássemos a cabeça e os olhos em outra direção, estaríamos em condições de ver que há vários táxis livres estacionados em um ponto, ou mesmo passando pela rua transversal!

As oportunidades não esperam pelas nossas percepções. Elas simplesmente passam, como o táxi livre da rua transversal. Mas o fato de nós não as percebermos não quer dizer que nossos concorrentes, eventualmente mais atentos e perspicazes que nós, não se aproveitem disso, em detrimento de nossa organização.

2.1.2 Dificuldades de Percepção de Riscos e Ameaças

Outra dificuldade freqüente consiste na falta de percepção de riscos e ameaças. Todos já deparamos com situações em que a maioria das pessoas à nossa volta vê um risco iminente, o qual, para nós, nem existe! Por que isso ocorre? Talvez por não acreditarmos que aquilo seja realmente possível, por não querermos que ocorra, por nunca ter acontecido com ninguém, ou por termos uma falsa sensação de segurança.

Todos temos um pouco do "complexo de avestruz", que, segundo a lenda, enfia a cabeça na areia para não ver o perigo à sua volta. E o pior é que essa postura, se não tomarmos cuidado, acaba sendo reforçada com o avançar da idade! A dificuldade de perceber as coisas ao nosso redor pode estar relacionada ao medo do desconhecido ou à forma corriqueira de raciocinar: "Mas isso nunca vai acontecer conosco!".

2.2 As Mudanças Estratégicas

Segundo Hamel e Prahalad, nós estamos sujeitos a pelo menos cinco grandes tipos de transformações ao nosso redor, que devem ser continuamente monitoradas, a fim de identificarmos possíveis mudanças que possam impactar as organizações[3]. Além disso, dizem eles, as verdadeiras oportunidades e ameaças tendem a ocorrer, primordialmente, nas intersecções de duas ou mais mudanças simultâneas! E aí está a dificuldade de percebê-las claramente.

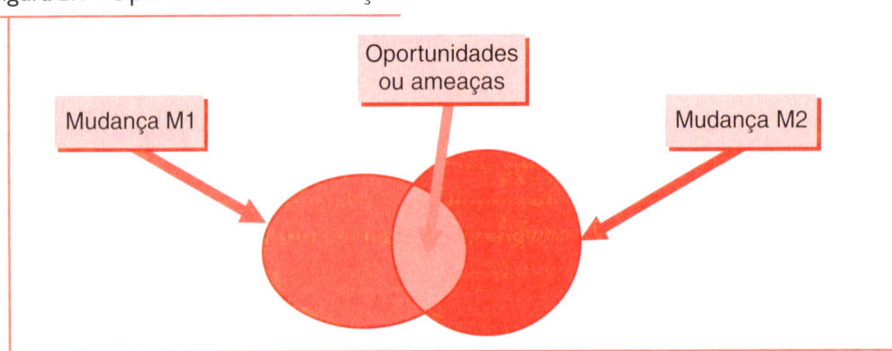

Figura 2.1 Oportunidades ou Ameaças?

---

[3] HAMEL; PRAHALAD, 1995.

Por exemplo, uma mudança tecnológica, como a disseminação cada vez maior da Internet, combinada com a alteração nos hábitos e estilo de vida nas grandes cidades, como a maior preocupação com a segurança ou a busca de facilidades, pode criar oportunidades de novos negócios na área de comércio eletrônico, educação à distância (cursos via Internet) e serviços bancários (*home banking*).

As cinco áreas citadas por eles são: mudanças **tecnológicas**, mudanças no **estilo de vida** das pessoas, mudanças nas **leis e regulamentações**, mudanças **demográficas** e mudanças **geopolíticas**. Assim, na procura de possíveis oportunidades e ameaças para as organizações, devem-se investigar primeiro os cruzamentos ou intersecções de duas ou mais mudanças simultâneas, conforme esquematizado na Figura 2.2.

Figura 2.2 De Onde Vêm as Oportunidades e Ameaças?

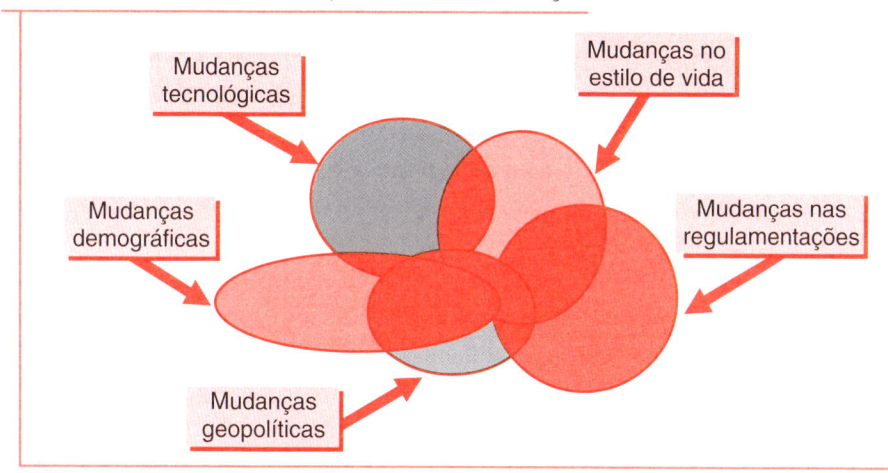

Existem outros tipos de mudanças, de natureza mais profunda, porém mais sutis, que também devem ser consideradas, como as mudanças significativas na composição da **pirâmide etária**, as mudanças drásticas da **opinião pública**, as mudanças no **papel da mulher e de minorias** na sociedade, as mudanças nas **atitudes e pressões em relação ao meio ambiente** e as mudanças **climáticas** e suas conseqüências.

Assim, a simultaneidade de duas ou mais dessas formas de mudança, combinadas ainda com as cinco já citadas anteriormente, pode gerar grandes oportunidades — e grandes ameaças! — para as nossas organizações.

2.3 Obstáculos Culturais

O que chamamos de **cultura**, em uma organização, pode ser representado por um conjunto de "verdades" perenes e práticas consagradas, que ninguém se lembra — ou ninguém tem coragem — de questionar. É a maneira pela qual a organização vê o mundo e a si própria. É o modo como se resolvem os problemas naquela organização.

Cada empresa tem também um conjunto de **regras de sucesso**: coisas que deram certo no passado e que, acredita-se, devem ser mantidas como padrão. Ou, ao contrário, as que deram errado no passado e que, por isso, devem ser proibidas ou desestimuladas. São os chamados **tabus**.

Cultura, em muitas empresas, é aquilo que se chama "a nossa maneira de fazer as coisas". Alguns autores denominam essas verdades e crenças os **paradigmas** da organização. São esses elementos que, embora muito úteis no passado, podem tornar-se obstáculos para o pensamento e para a ação de transformação estratégica voltada para o futuro.

2.3.1 Cultura Centenária

As organizações antigas, de duas a três gerações familiares ou de tradição e cultura muito fortes, tendem a estabelecer políticas, práticas, crenças, estratégias e estruturas rígidas que dificultam uma visão crítica e objetiva com relação ao futuro. Nelas, tudo está voltado para o passado: símbolos históricos, monumentos, biografias, medalhas, placas, hinos, bandeiras, comemorações, museus e relíquias, entre outros. Embora esses símbolos tenham o seu valor específico, muitas vezes eles bloqueiam as inovações e, conseqüentemente, a atenção, o interesse e a dedicação dos dirigentes da alta e média gerência, bloqueando o surgimento ou o exame isento e imparcial de idéias novas.

Nessas empresas, falar em visão compartilhada do futuro soa como algo distante e completamente fora de foco e de propósito: não há "clima" para assuntos sobre o futuro, pois todos estão com a atenção voltada para o passado!

2.3.2 Cultura de Sucesso Garantido no Passado

Seguindo a mesma linha de pensamento, porém com maior profundidade, há organizações que foram, durante muito tempo — e talvez continuem sendo até os dias de hoje —, líderes incontestes no mercado e reconhecidas por todos entre as melhores do setor. Vários fatores podem ter dado origem a tal liderança, como o lançamento bem-sucedido de um produto ou de um serviço pioneiro, o domínio ou monopólio de fontes de fornecimento de recursos escassos, uma posição geográfica privilegiada, parcerias especiais, aproveitamento de leis de reserva de mercado, regulamentações rígidas que impediram a entrada de novos concorrentes, domínio de uma tecnologia específica essencial ao sucesso do negócio, genialidade de uma pessoa ou de um grupo de pessoas que formou a equipe fundadora, recursos financeiros abundantes provindos de outros negócios do grupo controlador etc. Sejam quais forem os fatores que originaram o sucesso no passado, ninguém pode garantir que esses mesmos fatores continuarão atuantes no futuro ou, pior, que continuarão sendo os diferenciadores que garantam a posição de pioneirismo e liderança futura da organização. O *sucesso* do passado e, talvez, do *presente* pode até provocar o *fracasso* no futuro, caso não haja mudanças na mentalidade e no comportamento dos dirigentes.

Por que, contudo, isso ocorre? As explicações óbvias para a pergunta podem ser as de que os fatores de sucesso do passado podem não ser os fatores de sucesso para o futuro ou, então, que o sucesso garantido no passado acabe criando uma atitude de complacência, de condescendência e de acomodação ou de excesso de confiança, inibindo as iniciativas para a busca de alternativas necessárias à construção de um futuro de sucesso.

Ilustrativamente, a figura do dinossauro serve para alertar que muitas das conhecidas empresas e entidades de sucesso absoluto no passado já não existem mais...

2.4 Obstáculos Organizacionais

Outros obstáculos à estratégia decorrem da maneira pela qual a empresa ou entidade organizou-se e cristalizou-se ao longo do tempo. De modo geral, as organizações, quando foram fundadas e estruturadas, tinham um propósito básico bastante claro. Com o passar do tempo, entretanto, e com as mudanças contínuas no ambiente externo ou mesmo interno, as antigas estruturas organizacionais podem ter se tornado inadequadas ao negócio e até entraves ao seu desenvolvimento.

Aquela estrutura tão bem organizada, que pode ter sido o ingrediente de sucesso no passado, tende a tornar-se, ela mesma, o fator-chave do imobilismo e do fracasso futuro, conforme veremos a seguir.

2.4.1 *Organizações Burocráticas*

Sabe-se que a burocracia não é, fundamentalmente, um mal em si. Baseada na formalização dos procedimentos, na divisão do trabalho, na hierarquia e na impessoalidade, a teoria da burocracia organizacional transformou organizações caóticas em estruturas estabilizadas, com práticas, processos e políticas bem definidos e estabelecidos.

Entretanto, quando o *status quo* da empresa — isto é, sua forma de ser, cristalizada em políticas, procedimentos, papéis, rotinas, cópias, assinaturas, carimbos, arquivos, várias instâncias decisórias — passa a ser a preocupação dominante, cria-se a falsa impressão de conforto do "caminho conhecido", em oposição à busca de novos rumos para o futuro da organização.

Nas organizações burocráticas, o *como* fazer as coisas é mais importante do que o propósito da atividade em si, pois a burocracia tende a colocar a *forma* acima do *conteúdo*. Nessas empresas, nada acontece nem pode acontecer, mesmo em situações de emergência, se não houver um papel impresso em várias vias, uma norma, um regulamento, um procedimento formal, um formulário com várias assinaturas e carimbos, uma reunião do Conselho ou da Diretoria, o que só acontece uma vez por mês... Nelas, ninguém tem coragem de fazer algo que não esteja estabelecido nos manuais, mesmo que isso pudesse salvar a empresa de um colapso, de um problema ou de um prejuízo.

As organizações excessivamente burocratizadas têm grandes dificuldades de visualizar o futuro, pois isso não consta em seus manuais ou procedimentos...

2.4.2 Organizações em Feudos

Depois de muitos anos de funcionamento eficiente, algumas organizações acabaram caminhando para uma situação muito parecida com a do regime vivenciado pela humanidade, principalmente na Europa Medieval: o **feudalismo**.

O regime feudal resultou do progressivo enfraquecimento do grande poder central, estabelecendo-se uma nova relação entre os soberanos e os poderosos locais, ou vice-reis, e entre estes, de um lado, e o povo, os vassalos, do outro, em uma complexa relação de interdependência.

Esse modelo pode ser usado como metáfora para representar certas empresas ou entidades familiares, nas quais, por exemplo, os pais, ou fundadores, foram envelhecendo, desinteressando-se e desligando-se progressivamente do negócio ou das atividades da empresa, mas sem passar o *poder* para ninguém. Com isso, os poderosos locais, chefes de departamentos ou de unidades operacionais ou regionais, os gerentes de fábricas e os superintendentes de serviços centrais, entre outros, vão assumindo cada vez mais poder sobre pessoas, processos, equipamentos, orçamentos e instalações que lhes são diretamente subordinados. Nessa situação, nada se faz sem a concordância dos "vice-reis" de cada um dos feudos organizacionais.

Isso também ocorre em organizações de grande porte ou muito dispersas geograficamente, como as empresas multinacionais, em que o poder central, por opção ou ineficiência dos meios de controle, acaba, na prática, permitindo que cada responsável por divisão crie seu "pequeno império".

Nas organizações do tipo feudal, ouvem-se com freqüência expressões como: "aqui, neste setor, ninguém mexe", "neste departamento, tudo é feito do nosso jeito, diferente da matriz" ou "esse assunto só é tratado com o chefe do chefe...". Organizações com esse perfil estão próximas a complicados processos de divisão ou até de secessão litigiosa. Muitas vezes, só não se rompem de vez, explicitamente, por tradição ou porque cada setor não tem condições reais de sobreviver de forma autônoma, embora se comportem como se tivessem.

Os funcionários de dois feudos vizinhos não se comunicam entre si, pois os respectivos chefes tratam-se como concorrentes e adversários, e não como se estivessem na mesma empresa. Eles permanecem em uma guerra surda ou declarada para ver quem vai substituir o "grande chefe" que se aposentará um dia, ficará doente ou sairá da organização.

Seria inútil e desgastante, em uma empresa nessa situação, tentar proceder a um exercício de raciocínio estratégico na tentativa de construir uma visão compartilhada e unificada da organização, pois não existe motivação nem condições no ambiente interno para isso.

2.5 Obstáculos Gerenciais

Outros tipos de obstáculos à estratégia estão ligados mais ao estilo gerencial da empresa do que à sua cultura ou à sua estrutura organizacional. São as formas de agir, de decidir, de fixar prioridades, de dar ordens, de acompanhar resultados, de avaliar, de remunerar, de promover ou premiar o desempenho dos funcionários e colaboradores.

2.5.1 Administração Espasmódica

Com muita freqüência, deparamos aqui e ali com dirigentes de empresas que estão perambulando de um lado para outro, de novidade em novidade, de um modismo para outro. Cada conferência ou palestra a que assistem, cada artigo ou livro que um deles lê gera novos programas, movimentos ou campanhas na organização. E os colaboradores, coitados, têm de adaptar-se a eles, correndo contra o tempo, sem saber exatamente em que concentrar suas prioridades. Muitos esforços e programas são interrompidos e descontinuados, substituídos por outros, novos, da "última moda", que vêm de algum "guru" ou do exterior!

O nome desse estilo gerencial — chamado de **administração espasmódica** — foi emprestado da medicina, a qual define certas doenças que provocam momentos de desconforto, os *espasmos*, levando o paciente a contorcer-se de dor durante alguns minutos. Passado o desconforto da dor aguda, a pessoa volta à vida normal... até o próximo espasmo.

Empresas que têm esse tipo de gerência enfrentam grandes dificuldades para pensar o seu futuro de forma estruturada e disciplinada, pois a mania de modismos é um obstáculo difícil de transpor para um caminhar firme, persistente e pertinaz em relação ao futuro desejado.

2.5.2 Ambiente de Aversão a Riscos

É costume dizer que "não se pode falar de corda em casa de enforcado". E é isso o que acaba acontecendo em muitas de nossas empresas: algumas experiências malsucedidas no passado, prejuízos, dores de cabeça, brigas, desencontros, experiências e inovações que não deram certo criaram os chamados **traumas organizacionais**.

Essas experiências, que não foram devidamente digeridas pela direção da empresa, acabam criando um ambiente no qual as iniciativas criativas e inovadoras passam a ser olhadas com desdém, desconfiança ou até com medo. Nessas organizações, as pessoas mais criativas, que tentam atalhos diferentes e novas formas de agir, passam a ser vistas com suspeitas, ou de modo negativo e depreciativo. Elas acabam sendo estigmatizadas e até mesmo saindo da empresa.

Isso não significa que se deva correr o risco somente pelo risco — aliás, viver perigosamente não é o padrão de comportamento gerencial responsável recomendado. No entanto, há situações em que é preciso assumir riscos. Nesses casos, eles devem ser avaliados e comparados com os benefícios potenciais que a ação arriscada poderá gerar. Ambientes de aversão a riscos, em geral, são contrários ao pensamento estratégico, pois muitas das ações estratégicas implicam situações de risco calculado, que precisam ser assumidas com coragem.

Termos-chave

Neste capítulo, vimos que, de modo geral, existem **obstáculos** a enfrentar e **desafios** a vencer na implantação da gestão estratégica em uma organização.

Embora haja riscos de tropeços no caminho da estratégia, não se deve desanimar, pois o resultado final compensa, em muito, o esforço e a persistência despendidos.

Um dos grandes obstáculos para a estratégia está nas **dificuldades de percepção** dos **cenários** e condições futuras para uma organização, tanto das oportunidades quanto das **ameaças**.

Existem também dificuldades para perceber as principais fontes de mudanças — **tendências** e **descontinuidades** — que poderão gerar impactos tanto positivos como negativos para a organização. São as **novas tecnologias**, as mudanças no **estilo de vida**, as **novas leis e regulamentações**, as mudanças **demográficas** e **geopolíticas**, entre outras.

As três principais categorias de obstáculos à reflexão estratégica nas empresas, descritas neste capítulo, foram os **obstáculos culturais** — cultura centenária ou de sucesso garantido no passado —, os **organizacionais** — empresas burocráticas ou feudais — e os **gerenciais** — administração espasmódica ou ambiente de aversão a riscos.

Questões

1. Cite três grandes obstáculos ao pensamento estratégico em uma organização que você conheça ou em que atue.

2. Pense em uma organização que você conheça relativamente bem. Responda: os dirigentes dessa empresa vêem mais ameaças do que oportunidades? Em caso afirmativo, será que isso acontece por razões objetivas ou é fruto de pensamentos preconcebidos ou de atitudes sistemáticas e persistentes?

3. O que são **modelos mentais**? E **paradigmas**? Exemplifique. Explique como eles funcionam e de que forma podem prejudicar o reconhecimento das necessidades e a implantação efetiva de mudanças estratégicas.

4. Explique o que ocorre em organizações que, durante décadas, foram continuamente muito bem-sucedidas, mas que tiveram grandes dificuldades para reconhecer a necessidade de implantar mudanças para o futuro.

5. Explique o conceito de **organizações espasmódicas**. Você poderia citar algumas organizações que, embora não admitam, seguem, inconscientemente, esse modelo de gestão?

II

Conceituação

✓ **Capítulo 3**

Conceitos Básicos de Estratégia

✓ **Capítulo 4**

Gestão Estratégica

✓ **Capítulo 5**

Transformação Estratégica

3
Conceitos Básicos de Estratégia

Tópicos

- O Propósito da Organização • Princípios, Valores, Opção Estratégica •
- O Triângulo Estratégico • Estratégias para a Construção do Futuro •
- Formulação das Estratégias •

Apresentação

Neste capítulo, os conceitos básicos utilizados para formulação do direcionamento das estratégias de uma organização tomam por base três conceitos fundamentais: o seu **propósito**, o seu **ambiente externo** e a sua **capacitação**, que são aqui descritos e relacionados às opções estratégicas da entidade.

Definiremos o **propósito** de uma organização como aquilo que ela almeja ser no futuro, a sua vontade, o seu desejo de ser e de agir. É representado pelos conceitos de **visão**, **missão**, **abrangência**, **princípios e valores** da organização e, eventualmente, de sua **opção estratégica**, entre as alternativas do **trilema estratégico**.

Podemos conceituar a visão como um modelo mental de um estado futuro altamente desejável, compartilhado pelos dirigentes e pelos colaboradores da organização.

A seguir, vem a missão, que é a razão de existência da organização. A abrangência, por sua vez, pode ser descrita como a cobertura pretendida para as áreas de atuação da organização.

Os princípios e valores são ilustrados como os pilares que sustentam a estrutura organizacional, os quais servem para validar e orientar qualquer estratégia proposta. A escolha no trilema estratégico representa o resultado de uma opção crucial que as organizações deveriam fazer.

Com esses três conceitos básicos, descreveremos o que se chama de **triângulo estratégico**, associando os seus três vértices — **propósito**, **ambiente externo** e **capacitação** — e relacionando-os às **estratégias** propostas para a estruturação do futuro da organização.

Discutiremos, por último, a formulação de estratégias em condições excepcionais quando um dos três vértices do triângulo não está em condições favoráveis. Essas situações especiais, aqui descritas, são aquelas que exigirão planos de ação específicos.

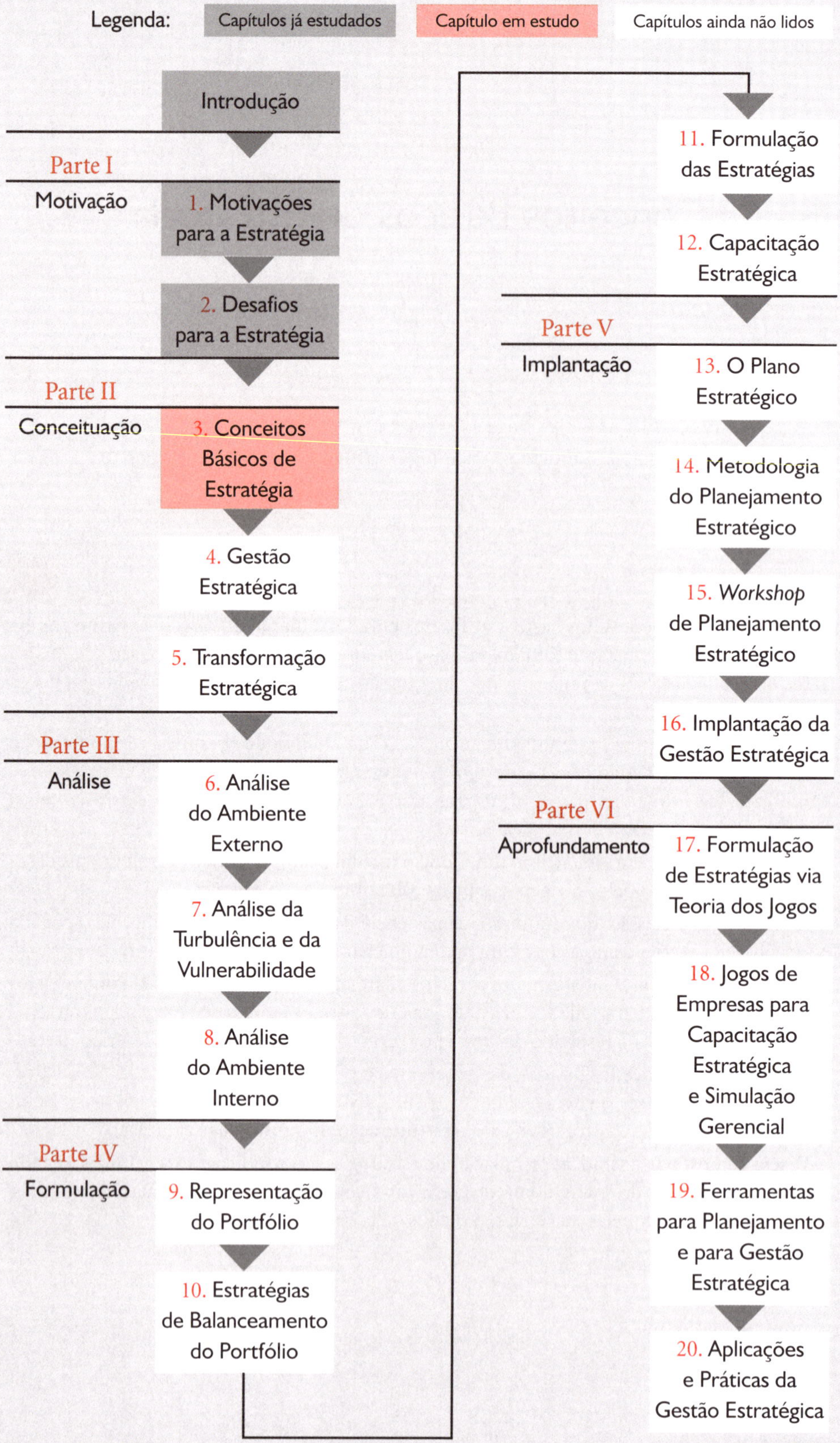

Legenda: Capítulos já estudados | Capítulo em estudo | Capítulos ainda não lidos

- Introdução

Parte I — Motivação
1. Motivações para a Estratégia
2. Desafios para a Estratégia

Parte II — Conceituação
3. Conceitos Básicos de Estratégia
4. Gestão Estratégica
5. Transformação Estratégica

Parte III — Análise
6. Análise do Ambiente Externo
7. Análise da Turbulência e da Vulnerabilidade
8. Análise do Ambiente Interno

Parte IV — Formulação
9. Representação do Portfólio
10. Estratégias de Balanceamento do Portfólio
11. Formulação das Estratégias
12. Capacitação Estratégica

Parte V — Implantação
13. O Plano Estratégico
14. Metodologia do Planejamento Estratégico
15. *Workshop* de Planejamento Estratégico
16. Implantação da Gestão Estratégica

Parte VI — Aprofundamento
17. Formulação de Estratégias via Teoria dos Jogos
18. Jogos de Empresas para Capacitação Estratégica e Simulação Gerencial
19. Ferramentas para Planejamento e para Gestão Estratégica
20. Aplicações e Práticas da Gestão Estratégica

Para construir um edifício, uma ponte ou uma grande obra, é necessário alicerçá-lo muito bem no terreno. No projeto e na construção do futuro de uma organização, não será diferente.

Quais são, porém, os fundamentos para as estratégias de uma organização?

3.1 O Propósito da Organização

Os alicerces estratégicos de uma organização, aqui chamados de propósito, são compostos por sua visão, missão, abrangência, princípios e valores e opção estratégica. O propósito é, portanto, uma estrutura consistente formada por esses elementos conceituais.

O propósito de uma organização, também chamado de Identidade Organizacional, pode ser definido como um conjunto de elementos básicos que caracterizam aquilo que a organização gostaria de ser no futuro, a sua vontade, seu desejo de ser e de agir. Enfim, o propósito sintetiza sua vontade própria, sua auto-imagem projetada para o futuro e suas crenças básicas, transcendendo às circunstâncias, não se limitando nem pelo ambiente externo nem por sua capacitação atual.

O propósito é o impulso, a motivação maior que fornece essa força, direcionando a organização para os caminhos que ela escolher. Sem ele, a organização fica como um barco sem motor: qualquer onda ou corrente pode levá-la para qualquer lado, ou, na ausência delas, poderá permanecer estática indefinidamente, ou à deriva. Descrevemos, passo a passo, cada um dos elementos que compõe o propósito.

3.1.1 *Visão, Missão, Abrangência*

Visão e **missão** são dois conceitos fundamentais distintos, mas complementares e intimamente ligados entre si, como se fossem duas faces da mesma moeda: o primeiro procura descrever o que a organização *quer ser* no futuro, e o segundo resulta de uma reflexão sobre a *razão da sua existência*, como mostraremos a seguir.

Visão da Organização

A palavra **visão**[1] tem sido utilizada em várias épocas da história, culturas e contextos, com significados muito diferentes. Entretanto, para os fins didáticos e metodológicos deste livro, visão é um conceito operacional muito preciso que procura descrever a auto-imagem da organização: como ela se vê, ou melhor, como ela gostaria de se ver no futuro.

Visão não é um mero sonho, uma utopia, uma fantasia, ou uma quimera. Para uso prático na nossa metodologia, adotaremos a seguinte definição:

---

[1] Ver BARKER, 1993; BARNA, G. *O poder da visão*. São Paulo: Abba Press, 1995.

> **Visão** é um modelo mental de um estado ou situação altamente desejável, de uma realidade futura possível para a organização.

A visão deve ser definida de maneira simples, objetiva, abrangente, mas compreensível para todos, tornando-se, assim, útil e funcional para os envolvidos com a organização. A característica essencial da visão é a de que, funcionando como um alicerce para o propósito, deve ser compartilhada pelas pessoas que formam o corpo dirigente da empresa, bem como explicada, justificada e disseminada por todos os que trabalham para a organização.

Por isso, deve-se introduzir um processo sistemático e estruturado que permita construir e formular uma visão para a empresa que seja, ao mesmo tempo, clara e simples, por um lado, e ambiciosa e inspiradora, por outro.

Convicção e entusiasmo devem ser enfatizados por todos os dirigentes e colaboradores em relação à visão. Qualquer integrante de uma empresa que demonstrar, sistemática e persistentemente, não ter "comprado" a visão de sua organização, ou dela discordar, está em uma empresa que não lhe serve. A recíproca também é verdadeira: esses colaboradores, mais cedo ou mais tarde, serão levados a buscar outras oportunidades profissionais.

Uma visão compartilhada tem valor inestimável para a organização, pois sua função é explicitar o que a empresa quer ser, unificar as expectativas, dar um sentido de direção, facilitar a comunicação, ajudar no envolvimento e comprometimento das pessoas, dar energia às equipes de trabalho, inspirar as grandes diretrizes e balizar as estratégias e demais ações da empresa.

Podemos, então, compreender por que motivo as organizações que apresentam uma visão clara e explícita para o seu futuro têm muito mais ingredientes de sucesso do que aquelas cujos colaboradores e gerentes não sabem para onde a empresa está se direcionando ou, ao menos, que caminho pretende tomar.

Missão da Organização

Além de uma auto-imagem simples e objetiva, também é necessário haver um sentido claro sobre qual a razão da existência da organização, que é o conceito conhecido como **missão**.

> A formulação da **missão** pretende responder a perguntas como:
> Qual é a necessidade básica que a organização pretende suprir? Que diferença faz, para o mundo externo, ela existir ou não? Para que serve? Qual é a motivação básica que inspirou seus fundadores? Por que surgiu? Para que surgiu?

Muitas pessoas que trabalham para uma organização e não conseguem explicar a razão básica de sua existência, ou sua missão, perdem-se em uma infinidade de objetivos secundários ou imediatistas. Daí a importância de compartilhar a missão da organização por todos os seus dirigentes e funcionários.

Há leitores, no entanto, que podem ter dificuldades em distinguir os conceitos de visão e de missão, pois, para muitos, podem parecer sinônimos — e não são. Para diferenciar visão de missão, a Figura 3.1, apesar de simples, explica a situação. Observe o projeto, no desenho a seguir. Podemos fazer, sobre ele, duas perguntas:

Figura 3.1 Ilustração dos Conceitos da Visão e Missão

A resposta à primeira pergunta — que projeto é este? — poderia ser, por exemplo: "Esta é a mansão de nossos sonhos, confortável, ampla, acolhedora, que pretendemos construir...". Essa formulação seria o equivalente ao conceito de visão do prédio, da construção, do projeto.

A resposta à segunda pergunta — para que serve? — poderia ser algo como: "Este imóvel servirá para acolher e abrigar nossa família pelo resto de nossas vidas". Essa frase poderia ser comparável ao conceito de missão do projeto em questão.

Observe-se, no exemplo citado, que os conceitos de visão e de missão não se confundem, mas se complementam, pois, embora o projeto seja único, ele pode ser visto de duas maneiras diferentes: *o que é* e *para que serve*. É assim com as organizações. Portanto, entidades ou empresas com missões similares podem ter visões completamente diferentes; e organizações com visões semelhantes podem ter missões completamente distintas.

Abrangência da Organização

A **abrangência** descreve as limitações reais ou auto-impostas para atuação da organização. Essa formulação é o que provoca uma concentração, um foco, nas ações externas da empresa. Essas limitações podem ser de natureza externa — por exemplo, geográfica, temporal, regimental, legal, estatutária ou política — ou interna, como resultado de uma decisão soberana de autolimitação.

A abrangência serve também para qualificar e especificar, por exemplo, grupos socioeconômicos alvo, faixas etárias preferenciais ou necessidades específicas que a empresa ou entidade queira atender. Em alguns casos, quando a abrangência expressa-se de maneira muito simples, a explicitação da missão e a da abrangência pode estar contida em uma única frase.

> Exemplos de visão e de missão são apresentados no *site* do livro (**www.editotasa-raiva.com.br**), na seção "Guia de leitura — textos explicativos".

É preciso que as formulações de visão, missão e abrangência sejam simples, claras e concisas, facilmente entendidas por todos os colaboradores da organização. Não devem ser usados jargões que possam servir indistintamente para uma empresa multinacional, para um partido político, para a padaria da esquina ou até para uma organização religiosa ou de proteção ambiental. A linguagem utilizada deve buscar os pontos específicos que fazem de cada instituição algo único, singular.

3.2 Princípios, Valores, Opção Estratégica

Em tese, em um processo de transformação estratégica, tudo pode mudar. Mas tudo mesmo? Algumas coisas, realmente, podem e devem mudar. Por exemplo, as formas de agir, a procura de mercados, os produtos ou serviços, as localidades de atuação, os parceiros, as tecnologias, os organogramas, as normas, os procedimentos e, por que não dizer, até o próprio nome da organização; os proprietários ou controladores podem ser, em tese, também objeto de mudança. Entretanto, existem alguns poucos pontos fixos — exatamente aqueles tópicos que não estamos dispostos a mudar. São os **princípios** e os **valores**.

Todas as organizações têm, explícita ou implicitamente, suas crenças básicas e as virtudes que querem exaltar e manter, conforme veremos a seguir.

3.2.1 *Princípios*

Os **princípios** são aqueles pontos e tópicos os quais a organização não está disposta a mudar, aconteça o que acontecer. Em alguns casos, podem vir expressos como uma carta de princípios, um credo ou uma profissão de fé, declarando quais são as crenças básicas da organização. Outras organizações criam um código de ética, declarando aquilo que é considerado aceitável e aquilo que não é admissível naquela casa.

Quanto aos princípios, podemos afirmar que *não há meio termo*: ou são respeitados plenamente, ou estão sendo violados — como honestidade, lisura nos negócios, fidelidade a compromissos assumidos. Eles devem ser respeitados, mesmo que, ao se fazer isso, a organização tenha de incorrer em perdas. Caso se admita a possibilidade contrária, o ponto em questão já *não* seria um princípio; seria apenas uma política, uma conveniência, um capricho ou um costume da casa.

3.2.2 *Valores*

Como seu próprio nome diz, os **valores** são características, virtudes, qualidades da organização que podem ser objeto de avaliação, como se estivessem em uma escala, com gradação entre avaliações extremas. São atributos realmente importantes para a organização, virtudes que se pretende preservadas e incentivadas e às quais deve ser dado mérito. É como se os princípios fossem os fundamentos de um edifício, ao passo que os valores seriam as cores e os acabamentos das paredes externas ou internas do prédio: ambos são importantes, mas em natureza e graus diferentes.

> Veja no *site* do livro exemplos de princípios e valores.

3.2.3 *Opção Estratégica*

Ao refletir sobre a vocação, os negócios, as atividades e as prioridades estratégicas das organizações, alguns autores têm recomendado que as empresas e entidades resolvam um **trilema estratégico**, o que implica, como veremos a seguir, em uma escolha crítica, uma **opção estratégica**, para, a partir dela, concentrar seu foco, sua energia, seus investimentos, sua atenção e suas ações estratégicas.

A experiência e a observação sistemática das empresas e entidades de sucesso têm mostrado que aquelas que conseguiram resultados positivos, em caráter duradouro, em seus respectivos mercados e atividades, destacam-se por concentrar sua atenção, seu foco e sua busca da excelência em *uma* (e apenas uma) das três opções estratégicas seguintes:

- √ fornecimento de produtos e serviços de ponta; ou
- √ busca da excelência operacional; ou
- √ estreitamento de seu relacionamento e de sua intimidade com os seus clientes.

Esse conceito é chamado de trilema estratégico[2]. Uma organização precisa decidir em qual desses três pontos deve se concentrar: fornecer produtos de ponta, *ou* ter excelência operacional, *ou* ter intimidade com os clientes, não podendo ser, ao mesmo tempo, a melhor em todos os três aspectos citados. Ao resultado dessa escolha denominamos opção estratégica.

O trilema estratégico deve ser colocado, analisado e resolvido de acordo com o propósito da instituição. Feita a escolha, a opção selecionada vai condicionar as suas estratégias futuras, seus programas de capacitação e seus investimentos prioritários.

Entretanto, algumas considerações sobre essa escolha, precisam ser feitas aqui:

a) É fato que muitos empresários não têm aceitado a necessidade de uma opção estratégica como acima descrito. Dizem eles que sua empresa precisa ser a melhor *nos três aspectos* citados. Porém, sem querer causar polêmica e sem levar esses argumentos ao extremo, recomendamos aos leitores que essa questão seja seriamente considerada, pois "os que querem ser bons em tudo acabam não sendo realmente os melhores em nada".

---

[2] Ver TREACY, M.; WIERSEMA, F. D. *A disciplina dos líderes de mercado*: escolha seus clientes, direcione seu foco, domine seu mercado. Rio de Janeiro: Rocco, 1995.

b) A escolha da opção estratégia a adotar não é "arbitrária", como pode parecer até aqui. Um conhecimento do mercado, dos clientes, dos concorrentes, das preferências, do gosto, do capricho, da cultura e das necessidades reais dos clientes pode indicar qual das opções tem mais chance de agradar e encantar os clientes. Há clientes que preferem e valorizam produtos e serviços com tecnologia de ponta; há outros que valorizam rapidez e excelência operacional; e outros, ainda, na área de serviços, acham muito importante um relacionamento pessoal e íntimo com seus fornecedores. Assim, a escolha de uma opção estratégica inadequada pode levar a empresa a investir recursos e capacitação em fatores que não serão valorizados pelos clientes.

c) Uma opção estratégica de dada empresa ou entidade para a busca da excelência em uma — e apenas uma — das três alternativas listadas anteriormente *não deve implicar* descuido ou menosprezo pelas outras duas alternativas! Ao contrário, as opções não selecionadas devem ser cuidadas de tal forma que a organização tenha, no mínimo, um nível comparável à média do mercado nesses aspectos. Caso contrário, a excelência eventualmente obtida na opção escolhida pode ser prejudicada por resultados pífios nas outras dimensões da gestão estratégica.

3.3 O Triângulo Estratégico

A formulação das estratégias pode ser bastante facilitada e mais facilmente entendida se considerarmos o que se chama de **triângulo estratégico**.

Vamos caracterizar, a seguir, os três pontos fundamentais para a formulação das estratégias, que são os vértices do triângulo:

- O **propósito** da organização, que é a resposta à pergunta: "o que nós queremos ser?".
- O **ambiente externo**, que é a resposta à pergunta: "o que nos é permitido fazer?".
- A **capacitação**, que é a resposta à pergunta: "o que nós sabemos fazer?".

E, no centro do triângulo, estão:

- As **estratégias**, que respondem à pergunta: "o que nós vamos fazer?".

3.3.1 O Vértice do Propósito: o que Nós Queremos Ser?

Qualquer estratégia proposta que entre em conflito com o **propósito** da empresa, ou seja, com sua **visão**, **missão** e **abrangência**, seus **princípios** e **valores** ou com sua **opção estratégica**, terá grandes dificuldades para ser implementada com sucesso, pois é o **propósito** que define e limita o que a organização *quer ser e fazer*, e não o contrário.

Figura 3.2 O Triângulo Estratégico: o Propósito

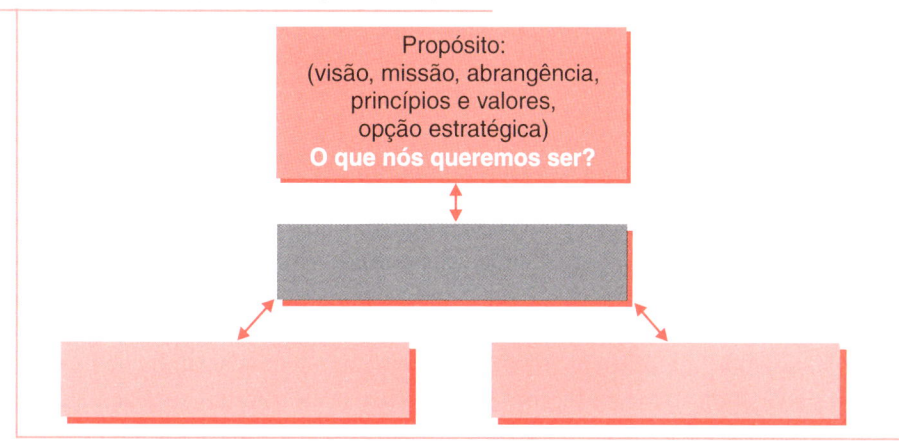

Fonte: Adaptada de ANSOFF.

3.3.2 O Vértice do Ambiente Externo: o que Nos É Permitido Fazer?

O segundo ponto a ser investigado quando se formulam estratégias é o **ambiente externo** à organização.

Os elementos que precisam ser investigados, no ambiente externo, podem ser, por exemplo: volumes atuais e futuros de demanda do mercado; consumidores, clientes; público a ser atendido; leis e regulamentações; concorrentes; organizações externas que têm algum interesse na instituição; fontes externas de suprimento de recursos — materiais, matéria-prima, recursos humanos, financeiros ou tecnológicos; parceiros reais ou potenciais; opinião pública; governo e suas agências reguladoras; sindicatos ou outras associações; ONGs (esse assunto está tratado em detalhes nos Capítulos 6 e 7).

Todos esses elementos, externos à instituição, criam limitações, oportunidades e/ou ameaças, o que deve ser contemplado na análise: "afinal, o que nos é permitido fazer?".

Figura 3.3   O Triângulo Estratégico: o Ambiente Externo

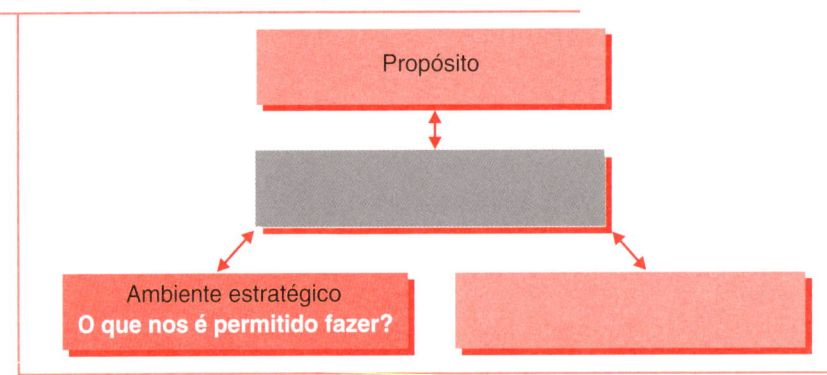

Propósito

**Ambiente estratégico
O que nos é permitido fazer?**

Fonte: Adaptada de ANSOFF.

3.3.3   O Vértice da Capacitação: o que Nós Sabemos Fazer?

Veremos, neste tópico, um pouco mais sobre o que a organização *sabe* e tem condições de fazer bem e com qualidade. Um bom inventário da capacitação passa, ao menos, pelos seguintes tópicos: corpo gerencial preparado; técnicas gerenciais apropriadas; mão-de-obra qualificada e motivada; máquinas e equipamentos atualizados e adequados; métodos, processos e tecnologias adequadas; linha de produtos ou serviços adequada ao mercado; comunicação externa e interna; instalações físicas, acessos, transporte e logística; marketing e vendas, distribuição e pós-venda; relacionamento com os clientes, fornecedores e colaboradores; suprimento de materiais e de matéria-prima; recursos financeiros e engenharia financeira (esse assunto está tratado em mais detalhes nos Capítulos 8 e 12).

Figura 3.4   O Triângulo Estratégico: a Capacitação

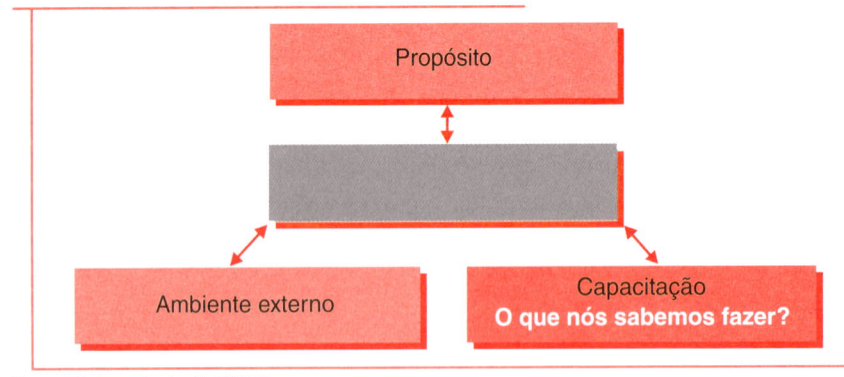

Propósito

Ambiente externo

**Capacitação
O que nós sabemos fazer?**

Fonte: Adaptada de ANSOFF.

3.3.4   O Centro do Triângulo, as Estratégias: o que Nós Vamos Fazer?

Se já avaliamos e sabemos onde estamos, onde queremos chegar, no futuro — **visão**, **missão** e **abrangência** —, quais são os **princípios** e **valores** que balizam nossas ações e decisões e qual é a nossa **opção estratégica**, já estamos em condições de escolher os caminhos para "chegar lá". Mas, obviamente, esses caminhos estarão, de certa forma, limitados ou condicionados pelo **ambiente externo** e pela nossa **capacitação**.

Agora, em tese, já temos condições de propor e selecionar os melhores *caminhos* a percorrer para chegar ao futuro pretendido.

Figura 3.5   O Triângulo Estratégico: as Estratégias

```
              ┌─────────────┐
              │  Propósito  │
              └──────┬──────┘
                     ↕
           ┌───────────────────┐
           │    Estratégias    │
           │ O que nós vamos fazer? │
           └─────┬─────────┬───┘
                ↕           ↕
    ┌──────────────────┐  ┌──────────────┐
    │ Ambiente externo │  │  Capacitação │
    └──────────────────┘  └──────────────┘
```

Fonte: Adaptada de ANSOFF.

As estratégias são formuladas sobre o que *vamos* fazer para construir o futuro desejado, mas devem ser planejadas em termos de diretrizes gerais, grandes linhas ou formas de atuação.

Na área militar, por exemplo, são as estratégias que direcionam as grandes escolhas dos países: quais vamos enfrentar e que guerras estamos dispostos a disputar — e quais não queremos! Assim, as formas, os métodos e os processos para conduzir cada campanha em particular fogem ao campo da estratégia, devendo ser tratados em planos táticos ou operacionais específicos, porém sempre condicionados às estratégias escolhidas.

Os mesmos conceitos do exemplo anterior aplicam-se na diplomacia dos países, nos negócios, nas ações governamentais, nos clubes esportivos ou em qualquer instituição sem fins lucrativos.

Nos Capítulos 9, 10 e 11, vamos mostrar formas de elaborar estratégias de sucesso para as empresas e instituições. O Capítulo 17 trata especificamente do uso dos conceitos da Teoria dos Jogos para a formulação de estratégias competitivas e cooperativas.

3.4   Estratégias para a Construção do Futuro

As estratégias para a construção do futuro, também chamadas de **diretrizes estratégicas**, não se relacionam, diretamente, ao cotidiano da empresa ou da instituição, embora isso possa fazer parte do diagnóstico, do *status quo*, ou seja, *onde* e *como* estamos hoje. Portanto, as estratégias, em princípio, não devem estar diretamente condicionadas pela situação atual; ao contrário, são as ações decididas para o cotidiano da empresa que devem estar relacionadas às estratégias estabelecidas e delas decorrer.

Aliás, a **gestão estratégica** trata exatamente de desenvolver e implementar a capacidade de fazer que o cotidiano da empresa *realize especificamente* as ações estratégicas escolhidas. Assim, problemas como contas a pagar de altos valores, inadimplência exagerada, vendas em queda, reclamações dos clientes, baixa qualidade, nível de estoque excessivo, mão-de-obra não adequada, produtos obsoletos devolvidos pelos clientes, colaboradores desmotivados, multas aplicadas pelos órgãos reguladores, seja lá o que for, fazem parte da gestão diária da empresa.

Embora esses problemas possam ser classificados como problemas administrativos, táticos, ou operacionais, eles podem, contudo, estar ocorrendo exatamente como resultados indesejáveis de estratégias mal formuladas, ou mal encaminhadas no passado.

Exemplificando, se o seu carro caiu em um buraco e quebrou algumas peças, é necessário tirá-lo de lá e consertá-lo, para evitar um dano maior. Mas apenas essa providência não evita que ele volte a cair no mesmo buraco. É necessário rever o caminho, o roteiro, a forma de dirigir etc. ou até um investimento em recapeamento da pista! Nesse exemplo, as **estratégias** são, simbolicamente, as providências que devem ser tomadas para que o carro não volte mais a cair naquele mesmo buraco, ou em outros, no futuro. Aliás, talvez nem ande mais por aquela estrada...

Providências para que problemas operacionais, comerciais, administrativos e financeiros do dia-a-dia não se repitam no futuro deverão ser objeto do diagnóstico, do planejamento e da gestão estratégica. As medidas corretivas são necessárias, mas as medidas preventivas — ou seja, as estratégias — acabam sendo mais importantes!

Além disso, até a maneira como reagimos aos problemas citados para corrigi-los deve ser condicionada pelas escolhas estratégicas. Por exemplo, um contas a pagar excessivamente alto poderia ser solucionado por um empréstimo de longo prazo ou pelo corte de suprimentos futuros. Qual das duas opções citadas estaria mais alinhada com as estratégias escolhidas? Uma grande quantidade de reclamações de clientes poderá ser tratada diferentemente se concluirmos que os produtos estão desalinhados com as definições estratégicas, ou que os clientes reclamantes não deveriam mais ser *nossos* clientes, de acordo com as opções estratégicas estabelecidas.

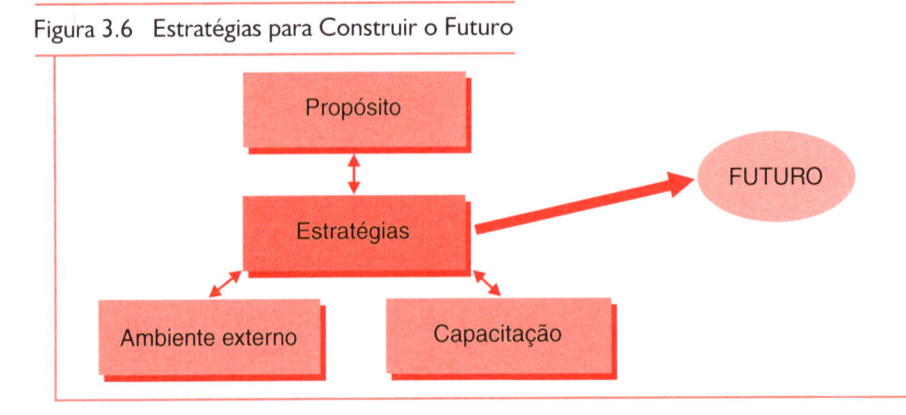

Figura 3.6 Estratégias para Construir o Futuro

3.5 Formulação das Estratégias

Em princípio, as estratégias devem ser planejadas a partir de situações que atendam plenamente tanto ao propósito como ao ambiente e à capacitação da organização. Essas são situações ideais, de implementação mais fácil e rápida, sem necessidade de grandes e custosas transformações.

Se forem suficientes para construir satisfatoriamente o futuro desejado, terão uma relação custo/benefício favorável e deverão ser as preferidas. Mas, infelizmente, e não tão raramente, há situações nas quais a busca de estratégias esbarra em um ou mais dos três pilares do triângulo estratégico, como discutiremos a seguir.

3.5.1 E se a Capacitação For Insuficiente para Atender a uma Estratégia Proposta?

Deve-se descartar e abandonar uma boa estratégia só porque ela enfrentará, em sua implementação, problemas de falta de capacitação adequada, embora o propósito e o ambiente tenham sido bem atendidos? De forma nenhuma! Se assim fosse, a humanidade não teria atingido o estágio no qual estamos vivendo hoje! Muitas estratégias ambiciosas foram tentadas, algumas com sucesso compensador, em situações em que a capacitação não estava plenamente presente!

Esse problema, muito comum em empresas, tem solução mais simples: deve-se desenvolver e adicionar ao plano estratégico da instituição um tópico especial, chamado de plano de capacitação, em que as lacunas da capacitação identificadas para aquela estratégia devem ser preenchidas antes que a estratégia pretendida seja plenamente implementada.

Tal estratégia deverá ser desconsiderada somente se os custos de implantação excederem em muito os resultados esperados pela implementação do plano de capacitação ou se os riscos desta forem considerados exagerados.

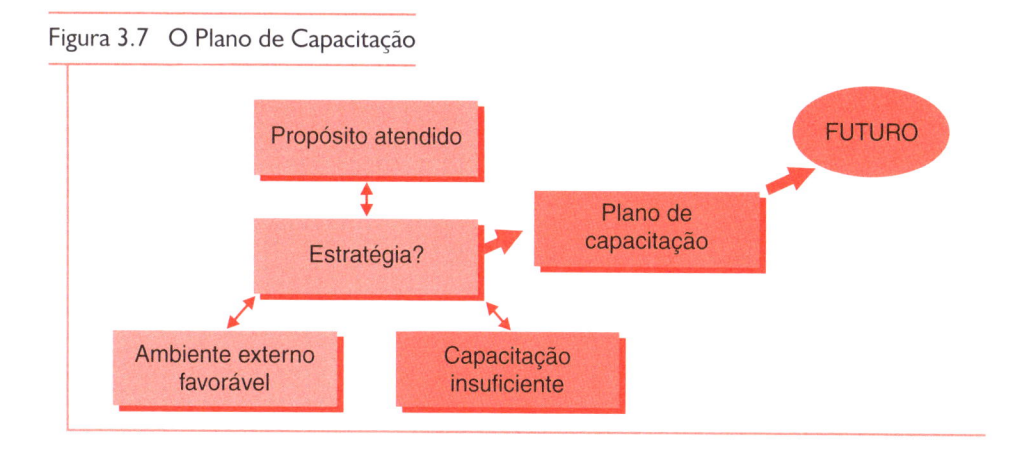

Figura 3.7 O Plano de Capacitação

O plano de capacitação deve especificar os passos e os meios para que a organização torne-se capacitada, dentro do prazo previsto, com um custo predeterminado e em condições pré-especificadas para a implementação da estratégia proposta.

Uma pergunta clássica, porém, pode nos acudir: "O que vem antes, a estratégia ou a capacitação?".

Fica claro que, no plano *conceitual*, é a estratégia que condiciona e antecede a capacitação, e não o contrário. No entanto, na seqüência de *execução*, a capacitação precisa anteceder a efetivação da estratégia.

3.5.2 E se o Ambiente For Desfavorável a uma Estratégia Proposta?

Deve-se descartar e abandonar uma boa estratégia só porque, em sua implementação, ela enfrentará problemas, bloqueios ou obstáculos no ambiente externo, embora o propósito e a capacitação estejam bem atendidos? Em princípio, *não*, apesar de a solução não ser tão simples como no tópico anterior. Mas, se as empresas agissem dessa forma, elas não teriam enfrentado e vencido tantas situações de impedimento legal, de proteções ou de bloqueios dos mais diversos para desenvolver seus negócios ou atividades.

Essa situação, entretanto, vai exigir uma reflexão mais cuidadosa. Haverá algum plano de ação possível que transforme, em um prazo razoável, as condições externas adversas atuais em novas condições menos restritivas, ou até favoráveis à implementação da estratégia proposta?

De modo geral, esses planos de ação, se existirem, são de implementação mais desafiante, demorada, onerosa e arriscada que os planos de capacitação mencionados anteriormente. Aqueles planos dependem apenas da empresa ou instituição, ao passo que estes dependerão de resultados que transcendem ao controle direto da empresa.

Assim, esses planos de ação só devem ser adotados se os benefícios esperados com a nova estratégia proposta superarem, em muito, o custo, os riscos, a demora e as ameaças de sua implementação. Caso contrário, essa estratégia deve ser descartada.

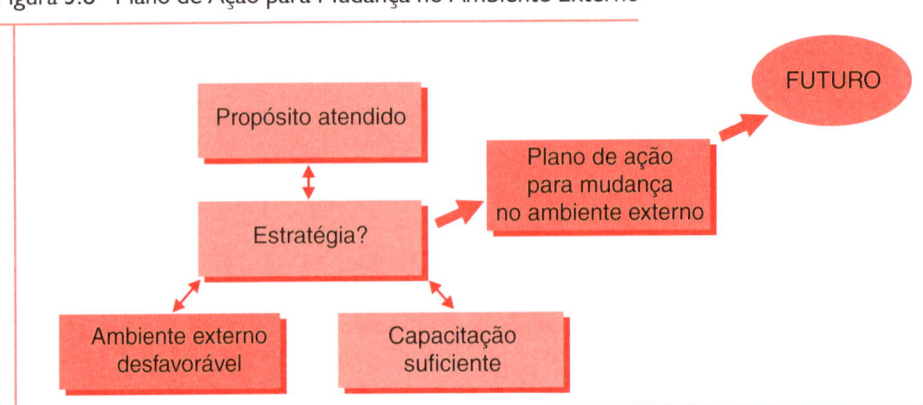

Figura 3.8 Plano de Ação para Mudança no Ambiente Externo

Além disso, esses planos de ação devem especificar os passos e os meios para que a organização consiga a transformação necessária no ambiente externo, com prazos, custos e condições predeterminados para a implementação da estratégia proposta.

Dessa forma, fica claro que, no *plano conceitual*, é a estratégia que condiciona as ações para transformações intencionais no ambiente externo, e não o contrário. No entanto, na seqüência de *execução*, a transformação no ambiente precisa anteceder a efetivação da estratégia.

3.5.3 E se a Estratégia Proposta Conflitar com Algum dos Elementos do Propósito?

Agora, uma pergunta mais difícil: deve-se descartar e abandonar uma boa estratégia só porque ela conflita com algum elemento do **propósito**, embora o **ambiente** e a **capacitação** sejam bem atendidos?

Se refletirmos em uma perspectiva histórica, de gerações, é possível citar casos de empresas e entidades que foram capazes de reformular um ou mais elementos de seu propósito para viabilizar estratégias muito boas, induzidas por ambientes e por capacitação muito favoráveis. Por exemplo, empresas foram capazes de redefinir sua abrangência para incorporar novos mercados mais promissores, ao passo que outras ousaram ampliar ou complementar sua missão para cobrir novas formas de atuação. Outras, ainda, embora mais raramente, reformularam a sua própria visão, em um processo chamado de *reinvenção da empresa*.

Quanto aos princípios e valores, sabe-se que é mais fácil agregar novos elementos do que descartar ou abandonar os antigos. Mas há situações tão específicas que exigiriam mudanças até nas crenças básicas para que novas estratégias pudessem ser implementadas na organização. Há muitos bons exemplos disso nas políticas de países, de organizações, de partidos políticos, de empresas e de ONGs.

O ideal seria que as empresas pudessem chegar a um consenso sobre as mudanças e adequação no seu propósito, como resultado de um acordo pacífico, sistemático e harmonioso, de reflexão estratégica do seu futuro. Mas a experiência tem mostrado que essas mudanças, embora muitas vezes sejam fundamentais para a sobrevivência da empresa, acabam ocorrendo somente após longos períodos de problemas, de crises internas e até da defecção daqueles que lhes opuseram mais resistência.

Às vezes, os que saem são os que querem as mudanças; outras vezes, os que resistem às mudanças são os que saem! No primeiro caso, os que saem tentam montar novo negócio já implementando as mudanças que queriam fazer na empresa anterior. Assim, eles vão concorrer com a empresa de onde saíram, com grande chance de sucesso, se suas idéias eram realmente boas. No segundo caso, os que ficam fazem as mudanças desejadas tentando "revitalizar" a empresa em novas direções estratégicas.

Havendo a percepção generalizada da necessidade premente de mudanças e condições para elaborar um plano de revisão e adequação do propósito da organização, ele deve ser incluído no grande processo de transformação estratégica, como ilustrado na Figura 3.9, a seguir:

Figura 3.9   Plano de Revisão e Adequação do Propósito

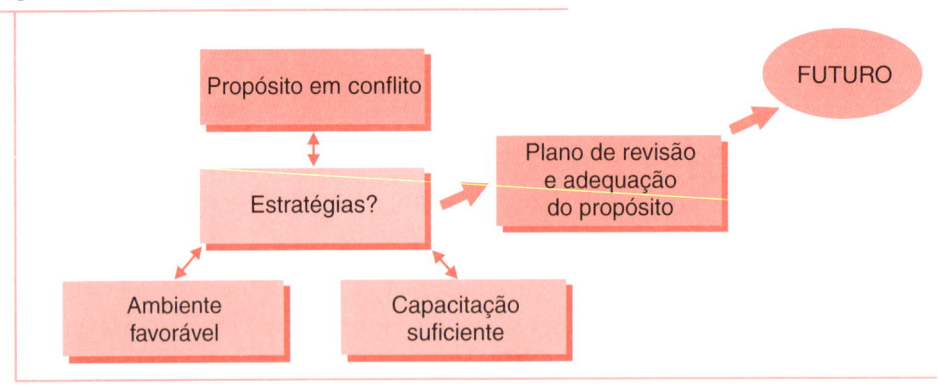

Esses processos são muito mais demorados, custosos e arriscados que os anteriores. Devem ser adotados somente se os benefícios esperados com a nova estratégia proposta superarem, em muito, o custo, os riscos, a demora e as ameaças da implementação das transformações necessárias, pois a experiência tem comprovado que mudanças culturais dificilmente ocorrem sem conflitos e sem um longo período de crise, de adequação e de adaptação. Uma ajuda externa pode valer a pena, neste caso.

3.5.4 Riscos da Não-mudança

Nos três casos anteriores, alertou-se para a relação entre os custos das mudanças requeridas e os benefícios esperados. No entanto, é importante, ao se fazer essa análise, considerar também os *riscos da não-mudança*. Isto é, não se pode comparar o desempenho com a nova estratégia proposta com os desempenhos presentes ou passados da organização, uma vez que estes poderão não se repetir no futuro.

É necessário, portanto, comparar o desempenho esperado com a estratégia proposta com aqueles resultados que seriam obtidos *caso a estratégia atual não fosse alterada*.

Em muitas empresas e instituições, existe enorme resistência a novas estratégias, considerando que elas implicarão menores resultados ou menor poder competitivo do que os tidos até então como "normais". Entretanto, deve-se considerar que poderá *não haver alternativa* em razão das mudanças inevitáveis e fora de controle nas condições de mercado ou do ambiente.

Termos-chave

Neste capítulo, vimos que a construção das estratégias de uma empresa ou instituição baseia-se em alguns conceitos fundamentais: o **propósito**, o **ambiente externo** e a **capacitação**.

O propósito de uma instituição é aquilo que ela gostaria de ser no futuro, a sua vontade, o seu desejo de ser e de agir. O propósito é representado pelos conceitos de **visão**, **missão**, **abrangência**, **princípios** e **valores** da instituição e, eventualmente, de sua **opção estratégica**.

Conceituamos **visão** como um modelo mental de um estado futuro altamente desejável, compartilhado pelos dirigentes e colaboradores da instituição.

A **missão** é a razão da existência da organização, e a **abrangência** é a cobertura pretendida para suas áreas de atuação.

Os conceitos de **princípios** e **valores** são alicerces que sustentam a construção e a validação de qualquer **estratégia** proposta. Também se falou do **trilema estratégico** e da **opção estratégica**.

O chamado **triângulo estratégico** foi uma forma esquemática de associar o **propósito** ao **ambiente externo** e à **capacitação** da instituição, relacionando-os às **estratégias** para a construção do futuro da organização.

Mostrou-se que, em condições excepcionais, é possível formular estratégias especiais em que um dos três vértices do triângulo não esteja satisfeito ou não esteja em condições favoráveis. Essas situações são aquelas que exigem **planos de ação** específicos para minorar as lacunas antes de implementar efetivamente a estratégia escolhida.

Questões

1. Explique por que as organizações deveriam investir seu tempo tentando construir formulações compartilhadas de **visão**, **missão**, **princípios**, **valores** e **opção estratégica**. Explique quais são as conseqüências possíveis de não se fazer isso.

2. Dê exemplos e explique a diferença entre **visão** e **missão** e entre **princípios** e **valores**.

3. O que vem primeiro: a **capacitação** ou a **estratégia**? É a capacitação que condiciona a estratégia ou a estratégia que condiciona a capacitação? Por quê?

4. Quais são os três aspectos mais importantes que condicionam a formulação de boas estratégias? Como eles se relacionam com elas?

5. É possível implantar uma boa **estratégia** em situações conflitantes com os **valores** ou com os **princípios** da organização? Como e em que condições isso é conveniente? E como isso seria possível?

4

Gestão Estratégica

TÓPICOS

- Diagnóstico da Situação Estratégica • Prontidão Estratégica •
- Gestão Estratégica • Direcionamento Estratégico •
- Sistema de Vigilância Estratégica •

APRESENTAÇÃO

O objetivo deste capítulo é mostrar os conceitos básicos de **gestão estratégica** e os pontos nos quais ela difere do processo tradicional de **planejamento estratégico**, ainda adotado por algumas organizações.

A princípio, apresentamos o conceito de **diagnóstico estratégico**, apontando como se faz um processo formal e estruturado de **avaliação da situação estratégica** da empresa ou da entidade.

Veremos também que, antes de qualquer processo de revisão estratégica, é preciso que se avalie, previamente, o grau de prontidão da instituição para se envolver em uma intervenção de envergadura.

Introduzimos uma conceituação formal de gestão estratégica, além de mostrar sua importância como instrumento para fomentar o crescimento e assegurar a sobrevivência das organizações. Como veremos neste capítulo, é a gestão estratégica que permite à organização adaptar sua maneira de ser, entendendo, aproveitando e antecipando-se às transformações em seu ambiente interno e externo.

Abordamos os principais direcionamentos estratégicos decorrentes de avaliações das lacunas diagnosticadas: a gestão da **estratégia competitiva**, a do **portfólio**, a da **flexibilidade** e **vulnerabilidade** e a da **capacitação**.

Finalmente, mostramos o que é e como se implanta uma sistemática de acompanhamento e de vigilância dos temas de importância estratégica para a organização, chamados de **temas estratégicos**.

Legenda: Capítulos já estudados | Capítulo em estudo | Capítulos ainda não lidos

Introdução

Parte I — Motivação
1. Motivações para a Estratégia
2. Desafios para a Estratégia

Parte II — Conceituação
3. Conceitos Básicos de Estratégia
4. Gestão Estratégica
5. Transformação Estratégica

Parte III — Análise
6. Análise do Ambiente Externo
7. Análise da Turbulência e da Vulnerabilidade
8. Análise do Ambiente Interno

Parte IV — Formulação
9. Representação do Portfólio
10. Estratégias de Balanceamento do Portfólio
11. Formulação das Estratégias
12. Capacitação Estratégica

Parte V — Implantação
13. O Plano Estratégico
14. Metodologia do Planejamento Estratégico
15. *Workshop* de Planejamento Estratégico
16. Implantação da Gestão Estratégica

Parte VI — Aprofundamento
17. Formulação de Estratégias via Teoria dos Jogos
18. Jogos de Empresas para Capacitação Estratégica e Simulação Gerencial
19. Ferramentas para Planejamento e para Gestão Estratégica
20. Aplicações e Práticas da Gestão Estratégica

É grande a diferença entre **gestão estratégica** e os processos tradicionais de **planejamento estratégico** de longo prazo. Em oposição ao processo tradicional, a moderna gestão é uma forma de acrescentar novos elementos de reflexão e ação sistemática e continuada, conduzida e suportada pelos administradores da organização, a fim de avaliar a situação, elaborar projetos de mudança estratégica e acompanhar e gerenciar os passos de implementação.

O Tópico 20.1, no Capítulo 20, apresenta Sete Dimensões do Diagnóstico Estratégico, que reúnem questionários os quais podem ser usados com eficácia para uma avaliação diagnóstica circunstanciada da empresa ou da entidade.

4.1 Diagnóstico da Situação Estratégica

A avaliação da situação estratégica de uma instituição pode comparar-se à de alguém que comparece a um consultório médico com algumas queixas, preocupações e dúvidas sobre sua saúde.

Nesse caso, o médico segue o padrão estabelecido, que é observar, examinar, pedir exames detalhados e fazer perguntas para avaliar os problemas reais que afligem o paciente. Muitas vezes, este transmite ao médico suas impressões e até convicções bem firmadas. É comum dizer coisas como: "eu acho que tenho isto", "minha mulher diz que eu tenho aquilo", "meu pai também tinha esse problema...". Ou, pior ainda: "já estou tomando um remédio, por sugestão de um amigo, que sentia a mesma coisa...". Assim, involuntariamente, o paciente pode passar ao médico "falsas pistas", que dificultam o diagnóstico e, conseqüentemente, a terapia.

Em estratégia, o diagnóstico empresarial é, como no exemplo anterior, um processo formal e estruturado que procura avaliar a existência e a adequação das estratégias vigentes na organização relativamente ao andamento de transformações para a construção do seu futuro. Avalia também se as estratégias seguidas estão surtindo o efeito que se esperava ao adotá-las.

Um bom diagnóstico deve verificar, ao menos, elementos como: a competitividade da empresa ou da entidade; o seu portfólio de serviços ou produtos; a flexibilidade em relação às mudanças; o grau de vulnerabilidade em relação às ameaças; a sua capacitação para implementar as transformações necessárias; a disponibilidade de recursos estratégicos; os processos de desenvolvimento e de inovação; a sua estrutura de poder e de liderança; o tratamento que é dado aos temas societários; o acompanhamento e o tratamento dos temas e problemas estratégicos da organização; os seus processos para projetar e construir o futuro da organização.

Uma resposta satisfatória a *todos* esses itens indica que a empresa possui um direcionamento estratégico sadio. Entretanto, a ausência de respostas precisas ou a presença de itens duvidosos, em um ou mais dos tópicos anteriores, pode dar pistas da existência de problemas que devem ser investigados, encaminhados e tratados convenientemente no plano estratégico da instituição.

O Tópico 20.1.1 apresenta uma lista formal de perguntas cujas respostas podem dar suporte à entidade no autodiagnóstico da sua **situação estratégica**.

4.2 Prontidão Estratégica

Prosseguindo com a comparação médica usada na seção anterior, uma vez detectada a existência de uma doença grave — que exija, por exemplo, uma cirurgia, com anestesia geral e tudo o mais —, é hora de o médico avaliar o **grau de prontidão** do paciente para ser submetido a tal intervenção.

Uma nova bateria de exames, eventualmente, será necessária para avaliar se o paciente está em condições de suportar uma anestesia geral, uma cirurgia que implica riscos, se tem um bom índice de coagulação e se terá um pós-operatório e uma convalescença segura.

Caso o quadro geral do paciente não seja considerado satisfatório e o risco da cirurgia seja muito alto, é hora de consultar a família e decidir, conjuntamente, se é melhor adiar a operação e começar um processo rigoroso de preparação do paciente, até que os parâmetros vitais para assegurar o sucesso na intervenção sejam alcançados.

Dependendo da gravidade do caso, o médico muitas vezes se recusa a indicar uma cirurgia imediata, principalmente se não estiver seguro de possuir condições razoáveis de sucesso. É o que acontece — ou o que deveria acontecer — nas empresas. Muitas vezes, os analistas e os consultores estão mais do que convencidos de que a instituição tem problemas estratégicos muito graves, mas não está em condições de entrar em um processo de intervenção — por um ou mais dos quesitos citados a seguir. Esse exame é chamado de **avaliação da prontidão estratégica**.

Uma boa avaliação da prontidão estratégica deve examinar, ao menos, os seguintes elementos: a dedicação e a atenção da direção da empresa relativamente ao futuro; as ações da alta administração para sanar eventuais lacunas estratégicas que possam existir; a atenção da direção da empresa às grandes mudanças estratégicas que podem afetar positiva ou negativamente os negócios ou atividades da organização; a inexistência de obstáculos institucionais, regulamentares e estatutários que possam bloquear o pensamento e as ações estratégicas; a inexistência de obstáculos culturais, de "verdades absolutas" e paradigmas enraizados que possam bloquear a percepção de oportunidades ou ameaças; a disposição da organização para questionar e rever as suas "verdades" e convicções do presente e do passado; a ausência de uma cultura de sucesso garantido no passado; a existência de comunicações internas rápidas, horizontal, vertical e diagonalmente; a existência de uma cultura organizacional; a existência de um sistema congruente de reconhecimento e de recompensa aos colaboradores da organização, que reforce os alegados princípios, valores, visão, missão e estratégias da instituição; a antecipação, a identificação, o processamento e o atendimento das necessidades dos clientes ou do público-alvo.

Respostas francas e favoráveis, em *todos* os itens anteriores, indicam que a empresa está pronta e preparada para implementar uma gestão estratégica moderna e efetiva.

Entretanto, a ausência de respostas favoráveis ou a presença de itens duvidosos, em um ou mais dos tópicos citados, podem indicar a existência de problemas de falta de **prontidão estratégica**, os quais devem ser esmiuçados, investigados, encaminhados e tratados, eficazmente, antes de se implementar a gestão estratégica na organização.

O Tópico 20.1.2 apresenta uma lista formal de perguntas cujas respostas podem dar suporte à entidade no autodiagnóstico da sua prontidão estratégica.

4.3 Gestão Estratégica

Como dissemos, há uma grande diferença entre **gestão estratégica** e **planejamento estratégico** tradicional. Essa distinção é decorrente da observação, da experiência e da constatação de muitos analistas, executivos e consultores de que planos elaborados pelas empresas mais famosas do mundo, ou pelos consultores mais experientes, acabam sendo engavetados, sem nunca se tornarem realidade, e caindo no esquecimento, quando não no descrédito.

Sabe-se que não basta fazer um bom plano. Por melhor que ele seja, é apenas uma parte, até pequena, do sucesso de qualquer **transformação estratégica**. As principais dificuldades de implantação das mudanças estratégicas não dizem respeito tanto à qualidade do plano propriamente dito, mas às pré e às pós-condições de sua elaboração, à forma pela qual se conduz o processo de pensar e renovar a organização e à maneira de implementar e acompanhar, gerencialmente, as decisões expressas no plano.

Figura 4.1 O Falso Dilema: Planejamento Estratégico ou Gestão Estratégica?

O conceito de gestão estratégica é muito mais abrangente que o de planejamento estratégico: ele engloba desde as avaliações de diagnósticos e de prontidão, a estruturação do processo de planejar e formular um propósito compartilhado para a organização, a escolha de estratégias, a fixação de metas e desafios, até a atribuição de responsabilidades para o detalhamento dos planos e projetos e para conduzir e acompanhar as etapas de sua implantação. Inclui, também, processos formais de revisão dos planos para mantê-los sempre adequados às realidades externas e internas da organização.

Quando o processo e a metodologia de trabalho são adequados, consegue-se o envolvimento e o comprometimento de todos aqueles que têm uma contribuição efetiva na elaboração e na execução das transformações necessárias. Assim, as pessoas e os processos deixam de ser parte do problema para ser parte da solução.

> Assim, formalmente, podemos conceituar **gestão estratégica** como o processo sistemático, planejado, gerenciado, executado e acompanhado sob a liderança da alta administração da instituição, envolvendo e comprometendo todos os gerentes e colaboradores da organização.

> Quanto à finalidade, a **gestão estratégica** visa a assegurar o crescimento, a continuidade e a sobrevivência da instituição por meio da adaptação contínua de sua estratégia, de sua capacitação e de sua estrutura, possibilitando-lhe enfrentar as mudanças observadas ou previsíveis no seu ambiente externo ou interno, antecipando-se a elas.

4.4 Direcionamento Estratégico

Um bom **diagnóstico estratégico** dá indicações para algumas escolhas e, principalmente, para o estabelecimento das *prioridades de ação*. Às vezes, as lacunas são tantas e tão diversificadas que é difícil escolher por onde começar e que seqüência seguir, em um processo de transformação estratégica. Existem algumas seqüências que promovem e impulsionam o sucesso da implantação, ao passo que outras podem criar situações de descompasso, de bloqueios, de conflitos e até de crise nas organizações. Escolher a seqüência mais adequada em cada caso é uma arte que poucas empresas têm sabido executar com sucesso.

Exemplificando, os médicos sabem optar entre tratar uma úlcera no estômago, uma unha encravada ou uma parada cardíaca. Embora as três situações constituam problemas de saúde a serem enfrentados, elas não têm a mesma prioridade.

Analogamente, o **direcionamento estratégico** é um processo que permite selecionar as prioridades em função da gravidade dos problemas enfrentados pela organização e estabelecer uma seqüência lógica nos processos de intervenção, começando pelos problemas diagnosticados como os mais importantes e mais graves para o crescimento e a sobrevivência da organização.

Não se deve entender, porém, que o direcionamento estratégico é recomendado unicamente para resolver problemas e eliminar lacunas. Empresas e entidades sem grandes problemas ou lacunas relevantes *também* devem fazer a sua **gestão estratégica**, justamente para evitá-los — ou melhor, para aproveitar, a tempo, as oportunidades, as mudanças, as descontinuidades ou as tendências que forem percebidas ou vislumbradas no horizonte.

Voltando à analogia do médico, está provado que a medicina mais barata e mais eficaz é a medicina preventiva, aquela que procura evitar a doença em vez de esperar que ela se instale para, depois, tentar curá-la. Uma vacina custa muito menos do que um antibiótico. Analogamente, a gestão estratégica deve ser preferencialmente *preventiva*, justamente para evitar futuros problemas estratégicos, operacionais e até administrativos. Obviamente, os problemas já instalados precisam ser tratados, como na medicina curativa, mas isso não deve ser o prioritário neste processo.

Enumeramos, a seguir, algumas alternativas de prioridade no direcionamento estratégico de uma organização, escolhidas em função da intensidade, tendência, gravidade e urgência no tratamento de lacunas ou de oportunidades detectadas.

Ressalte-se que essa lista é meramente ilustrativa. Nos casos reais, o leque de opções pode ser bem maior, levando a direção da instituição a uma avaliação criteriosa sobre por onde e como começar, pois, nos casos mais graves, não será possível tratar, de imediato e simultaneamente, todos os problemas estratégicos da empresa ou instituição.

4.4.1 Gestão da Estratégia Competitiva

Um dos primeiros pontos de concentração no direcionamento estratégico é uma avaliação da **competitividade** da organização. Entende-se, classicamente, como competitividade o resultado de uma disputa da instituição em confronto com seus concorrentes na busca da preferência de seus clientes, do seu público-alvo ou do seu mercado. O mesmo conceito de competitividade também pode ser aplicado na disputa pela obtenção das melhores fontes de recursos — de pessoas, de matérias-primas, de tecnologias, de recursos financeiros — para suas operações.

Não se pode, entretanto, defini-la apenas como o resultado objetivo de uma disputa, pois este somente poderia ser avaliado *a posteriori*. Na realidade, o conceito de competitividade deve estar associado às condições que *precedem* aos resultados.

Por exemplo, uma empresa não competitiva pode ter bons resultados em um mercado no qual os concorrentes sofrem barreiras indevidas. A curva de vendas e de lucros das empresas brasileiras protegidas durante os anos de reserva de mercado escondeu a nossa falta de competitividade. Mesmo nesse caso, a competitividade real poderia ter sido medida de diversas maneiras e, se identificada como baixa, teriam surgido alertas às empresas sobre as mudanças que deveriam ser implementadas, mesmo quando as vendas e os lucros apresentavam-se, ilusoriamente, muito favoráveis.

> Com essas considerações, define-se **competitividade** como o resultado — positivo ou negativo — de um confronto real ou potencial, atual ou futuro, da empresa ou instituição, com suas concorrentes reais ou potenciais, em uma disputa pela preferência da sua clientela ou de seu público-alvo, em um ambiente de livre concorrência.

Uma das melhores ferramentas para medir a competitividade é o *benchmarking*, técnica que permite avaliar, com objetividade, o seu produto, serviço ou processo contra os melhores do ramo, na região, no país e no mundo. Alta competitividade indica que o resultado da disputa, real ou potencial, atual ou futura, é predominantemente favorável à organização; baixa competitividade indica o oposto.

Alguns tópicos servem para orientar uma avaliação da competitividade da organização: as mudanças drásticas no ambiente competitivo; a atenção da direção da instituição às mudanças e às providências necessárias; os novos concorrentes chegando no mercado; os fatores-chave de sucesso na competitividade mudando rapidamente; as jogadas audaciosas dos competidores, ameaçando as atividades da organização; as mudanças nas atitudes, preferências ou hábitos dos clientes; os lançamentos de novos produtos ou serviços no mercado, com os quais a organização não está preparada para concorrer; as variações significativas na sua participação no mercado; a existência de condições que impedem a livre concorrência, como regulamentações, barreiras a importações e exportações, práticas antiéticas de mercado.

Respostas francas e favoráveis, em *todos* os itens anteriores, indicam que a empresa está pronta e preparada para implementar uma gestão estratégica moderna e efetiva. Entretanto, a ausência de respostas favoráveis ou a presença de itens duvidosos, em um ou mais dos tópicos anteriores, podem indicar a existência de problemas estratégicos graves na área da competitividade, os quais devem ser esmiuçados, investigados, encaminhados e tratados convenientemente, em um processo de revisão estratégica.

O Tópico 20.1.3 apresenta uma lista formal de perguntas cujas respostas podem dar suporte à entidade no autodiagnóstico da sua **estratégia competitiva**.

O processo de transformação organizacional resultante dessa análise é chamado de **gestão da estratégia competitiva**, assunto que será tratado no Capítulo 11.

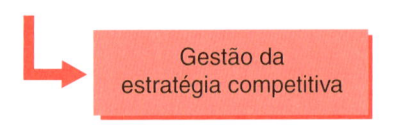

> Gestão da estratégia competitiva

4.4.2 Gestão Estratégica do Portfólio

O segundo ponto estratégico aqui descrito é uma avaliação do direcionamento do **portfólio** da instituição. Embora os conceitos relacionados a esse assunto sejam descritos detalhadamente nos Capítulos 9 e 10, é importante dizer que o portfólio é o conjunto das áreas estratégicas de atuação da empresa em seu mercado ou da instituição frente a seu público-alvo. E que cada **área estratégica** é uma *combinação particular de produto ou serviço com um segmento de mercado ou de público-alvo*, para a qual a instituição decide planejar estratégias específicas.

Um portfólio bem balanceado deve ser constituído por um conjunto de áreas estratégicas que tenham condições de assegurar rentabilidade, caixa e resultados para sustentar a organização no futuro, remunerar seus investimentos e impulsionar aqueles segmentos inovadores e promissores que garantirão o sucesso da organização a longo prazo.

Um portfólio problemático, por sua vez, pode estar constituído de áreas estratégicas excessivamente diversificadas e/ou com baixa sinergia interna. Alternativamente, todas elas podem estar concentradas, por exemplo, em um único tipo de produto ou serviço, em uma única tecnologia, em um único mercado ou público-alvo, ou sob um mesmo fator de risco.

Os fatores que servem de alerta para orientar uma avaliação do portfólio da empresa são: baixas perspectivas de crescimento e de volumes; baixas perspectivas de obtenção de resultados de longo prazo; novas oportunidades demandando escolhas difíceis para investimentos em novas atividades; existência de atividades e negócios antigos, históricos, demandando recursos e atenção da direção, sem nenhuma perspectiva real de voltarem a produzir resultados compensadores; existência de conflitos pela disputa de recursos de investimentos em novos negócios de futuro duvidoso; existência de investimentos agressivos em novos negócios, com indicações de que eles nunca venham a dar um retorno compensador; eventual concentração das áreas estratégicas em uma única fase do ciclo de vida ou em um único tipo de risco.

A inexistência de respostas desfavoráveis, em *todos* os itens anteriores, indicam que a empresa está pronta e preparada para gerir adequadamente o seu portfólio estratégico. Entretanto, a presença de respostas desfavoráveis ou a presença de itens duvidosos, em um ou mais dos quesitos anteriores, podem indicar a existência de problemas estratégicos graves na gestão do seu **portfólio**, os quais deverão ser esmiuçados, investigados, encaminhados e tratados convenientemente, em um processo de revisão estratégica.

O Tópico 20.1.4 apresenta uma lista formal de perguntas cujas respostas podem dar suporte à entidade no autodiagnóstico da **estratégia do portfólio**.

O processo de transformação organizacional resultante dessa análise é chamado de **gestão estratégica do portfólio**, assunto tratado no Capítulo 10.

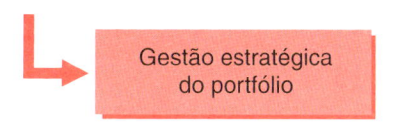

→ Gestão estratégica do portfólio

4.4.3 Gestão da Flexibilidade e da Vulnerabilidade

Outro ponto importante no direcionamento estratégico é uma avaliação da **flexibilidade** da organização para enfrentar ameaças e riscos e o seu **grau de vulnerabilidade** a esses fatores negativos.

A experiência e a história têm mostrado que a sobrevivência das organizações pode estar ligada muito mais à sua flexibilidade e agilidade para enfrentar desafios e ameaças do que ao seu grande porte, à sua liquidez ou estabilidade, ou ao seu poder e domínio do mercado. Alguns cientistas dizem que a nossa barata caseira, frágil animalzinho, foi contemporânea dos dinossauros. Elas, porém, estão aí até hoje, assustando as pessoas, ao passo que os dinossauros só são encontrados em livros, museus e filmes...

Alguns tópicos que servem para orientar uma avaliação da flexibilidade e da vulnerabilidade de uma instituição são: existência de mudanças muito rápidas, para direções incertas; novas leis e regulamentações no setor em que a organização atua; riscos e turbulências potenciais no ambiente externo da organização; grandes oportunidades no horizonte, cujo aproveitamento depende de decisões e providências urgentes a serem tomadas; eventual concentração das atividades, dos mercados ou dos recursos sob um mesmo fator de risco; inexistência de processos e métodos de criação, desenvolvimento e maturação de novos produtos; existência de um perfil de colaboradores da organização em condições de executar mudanças rápidas de produtos, serviços, mercados ou público-alvo, sem necessidade de custosas e demoradas contratações.

Respostas francas e favoráveis, em *todos* os itens anteriores, indicam que a organização está pronta e preparada para implementar uma gestão estratégica moderna e efetiva. Entretanto, a ausência de respostas favoráveis ou a presença de itens duvidosos, em um ou mais dos tópicos anteriores, podem indicar a existência de problemas estratégicos graves quanto à flexibilidade e à vulnerabilidade, os quais devem ser esmiuçados, investigados, encaminhados e tratados convenientemente, em um processo de revisão estratégica.

O Tópico 20.1.6 apresenta uma lista formal de perguntas cujas respostas podem dar suporte à entidade no autodiagnóstico da sua flexibilidade e vulnerabilidade.

O processo de transformação organizacional resultante dessa análise é conhecido como **gestão da flexibilidade e da vulnerabilidade**, assunto que será tratado no Capítulo 7.

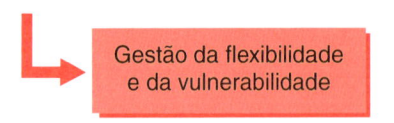

> Gestão da flexibilidade e da vulnerabilidade

4.4.4 *Gestão Estratégica da Capacitação*

O último ponto de concentração no direcionamento estratégico aqui descrito é uma avaliação estratégica da **capacitação organizacional**. Entende-se como capacitação o grau de preparo e adequação da organização para atender seu mercado ou público-alvo, atual e futuro, e executar as ações estratégicas necessárias para isso.

Alguns tópicos que servem para orientar essa avaliação são: eventuais dificuldades de cumprir as novas estratégias; eventuais deficiências ou inadequações na competência do corpo dirigente, gerencial e profissional; eventual inexistência de um processo eficaz de desenvolvimento de fornecedores e de produtos; inexistência de sistemas eficazes de comunicação e de informações, instalações físicas, máquinas e equipamentos em quantidade, qualidade e atualização tecnológica exigidas pelos produtos e serviços da organização; inexistência ou inadequação de métodos, processos e sistemas para execução racional das atividades comerciais, produtivas e administrativas; falta de disposição dos profissionais e gerentes da organização para aprender continuamente e para compartilhar o seu aprendizado com seus subordinados.

Respostas francas e favoráveis, em *todos* os itens anteriores, indicam que a organização está pronta e preparada para implementar uma gestão estratégica moderna e efetiva. Entretanto, a ausência de respostas favoráveis ou a presença de itens duvidosos, em um ou mais dos tópicos anteriores, podem indicar a existência de problemas estratégicos graves na área da capacitação, os quais devem ser esmiuçados, investigados, encaminhados e tratados convenientemente, em um processo de revisão estratégica.

O Tópico 20.1.5 apresenta uma lista formal de perguntas cujas respostas podem dar suporte à entidade no autodiagnóstico da sua capacitação estratégica.

O processo de transformação organizacional resultante dessa análise é chamado de gestão da estratégia de capacitação, assunto tratado no Capítulo 12.

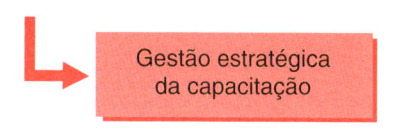

↳ Gestão estratégica da capacitação

4.5 Sistema de Vigilância Estratégica

Deve fazer parte do equipamento de gestão estratégica de uma organização um processo formal de observar, perscrutar, acompanhar, questionar e vasculhar o horizonte, no tempo e no espaço, à procura de possíveis riscos e oportunidades que possam exigir, oportunamente, ações antecipadas e respostas estratégicas ou contramedidas da organização. Esse sistema é chamado de sistema de vigilância estratégica.

O sistema de vigilância estratégica trabalha com o conceito de tema estratégico, itens ou temas que devem ser acompanhados continuamente pela alta administração da empresa ou da entidade.

> Tema estratégico é um evento, descontinuidade ou tendência, no ambiente externo da instituição, de âmbito local, regional, nacional ou mundial, esperado ou temido para o futuro, o qual, embora de baixa probabilidade, caso venha a ocorrer, poderá afetar significativamente as atividades da organização, de maneira negativa ou positiva.

Como ilustração, pode-se entender um tema estratégico como aquele indício de nuvens negras no horizonte, que, caso se transformem em tempestades, poderão criar grandes turbulências, acidentes ou inundações.

Um tema estratégico pode ter origem, por exemplo, em um projeto de lei que esteja sendo examinado no Congresso Nacional, na Assembléia Estadual, ou na Câmara de Vereadores, e que, se aprovado, poderá impactar os negócios ou atividades da instituição. Pode ser, também: um boato de que um grande concorrente internacional está cogitando entrar — ou sair — do país; rumores de que o preço de um produto essencial ao negócio ou atividade pode vir a sofrer variação substancial, tanto para cima como para baixo; notícias de longas negociações entre grandes blocos econômicos, podendo desaguar, no futuro, em maior integração política ou comercial entre países ou regiões; informes de que uma nova tecnologia está sendo estudada e testada em laboratórios e que, se bem-sucedida, poderá mudar significativamente nosso negócio ou atividade, ou o de nossos clientes, o de nossos concorrentes ou o de nossos fornecedores.

Esses temas podem estar, ainda, em estágio embrionário, no momento da elaboração dos planos estratégicos. Assim, não há como incluí-los formalmente, como projetos específicos e planos de ação detalhados, no plano estratégico da organização. Entretanto, em razão de sua importância, não devem ser negligenciados por serem eventos considerados *pouco prováveis*. Os eventos *pouco prováveis*, mas de *alto impacto* possível — tanto os positivos como os negativos — devem merecer a maior atenção dos gestores estratégicos.

Como os temas estratégicos podem colocar em risco o crescimento ou até a sobrevivência da organização, eles merecem monitoramento e vigilância contínuos, no mais alto nível da instituição, devendo fazer parte da sua agenda permanente.

Quando a direção da instituição perceber que a probabilidade, a gravidade ou o grau de impacto de um tema estratégico específico merece cuidados especiais e ações concretas, além da simples vigilância, devem ser desenvolvidos planos contingentes para lidar com ele, tanto para as ameaças como para as oportunidades. Nessa situação, o item deve merecer algum plano de ação dentro do plano estratégico da organização, aumentando-se a vigilância sobre ele, conforme será tratado no Capítulo 7.

Assim, a lista de temas estratégicos deve ser continuamente cotejada e atualizada, para incluir novos tópicos ou eliminar aqueles que se mostraram como "falsos alarmes", gerando apenas desconfianças ou preocupações infundadas.

Apresentamos, a seguir, uma lista meramente ilustrativa de temas estratégicos que poderiam fazer parte do cotidiano de uma organização genérica, de âmbito nacional:

- evoluções (des)favoráveis do Mercosul ou da Alca;
- crescimento da crise no Oriente Médio, com riscos de conflitos e guerras;
- comércio eletrônico substituindo rapidamente o comércio tradicional;
- pressão popular ou internacional aumentada para maior proteção ao meio ambiente, bloqueando ou dilatando a implantação de novos negócios, novas atividades ou novos empreendimentos;
- novas fusões e aquisições entre corporações multinacionais, ou nacionais, afetando negócios ou atividades;
- ensino à distância substituindo o ensino tradicional;
- saída dos grandes centros urbanos, motivada pelo caos das grandes metrópoles, resultando em interiorização crescente do mercado, do público-alvo ou da produção;
- queda progressiva do emprego formal, levando os consumidores a evitarem, na medida do possível, compromissos financeiros de médio ou de longo prazo;
- unificação alfandegária, comercial, ou monetária, no âmbito regional, ou continental etc.

O Tópico 20.1.7 apresenta uma lista formal de perguntas cujas respostas podem dar suporte à entidade no autodiagnóstico da sua vigilância estratégica.

Termos-chave

Neste capítulo, mostramos que os conceitos básicos de **gestão estratégica** diferem do processo tradicional de **planejamento estratégico** ainda adotado por algumas organizações.

A **gestão estratégica** é uma forma eficaz de estimular o crescimento e garantir a sobrevivência da organização, no seu processo de adaptação às transformações no seu ambiente externo e interno.

Um processo formal e estruturado para avaliar uma organização, chamado de **diagnóstico da situação estratégica**, é fundamental, antes de se iniciar uma intervenção estratégica.

Antes de qualquer processo de revisão estratégica, é necessário que se avalie o grau de **prontidão estratégica** da instituição para se envolver em uma intervenção de envergadura.

A estratégia deve ser direcionada, primordialmente, pelos resultados dos **diagnósticos estratégicos**. Ela pode contemplar tópicos como **gestão da estratégia competitiva**, do **portfólio**, da **flexibilidade** e da **vulnerabilidade**, da **capacitação**, entre outras.

Finalmente, foi mostrado o que é e como se implanta uma sistemática de monitoramento e vigilância dos temas de importância estratégica para a organização, chamados de **temas estratégicos**.

Questões

1. O que é **diagnóstico estratégico**? Como é feito e por que é tão importante antes de se iniciar um processo de intervenção estratégica? Dê exemplos.

2. O que é a avaliação da **prontidão estratégica**? Como é feita e por que é tão importante fazê-la antes de se iniciar um processo de intervenção estratégica? Dê exemplos.

3. Quais são as diferenças fundamentais entre o processo clássico de **planejamento estratégico** e a moderna **gestão estratégica**? Por que, e em quais condições, a moderna gestão estratégica é superior ao processo clássico de planejamento estratégico?

4. Em uma intervenção estratégica, o que você faria primeiro: implantaria a gestão da capacitação, a gestão da estratégia competitiva, a gestão da flexibilidade e da vulnerabilidade ou a gestão estratégica do portfólio? Justifique.

5. Em um coquetel, você ouviu, em uma conversa, que certa multinacional está decidida a comprar uma empresa nacional que você conhece e que está relacionada aos seus negócios. Não há nenhuma comprovação disso, claro. Mas, se realmente isso vier a acontecer, poderia alterar bastante o ambiente competitivo da sua empresa. Nesse caso, como você trataria desse assunto no processo de gestão estratégica da organização?

5
Transformação Estratégica

Tópicos

- Fase Pioneira • Fase do Crescimento •
- Fase da Maturidade • Readequação Estratégica •
- Transformação Contínua •

Apresentação

O objetivo deste capítulo é apresentar um quadro ilustrativo do processo de evolução estratégica de uma organização qualquer.

Inicialmente, descrevemos a **fase pioneira**, quando uma necessidade básica a ser suprida é detectada por um empreendedor, uma organização ou um grupo de pessoas. Ao implantar um novo negócio ou atividade, a organização encontra-se, naturalmente, alinhada com as necessidades observadas, e sua estratégia está adequada ao ambiente, embora possam existir lacunas de **capacitação**.

Neste capítulo, mostramos como, com o passar dos anos, as condições do **ambiente externo** vão se alterando paulatinamente — ou drasticamente — e fazendo que a forma de agir da organização em relação a esse ambiente acabe se tornando cada vez mais desalinhada com o seu mercado ou o seu público-alvo.

Constatada essa situação, torna-se necessária uma revisão profunda da organização, visando a transformar sua **estratégia**, sua **capacitação** e até sua **estrutura**, levando-a à readequação de sua forma de ser e de agir.

Finalmente, explanamos sobre o fato de que, com as mudanças cada vez mais rápidas, torna-se necessário implementar um processo de mudanças contínuas na organização, que é, em essência, o que caracteriza a **gestão estratégica** nas modernas empresas e entidades.

Legenda: Capítulos já estudados | Capítulo em estudo | Capítulos ainda não lidos

- Introdução

Parte I — Motivação
1. Motivações para a Estratégia
2. Desafios para a Estratégia

Parte II — Conceituação
3. Conceitos Básicos de Estratégia
4. Gestão Estratégica
5. Transformação Estratégica

Parte III — Análise
6. Análise do Ambiente Externo
7. Análise da Turbulência e da Vulnerabilidade
8. Análise do Ambiente Interno

Parte IV — Formulação
9. Representação do Portfólio
10. Estratégias de Balanceamento do Portfólio
11. Formulação das Estratégias
12. Capacitação Estratégica

Parte V — Implantação
13. O Plano Estratégico
14. Metodologia do Planejamento Estratégico
15. *Workshop* de Planejamento Estratégico
16. Implantação da Gestão Estratégica

Parte VI — Aprofundamento
17. Formulação de Estratégias via Teoria dos Jogos
18. Jogos de Empresas para Capacitação Estratégica e Simulação Gerencial
19. Ferramentas para Planejamento e para Gestão Estratégica
20. Aplicações e Práticas da Gestão Estratégica

Mudanças nas organizações abrem, geralmente, novas perspectivas para alguns, mas também criam constrangimentos para outros, ameaçando posições consagradas, criando aborrecimentos e provocando medos, tensões e conflitos. Como em nossa vida pessoal ou familiar, elas também podem ser desagradáveis, indesejáveis, custosas e arriscadas nas empresas.

Não é de estranhar, portanto, que as mudanças sempre encontrem opositores, que, muitas vezes, levantem resistências e obstáculos praticamente intransponíveis. Mesmo assim, as organizações estão mudando muito, e cada vez mais rapidamente!

Aquelas que não perceberem a necessidade de mudança, as que não tiverem condições ou disposição para mudar o que precisa ser mudado, ou aquelas que mudarem, mas na direção errada, podem acabar ficando isoladas e perdendo-se do seu mercado, ou do seu público-alvo, ou de ambos. Em casos extremos, elas correm o risco até de deixar de existir, sendo engolidas por outras, ou mesmo — embora não raramente — fechando as suas portas!

5.1 Fase Pioneira

Quando um empresário ou um grupo de pessoas decide abrir um novo negócio ou iniciar uma nova atividade, seja ela qual for, de qualquer natureza, usam sempre alguma forma de sinalização percebida por eles no ambiente em que atuam ou pretendem atuar. Essas sinalizações podem partir de algumas indicações, tais como:

- percepção de uma lacuna real a ser preenchida;
- constatação de uma necessidade declarada ou potencial;
- procura por algum produto ou serviço novo, inexistente no mercado;
- novas leis ou regulamentações, viabilizando novos negócios ou atividades;
- oportunidades criadas pela junção ou combinação de duas ou mais atividades tradicionais, originando uma terceira, inexistente até então;
- mudanças tecnológicas, descobertas, ou novas soluções que passam a estar disponíveis a custos razoáveis;
- mudanças de hábitos da população, permitindo a oferta de novos serviços ou produtos;
- crescimento repentino da procura por um bem ou serviço já existente, que os fornecedores atuais não têm condições de atender;
- aumento da demanda por novos padrões de qualidade, que não podem ser atendidos pelos fornecedores tradicionais;
- pressão da opinião pública que, para ser atendida, demanda novos tipos de negócios, serviços ou produtos.

Esse tipo de percepção poderia resultar de um levantamento detalhado do mercado e de suas potencialidades. Contudo, na maioria das vezes, essa percepção é difusa e baseada em palpites, intuição, sentimentos ou informações fragmentárias, parciais, ou mesmo errôneas.

Diz-se, parodiando o ditado popular, que a "iniciativa empreendedora tem razões que a própria razão desconhece". Entretanto, existem situações, não raras, em que um sentimento ou uma convicção de visão e de missão, acalentados pelos fundadores da organização, são os elementos básicos que criam as condições para a iniciativa empreendedora.

Essa etapa da vida das organizações é chamada de **fase pioneira**, que ocorre quando alguém decide começar um novo negócio, ou iniciar uma nova atividade voltada para o atendimento de alguma necessidade real ou presumida.

A seqüência de figuras, neste capítulo, procura ilustrar as várias etapas do processo de transformação estratégica de uma empresa.

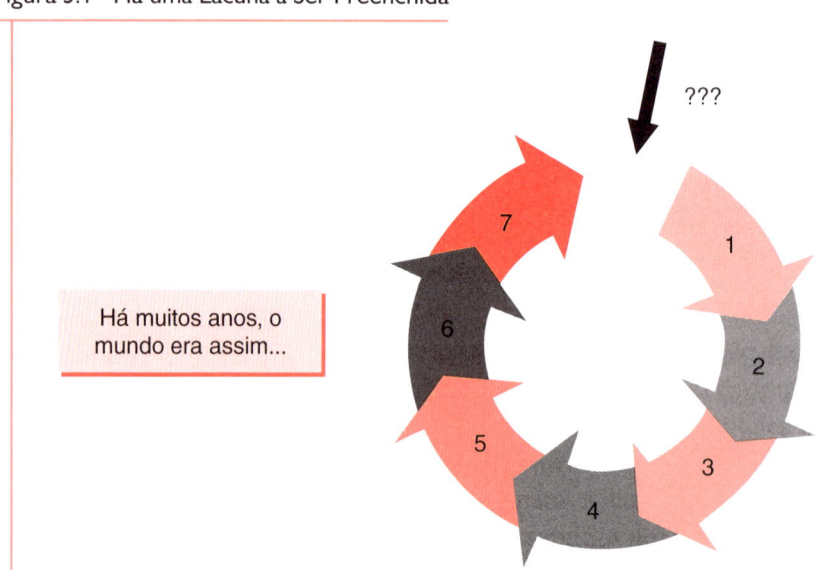

Figura 5.1 Há uma Lacuna a Ser Preenchida

Há muitos anos, o mundo era assim...

Para muitos, o mundo parecia ser redondo, estruturado e organizado, e todos os seus elementos pareciam estar em harmonia. No entanto, alguém ou alguma empresa detectou uma pequena lacuna, uma oportunidade ou uma necessidade a ser atendida, e decidiu preenchê-la.

5.2 Fase do Crescimento

A experiência, a observação e as estatísticas têm confirmado que, dependendo do setor ou do ramo de atividade, a chance de sucesso de uma iniciativa na fase inicial ou pioneira é realmente baixa. Em alguns setores, de sete a nove entre dez iniciativas empresariais acabam fracassando nos primeiros dois a três anos de funcionamento!

Muitas iniciativas não são bem-sucedidas porque, na maioria das vezes, a organização criada não atende satisfatoriamente àqueles requisitos e condições descritos em detalhes nos Tópicos 3.4 e 3.5.

Como vimos naqueles tópicos, uma estratégia inicial, para ter alguma chance de sucesso, deve ter, ao menos, os seguintes ingredientes: atender ao propósito estabelecido pelos fundadores — visão, missão, abrangência, princípios e valores —, o que responde afirmativamente à pergunta: "O que nós queremos ser?"; atender às possibilidades existentes no ambiente externo, o que responde afirmativamente à pergunta: "O que nos é permitido fazer?"; e atender, ao menos parcialmente, ao quesito de capacitação, o que responde afirmativamente à pergunta: "O que nós sabemos fazer?".

São as falhas no atendimento a esses quesitos que provocam a maioria dos fracassos já no estágio inicial. O que se pode concluir dessas considerações é que uma organização que consiga sobreviver à fase chamada de "mortalidade infantil" e comece a crescer consistentemente deve ter uma estratégia minimamente adequada ao triângulo estratégico, que abrange: propósito, ambiente externo e capacitação.

Muitas vezes, o que acaba acontecendo é que, no início, a organização pode não ter todas as características internas para suprir adequadamente as demandas do mercado ou para atender o público-alvo pretendido: possivelmente, existem lacunas de capacitação. Todavia, se bem administradas, essas lacunas serão supridas rapidamente. Superados esses obstáculos iniciais, e talvez por um processo de tentativa e erro, a organização cresce e ocupa seu papel no ambiente socioeconômico, como ilustrado na Figura 5.2.

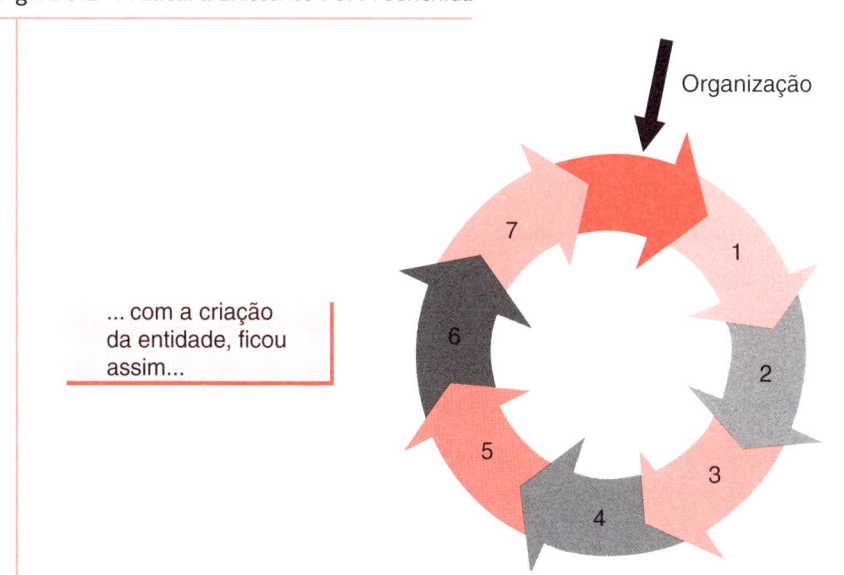

Figura 5.2 A Lacuna Existente Foi Preenchida

... com a criação da entidade, ficou assim...

Organização

A lacuna identificada foi preenchida com a criação e o funcionamento da organização, que cresce, torna-se conhecida e tem seu sucesso reconhecido por todos.

5.3 Fase da Maturidade

À medida que a organização torna-se bem-sucedida quanto a seu mercado ou público-alvo, ela tende a cristalizar e acaba enrijecendo suas estruturas, estratégias, posturas, procedimentos e atitudes. Costuma-se dizer, nessas situações, que, se "isso" ou "aquilo" deu certo no passado, por que, afinal, mudar? Segundo alguns dirigentes podem pensar, não se deve "mexer em time que está ganhando"!

Usando como metáfora a vida de uma criança, ela nasce sem os nossos vícios e preconceitos e, portanto, totalmente aberta a ser moldada e educada de acordo com a influência dos pais, dos educadores e da sociedade na qual está inserida. À medida que cresce e torna-se adulta, assimila conhecimentos, cria seus próprios vícios, medos e comportamentos que acabam "dando certo", tornando-se, assim, mais crítica e mais refratária ao aprendizado de coisas novas.

Analogamente, as organizações também sofrem um natural enrijecimento ao longo do tempo. Acontece que as condições de adequação que prevaleciam na fase inicial acabam *desaparecendo*.

Muitas coisas ocorreram ou vão ocorrer no ambiente externo ou interno, afetando, progressivamente, os negócios ou atividades das empresas ou entidades. Apesar disso, muitas delas ainda permanecem *como sempre foram*. Mas até quando?

Algumas das mudanças típicas que ocorrem no ambiente externo da organização já foram descritas no Tópico 2.2, do Capítulo 2. Mudanças como aquelas podem fazer que o ambiente que prevalecia durante a fundação ou criação da entidade, muitos anos atrás, esteja agora totalmente alterado.

Nessa etapa de repensar a organização, deve-se dar atenção especial às alterações no ambiente externo da empresa, tais como:

- novos concorrentes chegando ao mercado, ou saindo dele;
- liberalização do mercado, com entrada de produtos importados mais modernos e mais baratos;
- surgimento de outros produtos ou serviços mais adequados ao uso;
- mudanças nas preferências dos consumidores;
- mudanças no estilo de vida dos clientes, dos funcionários, da sociedade em geral;
- novas tecnologias, viabilizando novas soluções de produtos ou serviços;
- obsolescência progressiva da linha de produtos ou serviços da organização;
- novas preocupações e pressões da opinião pública em aspectos como: proteção ao meio ambiente, preservação da saúde, responsabilidade social das organizações, ética nos negócios, problemas sociais, entre outros.

A forma de representar o desalinhamento estratégico da organização é ilustrada na Figura 5.3.

Figura 5.3 O Ambiente Externo Se Alterou Completamente

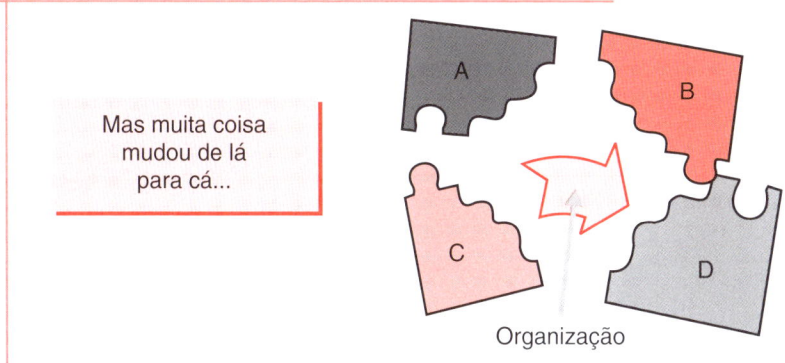

Mas muita coisa mudou de lá para cá...

Organização

Ilustrativamente, a Figura 5.3 mostra que a organização continua com o mesmo formato, estrutura e posição que tinha na época de sua criação, embora o ambiente externo já esteja completamente diferente do inicial, tanto no formato como nos seus componentes básicos.

5.4 Readequação Estratégica

Quando se avalia a situação estratégica de uma organização, é possível perceber o grau de inadequação estratégica, como foi visto nos Tópicos 4.1, 4.2 e 4.4. A gestão da estratégia competitiva, a do portfólio, a da flexibilidade e a da vulnerabilidade ou a gestão estratégica da capacitação, por exemplo, são algumas das ações gerenciais que podem ser tomadas, no mais alto nível da organização, para mudar a forma de a empresa encarar o seu mundo externo.

Muitas vezes, as transformações necessárias podem demorar anos para se completar e para gerar os resultados esperados. Afinal, estratégia tem a ver com o longo prazo, mas é a busca por um *futuro que começa hoje*.

Seja como for, essas mudanças são fundamentais para a sobrevivência e para o crescimento das organizações no cumprimento de sua missão e, em última análise, para a realização da sua visão, do seu propósito. Mas cuidado: o ambiente externo, os clientes, os concorrentes, os fornecedores ou o público em geral podem não estar dispostos a *esperar* por nossas mudanças, muitas vezes demoradas ou complicadas!

Usamos, aqui, uma metáfora proposta por Ansoff, em uma de suas palestras. Para os aspectos de transformação estratégica, a situação das organizações apresenta-se como se existissem dois "despertadores", um interno e outro externo: embora as empresas e entidades tenham seu próprio *timing* para realizar as mudanças necessárias — representado pelo despertador interno —, o ambiente externo também possui seus momentos próprios, independentemente das conveniências internas — o despertador externo.

Então, se o despertador externo disparar antes que a nossa organização tenha feito as mudanças necessárias, possivelmente ela terá chegado tarde demais. Provavelmente, outros, mais ágeis, já terão ocupado o espaço disponível, e ela terá ficado para trás. A Figura 5.4 ilustra a transformação estratégica necessária.

Observa-se, na figura a seguir, que a forma, a posição e a cor do objeto que representa a organização foram mudadas, indicando que, em certas situações, alterações profundas são imprescindíveis para a readequação estratégica da organização.

Figura 5.4   Transformar Quer Dizer "Mudar de Forma"!

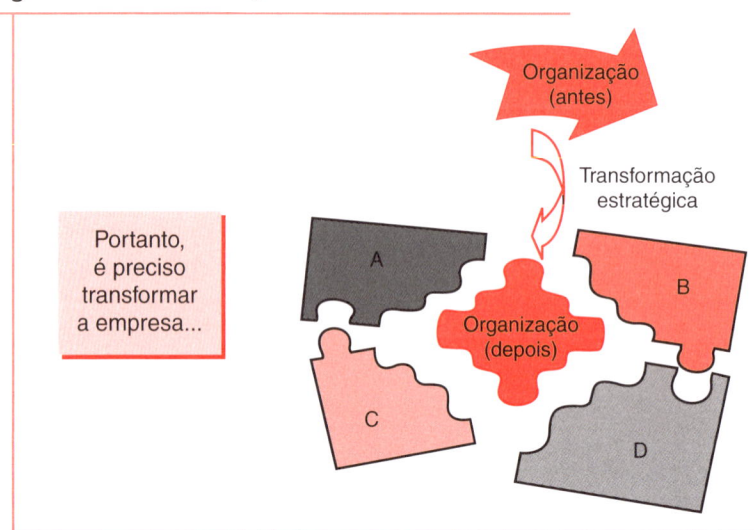

A Figura 5.5 ilustra, esquematicamente, a situação de ajuste estratégico da organização ao seu novo ambiente externo.

Figura 5.5   A Transformação Foi Bem-sucedida...

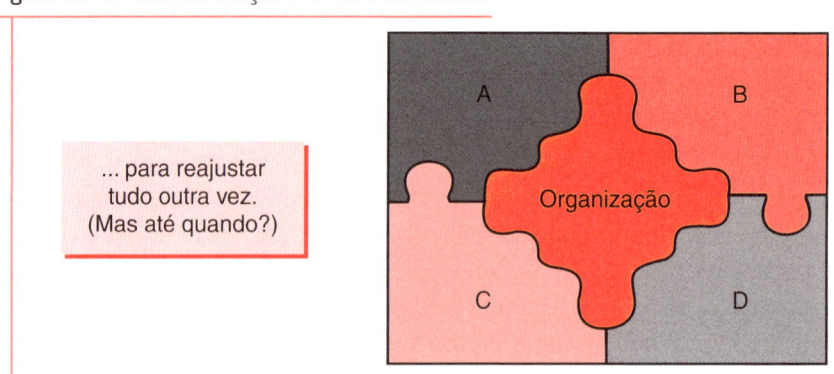

5.5   Transformação Contínua

Alguém poderia considerar que bastaria completarmos um processo de mudança e adequação estratégica e tudo estaria bem, e continuaria bem dali para frente.

Mas, infelizmente, essa consideração não é tão auspiciosa como parece, pois o ambiente não se estabilizará nesse novo estágio: tudo continuará mudando, sempre, e cada vez mais rapidamente. Essa situação inevitável faz que a organização precise considerar, continuamente, novas, e novas, e novas... mudanças.

5.5.1 Vigilância Estratégica

Para se adaptar a essa situação, as organizações modernas têm implantado um **processo de transformação contínua**, em que as mudanças passam a ser feitas em tempo real, ou seja, o acompanhamento gerencial dos parâmetros de eficiência e eficácia da implantação das transformações estratégicas deve emitir sinais à direção da empresa, sobre necessidades de novas revisões operacionais ou estratégicas. Assim, o sistema de vigilância estratégica, descrito no Tópico 4.5, no Capítulo 4, deverá emitir, continuamente, sinais positivos ou negativos sobre a evolução dos temas estratégicos, recomendando a incorporação de alguns deles nas versões seguintes dos planos de inovação da organização. E fatos novos, mudanças, alterações, oportunidades e ameaças, mesmo não tendo sido detectados pelo sistema de vigilância estratégica, incorporar-se-ão à reflexão, ao planejamento e à ação estratégica.

Esses pontos são a essência da motivação da implantação de uma gestão estratégica organizacional, conforme foi descrito no Capítulo 4.

5.5.2 Gestão Estratégica com Base nas Premissas e Cenários

É preciso enfatizar as vantagens da gestão estratégica fundamentada em cenários e premissas básicas, como será visto na Seção 6.5 e no Tópico 16.2.1. Essa é uma maneira abrangente e efetiva de vigiar não apenas o *surgimento* de fatos novos, mas também a *não-ocorrência* de fatos ou condições os quais se esperava que acontecessem e que foram assumidos como premissas na elaboração dos planos.

Com essa metodologia, os fatos e as condições relevantes esperados devem ser explicitados e monitorados como premissas básicas. Mais do que isso, a organização deve agir, proativamente, na medida do possível, para tomar iniciativas e assegurar que determinadas premissas esperadas e desejadas venham a se realizar.

Por exemplo, se a promulgação de uma lei for considerada uma premissa importante para a formulação estratégica, a organização talvez procurará contribuir de alguma forma, dentro da ética e dos princípios, para que isso venha a se concretizar. Entretanto, planos alternativos para cenários alternativos também devem ser considerados, como descrito no Tópico 20.5.

5.5.3 O Sucesso Estratégico Conduzido pela Intuição dos Fundadores

Na discussão de evolução organizacional, um tópico interessante é a constatação de que, em muitas organizações, o sucesso foi construído com base na intuição dinâmica dos seus fundadores. Esses fundadores não apenas tiveram uma percepção inicial feliz, mas, ao longo do tempo, foram capazes de perceber as mudanças no ambiente e adaptar intuitivamente sua organização para tirar vantagens dessas mudanças. Adicionalmente, eles proveram a organização com visão, liderança, princípios e valores, tanto do ponto de vista interno como pela visão do mercado e da comunidade, talvez sem explicitá-los.

Essa competência dos fundadores, normalmente combinada com um estilo gerencial personalista e centralizador — que pode ter sido muito importante para o sucesso, na fase pioneira —, acaba, com freqüência, atrofiando a capacidade gerencial e estratégica dos demais membros da organização. Eventuais problemas dessas organizações podem ocorrer menos em função da incapacidade de adequação às mudanças externas e mais em função da necessidade de migrar de um modelo totalmente dependente das pessoas de seus fundadores para um modelo mais profissionalizado, apoiado em processos e aprendizado contínuos.

O leitor poderá recordar vários casos bastante atuais de grandes corporações brasileiras, cada uma com características muito próprias, mas com esse mesmo tipo de problema. Elas continuam atuando com sucesso enquanto seus fundadores estão à frente da organização, mas a maioria delas não está preparada e não está organizando uma sucessão profissional em condições de prosseguir, com sucesso, o processo de adequação estratégica. São as organizações de sucesso que, infelizmente, acabarão *morrendo com seus fundadores*!

5.5.4 Conclusões e Recomendações

O resultado dessas análises mostra que nenhuma metodologia provê a intuição, o tino para negócios, de um empreendedor de sucesso. Entretanto, para cada caso de sucesso que nos chama a atenção, há dezenas de outros casos de insucesso total ou parcial.

Para os casos "normais", uma metodologia de gestão estratégica contribui fortemente para assegurar que todos os dados foram coletados e analisados, que todas as alternativas foram avaliadas de forma correta e sistemática, e que as estratégias adotadas foram implantadas e estão sendo acompanhadas efetivamente.

TERMOS-CHAVE

Neste capítulo, vimos que a evolução de estratégia das organizações segue um processo que tem origem nos fundamentos da sua criação.

A **fase inicial** caracteriza-se pela identificação, por algum empreendedor, organização ou grupo de pessoas, de uma necessidade básica do mercado ou da sociedade que precisa ser suprida.

Ao implantar um novo negócio ou atividade — e se sobreviver aos embates iniciais —, a organização estará, talvez por um processo de tentativa e erro, naturalmente alinhada com a necessidade detectada e com a estratégia adequada ao **ambiente** externo, embora possam existir algumas lacunas de **capacitação**.

Entretanto, com o passar dos anos as condições do ambiente externo alteram-se, fazendo que a forma de a empresa agir em relação ao ambiente acabe ficando desalinhada com seu mercado ou com seu público-alvo.

Constatada essa situação, torna-se necessária uma revisão profunda e um repensar da organização, visando a transformar sua **estratégia**, sua **capacitação** e até mesmo a sua **estrutura**.

Como o ambiente externo está mudando cada vez mais rapidamente, há a necessidade de implantação de um processo de mudança contínua na organização, que é o que caracteriza, em essência, a **gestão estratégica** nas empresas modernas.

Questões

1. Descreva os processos, motivações ou condicionantes que levam ao nascimento de um novo negócio ou organização. Exemplifique esse processo usando casos de organizações de seu conhecimento pessoal.

2. Que ingredientes básicos distinguem as organizações bem-sucedidas daquelas que acabam sucumbindo nos primeiros anos de vida? Dê exemplos para justificar suas afirmativas.

3. Por que muitas das organizações que conhecemos, que crescem e são bem-sucedidas em seu **propósito** durante vários anos, acabam se cristalizando e se enrijecendo, assumindo uma posição imobilista e estática?

4. Mostre por que a readequação estratégica das organizações é tão necessária, e como ela pode assegurar o sucesso organizacional futuro.

5. Qual é o papel da intuição dos fundadores no realinhamento estratégico das organizações? Como compatibilizar a metodologia de gestão estratégica, descrita neste livro, com o livre pensar e as iniciativas geniais e intuitivas dos líderes carismáticos de empresas e entidades?

III

Análise

Capítulo 6
Análise do Ambiente Externo

Capítulo 7
Análise da Turbulência e da Vulnerabilidade

Capítulo 8
Análise do Ambiente Interno

6
Análise do Ambiente Externo

Tópicos

- Tendências e Descontinuidades •
- Catalisadores, Ofensores, Oportunidades e Ameaças •
- Análise dos Concorrentes e da Concorrência •
- As Partes Interessadas (*Stakeholders*) •
- Cenários •

Apresentação

O objetivo deste capítulo é apresentar alguns elementos e ferramentas de análise do **ambiente externo** à empresa ou entidade e mostrar que os principais pontos que afetam ou podem afetar a construção do futuro de uma organização estão mais *fora* do que *dentro* dela.

São descritas as **tendências** — mudanças rápidas ou lentas — e as **descontinuidades** — mudanças repentinas — que podem alterar significativamente o cenário externo e as condições para a realização dos negócios ou das atividades das organizações. O **efeito gatilho** é explicado e comentado.

Tratamos dos **catalisadores** e **ofensores**, que são fatores externos já instalados no ambiente externo da instituição, não controláveis por ela, mas que podem afetá-la.

Estudamos com mais detalhes as **oportunidades** e as **ameaças**, que são fatores ou eventos externos prováveis, que escapam ao controle da instituição, podendo modificar seu futuro positivamente — as oportunidades — ou negativamente — as ameaças.

Apresentamos os **concorrentes**, os quais são instituições que concorrem ou que podem vir a disputar, no futuro, o mesmo público-alvo, os mesmos mercados, ou os mesmos fornecedores da empresa. Comentamos, ainda, as possibilidades e as condições para o surgimento futuro de novos concorrentes.

Vemos o conceito de **partes interessadas** — ou *stakeholders* —, que são instituições, grupos formais ou mesmo informais que têm algum tipo de interesse no funcionamento, operação, desempenho, resultados atuais ou futuros da organização.

Concluímos o capítulo com o conceito de **cenário**: um conjunto de características e condições do ambiente externo, esperado ou temido para o futuro, que constitui o pano de fundo para a operacionalização da organização, condicionando sua funcionalidade, suas operações, sua estratégia e, conseqüentemente, seu sucesso. **Cenários alternativos** serão comentados.

Legenda: Capítulos já estudados | Capítulo em estudo | Capítulos ainda não lidos

Introdução

Parte I — Motivação
1. Motivações para a Estratégia
2. Desafios para a Estratégia

Parte II — Conceituação
3. Conceitos Básicos de Estratégia
4. Gestão Estratégica
5. Transformação Estratégica

Parte III — Análise
6. Análise do Ambiente Externo
7. Análise da Turbulência e da Vulnerabilidade
8. Análise do Ambiente Interno

Parte IV — Formulação
9. Representação do Portfólio
10. Estratégias de Balanceamento do Portfólio
11. Formulação das Estratégias
12. Capacitação Estratégica

Parte V — Implantação
13. O Plano Estratégico
14. Metodologia do Planejamento Estratégico
15. *Workshop* de Planejamento Estratégico
16. Implantação da Gestão Estratégica

Parte VI — Aprofundamento
17. Formulação de Estratégias via Teoria dos Jogos
18. Jogos de Empresas para Capacitação Estratégica e Simulação Gerencial
19. Ferramentas para Planejamento e para Gestão Estratégica
20. Aplicações e Práticas da Gestão Estratégica

A experiência tem mostrado que os principais fatores que condicionam a construção do sucesso futuro da organização estão mais *fora* do que *dentro* dela. Esses fatores externos alicerçam e embasam o ambiente da organização. Variam com o tempo e de forma cada vez mais rápida. Apresentamos, a seguir, alguns elementos e ferramentas de análise do ambiente externo que podem ser usados na formulação de um plano estratégico para uma empresa.

O ambiente externo, tal qual a temperatura ambiente ou o clima, pode trazer muitas surpresas e intempéries. Ele deveria orientar o planejamento para tomar providências imediatas quanto ao aproveitamento das oportunidades, ou para evitar as conseqüências negativas das ameaças.

É importante destacar que este capítulo fixa-se apenas nos aspectos *externos* da organização, no setor econômico ou social no qual a organização opera ou pretende operar. Ele se concentra em aspectos de *fora* da instituição e em nenhum momento menciona qualquer uma das características internas, o que será objeto específico dos Capítulos 8 e 12.

* * *

Alguns autores, consultores e professores têm preferido, para uma análise rápida da situação da empresa, a conhecida análise SWOT, formada com as iniciais das quatro palavras inglesas *strengths* (forças), *weaknesses* (fraquezas), *opportunities* (oportunidades) e *threats* (ameaças). A análise SWOT trata de aspectos externos — *opportunities* e *threats* — e da aspectos internos — *strengths* e *weaknesses*.

Neste livro, faremos uma extensão desses conceitos, tratando a análise externa em quatro categorias — catalisadores, ofensores, oportunidades e ameaças, que são objeto deste capítulo — e a análise interna em três categorias — pontos fortes, pontos fracos e pontos a melhorar, que são objeto do Capítulo 8.

Assim, professores, consultores e gestores que ainda preferirem trabalhar com a análise SWOT podem se beneficiar das extensões oferecidas nesses capítulos.

6.1 Tendências e Descontinuidades

Os primeiros tópicos a serem examinados, ao se fazer uma análise do ambiente externo de uma empresa ou entidade[1], são as chamadas tendências e descontinuidades. Com as mudanças cada vez mais rápidas, é preciso muito esforço para tentar entender "para onde sopram os ventos" ou, melhor ainda, "para onde os ventos *vão soprar*".

Como o planejamento estratégico procura delinear os passos a serem seguidos com base em uma visão de futuro, o esforço em identificar tendências e descontinuidades passa a ser uma ferramenta-chave para a determinação das rotas a serem escolhidas e

---

[1] Ver BOAVENTURA, J. M. G.; FISCHMANN, A. A. Como estudar o futuro para formular a estratégia. In: XXXVIII ASAMBLEA CLADEA 2003. *Latinamerican Council of Management Schools*, Lima, Peru, out. 2003

seguidas pela organização. As técnicas tradicionais procuram *prever* o futuro por meio de modelos matemáticos de previsão, usando estatísticas, séries temporais ou outras mais elaboradas, de simulação de sistemas, como a técnica de dinâmica industrial[2].

Se, por um lado, modelos numéricos de previsão do tempo têm apresentado resultados razoáveis, com uma antecipação de até cinco dias, por outro lado, a aplicação de técnicas matemáticas pouco pode ajudar na previsão do nosso futuro político e socioeconômico.

Assim, outras técnicas, mais qualitativas e empíricas do que quantitativas, usando métodos de convergência de opiniões, utilizando a sinergia do trabalho em equipe, podem ser mais eficazes do que os modelos matemáticos, na antecipação de cenários futuros para a atuação da organização. Mas, por que esses modelos matemáticos, tão precisos nas aplicações, por exemplo, de Astronomia, são pouco úteis para previsão de longo prazo de cenários e do ambiente externo de empresas e entidades? A resposta pode ser assim resumida: porque os parâmetros e condições do modelo, bem como a forma de relacionamento entre as macrovariáveis no âmbito político e socioeconômico, estão sempre mudando, e de forma imprevisível. Freqüentemente, surgem novas variáveis e novas relações entre elas, o que torna os modelos completamente obsoletos e não confiáveis, mesmo para previsões de médio prazo.

Portanto, não sendo possível *prever* o futuro por meio de modelos matemáticos, e sem termos o poder de adivinhar, vale a pena considerar para efeitos práticos, que:

> "O futuro não é uma mera extrapolação ou projeção do passado ou do presente. O futuro é o novo, o diferente, mais complexo, mais rico, cheio de ameaças, mas repleto de oportunidades, para quem souber identificá-las e aproveitá-las adequadamente."

Há dois tipos de mudanças que devem ser investigadas para a construção dos cenários para o futuro: as tendências e as descontinuidades.

6.1.1 *Tendências*

Comecemos com um conceito fundamental:

> **Tendências** são as variações no ambiente externo, lentas ou rápidas, mas persistentes, que podem afetar de forma leve ou profunda os negócios ou as atividades da instituição, de seus clientes, de seus concorrentes, de seus fornecedores ou da sociedade em geral.

---

[2] A técnica de dinâmica industrial, criada por Jay Forrester e descrita em seu livro, propõe o uso de sistemas de equações integrais, resolvidas numericamente, que representem evoluções possíveis de sistemas complexos para simular situações ou cenários futuros (FORRESTER, J. W. *Industrial dynamics*. Cambridge (Mass): MIT. Press, 1961).

Existem tendências facilmente perceptíveis, pois, em um período de um a dois anos, já mostram variações significativas no ambiente. Elas costumam ser citadas com freqüência em livros, revistas, jornais, conferências e palestras. São as **tendências de evolução rápida**.

Como exemplos dessas tendências, no Brasil, temos:

- redução do emprego formal e aumento das ocupações informais;
- aumento progressivo do nível de escolaridade, com cada vez mais pessoas ingressando no ensino fundamental, médio e superior;
- maior intercâmbio comercial com os países do Mercosul;
- crescimento da ação efetiva de *lobbies* e pressões de organizações não governamentais, cobrando maior responsabilidade do Estado e das empresas em relação à proteção do meio ambiente;
- aumento da participação de capital europeu em investimentos no Brasil, principalmente da Espanha, Portugal e Itália;
- disseminação e popularização do uso de computadores pessoais, da Internet e do telefone celular;
- aceitação progressiva, pela opinião pública, das idéias de privatização de serviços públicos e de empresas estatais;
- aumento da preferência por candidatos éticos nas eleições, inclusive em cidades pequenas ou médias;
- crescimento da participação da mulher na economia, negócios, política e vida familiar e social.

Algumas tendências, entretanto, só são perceptíveis em uma escala de tempo bem mais dilatada, extrapolando, às vezes, toda uma geração. Embora tão importantes quanto as anteriores, ou talvez até mais, elas raramente são citadas na grande imprensa, no rádio ou na TV. São debatidas apenas em ambientes científicos e acadêmicos, ou surgem de análises de levantamentos estatísticos ou censitários. Essas são as **tendências de evolução lenta**.

Podemos citar, como exemplos:

- aumento da expectativa de vida;
- aumento da temperatura média do planeta, com elevação dos níveis dos mares;
- esgotamento progressivo das reservas minerais, de hidrocarbonetos e do potencial de geração hidrelétrica;
- redução progressiva do índice de natalidade;
- aumento do consumo de drogas entre os jovens e mesmo adolescentes;
- integração progressiva das linhas de intercâmbio comercial com os países da América Latina;

√ mudanças culturais, de velhos paradigmas, de hábitos, de crenças e de atitudes consagradas, em relação a uma série de aspectos da vida pessoal, familiar, profissional, religiosa ou política.

Cada uma dessas tendências, tanto as rápidas como as lentas, devem ser acompanhadas e medidas, se possível, avaliando seu impacto sobre o ambiente externo da organização.

Atenção especial deve ser dada às tendências lentas, por serem as de mais difícil percepção. De fato, quando elas forem finalmente percebidas pelo grande público ou pela imprensa, já pode ser muito tarde para que se tome alguma providência em relação a elas no âmbito das organizações.

6.1.2 Descontinuidades

Descontinuidades são mudanças bruscas no ambiente externo à organização, que ocorrem em curtíssimo espaço de tempo, como uma revolução, uma mudança de governo, uma explosão, um terremoto, um choque de trens, ou a morte repentina de alguma pessoa muito importante.

Da mesma forma que as **tendências**, as **descontinuidades** também podem impactar, positiva ou negativamente, as atividades da organização.

Como exemplos de descontinuidades, podemos citar: a assinatura de um grande contrato por um concorrente; a compra ou venda de alguma das empresas do setor ou a fusão de duas ou mais delas; a aprovação e a promulgação de uma lei, de um decreto ou equivalente; uma declaração de guerra ou a assinatura de um tratado de paz; uma invenção ou a descoberta de algo novo ligado ao setor; a mudança ou a aprovação de algum padrão nacional ou mundial que passe a regular as atividades da empresa, de seus clientes ou fornecedores; mudanças no comando político do país, Estado, município ou setor; privatizações ou estatizações; catástrofes, terremotos e inundações; acidentes, explosões, sabotagens e ações terroristas; mudanças bruscas de regimes cambiais ou monetários ou de taxas de juros; mudanças de políticas governamentais.

6.1.3 O Efeito Gatilho

Vale mencionar, aqui, algumas situações singulares em que certa **tendência**, embora variando lentamente, sem provocar grandes ganhos ou perdas perceptíveis, é capaz de deflagrar, ao atingir certo valor crítico, um processo de ruptura, de quebra, provocando uma **descontinuidade**.

Essas mudanças lentas que provocam descontinuidades repentinas podem gerar grandes **oportunidades** ou grandes perdas para o setor e para a organização. A esse fenômeno chamamos de **efeito gatilho**.

Na análise das tendências, lentas ou rápidas, é necessário identificar quais delas podem gerar rupturas ou descontinuidades. Nesses casos, deve-se avaliar também qual seu **valor crítico**, ou seja, aquele valor a partir do qual o gatilho pode "disparar" a descontinuidade. Deve-se avaliar, também, que grau de importância a descontinuidade potencial terá na modificação do ambiente, tanto positiva quanto negativamente, para a organização.

Como exemplo de tendências com **efeito gatilho**, podemos citar:

- *tendência*: aumento progressivo da preferência do eleitorado por candidatos de um determinado partido;
- *valor crítico*: percentual que representa uma possibilidade real de vitória de tal partido em uma das próximas eleições;
- *descontinuidades*: grandes mudanças das políticas econômicas e sociais ou nas relações diplomáticas, com a vitória de tal partido.

Um outro exemplo, mais ligado ao mundo dos negócios:

- *tendência*: crescimento progressivo do preço de petróleo no mercado internacional;
- *valor crítico*: valor do preço do petróleo que viabiliza investimentos em alguma fonte alternativa de energia;
- *descontinuidades*: decisão de investidores de iniciar novos empreendimentos para obtenção ou geração de energia.

E, agora, um último exemplo, ligado à chamada nova economia:

- *tendência*: aumento progressivo do número de pessoas que têm acesso à Internet com capacidade mínima, disposição e confiança para fazer transações comerciais por computador;
- *valor crítico*: número de adesões à Internet a partir do qual se viabilizam novos investimentos no setor;
- *descontinuidades*: fechamento ou redução de lojas convencionais ou de agências bancárias tradicionais, substituídas pelo *e-commerce*.

6.2 Catalisadores, Ofensores, Oportunidades e Ameaças

O resultado do exame criterioso e sistemático dos fatores ambientais — **tendências** ou **descontinuidades** — que causam ou podem causar impacto, ou que podem influenciar os negócios ou atividades da organização, pode ser mapeado sobre o quadro esquemático mostrado na Figura 6.1. No eixo horizontal, colocamos a dimensão tempo, em duas categorias — fatores atuais e fatores futuros —, ao passo que, no eixo vertical, apresentamos o tipo de impacto para a organização, se positivo ou se negativo.

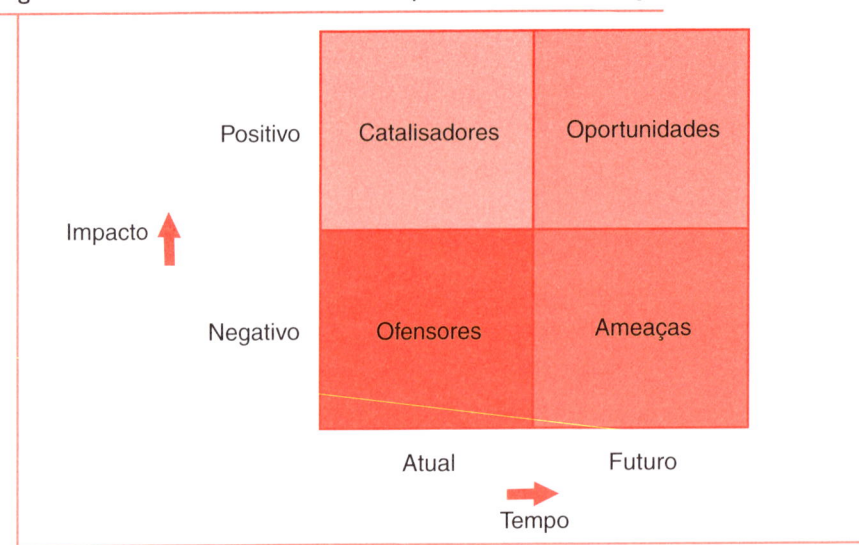

Figura 6.1 Catalisadores, Ofensores, Oportunidades e Ameaças

A Figura 6.1 indica a existência de quatro categorias básicas de fatores, não controláveis pela organização, que devem ser avaliados e acompanhados por ela.

Os fatores atuais são classificados em **catalisadores** e **ofensores**.

Os catalisadores são fatores externos prevalecentes que afetam *positivamente*, de imediato, as atividades da organização. Como exemplos de catalisadores, podemos citar: a opinião pública favorável às atividades da organização; a opinião de admiração e de fidelidade dos consumidores a uma marca usada pela organização; as barreiras ou restrições legais, ou de qualquer ordem, que impeçam ou dificultem a entrada de novos competidores, ou de novos produtos ou serviços.

Os ofensores são fatores externos atuais que afetam *negativamente*, de imediato, as atividades da organização. Como exemplos de ofensores, podemos citar: legislação desfavorável aos negócios ou atividades da instituição; chegada ao mercado de produtos ou serviços similares, muito mais baratos que os oferecidos pela empresa; mudança de hábitos do público-alvo, originando demanda por novos produtos ou serviços, diferentes dos oferecidos pela empresa.

Os fatores futuros podem ser classificados em **oportunidades** e **ameaças**.

As oportunidades são fatores externos previsíveis para o futuro que, se ocorrerem, afetarão *positivamente* as atividades da empresa. Como exemplos de oportunidades, podemos citar: o aumento da terceirização ou subcontratação; digitalização de processos e automatização, barateando os serviços ou produtos; uso progressivo da Internet como meio de comércio eletrônico(*).

Já as ameaças são fatores externos previsíveis para o futuro que, se ocorrerem, afetarão *negativamente* as atividades da empresa. Entre os exemplos de ameaças, estão: o uso progressivo da Internet como meio de comércio eletrônico(*)[3]; um projeto de lei, em estudo no Congresso, que, se aprovado, proibirá a propaganda do produto ou serviço que a organização oferece; possibilidades de privatização e desregulamentação do setor previamente protegido pelo governo.

É claro que, se a empresa já trabalha com Internet e com comércio eletrônico, esse fator é, para ela, uma grande oportunidade. Entretanto, as mais tradicionais, que atuam basicamente por meio de vendas em cadeias de lojas distribuídas pelo país, estarão propensas a ver essa nova maneira de venda de produtos como uma ameaça para seus negócios.

Como ilustrado nesse caso, outros fatores também podem ser considerados, ao mesmo tempo, oportunidade para uns e ameaça para outros, ou catalisador para uns e ofensor para outros. Assim, é bom ter em mente a possibilidade de que existam certos fatores que têm a seguinte característica: por um lado, trazem impactos positivos para a instituição, sendo, portanto, classificados como catalisadores — se atuais — ou oportunidades — se futuros; por outro lado, também podem trazer impactos negativos, sendo, portanto, classificados como ofensores — se atuais — ou ameaças — se futuros.

No entanto, é preciso termos certo cuidado quanto a essa classificação, pois ela deve cobrir unicamente os tópicos *externos* da instituição, também chamada de "análise extramuros". Tópicos internos que eventualmente apareçam nesse levantamento devem ser remetidos para outros passos da metodologia, conforme tratado no Capítulo 8.

6.3 Análise dos Concorrentes e da Concorrência

Nenhuma organização deve agir como se fosse a única no seu negócio, ou como se tivesse um público exclusivo. Se for pioneira, é até possível que fique sozinha, mas apenas durante dado período, pois é praticamente certo que, se seu negócio ou atividade prosperar, mais cedo ou mais tarde, outras empresas ou entidades irão investir em tal atividade.

Por um lado, o fato de uma organização ter chegado *antes* das outras pode lhe trazer vantagens, como conquistar um espaço e criar mercado próprio — mas isso também pode trazer uma falsa sensação de exclusividade. Por outro lado, o chegar antes pode ser um facilitador para outros, que venham depois e que tragam novidades, como avanços tecnológicos que antes não estavam disponíveis. Assim, os que chegarem depois podem oferecer inovações e soluções diferentes, com melhor desempenho, menor preço, ou melhor serviço.

Portanto, querendo ou não, os concorrentes estão aí, e a concorrência, embora traga algum desconforto para os fornecedores tradicionais, acaba criando vantagens de longo prazo para os consumidores, clientes e usuários. Veremos, a seguir, os conceitos de concorrentes, atuais e futuros.

---

[3] O leitor atento deve ter observado, nos exemplos anteriores, que os fatores marcados com asterisco (*) estão, de propósito, listados, ilustrativamente, tanto como oportunidade quanto como ameaça.

6.3.1 Concorrentes Atuais

Quais são os concorrentes da organização? Teoricamente, os **concorrentes** são outras organizações que disputam o atendimento das mesmas necessidades do mercado ou do público-alvo.

Com essa definição em mente, é preciso saber quais são os concorrentes atuais da organização. Uma forma de identificá-los é sondar os clientes atuais e tentar descobrir com eles quais são as suas alternativas para ter acesso ao mesmo produto ou serviço que a organização oferece, ou melhor, para atender às suas necessidades reais.

Entretanto, deve-se ficar atento para o fato de que o concorrente real nem sempre possui o mesmo nome genérico que identifica a instituição. Por exemplo, o concorrente de um banco tradicional pode não ter nome de *banco*: pode ser uma casa lotérica, empresa de correios, serviço ou *site* financeiro *online*, cooperativas de crédito ou consórcios de compradores. Atualmente, até lojas estão assumindo a prestação de serviços financeiros... Essas empresas suprem uma ou mais das necessidades dos clientes que o sistema bancário tradicional atendia, embora não sejam chamadas de *bancos*.

Para cada um dos concorrentes identificados, tradicionais ou novos, é necessário investigar, ao menos, qual é a natureza da instituição, quem são os seus controladores, diretores e executivos, qual é seu portfólio de produtos ou serviços e qual é a competitividade em cada um dos segmentos, seu histórico, evolução, crescimento, porte atual, carteira atual, participação no mercado — *marketshare*. Também é preciso analisar como são suas instalações e seus investimentos, quais são os seus pontos fortes e pontos fracos, qual é a opinião dos clientes e fornecedores sobre eles, quais são suas estratégias atuais e para o futuro, informações sobre suas tecnologias, métodos, processos e suas políticas comerciais, de preço, de recursos humanos e financeiros etc.

6.3.2 Concorrentes Potenciais

Nesse ponto, vale um alerta para quem estiver se sentindo tranqüilo quanto à sua solidez no mercado: os verdadeiros concorrentes do futuro poderão vir de setores completamente diferentes dos tradicionais. Terão diferentes formas de atuar, usarão outras metodologias, tecnologias, formas e regras operativas ou comerciais. Ou, pior ainda, muitos dos concorrentes que estarão no mercado daqui a cinco anos, por exemplo, podem ainda nem existir hoje!

Se olharmos para trás, digamos, dez anos atrás, poderíamos supor que o concorrente de uma livraria tradicional seria apenas um portal na Internet, como o Submarino? Portanto, a análise da concorrência deve transcender o simples acompanhamento, por meio de revistas especializadas do setor e do movimento dos concorrentes tradicionais.

Para esse novo tipo de concorrente, que chamamos de "fantasma", a forma de questionamento deve ser diferente daquela listada na seção anterior. Ela deve seguir uma linha de possíveis mudanças estratégicas, como as listadas na Seção 2.2. As questões seriam, por exemplo:

- Que mudanças tecnológicas podem afetar nosso negócio?
- Que mudanças de hábitos dos clientes inviabilizam os negócios ou atividades atuais — ou viabilizam novas formas de serem atendidos?
- Que novas leis, regulamentações ou desregulamentações do setor podem abrir oportunidades para que outros entrem e se estabeleçam?

A concorrência — isso como um alerta — pode não ocorrer na disputa pelos usuários dos mesmos produtos ou serviços. Por exemplo, diversos produtos ou serviços, completamente distintos entre si, disputam apenas o limitado *tempo disponível* para o lazer das pessoas. É o caso das redes de TV ou de rádio: existe um grande interesse das pessoas por atividades educativas ou de desenvolvimento pessoal, podendo gerar, assim, uma concorrência cruzada com produtos e serviços de entretenimento.

Outro exemplo de demanda cruzada é o que se refere a disponibilidades de recursos financeiros pessoais: uma maior preocupação das pessoas por investimentos, como poupança, retira dinheiro que poderia ser usado para comprar produtos ou serviços considerados supérfluos ou de luxo.

Quando a organização vê o seu negócio ou atividade de uma maneira mais ampla, torna-se mais fácil identificar essas possíveis concorrências cruzadas. Por exemplo, quando uma grande empresa de máquinas copiadoras passou a se ver no negócio de gerenciamento de imagens, e não apenas no de copiadoras, diversas outras tecnologias passaram a ser identificadas claramente como concorrentes. O mesmo ocorreu com algumas ferrovias, que deixaram de se ver como meras transportadoras de carga em vagões via linha férrea para participarem efetivamente no negócio de movimentação de cargas, ou até de logística integrada.

6.4 As Partes Interessadas (*Stakeholders*)

Analisando o ambiente externo à organização, além dos concorrentes, é importante acrescer o conceito de partes interessadas, ou *stakeholders*.

A palavra ***stakeholder***[4] — sustentador, sustentáculo — é uma extensão, ou uma generalização, do conceito clássico de *shareholder* — acionista, proprietário, dono do negócio.

Historicamente, dizia-se que nenhum planejamento de uma empresa deveria ignorar a opinião e as conveniências dos acionistas, pois eles eram considerados, teoricamente, os principais ou únicos interessados no presente e no futuro da organização. Modernamente, sabe-se que os acionistas não são os únicos interessados nas empresas! Há vários outros tipos de instituições, empresas, associações e grupos de pessoas

---

[4] O termo *stakeholder* foi emprestado do conceito de ganchos firmemente fincados no chão e que servem para sustentar os mastros da barraca.

que também têm interesses que devem ser considerados no **planejamento estratégico** de uma organização.

> Assim, um *stakeholder*, ou **parte interessada**, pode ser definido como qualquer instituição, pessoa, grupo de pessoas, formal ou informalmente organizado, que tenha algum tipo de interesse que possa afetar ou ser afetado pelo funcionamento, operação, comercialização, desempenho, resultados presentes ou futuros da organização em questão.

Alguns exemplos de partes interessadas, listadas em ordem alfabética para não dar qualquer conotação de importância, são: cedentes de tecnologia, marcas e patentes; clientes; comunidade na qual a empresa opera; empresas ou entidades reguladoras das atividades do setor; associações de classes; fornecedores; franqueadores ou os franqueados; funcionários da organização, sindicatos ou organizações de trabalhadores; a mídia; o Ministério Público; a opinião pública em geral; organizações não governamentais envolvidas com as atividades da empresa; aliados e parceiros; poderes públicos — municipal, estadual ou federal; e representantes ou distribuidores dos produtos ou serviços da organização.

Após identificar as principais partes interessadas da instituição, devemos procurar responder, para cada uma delas, as seguintes questões:

- O que elas esperam da instituição? Quais são, de fato, seus verdadeiros interesses?
- Seus interesses são legítimos? E são legais?
- Seus interesses podem ser atendidos? Totalmente? Parcialmente? São compatíveis com o propósito da organização?
- Existe alguma forma de compensação por algum interesse que não possa ser atendido completa e imediatamente?
- O que está sendo feito para atendê-los?
- O que deveria ser incluído no **plano estratégico** da instituição para atender, total ou parcialmente, aos interesses legítimos e legais das partes interessadas?

É reconhecido que os grupos de interesse têm poder de influência crescente sobre os poderes executivos, imprensa, opinião pública, mídia, órgãos ou agências reguladoras, Procon e, principalmente, sobre o Poder Judiciário. Portanto, é cada vez mais importante que os *stakeholders* e seus interesses sejam conhecidos, avaliados, considerados e tratados com o maior respeito, na formulação do plano estratégico da instituição.

Lembremos que, quando se fala em *interesse*, de modo geral imagina-se que são exigências descabidas e custosas, impossíveis de serem atendidas. Entretanto, os interesses podem ser coisas muito simples, que, se atendidas rápida e convenientemente, podem evitar grandes aborrecimentos. O Quadro 6.1 traz alguns exemplos.

Quadro 6.1

Partes interessadas	Interesses
Mídia, opinião pública e colaboradores	Informação clara, verdadeira e rápida sobre eventos internos da organização, como acidentes, vazamentos, demissões e novos contratos.
Vizinhos	Eliminação de ruídos em horas noturnas. Eliminação de emissão de gases poluentes, mau cheiro ou poeira. Impedimento de estacionamento de carros de funcionários ou clientes em frente aos portões ou acessos às garagens.
Associações de classe ou comunitárias	Participação de representantes das empresas em fóruns para debates e encaminhamento de problemas da comunidade ou da classe.
Fornecedores e clientes	Divulgação, com a devida antecipação, de decisões internas que poderão afetar fornecedores, clientes ou o público em geral, como mudança de plano de produção, mudanças de modelos etc.
Clientes e representantes	Publicação de um manual do usuário mais claro e didático.
Clientes e público em geral	Implantação de um serviço 0800 e de um portal na Internet, para esclarecimento de dúvidas ou para comunicações urgentes, 24 horas por dia.

Atitudes arrogantes ou auto-suficientes de empresas ou entidades em relação a seus *stakeholders* têm sido motivo de grandes problemas e até de prejuízos de imagem ou financeiros para a organização. A história está repleta de exemplos de situações constrangedoras ou mesmo catastróficas de empresas que decidiram simplesmente ignorar os *stakeholders* e seus interesses, e acabaram tendo de voltar atrás, terminando com grandes perdas e arranhões em sua imagem pública...

6.5 Cenários

Ao programar uma avaliação sobre as expectativas para um futuro, próximo ou remoto, do ambiente externo, muitas vezes as opiniões entre os membros do corpo dirigente da organização podem divergir bastante entre si. Isso acontece, em parte, porque a prospectiva varia de pessoa para pessoa.

As opiniões sobre o futuro podem ser diferenciadas conforme as informações, percepções ou experiências de cada um. Entretanto, a percepção do futuro, geralmente, decorre muito mais de atitudes e posturas individuais: sempre teremos aqueles que vêem tudo de modo positivo e aqueles que vêem tudo de modo negativo, independentemente das circunstâncias reais. São os *otimistas incorrigíveis* e os *pessimistas de carteirinha*.

Para fugir dessa questão, é recomendável estabelecer o que se convencionou chamar de cenário ou de cenários alternativos, como descrito na próxima seção.

6.5.1 *Cenário*

No conceito de planejamento estratégico, o cenário é um conjunto harmônico e consistente de hipóteses de trabalho, quantitativas ou qualitativas, sobre características, condições ou fatores que se esperam predominantes no ambiente externo. Os aspectos constantes do cenário devem ser os que afetam ou podem afetar as atividades futuras da organização, de seus clientes, de seus concorrentes, e até de suas partes interessadas.

> Portanto, cenário é um conjunto consistente de premissas consideradas plausíveis pelos dirigentes da organização, funcionando como pano de fundo para as atividades do setor ou da instituição. Ele condiciona as atividades, as perspectivas de crescimento, de rentabilidade e de resultados, a vulnerabilidade e até a sobrevivência da organização.

Como um exemplo ilustrativo de cenário sociopolítico macroeconômico, para os próximos três anos, de uma empresa nacional, de médio ou grande porte, podemos citar alguns elementos que compõem um cenário plausível: razoável estabilidade político-econômica; inflação baixa e estável, sob controle; juros altos, provocando aperto financeiro; superávit da balança comercial; novas oportunidades com a privatização de estatais; novos concorrentes multinacionais entrando no mercado, em vários setores; crescimento econômico moderado; flutuação cambial limitada; digitalização rápida de todos os sistemas de comunicação; crescimento rápido do comércio eletrônico e introdução bem-sucedida de educação à distância nas empresas, escolas e universidades.

Cenário, no entanto, não é sinônimo de adivinhação nem de profecia. Ele é apenas um quadro de referência, um conjunto de premissas e hipóteses básicas, um consenso dos administradores da empresa sobre o qual o plano estratégico é construído. Mudanças de cenário devem levar a reflexões sobre a conveniência e a necessidade de revisões das estratégias e dos planos de ação!

6.5.2 *Cenários Alternativos*

Há situações, entretanto, que não permitem que se chegue a um consenso sobre um cenário específico *único*, sobre o qual construir o planejamento da instituição, não por mera diferença de opiniões entre os dirigentes, mas por motivos externos palpáveis.

Quando o futuro parece instável, havendo grandes incertezas no horizonte de planejamento, desfechos alternativos podem criar cenários completamente diferentes entre si, com impactos distintos sobre o ambiente do setor ou da organização. Por exemplo, uma eleição presidencial pode ser um potencial divisor de águas, principalmente quando o resultado for incerto e imprevisível e quando linhas de ação política, social e econômica nas plataformas dos candidatos forem muito distintas entre si e das que hoje são praticadas.

São nessas situações que se utiliza o conceito de **cenários alternativos**. Esses cenários têm também um grande valor, mesmo quando o futuro *parece* certo. Talvez eles sejam até mais importantes, como técnica, nessas situações: a obrigação de elaborar exercícios sobre cenários alternativos tem a vantagem de forçar à análise de situações, condições e ações. É ainda mais construtivo quando as pessoas tendem a negligenciar essas análises por acharem que o futuro é certo e garantido.

Nesse sentido, essa metodologia leva os planejadores a definirem e analisarem, por exemplo, um **cenário otimista** e um **pessimista**, em relação ao adotado como **o mais provável**, e ajuda a estabelecer o limite inferior e o superior para os resultados. Se o limite inferior for considerado inadmissível ou insuportável, isso deve ser entendido como um forte alerta a fim de assegurar que aquele cenário pessimista não venha a ocorrer; caso ele venha a acontecer, indica que providências cautelares podem ser tomadas desde já.

Essa técnica é chamada também de **análise de sensibilidade** e consiste em se verificar qual é a sensibilidade de uma decisão estratégica às variações nas premissas básicas, ou nos cenários entre situações extremas consideradas plausíveis.

A escolha dos nomes de **cenário otimista**, **cenário mais provável** e **cenário pessimista** pode, entretanto, ter seus inconvenientes, por induzirem a atitudes mais associadas à denominação dada ao cenário do que a suas características intrínsecas. Denominações simplistas pressupõem um juízo de valor prévio sobre os cenários, induzindo a atitudes de adesão ou rejeição espontânea dos participantes, o que vai dificultar a isenção necessária para o tratamento do plano ou dos planos alternativos.

Sugere-se, portanto, que se escolham designações neutras, sem nenhuma hierarquia ou gradação de valor. Uma designação neutra é a denominação por cores, por exemplo, mas *estabelecidas por sorteio*. Outras possibilidades, também neutras e determinadas por sorteio, poderiam ser nomes de animais, de figuras geométricas (excluindo-se "quadrado" e "redondo", por causa de conotações indesejáveis) ou nomes de cidades (quanto mais afastadas do ambiente, melhor). Entretanto, se as designações não forem neutras, mas verdadeiras, refletindo o consenso do grupo sobre a característica real do cenário, talvez isso não seja tão indesejável assim.

Assim, tudo será feito para que cada cenário seja analisado *no seu mérito e consistência*, dando-se a cada um deles o mesmo grau de atenção necessário, sem idéias preconcebidas induzidas pela designação, embora seja difícil fugir dessa armadilha.

* * *

Os leitores e professores que estiverem interessados em uma extensão e um aprofundamento desses conceitos encontrarão, no Tópico 20.5, uma metodologia mais elaborada de formulação de cenários, chamada de **Quatro Cenários Alternativos** (QCA), ali descrita e aplicada.

TERMOS-CHAVE

Neste capítulo, vimos que os principais elementos que afetam ou podem afetar a construção do futuro de uma organização estão mais *fora* do que *dentro* da instituição, reforçando, assim, a importância de se caracterizarem os instrumentos de análise do ambiente externo.

As tendências, que são mudanças lentas, e as descontinuidades, que são mudanças repentinas, podem alterar significativamente o cenário externo e as condições para realização dos negócios ou das atividades das empresas. O efeito gatilho foi explicado e comentado.

Catalisadores e ofensores são fatores externos à instituição, já instalados, não controlados por ela, que podem afetá-la de forma positiva ou negativa, respectivamente.

Oportunidades e ameaças são fatores externos prováveis, não controláveis pela instituição, positivos e negativos, respectivamente, que podem afetar o seu futuro.

Os concorrentes são as demais instituições que disputam, ou que podem vir a disputar, no futuro, o mesmo público-alvo ou os mesmos mercados da organização.

As partes interessadas, também conhecidas como *stakeholders*, são formadas por pessoas físicas ou jurídicas, associações formais ou mesmo grupos informais, que têm algum tipo de interesse quanto ao funcionamento, operação, desempenho, resultados atuais ou futuros da organização.

Cenário é um conjunto de características e condições do ambiente externo, esperado ou temido para o futuro, que constitui o pano de fundo para a operacionalização da organização, condicionando sua funcionalidade, suas operações, sua estratégia e, conseqüentemente, o seu sucesso. O uso de cenários alternativos se aplica a situações onde o futuro parece incerto e quando eventos futuros de desfecho imprevisível podem alterar fundamentalmente o ambiente externo da organização.

QUESTÕES

1. Qual é a diferença entre tendência e descontinuidade? De que modo elas influenciam na formulação estratégica das organizações? Como funciona o efeito gatilho e que cuidados devem ser tomados em relação a ele?

2. Cite três exemplos de catalisadores, ofensores, oportunidades e ameaças para uma das organizações da qual você faz parte. Explique as diferenças entre esses quatro conceitos e a importância de cada um.

3. Como é possível construir estratégias competitivas vencedoras, mesmo considerando-se que alguns concorrentes ainda nem existem hoje e não se sabe se e quando existirão?

4. Qual é a importância de se considerar os interesses, sejam eles legais, legítimos ou não, dos *stakeholders* (partes interessadas) da organização na formulação de suas estratégias?

5. Escolha uma organização e construa um exemplo de cenário para ela. Seria o caso de usar cenários alternativos? Justifique.

7
Análise da Turbulência e da Vulnerabilidade

TÓPICOS[1]
• Identificação dos Eventos Futuros • Avaliação do *Timing* e das Probabilidades •
• Avaliação dos Impactos • Avaliação da Turbulência •
• Avaliação da Vulnerabilidade •

APRESENTAÇÃO

O objetivo deste capítulo é apresentar alguns conceitos e metodologias para a análise sistemática dos eventos futuros que podem impactar os negócios das organizações ou as atividades e programas das empresas ou entidades, avaliando o seu grau de turbulência e de vulnerabilidade.

Utilizando-se de um conhecido critério de gravidade-urgência-tendência, é possível identificar acontecimentos futuros e selecionar aqueles que, realmente, merecem atenção especial da instituição.

Os processos de avaliação do *timing* — isto é, da probabilidade de um evento futuro ocorrer e a época mais provável desta ocorrência — são também tratados neste capítulo.

Apresentamos os elementos e os processos para avaliação e quantificação do grau de impacto dos eventos, positivos ou negativos, sobre os negócios das empresas ou as atividades das entidades.

O conceito de turbulência, entendido como o nível de conturbação no ambiente externo futuro da instituição, também é analisado.

A vulnerabilidade, por sua vez, é associada à eventual falta ou insuficiência de *capacidade* da organização para tomar providências ou contramedidas que impeçam a ocorrência de eventos futuros indesejáveis, ou que, ao menos, minimizem seus efeitos negativos. Essa *capacidade*, se existente, deverá ser demonstrada pela implantação efetiva de *processos* para fazer avaliações e análises, bem como para executar e monitorar as ações planejadas.

Para finalizar, mostramos formas de implementar as providências necessárias para que se possam, por um lado, aproveitar os eventos favoráveis e, por outro lado, acautelar-se, por meio de contramedidas, quanto aos eventos negativos para a organização.

---

[1] Aos estudantes e leitores que estejam se iniciando na matéria de planejamento e gestão estratégica, sugerimos que este capítulo seja deixado para uma segunda leitura, de aprofundamento, sem prejuízo do entendimento dos capítulos seguintes. Embora muito importante e de grande relevância, seu estudo, em cursos introdutórios e rápidos, poderia ser dispensado pelos professores. No entanto, em programas de pós-graduação, sua leitura e seu estudo deveriam ser obrigatórios. Seu conteúdo será muito útil para o melhor entendimento dos tópicos de turbulência e de vulnerabilidade, bem como seu impacto sobre o plano estratégico da empresa ou entidade.

Legenda: Capítulos já estudados | Capítulo em estudo | Capítulos ainda não lidos

Introdução

Parte I — Motivação
1. Motivações para a Estratégia
2. Desafios para a Estratégia

Parte II — Conceituação
3. Conceitos Básicos de Estratégia
4. Gestão Estratégica
5. Transformação Estratégica

Parte III — Análise
6. Análise do Ambiente Externo
7. Análise da Turbulência e da Vulnerabilidade
8. Análise do Ambiente Interno

Parte IV — Formulação
9. Representação do Portfólio
10. Estratégias de Balanceamento do Portfólio
11. Formulação das Estratégias
12. Capacitação Estratégica

Parte V — Implantação
13. O Plano Estratégico
14. Metodologia do Planejamento Estratégico
15. *Workshop* de Planejamento Estratégico
16. Implantação da Gestão Estratégica

Parte VI — Aprofundamento
17. Formulação de Estratégias via Teoria dos Jogos
18. Jogos de Empresas para Capacitação Estratégica e Simulação Gerencial
19. Ferramentas para Planejamento e para Gestão Estratégica
20. Aplicações e Práticas da Gestão Estratégica

Ouvimos, com freqüência, empresários, consultores e analistas dizerem que "a turbulência está muito alta". Cada pessoa tem uma interpretação diferente e pessoal para esse conceito vago de turbulência. Mas, no mundo dos negócios ou nas atividades das empresas ou entidades, o que quer realmente dizer *alta turbulência*? Como era na época de nossos pais? Não havia agitações? Como será no futuro? A imprevisibilidade do futuro, a desordem e o caos aumentarão?

Fala-se também que a *vulnerabilidade* de alguma organização de grande porte pode acarretar riscos iminentes, se não for adequadamente tratada. Mas como se caracteriza e como se avalia a vulnerabilidade de uma instituição?

Turbulência e vulnerabilidade são duas faces da mesma moeda: a turbulência refere-se às incertezas em relação ao futuro e a vulnerabilidade envolve a *capacidade* da empresa em tratar adequadamente as turbulências.

Embora a turbulência e a incerteza sejam agravantes para a vulnerabilidade, o estar vulnerável decorre muito mais de condições e problemas que poderiam ser avaliados e previstos! É como na vida pessoal e nacional: o fato de conhecermos, plenamente, certo problema, não nos capacita, automaticamente, a enfrentá-lo. Portanto, a essência da vulnerabilidade não está na incerteza do futuro em si, mas na falta de capacidade da organização para enfrentar os problemas sabidamente possíveis ou prováveis. Esses dois temas, fundamentais para um planejamento estratégico efetivo, são abordados neste capítulo[2].

O Tópico 20.5, cuja leitura recomendamos, aprofunda os conceitos e a metodologia para formulação dos Quatro Cenários Alternativos, como uma importante base conceitual para embasar as análises de turbulência e de vulnerabilidade.

7.1 Identificação dos Eventos Futuros

Já vimos como devem ser identificados os eventos futuros, que podem afetar os negócios ou as atividades das instituições. A Seção 2.2 discorreu sobre as áreas de macromudanças estratégicas, enumerando dez possíveis transformações que podem gerar oportunidades ou ameaças para a instituição. A lista abrange desde as mudanças tecnológicas, mais visíveis, até as climáticas (e suas conseqüências), menos perceptíveis aos não especialistas[3].

O nosso leitor já foi alertado, nas Seções 2.1 e 6.1, para o fato de que as grandes oportunidades ou ameaças não são tão fáceis de serem identificadas; assim, deveriam ser buscadas na concomitância de duas ou mais macromudanças, como mencionado no Tópico 2.2.

---

[2] Esta análise tem por base o texto de ANSOFF, H. I. *Implanting strategic management*. New Jersey: Prentice-Hall International, p. 352-370, 1984.

[3] Observe-se que, neste capítulo, omitiremos referências a catalisadores e ofensores, mencionados no Capítulo 6, pois esses fatores já estão instalados e, portanto, deveriam fazer parte dos planos de ação específicos, já em curso.

A Seção 4.5 também tratou do assunto, apresentando um **sistema de vigilância estratégica**, justamente com o propósito de acompanhar, sistematicamente, eventos ou **temas estratégicos** com possibilidades de se concretizar, trazendo ameaças ou oportunidades para a instituição — naquela seção, também fizemos uma lista ilustrativa de possíveis temas a serem vigiados. Como, então, elaborar uma lista de eventos futuros que caracterize o grau de turbulência do ambiente externo da instituição?

A princípio, deve-se elaborar, muitas vezes por meio de um extenso **brainstorming**[4], uma extensa lista de eventos futuros, positivos ou negativos, para a organização, para o setor no qual ela atua ou para o ambiente em geral. Nessa fase, essencialmente criativa, estão vedadas as censuras, as críticas ou as discordâncias dos participantes do exercício.

Criada a lista, utilizando-se um processo proposto por Kepner e Tregoe[5], pode-se examinar cada um dos eventos, avaliando-se a:

- **gravidade**: "qual é o resultado, para a instituição, se aquele evento provável se materializar?"
- **urgência**: "qual é o prazo (ou pressa) para preparar e aproveitar a oportunidade ou se esquivar da ameaça?"
- **tendência**: "mesmo que o evento se apresente na forma de uma mudança contínua, qual é sua tendência ao longo do tempo? Ela se estabiliza, desvanece-se ou tende a se agravar a cada dia que passa?"

O resultado da avaliação combinada desses três fatores permitirá ordenar os eventos, por **grau de interesse e relevância**, permitindo descartar, de início, aqueles de pequena gravidade *e* de baixa ou nenhuma urgência *e* de tendência declinante.

Note-se que, na frase anterior, usamos a conjunção aditiva "e", o que indica necessidade de concomitância dos três fatores de baixa relevância para que se descarte o evento.

Devem-se selecionar, para posterior análise cuidadosa e detalhada, aqueles eventos que tenham algum grau de gravidade *ou* certo grau de urgência *ou* uma tendência agravante. Observe-se que a conjunção usada foi a conjunção alternativa "ou", o que

---

[4] Chama-se *brainstorming* um processo coletivo de criação de soluções, de identificação de problemas ou de oportunidades. Neste processo, trabalha-se focalizando o tema em questão e buscam-se soluções radicais para ele. As idéias devem ser deliberadamente abrangentes e devem ser lançadas tão rápidas quanto possível. *Brainstorming* é um processo de "pensamento lateral" que, por livre associação entre as idéias lançadas, aparentemente absurdas, cria, lança e registra novos pensamentos. Ele é estruturado para romper com os processos mentais clássicos, buscando novas maneiras de ver o mundo e seu relacionamento com a empresa. Durante uma sessão de *brainstorming*, as idéias lançadas não podem ser criticadas, por mais tolas que possam parecer. Finalizado o tempo para o processo criativo, aí, sim, as idéias são analisadas, pesadas, comparadas e filtradas, para posteriores tratamentos.

[5] KEPNER, C. H.; TREGOE, B. B. *O administrador racional*: uma abordagem sistemática à solução de problemas e tomada de decisões. São Paulo: Atlas, 1981.

significa que, se qualquer um dos três fatores for avaliado como relevante, o evento, em princípio, passa a ser considerado relevante também[6].

Portanto, em uma primeira seleção, esse método pode ser usado como um pré-classificador, porém, sem nunca substituir o uso do bom senso e da sensibilidade dos participantes.

Com essa lista de eventos, assim depurada, passa-se aos tópicos seguintes, para se chegar, finalmente, ao grau de turbulência e de vulnerabilidade da instituição, como mostrado na próxima seção.

7.2 Avaliação do *Timing* e das Probabilidades

Entende-se como *timing* de um evento futuro a época provável na qual se espera (ou teme-se!) que o evento possa ocorrer. Por ser geralmente incerto, ele é expresso como uma faixa de tempo, por exemplo, dentro de três a cinco anos, daqui a dez anos, nos próximos dois anos, no sexto ano a partir de hoje, entre 2010 e 2012.

Obviamente, os eventos cujo *timing* seja mais próximo acabam tendo, em geral, um peso maior na avaliação da sua relevância para a caracterização da turbulência: aqueles eventos que tiverem sido classificados como urgentes, de acordo com o proposto na Seção 7.1, devem ser examinados com mais rigor.

Deve-se cuidar, entretanto, para que não ocorra confusão entre *proximidade do evento* e *urgência do seu tratamento*. Um evento próximo pode ser menos urgente do que um evento no futuro mais distante, dependendo das providências do impacto necessário para tratá-los.

A probabilidade do evento futuro está associada à avaliação da plausibilidade de sua ocorrência efetiva, na época esperada e no impacto avaliado.

Matematicamente, a probabilidade pode ser expressa como um número de zero a cem; aquele indica a impossibilidade de o evento ocorrer; este indica a certeza.

Para efeitos práticos, evitando-se assim contas desnecessárias, basta que sejam classificadas em cinco níveis: probabilidade *altíssima*, *alta*, *média*, *baixa* e *baixíssima*. Entretanto, uma escala em apenas três níveis — *alta*, *média* e *baixa* — pode ser suficiente em muitas análises preliminares mais expeditas.

É preciso, porém, cautela: tanto no caso do *timing* como no das probabilidades, as avaliações variam muito de evento para evento, de pessoa para pessoa e, além disso, de acordo com o tempo. Quanto mais informações as pessoas tiverem sobre um evento, tanto mais suas avaliações do *timing* e da probabilidade podem variar entre si.

---

[6] Alguns leitores poderiam preferir métodos quantitativos (embora para situações dificilmente quantificáveis) para essa filtragem, atribuindo-se pesos para cada fator e fazendo operações com eles. Entretanto, alertamos que as tentativas de "matematizar" julgamentos subjetivos, como esses, costumam ser desastrosas quando usadas para substituir a responsabilidade pelas escolhas e o senso comum.

Por isso, é muito importante que as pessoas agrupem-se, sem pressa, para avaliar o *timing* e as probabilidades para cada um dos eventos selecionados na Seção 7.1. Desse modo, recomenda-se formar equipes multiníveis e interfuncionais e, se possível, incluir a participação de profissionais de fora da organização, para minimizar a ocorrência de "pontos cegos" provocados pela cultura interna da instituição: o aumento da probabilidade dos eventos favoráveis e a redução da probabilidade dos eventos desfavoráveis, no caso dos otimistas, ou o contrário, no caso dos pessimistas.

As conclusões e os resultados do processo de **brainstorming**, **filtragem** e **avaliação**, como descrito, passam a compor o conjunto de **premissas e cenários** para a **gestão estratégica**. Da mesma forma que as demais premissas, elas devem ser monitoradas, para apurar e confirmar se as percepções de sua realização permanecem como avaliadas inicialmente, ou devem ser modificadas a tempo.

7.3 Avaliação dos Impactos

Mapeados os eventos futuros, selecionados os mais relevantes, estimada a época provável de sua ocorrência e a chance — ou probabilidade — de acontecerem, passa-se a avaliar seu **impacto** sobre a instituição.

A pergunta que se faz, agora, é: "quais seriam os resultados, positivos ou negativos para a instituição, caso o evento ocorresse no *timing* estimado?" A avaliação deve incluir, também, possíveis impactos sobre aspectos relevantes, porém de difícil quantificação, como impactos sobre a imagem da empresa na opinião dos clientes e do público em geral, provocados, por exemplo, por um vazamento de produtos químicos imputável à organização.

As respostas a essa pergunta são chamadas de **avaliação do impacto**, podendo surgir em várias dimensões do negócio ou das atividades das instituições.

Para empresas, podem-se citar possíveis impactos sobre: receita; lucratividade; crescimento; retorno dos investimentos; quadro de recursos humanos; fatia do mercado; novos clientes; reclamações trabalhistas; processos no Procon; mais controle do governo sobre o negócio; cumprimento de prazos; qualidade dos produtos ou serviços — e muitos outros, além dos fatores "imponderáveis", já citados.

Para as instituições sem fins lucrativos, o impacto pode ter outras conotações, por exemplo: o número de pessoas atendidas; a área geográfica de atendimento; receitas operacionais, de doações e para projetos específicos; investimentos; o número de voluntários e de funcionários; e, principalmente, reputação e imagem.

Conforme dito na seção anterior, a avaliação dos impactos será mais bem produtiva se realizada por meio de dinâmicas de grupo, de convergência de opiniões, em equipes multiníveis e interfuncionais. Para simplificar as análises e criar-se uma base mais fácil de consolidar as opiniões, sugere-se que os impactos também sejam avaliados em níveis positivos e negativos, como: *altíssimo*, *alto*, *médio*, *baixo* e *baixíssimo*. Aqui também uma escala em apenas três níveis — *alta*, *média* e *baixa* — pode ser suficiente em muitas análises preliminares mais expeditas.

7.4 Avaliação da Turbulência

A palavra **turbulência**, incorporada ao ambiente de planejamento e pensamento estratégico, foi emprestada da linguagem usada pelos pilotos de aeronave: no tráfego aéreo, a turbulência é causada por fortes correntes de ar, ascendentes, descendentes ou laterais, que provocam, nos casos mais brandos, uma sensação desagradável de balanço e de desconforto para os passageiros; nos casos mais graves, elas provocam, repentinamente, grandes deslocamentos, para cima ou para baixo, podendo até causar graves acidentes.

Os recursos tecnológicos de que se dispõem hoje, em termos de previsão de turbulências e tempestades, permitem conhecimento antecipado das regiões mais perigosas, buscando evitá-las. Assim, por meio de radares, fotos de satélites e de um sem-número de coletores de dados de pressão, temperatura, umidade, direção e intensidade do vento, processados por supercomputadores, é possível detectar e prever, com antecedência razoável, as regiões de provável perigo. Isso pode resultar em mudanças no plano de vôo, na velocidade, na altitude, na rota, ou até mudanças de destino!

Analogamente ao transporte aéreo, no planejamento estratégico de empresas ou entidades, chamamos de turbulência o nível ou o grau de agitação no ambiente externo futuro da instituição, que possa afetar, fortemente, seus negócios ou atividades, tanto positiva como negativamente.

Pode-se dizer, de uma forma intuitiva, que a turbulência é considerada maior quando uma ou mais das situações relacionadas a seguir estão presentes: grande número de eventos futuros, tanto negativos como positivos, no horizonte próximo ou remoto; concentração excessiva desses eventos no curto ou médio prazos; existência de probabilidades médias ou altas de ocorrência de alguns eventos, tanto positivos como negativos; e médio ou alto grau de impacto de alguns dos eventos futuros.

Assim, os principais fatores determinantes do grau da turbulência são:
- a *quantidade* de eventos prováveis;
- a *concentração* dos eventos e a relevância de seu *impacto* provável (ou seu potencial de desestabilização da organização); e
- os efeitos de *potencialização*, que podem surgir pelo efeito sinérgico ou cumulativo provocado pela conjunção ou concomitância de dois ou mais eventos.

Como exemplo de *potencialização*, basta lembrar que a turbulência seria muito maior se dois eventos de médio ou alto impacto ocorressem simultaneamente do que se fossem bastante distanciados no tempo. Para ilustrar melhor o que foi dito, podemos usar, como metáfora de potencialização, a simultaneidade de eventos com aumento da vulnerabilidade: o caso de uma pessoa contaminada por um vírus em um momento de fraqueza ou debilidade do organismo (baixa resistência), provocando uma turbulência muito grande em sua saúde, maior do que se a mesma contaminação ocorresse em um momento de alto condicionamento físico e psicológico.

O fator *geográfico* também pode ser um potencializador: dois eventos ocorrendo no mercado em regiões geográficas contíguas tendem a se potencializar, ao passo que, se em regiões forem muito distantes entre si, seus efeitos podem ser diluídos e simplesmente somados, sem efeito potencializador significativo.

Uma forma fácil de representar o ambiente futuro é por meio de um gráfico esquemático, que chamamos de **mapa de turbulência**[7], no qual se coloca, no eixo horizontal, uma escala de tempo simplificada, na qual será representada a época futura mais provável da ocorrência do evento (o *timing*), geralmente representada por uma faixa ou intervalo; e, no eixo vertical, coloca-se uma avaliação do **grau de impacto** do evento sobre a instituição, tanto positivo como negativo.

Tanto o impacto como o *timing* são, geralmente, estimados em intervalos. O resultado desse desenho é que a representação de cada evento é, em geral, um retângulo, no qual o lado horizontal está associado ao intervalo de tempo e o vertical ao intervalo para o grau de impacto.

A probabilidade do evento deve ser representada por cores, conforme este código semafórico sugerido: roxo, para probabilidade altíssima; vermelho, para alta; amarelo, para média; verde, para baixa; e azul, para baixíssima. O Gráfico 7.1 (embora sem as cores mencionadas, dadas as limitações editoriais) ajuda a visualizar um mapa de turbulência para uma organização hipotética.

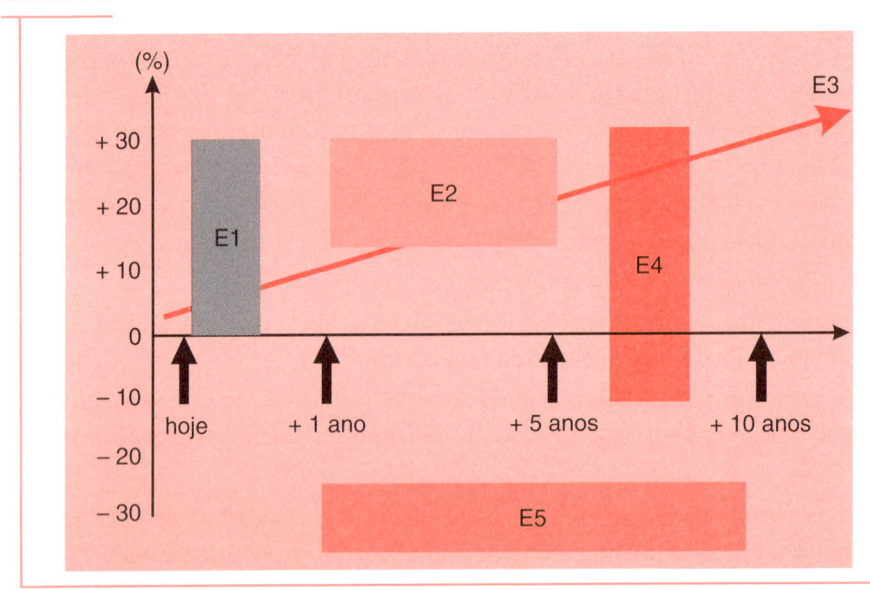

Gráfico 7.1

No mapa de turbulência anterior, podemos identificar cinco eventos futuros:

✓ **Evento E1** — significando uma probabilidade de intensidade *média*, com a necessidade de providências urgentes, o que deverá acontecer dentro de seis

---

[7] Proposto em ANSOFF, 1984, p. 352-370.

meses. Seu impacto, se ocorrer, será positivo, representando um acréscimo entre 0 e 30% nos resultados da instituição; por exemplo, o evento E1 poderia representar uma concorrência pública a ocorrer, a qual, se vencida, poderá gerar um bom resultado para a empresa, a curto prazo.

- **Evento E2** — indicando probabilidade *baixíssima*, tem um prazo de um a cinco anos para ocorrer e cujo impacto será positivo, resultando em um acréscimo entre 15% e 30% nos resultados; por exemplo, o evento E2 poderia representar uma oportunidade de participação em um grande empreendimento, como subcontratada para um pacote de serviços ou produtos, a qual, se ocorrer, poderá gerar um bom resultado a médio prazo.
- **Evento E3** — sugerindo uma probabilidade *baixa*. Na realidade, não é um evento destacado no tempo, como os demais: é uma tendência que, caso se materialize, trará resultados positivos e crescentes para a instituição, chegando a 30% em dez anos; por exemplo, o evento E3 poderia representar um aumento progressivo do uso do comércio eletrônico de produtos ou serviços, o qual, se bem aproveitado pela empresa, gerará resultados crescentes por muito tempo.
- **Evento E4** — representando uma probabilidade *altíssima*, tem um *timing* de seis a oito anos, aproximadamente, e seu impacto sobre os resultados poderá ser tanto positivo quanto nulo ou até negativo, provocando ganhos de até 30%, na melhor das hipóteses, ou perdas de até 10%, na pior das hipóteses; por exemplo, o evento E4 pode representar a abertura de mercado com um novo país, como a China, ou a participação na reconstrução do Iraque, ou na exploração de petróleo no Golfo do México. Como há grandes riscos envolvidos, o resultado pode ser tanto muito positivo como razoavelmente negativo!
- **Evento E5** — simbolizando uma probabilidade *alta*, tem um *timing* de um a dez anos e seu impacto será negativo, resultando em perdas de 25% a 35% sobre os resultados; por exemplo, o evento E5 poderia representar a entrada de uma empresa multinacional no mercado da empresa em questão, fato que, se ocorrer, certamente trará resultados negativos.

Analisando o Gráfico 7.1, é possível visualizar facilmente os períodos em que haverá maior ou menor turbulência ao longo do horizonte da gestão estratégica, quais eventos são próximos no tempo e em que seqüência, bem como outros aspectos de turbulência para a empresa.

Em um passo mais avançado, seria recomendável plotar, no mesmo gráfico, as condições relevantes *internas* à organização, para melhorar a visualização das relações, no tempo, dos acontecimentos externos com os fatos internos em função desses eventos.

O leitor poderá elaborar, também, mapas de turbulência, como o descrito, para cada unidade de negócio, ou unidade operacional da empresa. Eles servirão para fornecer uma maneira rápida de comunicação visual dos resultados das análises sobre eventos futuros, probabilidade, tempo e impactos prováveis, individualmente e em conjunto.

Adicionalmente, comparando-se mapas de turbulências para duas ou mais empresas ou entidades de um mesmo setor, será facilmente identificável qual delas pode esperar maior turbulência em seu futuro, indicando, portanto, a necessidade de maior profundidade nas análises e tomada de providências, como se descreve no tópico seguinte.

7.5 Avaliação da Vulnerabilidade

Entraremos, agora, no tema da avaliação do **grau de vulnerabilidade** da instituição e do delineamento de providências e **planos de ação** a serem incorporados ao **plano estratégico** da empresa. Isso será feito em quatro passos: elaboração do mapa de turbulência, avaliação e classificação dos eventos por grau de prioridade, tratamento específico para cada evento segundo sua prioridade e avaliação da vulnerabilidade — os quais são descritos a seguir.

- **Primeiro passo** — elaboração do mapa de turbulência, conforme já descrito no Tópico 7.4.
- **Segundo passo** — avaliação dos eventos do mapa de turbulência, classificando-os em três grandes grupos, chamados de: **eventos prioritários**, **eventos de precaução** e **eventos de vigilância** — como descritos a seguir.

A classificação em três categorias, embora possa ter alguns aspectos subjetivos, obedece aos seguintes critérios:

a) Um evento deve ser classificado como prioritário se:
- puder provocar alto impacto (acima de 15%, digamos), tanto positivo como negativo;
- tiver altíssima, alta ou média avaliação de probabilidade;
- tiver um *timing* tal que exija algum tipo de ação imediata da instituição.

Esses eventos exigem uma ação urgente, direta, imediata!

b) Um evento deve ser classificado como de precaução se atender a uma ou duas das condições descritas no item anterior (a).

Eles são os de média prioridade e exigem ações cautelares, a serem iniciadas somente a médio prazo — digamos, de um a três anos.

c) Os eventos de vigilância são os de menor prioridade que não atendem às condições (a) ou (b). Não exigem providências imediatas nem a médio prazo — apenas acompanhamento.

Para aprofundar a análise dos eventos quanto às prioridades, sugere-se fazer, para cada evento, os seguintes questionamentos:

- Quais providências a instituição deveria tomar para ter condições de aproveitar as oportunidades que seriam geradas pelo evento ou, alternativamente, para remediar as perdas, no caso de ameaças? Ou para promover ou inibir a ocorrência de eventos indesejáveis?
- Quanto tempo se levaria para implantar completamente as providências mencionadas anteriormente? Qual será aquela de maior duração? Há alguma relação de dependência entre as providências?

Qual é a data *mais tarde* que se poderia admitir para o início da preparação das providências de *maior duração*, de tal forma que elas possam estar completamente implantadas antes da data *mais cedo* estimada para ocorrência do evento?

O Gráfico 7.2 ilustra os resultados deste questionamento.

Aproveitando o mapa de turbulência mostrado na Seção 7.4, selecionamos apenas dois eventos, E4 e E5, para análise.

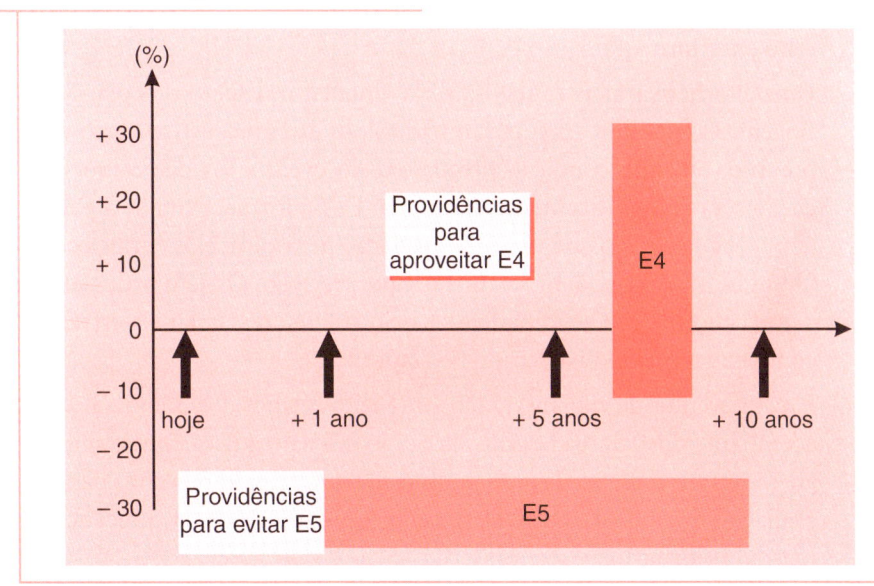

Gráfico 7.2 Avaliação da Vulnerabilidade

No Gráfico 7.2, o evento E4, predominantemente positivo, para ser aproveitado pela empresa, precisa de algumas providências, como investimentos, treinamentos, capacitação, campanhas de marketing, desenvolvimento de sistemas, abertura de novas instalações etc.

Neste exemplo, a providência *mais demorada* para se aproveitar o evento E4 deveria começar daqui a três anos, indicando que E4 deve ser classificado como um evento de precaução.

Já o evento E5 é negativo para a empresa. Para evitar suas conseqüências, várias providências podem ser necessárias, como o desenvolvimento de um novo produto, a obtenção de certificação ISO 9000, a instalação de sistemas de monitoramento de rejeitos etc. No exemplo, a providência *mais demorada* deveria começar *imediatamente*, razão pela qual o evento E5 deve ser classificado como evento prioritário.

Terceiro passo — feita a classificação de cada evento quanto à sua prioridade, ser-lhe-á dado o tratamento específico, conforme o tipo de evento mapeado:

a) Para os eventos prioritários, serão feitos **planos de ação específicos**, incluídos para execução imediata no plano estratégico da instituição. Esses planos de ação devem ser incluídos no orçamento estratégico, sendo designados coordenadores e equipe de trabalho para sua implantação e um esquema especial de acompanhamento e monitoramento de progresso.

b) Para os eventos de precaução, serão feitos **planos contingentes**, que serão incluídos no plano estratégico em um capítulo especial com esse título. Os planos contingentes são planos que ficam "prontos e aprovados, mas na gaveta", e somente serão colocados em prática se, nas avaliações seguintes, esses eventos passarem para a situação dos eventos prioritários, como descrito anteriormente.

Uma alternativa mais cautelosa seria vincular o disparo dos planos contingentes a "gatilhos" predeterminados; por exemplo, assim que o evento previsto, ou uma condição precursora do evento, for detectado, a execução será automaticamente disparada. Dessa forma, evita-se a perda de tempo, aguardando-se a próxima avaliação periódica. Nos tempos em que vivemos, 15 dias podem ser um tempo precioso. Os temas dos eventos de precaução serão acompanhados pelo sistema de vigilância estratégica, conforme mostrado na Seção 4.5 (Capítulo 4).

c) Para os eventos de vigilância, não serão feitos planos detalhados: eles serão acompanhados como descrito na Seção 4.5. Um **plano contingente**, ou até mesmo um **plano de ação**, só será elaborado caso o evento passe, nas avaliações periódicas, a ser classificado como um evento de precaução, ou mesmo prioritário.

√ **Quarto passo** — com esses resultados em mente, pode-se avaliar, agora, o grau de vulnerabilidade de uma instituição em relação a eventos futuros.

Deve-se dizer que o grau de vulnerabilidade de uma empresa ou instituição é baixo quando:

√ os eventos futuros tiverem sido identificados, avaliados e mapeados;

√ os eventos mapeados tiverem sido devidamente classificados;

√ há planos de ação em andamento para os eventos prioritários;

√ há planos contingentes aprovados para os eventos de precaução; e

√ existe um **sistema de vigilância estratégica** que monitora os eventos de precaução e os **eventos de vigilância**.

A ausência, insuficiência, inadequação ou deficiência em qualquer um dos pontos anteriores caracteriza situações de maior vulnerabilidade da instituição, a qual será tanto maior quanto maior for a insuficiência ou a inexistência das cinco medidas cautelares de avaliação e de providências descritas anteriormente.

Termos-chave

Neste capítulo, mostramos como os eventos futuros podem impactar os negócios das empresas, atividades ou programas das entidades e como devem ser avaliados quanto ao grau de turbulência e de vulnerabilidade, utilizando-se um conhecido critério de **gravidade-urgência-tendência**, o qual possibilita identificar eventos futuros e selecionar aqueles que realmente merecem atenção especial.

A avaliação do *timing*, isto é, da **probabilidade** de um evento futuro ocorrer e a época mais provável desta ocorrência, também foi tratada neste capítulo.

Além disso, foram vistos os elementos e os processos necessários para avaliar e quantificar o provável **impacto** dos eventos sobre os negócios das empresas ou atividades das entidades, tanto os positivos como os negativos.

O conceito de **turbulência** foi apresentado como o nível de conturbação futura da instituição no ambiente externo.

Já o **grau de vulnerabilidade** foi associado à eventual falta ou insuficiência de **capacitação** da organização para tomar providências ou contramedidas que impeçam a ocorrência de eventos futuros indesejáveis, ou que minimizem seus efeitos negativos. Essa **capacitação**, se existente, deve ser demonstrada pela implementação efetiva de processos para fazer as avaliações e análises, bem como para executar e monitorar, a tempo, o andamento das ações planejadas.

Para finalizar, foram mostradas as formas de implementar as providências necessárias para que a entidade possa aproveitar os eventos favoráveis, ou para que possa se preparar, por meio de contramedidas, para os eventos negativos passíveis de ocorrer no ambiente da organização.

Questões

1. Como se identificam eventos futuros que, ao menos em tese, podem afetar, positiva ou negativamente, os negócios ou as atividades de uma organização?

2. Liste dez eventos futuros prováveis que podem impactar uma organização que você conhece, tanto positivos como negativos. Depois, utilize o critério de **gravidade** *versus* **urgência** *versus* **tendência** para selecionar os mais importantes. Justifique sua escolha.

3. Com base nos três eventos positivos mais importantes e nos três mais negativos, faça uma análise da relevância de cada um sobre a organização, avaliando seu *timing*, **probabilidade** e **impacto**.

4. Construa um **mapa de turbulência** para essa organização, representando os eventos selecionados na questão anterior. Interprete o mapa, avaliando o **grau de turbulência** para a organização.

5. Avalie o **grau de vulnerabilidade** da organização, considerando a existência das providências necessárias para lidar com os eventos mais relevantes, bem como os prazos e planos de ação e eventuais investimentos em implantação.

8

Análise do Ambiente Interno

TÓPICOS

- Auto-avaliação, uma Dificuldade Real •
- Pontos Fortes, Pontos Fracos e Pontos a Melhorar •
- Os 10-Ms do Autodiagnóstico •
- O Gráfico-radar da Instituição •
- Os Gráficos-radar das Áreas Críticas •

APRESENTAÇÃO

O objetivo deste capítulo é apresentar alguns elementos conceituais e metodológicos para uma análise sistemática do ambiente interno da instituição.

Inicialmente, apontamos algumas dificuldades reais para uma auto-avaliação da organização. Divergências de opiniões, defesas prévias de posições ou ataques a pessoas ou a setores podem tornar a análise inútil e até prejudicial. Apresentamos, ainda, formas de contornar as dificuldades.

Conceituamos os **pontos fortes**, **pontos fracos** e **pontos a melhorar** como características internas reais da organização que podem colocá-las em posição vantajosa ou desvantajosa diante de sua clientela ou de seu público-alvo.

Apresentamos dez **áreas internas de análise**, que deveriam ser usadas para avaliar e explorar esses pontos. Embora não exaustivas, essas dez áreas internas cobrem a maioria dos problemas potenciais nas empresas ou entidades.

Propomos uma forma pictórica simplificada de representar, facilmente, o resultado da análise interna da instituição, como em uma tela circular, aqui chamada de **gráfico-radar**. A sobreposição desse gráfico para diversas empresas ou entidades do mesmo setor permitirá visualizar, rapidamente, a comparação entre elas e também identificar as áreas internas críticas, que deverão ser analisadas com mais detalhes.

Por fim, aplicamos o mesmo processo anterior sobre as **áreas internas críticas** específicas, como se fosse uma operação de *zooming*, em busca de lacunas importantes, não detectadas na análise macro.

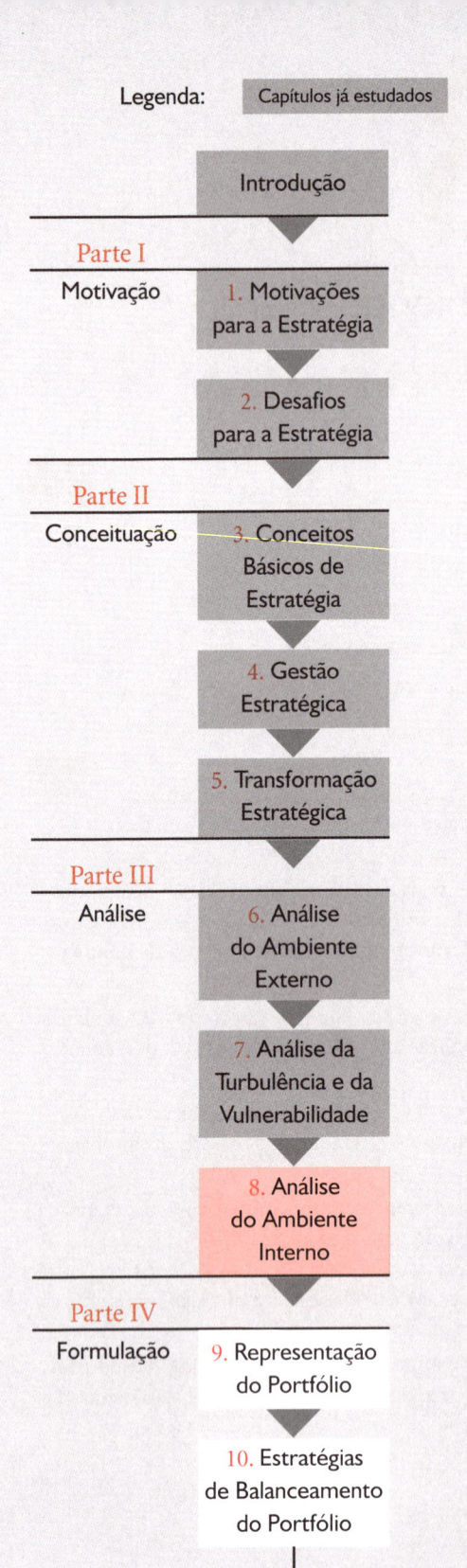

Legenda: Capítulos já estudados | Capítulo em estudo | Capítulos ainda não lidos

- Introdução

Parte I — Motivação
1. Motivações para a Estratégia
2. Desafios para a Estratégia

Parte II — Conceituação
3. Conceitos Básicos de Estratégia
4. Gestão Estratégica
5. Transformação Estratégica

Parte III — Análise
6. Análise do Ambiente Externo
7. Análise da Turbulência e da Vulnerabilidade
8. Análise do Ambiente Interno

Parte IV — Formulação
9. Representação do Portfólio
10. Estratégias de Balanceamento do Portfólio
11. Formulação das Estratégias
12. Capacitação Estratégica

Parte V — Implantação
13. O Plano Estratégico
14. Metodologia do Planejamento Estratégico
15. *Workshop* de Planejamento Estratégico
16. Implantação da Gestão Estratégica

Parte VI — Aprofundamento
17. Formulação de Estratégias via Teoria dos Jogos
18. Jogos de Empresas para Capacitação Estratégica e Simulação Gerencial
19. Ferramentas para Planejamento e para Gestão Estratégica
20. Aplicações e Práticas da Gestão Estratégica

Diz-se que conhecer os outros é mais fácil do que conhecer a si próprio; para muitos, o autoconhecimento parece uma tarefa praticamente impossível. Como uma antecipação histórica desse enigma, ficou-nos o desafio contido na máxima "Conhece-te a ti mesmo", atribuída a Sócrates, a qual, há mais de 20 séculos, vem incomodando a todos. Neste capítulo, tentaremos aplicá-la às organizações.

No entanto, apesar de tão difícil, por que será que é tão importante avaliar a situação interna da organização para que haja um bom andamento de um plano estratégico? Ora, é justamente pelo conhecimento das forças e fraquezas da organização que se constroem as melhores estratégias corporativas e competitivas.

Da mesma forma que, na construção de um prédio ou um arranha-céu, buscam-se as bases mais resistentes do terreno, evitando-se as áreas movediças, as estratégias também necessitam ser construídas sobre pontos internos fortes, evitando-se apoiar em pontos fracos, que precisam ser identificados, mapeados e marcados claramente, para cautela e ações futuras.

Se alguém, entretanto, precisar construir um edifício que necessite ter o apoio justamente sobre áreas fracas, ações especiais de engenharia precisariam ser feitas para tratar essas áreas — fundações bem elaboradas e impermeabilizações, por exemplo. Da mesma forma, é possível que a visão formulada para uma organização, sua missão ou algumas das estratégias escolhidas exijam o tratamento de pontos fracos identificados na organização. O que não podemos, absolutamente, é ignorar esses fatores, ou aceitar incompatibilidades entre o propósito da organização e os necessários pontos de apoio para sua implementação.

Este capítulo trata da identificação dos pontos fortes, pontos fracos e pontos a melhorar. Em relação ao que fazer com eles, isso será tratado posteriormente no Capítulo 12.

* * *

Como já exposto na introdução do Capítulo 6, alguns autores e professores têm preferido usar, para uma análise rápida da situação da empresa, a conhecida análise SWOT[1]. Neste livro, é feita uma extensão daquela metodologia de análise, tratando a análise externa em quatro categorias: Catalisadores, Ofensores, Oportunidades e Ameaças — que já foram objeto do Capítulo 6 —, e a análise interna em três categorias: Pontos Fortes, Pontos Fracos e Pontos a Melhorar — que serão tratadas neste capítulo.

8.1 Auto-avaliação, uma Dificuldade Real

Todos nós já defrontamos com situações em que as pessoas, a nosso redor, estão vendo algum problema grave em nós, o qual, nós mesmos, não percebemos. São os chamados pontos cegos. Às vezes, a situação é ainda pior: se o vemos, fazemos de

---

[1] Formada pelas iniciais das quatro palavras inglesas *strengths* (forças), *weaknesses* (fraquezas), *opportunities* (oportunidades) e *threats* (ameaças).

conta que ele não existe, negando qualquer problema para não nos comprometermos em consertar aquilo que já sabemos que está errado... Geralmente, colocamos a culpa em alguém, ou dizemos que aquilo é assim mesmo e que não há como mudar.

Muitos conhecem o conceito de janela de Johari[2], no qual se evidencia que, no binômio *eu* x *outro*, quando informações sinceras e francas são trocadas entre ambos, amplia-se, muito, o campo do conhecimento próprio de cada um.

Fenômeno similar acontece com empresas ou entidades: muitas vezes, todo o mundo está vendo as deficiências e os pontos fracos da nossa instituição — clientes, fornecedores, funcionários, parceiros, concorrentes, público em geral e até a opinião pública; só nós não os vemos.

Quando se questiona algum problema dessa natureza, muitas desculpas costumam ser apresentadas. Por exemplo, podemos ouvir respostas como: "Mas isso sempre foi assim", "Esse é o padrão da matriz", "Os clientes é que não sabem usar nossos produtos", "Os concorrentes têm atitudes desleais e predatórias", "O governo só quer saber de arrecadar", "Os funcionários só sabem reclamar", "Ninguém aqui quer trabalhar", e muitas outras frases similares.

Dificuldades em detectar pontos fracos, enfrentá-los e melhorá-los são decorrentes, às vezes, da rigidez de paradigmas estabelecidos há muitos anos, desde a época da fundação da própria organização, que passaram a ser as nossas "verdades absolutas". E é isso o que precisa ser identificado, trabalhado e, eventualmente, mudado. As mudanças de atitudes podem demorar anos, mas precisam estar incluídas no plano de transformação estratégica da organização.

Outra causa muito comum dessas dificuldades é a falta de uma cultura de análise de problemas e de aperfeiçoamento contínuo. Com freqüência, vigora nas organizações o hábito de "encontrar os culpados" pelas incorreções, seguindo-se algum tipo de punição para quem foi julgado responsável.

É freqüente encontrarmos situações em que o interesse honesto de encontrar os problemas e suas causas reais é substituído pela preocupação em demonstrar que, se existe algo errado, está na área do outro ou é causado por outrem, de preferência de fora da organização.

A solução para essa anomalia organizacional é a implantação de uma cultura voltada para resolver e aperfeiçoar, continuamente, o que está afligindo a organização. Nessa nova cultura, as pessoas e as equipes são avaliadas e reconhecidas pelo desempenho dos processos de mudança e pelo seu alinhamento — ou realinhamento — com as estratégias estabelecidas. Dessa forma, para que todos sejam beneficiados, a identificação e a solução de pontos fracos suplantam a preocupação de eximir-se das culpas.

---

[2] LUFT, J.; INGHAM, H. *The Johari window*: a graphic model of interpersonal awareness proceedings of the western training laboratory in group development. Los Angeles: Ucla, 1955.

8.2 Pontos Fortes, Pontos Fracos e Pontos a Melhorar

A primeira tarefa para uma análise do ambiente interno é elaborar uma lista irrestrita de pontos fortes, fracos e os que precisam ser melhorados, ou seja, aqueles que favorecem e os que prejudicam a instituição. Aqui, pode-se usar o mesmo conceito de *brainstorming*, já descrito no Capítulo 7. Para isso, faz-se necessário entender o que cada uma das três categorias representa:

- pontos fortes são aquelas características positivas *de destaque*, na instituição, que a favorecem no cumprimento do seu propósito;
- pontos fracos são características negativas, na instituição, que *a prejudicam* no cumprimento do seu propósito;
- pontos a melhorar são características positivas na instituição, mas não em nível ou grau suficiente para contribuir efetivamente para o cumprimento do seu propósito[3].

Vale lembrarmos que uma análise de pontos fortes, fracos e a melhorar pode ser bastante beneficiada por uma prática de *benchmarking*, mostrando a posição comparativa da instituição relativamente aos melhores processos conhecidos em outras instituições no Brasil e no mundo.

Assim, mesmo que um ponto seja considerado forte e, portanto, suficiente para o atendimento das estratégias vigentes ou propostas, é possível o *benchmarking* demonstrar que pode haver, ainda, uma margem significativa para crescimento do desempenho. Pode-se, inclusive, concluir que a instituição tem condições de desenvolver aquele ponto além do *benchmarking* existente, estabelecendo, assim, um diferencial no mercado. A consciência dessa situação pode levar à proposição de mudanças na estratégia, apoiadas no desempenho extra, possível de ser conquistado.

Apenas para ilustrar os três conceitos mencionados, fornecemos, a seguir, alguns exemplos:

- pontos fortes — marca conhecida e respeitada; rede de distribuição de cobertura nacional; presteza no atendimento a reclamações e pedidos de informações; linha de produtos diversificada e completa; capacidade em pesquisa e desenvolvimento; recursos industriais ou de logística; recursos financeiros para suportar financiamentos de vendas; características excepcionais de seus recursos humanos etc.
- pontos fracos — ausência de um manual de usuário do produto claro e legível; ausência de local adequado para estacionamento dos clientes; ausência

---

[3] Alguns analistas não utilizam a categoria pontos a melhorar, usando apenas pontos fortes e pontos fracos. Entretanto, em nossa experiência de consultoria, em análises internas de organizações tão diversas entre si, concluímos que a distinção entre pontos fracos e pontos a melhorar, usada neste livro, é muito útil, principalmente quanto às ações que deverão ser tomadas para tratar cada um deles: os pontos fracos devem ser eliminados, se possível; já os pontos a melhorar devem ser trabalhados para que sejam transformados em pontos fortes ou, ao menos, em pontos "neutros".

de recursos para pagamento via cartões de crédito; ausência de mecanismos e sistemas adequados de pós-venda; falta de integração entre as pessoas da seção, dos departamentos, das filiais ou das unidades operacionais; falta de integração entre os vários sistemas computacionais da empresa ou entidade; falta de processos confiáveis de informação; e falta de um sistema de custeio adequado etc.

- pontos a melhorar — mecanismos de comunicação ampla, franca e rápida com os clientes, com os fornecedores e com a imprensa; qualidade do material ou da matéria-prima adquiridos de fornecedores; controle de estoques para evitar pedidos em falta; formação do pessoal que lida diretamente com os clientes e fornecedores etc.

Recomenda-se que o levantamento inicial dos pontos fortes, fracos e a melhorar seja feito por meio de um *brainstorming*, de forma livre, de preferência com participação de pessoas de fora, sem nenhum roteiro específico, a não ser a percepção das pessoas presentes. Se a empresa tiver algum sistema de reclamações de clientes, de funcionários ou de fornecedores, este material também poderá ser usado para enriquecer a análise com casos reais.

8.3 Os 10-Ms do Autodiagnóstico

Uma vez listados os pontos fortes, fracos e a melhorar, eles devem ser classificados em grandes categorias, para facilitar uma síntese, uma visão integrada, uma radiografia da instituição.

Para estruturar e organizar os pontos levantados, criamos uma categorização mnemônica, aqui chamada de os **10-Ms do autodiagnóstico**, com dez áreas internas, todas designadas por palavras começadas com a letra M. Três palavras, muito conhecidas, acabaram ficando em inglês: *management*, *marketing* e *money*, para preservar o caráter mnemônico da lista.

Na realidade, essa lista é uma extensão dos famosos 4-Ms (mão-de-obra, máquinas, materiais e métodos/processos) usados como diretrizes básicas para elaboração dos gráficos do tipo espinha-de-peixe para identificação de causas de defeitos, propostos, em 1943, por Kaoru Ishikawa[4]. Esses gráficos foram e ainda são muito utilizados para identificação de causas de problemas de falta da qualidade em produtos ou serviços.

Em ordem alfabética, para não indicar qualquer hierarquia entre eles, listamos, a seguir, os 10-Ms.

Management	Meio ambiente
Mão-de-obra	Meio físico
Máquinas	Mensagens
Marketing	Métodos
Materiais	*Money*

---

[4] Mencionado em SCHERKENBACH, W. W. *O caminho de Deming para qualidade e produtividade*. Rio de Janeiro: Qualitymark, 1990.

Essas dez áreas de concentração e foco da organização cobrem, praticamente, todos os pontos *internos* relevantes de qualquer instituição. Os pontos fortes, fracos e a melhorar, mencionados na seção anterior, devem, portanto, ser classificados nessas dez grandes categorias.

Caso existam pontos de difícil classificação, eles devem ser colocados sempre em gestão (*Management*), pois qualquer assunto interno relevante da instituição que não tenha uma alocação explícita é, em última análise, de responsabilidade da administração.

É preciso, entretanto, termos certo cuidado quanto a essa classificação, pois ela deve cobrir unicamente os tópicos *internos* da instituição, também chamada de "análise intramuros". Tópicos externos que eventualmente apareçam nesse levantamento deverão ser remetidos para outros passos da metodologia, conforme tratado nos Capítulos 6, 7 e 9.

Para melhor ilustrar essas dez áreas internas, podemos colocá-las em um círculo, como segue.

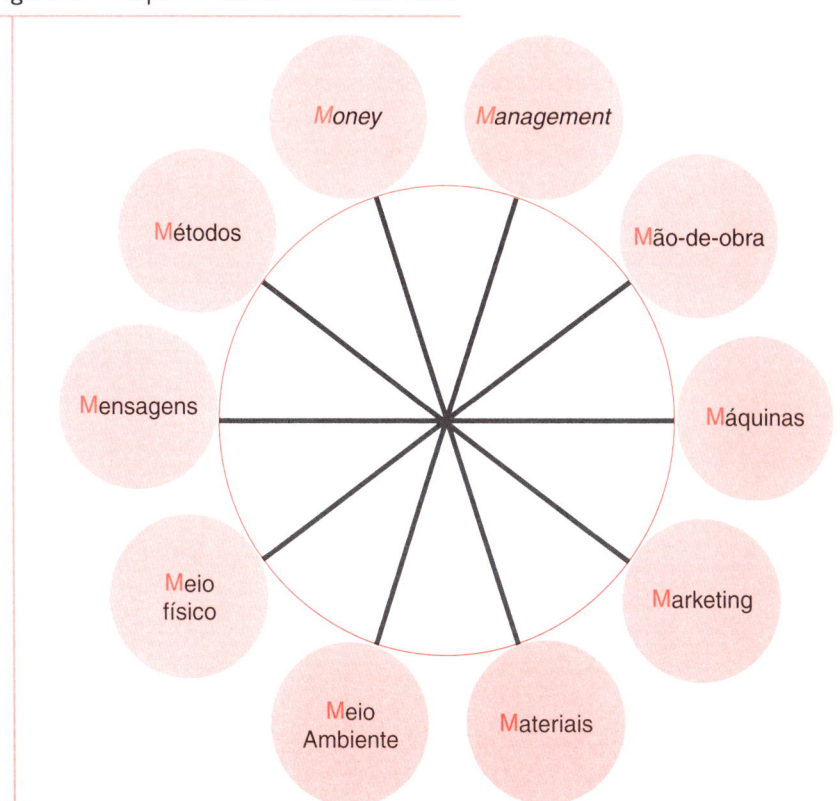

Figura 8.1   Esquema Básico do Gráfico-radar

Os tópicos estão colocados em ordem alfabética, em sentido horário, para não induzir qualquer idéia de hierarquia ou prioridade entre eles, pois todos são igualmente importantes e, de uma forma ou de outra, todos estão relacionados entre si.

Para facilitar o entendimento do conteúdo de cada uma das áreas internas, já que as palavras escolhidas podem não ser suficientemente esclarecedoras para todos, apresentamos, no Quadro 8.1, alguns dos elementos de análise que deveriam ser lembrados nesse autodiagnóstico, em cada uma das dez categorias mencionadas.

Quadro 8.1 Atributos para Análise dos 10-Ms

Os 10-Ms	Alguns atributos a serem verificados
Management Gestão Supervisão Liderança	Administração geral e processos decisórios Gestão de tecnologias e de sistemas de informação Gestão estratégica Gestão setorial: gestão de marketing, comercial, operacional, de produção e de logística, financeira, recursos humanos, ou, em outras palavras, *a gestão dos processos transfuncionais* Relacionamento com os acionistas e com os *stakeholders*
Mão-de-obra Recursos humanos Capacitação Motivação	Recrutamento e seleção de pessoal Capacitação, treinamento e desenvolvimento de recursos humanos Gerentes e supervisores preparados para gestão de pessoas Motivação, envolvimento e comprometimento, remuneração, reconhecimento e recompensa Satisfação dos funcionários e gerentes
Máquinas Equipamentos Aparelhos Sistemas	Equipamentos de manuseio e de transporte Instalações elétricas, hidráulicas, utilidades e de segurança Manutenção de máquinas e equipamentos Máquinas, equipamentos e sistemas de produção Redes intranet, extranet e Internet
Marketing Vendas Portfólio de produtos e serviços	Conhecimento do mercado e dos concorrentes Flexibilidade e negociações Lançamento de produtos e campanhas Pós-venda, garantia e assistência técnica Tratamento da satisfação dos clientes
Materiais Matéria-prima Suprimento Fornecedores	Desenvolvimento de parcerias com fornecedores Cadeia do suprimento, logística Estoques: quantitativo, qualitativo, preservação Especificações para aquisição, padronização e codificação de materiais Qualidade assegurada na aquisição

(continua)

(continuação)

Meio ambiente Preservação ambiental Reciclagem Economia de energia Economia de água Economia de matéria-prima	Gestão da proteção ambiental Licenciamento ambiental Programas de economia de energia, de água e de insumos Reciclagem de resíduos Procedimento diante de reclamações de vizinhos, da imprensa e de autuações
Meio físico Instalação Acesso Funcionalidade Conforto	Circulação interna, fluxos internos, estacionamentos Iluminação, limpeza e arrumação Infra-estrutura, utilidades Proteção e segurança pessoal e patrimonial Sinalização visual, interna e externa
Mensagens Comunicação Divulgação Transparência Integridade Verdade	Comunicação para clientes, fornecedores, governo, imprensa e público Comunicação entre gerentes, supervisores, funcionários Comunicação escrita, circulares e quadros de aviso e comunicação verbal, informal, diagonal, horizontal e vertical Comunicações da direção e para a direção: transparência e integridade Providências e respostas às reclamações e às sugestões dos clientes
Métodos Processos Procedimentos Documentação Qualidade Organização	Fluxograma de processos produtivos e administrativos Metodologia para gestão por projetos Metodologias para desenvolvimento de produtos Normas, padrões e procedimentos produtivos e administrativos Sistemas de garantia da qualidade
Money Finanças Fluxo de caixa Lucratividade Relatórios gerenciais Contabilidade	Acompanhamento gerencial por centros de resultados Fluxo de caixa, contas a pagar e contas a receber Faturamento, recebimentos e lucratividade Investimentos estratégicos Orçamentos e acompanhamento orçamentário

Essa lista serve apenas como um *checklist*, para ilustrar tópicos importantes a serem lembrados no momento de se classificar o resultado do *brainstorming*, dos pontos fortes, fracos e a melhorar.

8.4 O Gráfico-radar da Instituição

O *gráfico-radar* é uma forma clara e pictórica de representar o resultado da análise de cada uma das dez áreas mencionadas. Trata-se de um gráfico construído de forma circular, espalhando-se, de forma radial, as dez áreas mencionadas, como ilustrado na Seção 8.3.

Os eixos serão graduados em níveis para permitir uma melhor visualização dos resultados das análises, considerando-se a freqüência relativa de *pontos fortes*, *pontos fracos* e *pontos a melhorar*, usando o critério indicado pelo Quadro 8.2, a seguir:

Quadro 8.2   Tabela para Construção do Gráfico-radar[5]

Pontos fortes	Pontos a melhorar	Pontos fracos	Zonas	Localização
MUITOS	Poucos	(Nenhum)	1 — Azul	A coroa mais interna
Alguns	Alguns	Poucos	2 — Verde	A 2.ª coroa mais interna
Alguns	MUITOS	Alguns	3 — Amarela	A coroa intermediária
Poucos	Alguns	Alguns	4 — Vermelha	A 2.ª coroa mais externa
(Nenhum)	Poucos	MUITOS	5 — Roxa	A coroa mais externa

O resultado da aplicação do critério anterior é mostrado na Figura 8.2[6].

---

[5] A aplicação desta tabela pressupõe um *brainstorming* com um bom número de aspectos avaliados, digamos, acima de 30. Para análises com poucos achados, o uso desta tabela fica prejudicado, e outros critérios precisam ser usados. Neste caso, outras ponderações podem ser utilizadas.

[6] A inversão das escalas no gráfico-radar, nesta segunda edição, em relação à primeira, colocando a zona azul, a mais favorável, no centro do gráfico, e a zona roxa, a mais desfavorável, na coroa mais externa, foi-nos sugerida pelo amigo leitor Jonas Virgilio, a quem agradecemos. A idéia sugerida por ele é associar o gráfico-radar a um "alvo", em um exercício de tiro: o ideal do atirador é acertar o centro do alvo, que corresponde à situação de muitos pontos fortes e nenhum ponto fraco. Assim, quanto mais próximo do centro do gráfico estiver o atributo, melhor estará a empresa naquele aspecto avaliado. Entretanto, os leitores que preferirem continuar usando a escala anterior, com o roxo no centro e o azul na coroa externa, poderão também se beneficiar dela desde que esta convenção fique explícita a todos.

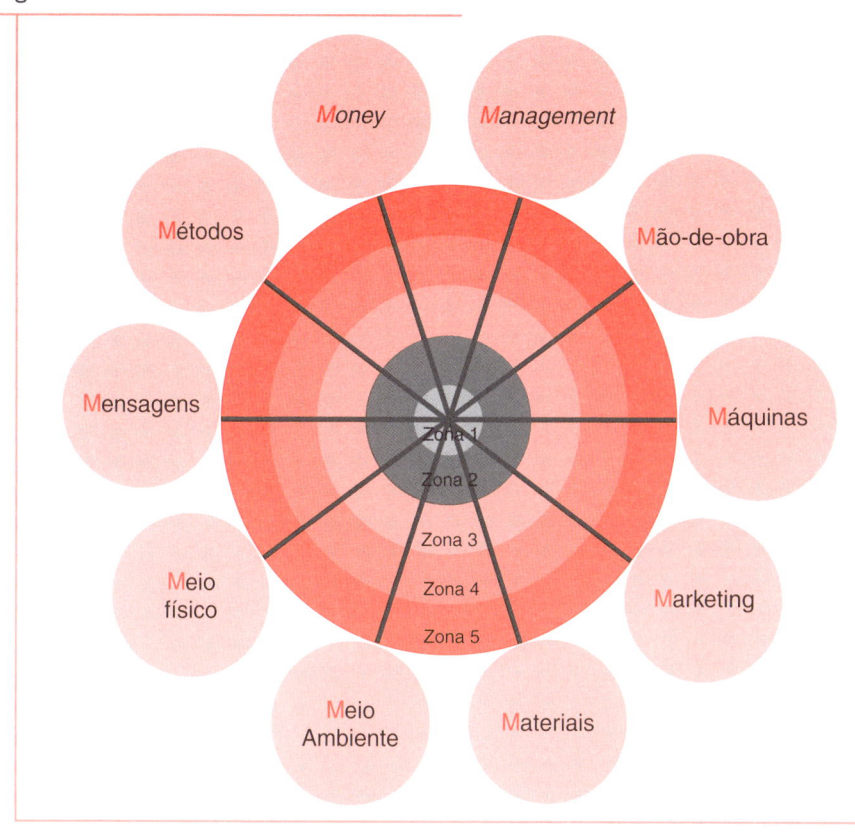

Figura 8.2 As Cinco Zonas do Gráfico-radar

[Figura: Gráfico-radar com círculo central dividido em zonas concêntricas (Zona 1, Zona 2, Zona 3, Zona 4, Zona 5) e dez setores identificados por: Money, Management, Mão-de-obra, Máquinas, Marketing, Materiais, Meio Ambiente, Meio físico, Mensagens, Métodos.]

Ilustramos, na Figura 8.3, a aplicação do gráfico-radar para uma instituição que tenha, por exemplo, as seguintes características:

- Zona 1 (coroa azul[7]): *management, money*
- Zona 2 (coroa verde): marketing, meio físico
- Zona 3 (coroa amarela): mão-de-obra, métodos
- Zona 4 (coroa vermelha): máquinas, materiais
- Zona 5 (coroa roxa): meio ambiente, mensagens

A figura poligonal que se formou, ao serem ligados os pontos correspondentes às freqüências das avaliações dos pontos fortes, fracos e a melhorar, constitui o **gráfico--radar** da instituição, dando uma idéia integrada muito boa do diagnóstico interno da organização.

---

[7] As cinco cores aqui citadas são meramente simbólicas. Por limitações gráficas, não estarão representadas graficamente neste livro. Recomendamos aos leitores, entretanto, que em suas aplicações, utilizem-se dessas cores, para realçarem o significado de cada zona.

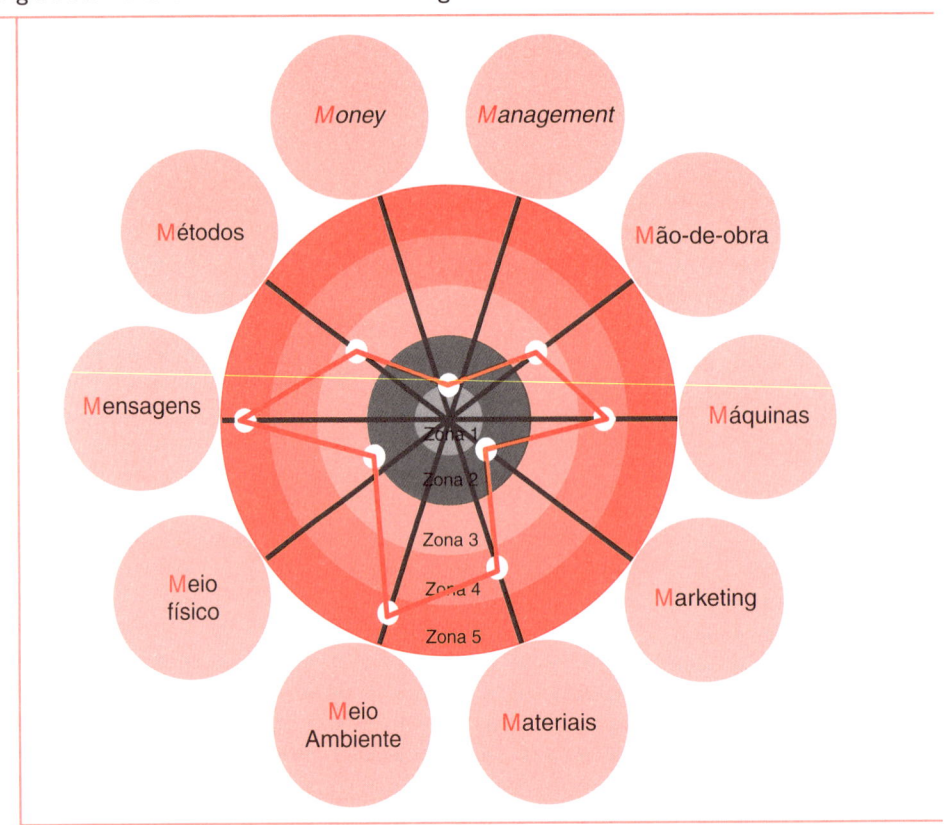

Figura 8.3 Gráfico-radar Mostrando a Poligonal Ilustrativa Semelhante ao Exercício Citado

[Radar chart with ten axes labeled: Money, Management, Mão-de-obra, Máquinas, Marketing, Materiais, Meio Ambiente, Meio físico, Mensagens, Métodos. Zones labeled Zona 1 to Zona 5.]

Cada instituição tem, em um determinado momento, seu gráfico-radar característico. Ele funciona como se fosse a radiografia, ou uma "impressão digital" da organização. Além de dar uma idéia global da situação de uma instituição em um dado momento, também permite análises comparativas entre várias empresas ou entidades do mesmo setor, por meio de desenhos superpostos de várias organizações. Também é muito útil para mostrar a evolução da transformação interna da instituição ao longo do tempo, usando desenhos superpostos.

8.5 Os Gráficos-radar das Áreas Críticas

Da mesma forma que se fez uma avaliação da organização como um todo, por meio das dez áreas indicadas, serão feitos, agora, gráficos-radar para aquelas áreas consideradas críticas: aquelas que forem avaliadas como estando nas coroas roxa (zona 5) ou vermelha (zona 4), por exemplo. O gráfico é semelhante ao anterior, em que cada área crítica gera um gráfico específico.

Tomemos, como exemplo, a área crítica de **Mensagens**, que representa todo o processo de comunicação da instituição, que tinha sido colocado, ilustrativamente, na zona 5, coroa roxa. A seguir, mostramos um exemplo da aplicação do gráfico-radar para uma organização que teve como resultado da avaliação as características mostradas no Quadro 8.3.

Quadro 8.3 Quadro Ilustrativo para Construção de um Gráfico-radar de uma Área Crítica

Área	Coroa	Características
Zona 1	Coroa azul	Circulares e quadros de aviso. Comunicação eletrônica — portais e *homepage*.
Zona 2	Coroa verde	Comunicação com clientes e fornecedores. Comunicação interna horizontal. *Banners*, faixas, placas e totens.
Zona 3	Coroa amarela	Comunicação verbal franca, freqüente e informal. Comunicação com acionistas e *stakeholders*.
Zona 4	Coroa vermelha	Comunicação com governo e imprensa. Transparência e integridade na comunicação.
Zona 5	Coroa roxa	Folhetos institucionais e promocionais.

Figura 8.4 Gráfico-radar de uma Área Crítica

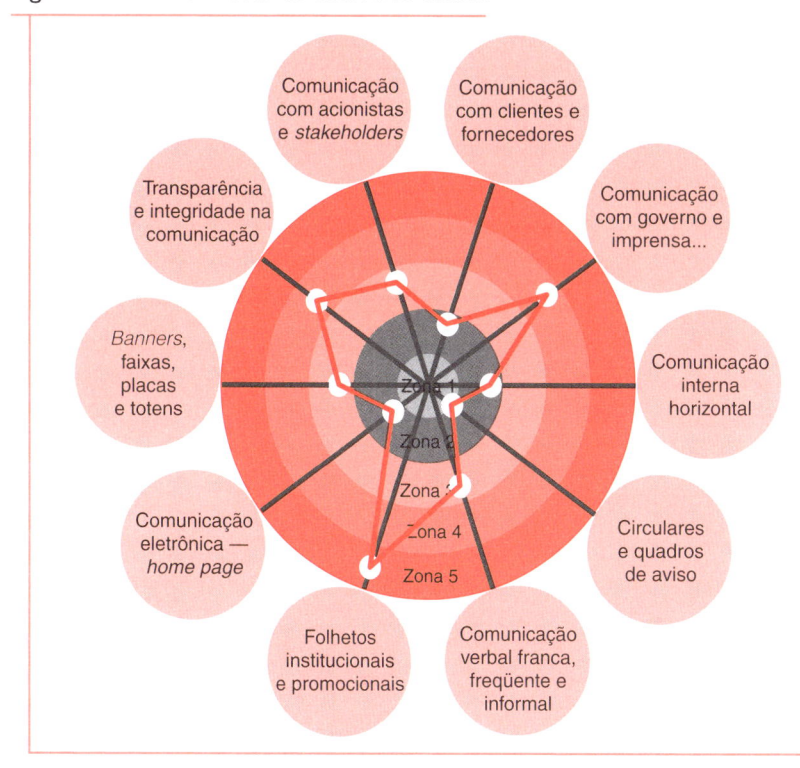

A Figura 8.4 ilustra o gráfico-radar do atributo Mensagem: ao interligarmos os pontos de avaliação correspondentes, obteremos a poligonal do gráfico-radar para a área problemática, Mensagens, indicando quais são os pontos críticos, na avaliação, que deverão merecer cuidados específicos nos planos de ação estratégicos. Quanto mais próximo do centro estiver o atributo, *melhor* estará a empresa naquele aspecto; quanto mais distante do centro, *pior*.

Como já dissemos sobre o gráfico anterior, esses gráficos também permitirão sobreposições de várias empresas ou entidades, para uma mesma área crítica, a fim de se ter uma melhor comparação visual entre elas. Também é útil para mostrar a evolução de uma área crítica ao longo do tempo, pela superposição dos desenhos sucessivos.

Termos-chave

Neste capítulo, apresentamos alguns elementos conceituais e metodológicos para a análise sistemática do **ambiente interno** da instituição.

Existem dificuldades reais para auto-avaliação de empresas ou entidades, como divergências de opinião entre as pessoas, defesas prévias de posições ou ataques a pessoas ou a setores que podem tornar a análise inútil e até prejudicial. Quanto a isso, foram comentados e explicados os **pontos cegos**, assim como as formas de contornar essas dificuldades.

Os **pontos fortes**, **fracos** e **a melhorar** foram explicados como características internas reais que podem colocar empresas ou entidades em posição de vantagem — ou desvantagem — diante de sua clientela ou público-alvo.

Foram apontadas dez áreas internas de análise, chamadas de os **10-Ms de autodiagnóstico**, que devem ser usadas para explorar e classificar os pontos fortes, fracos e a melhorar. Embora essas áreas não sejam exaustivas, elas cobrem a maioria dos problemas potenciais nas empresas ou entidades.

Mostrou-se uma forma simplificada de representar o resultado da análise interna da instituição, em um gráfico circular chamado de **gráfico-radar**. Foi mostrado que a sobreposição de gráficos-radar de diversas empresas ou entidades do mesmo setor permite visualizar, rapidamente, a situação comparativa entre elas. Esse tipo de descrição permite identificar as áreas internas críticas que merecerão ser avaliadas com mais detalhes.

Por fim, aplicou-se o mesmo processo anterior sobre as **áreas internas críticas** específicas, como se fosse um *zoom*, à busca de detalhes importantes, não detectados na análise macro.

QUESTÕES

1. Quais são as principais barreiras conceituais e metodológicas para que as pessoas construam um conhecimento isento, preciso e completo sobre si mesmas? E sobre suas empresas ou entidades?

2. Quais as maiores dificuldades que você teria para fazer uma avaliação realista e sincera de uma organização à qual você pertença?

3. Cite cinco pontos fortes, cinco pontos fracos e cinco pontos a melhorar constatados em uma organização que você conheça bem.

4. Faça uma avaliação de uma dada organização usando como roteiro indicativo a lista de tópicos do Quadro 8.1, dos 10-Ms, e construa um gráfico-radar para ela.

5. Escolha uma área crítica da análise realizada na questão 4, em que o gráfico-radar mostre as maiores deficiências constatadas, faça uma avaliação detalhada e construa o gráfico-radar para aquela área crítica.

IV
Formulação

✓ Capítulo 9
Representação do Portfólio

✓ Capítulo 10
Estratégias de Balanceamento do Portfólio

✓ Capítulo 11
Formulação das Estratégias

✓ Capítulo 12
Capacitação Estratégica

9
Representação do Portfólio

Tópicos

- Segmentação em Áreas Estratégicas • Análise da Atratividade •
- Fatores-chave de Escolha • Análise da Competitividade •
- Mapeamento dos Segmentos Estratégicos •

Apresentação

Neste capítulo, são apresentados conceitos e metodologias para análise sistemática das áreas de atuação externa da organização, que chamaremos de **análise do portfólio**.

Expõe-se, inicialmente, um processo de **segmentação do mercado** da organização, ou seu universo de atuação, em unidades características, chamadas de **áreas estratégicas**.

Examinamos, a seguir, o **grau de atratividade** de cada uma das **áreas estratégicas** para a instituição, com base no resultado da avaliação de critérios como concorrência, crescimento, perspectivas e resultados esperados.

Apresentamos o conceito de **fator-chave de escolha** como um fator ou característica que faz o cliente ou usuário optar — ou não! — pelo produto ou serviço oferecido pela organização.

Mostramos, também, um processo para se avaliar o **grau de competitividade** da instituição, indicando qual a capacidade da organização em obter a preferência de seu público ou clientela, comparativamente aos de seus concorrentes reais ou potenciais.

Finalmente, com o resultado das avaliações de **atratividade** e **competitividade**, descreve-se, para cada área estratégica, um processo para representá-las em um esquema de quatro quadrantes típicos, chamados de **nascedouro**, **estrela**, **vaca leiteira** e **cão de estimação**, denominado **portfólio** da instituição.

Legenda: Capítulos já estudados | Capítulo em estudo | Capítulos ainda não lidos

Introdução

Parte I — Motivação
1. Motivações para a Estratégia
2. Desafios para a Estratégia

Parte II — Conceituação
3. Conceitos Básicos de Estratégia
4. Gestão Estratégica
5. Transformação Estratégica

Parte III — Análise
6. Análise do Ambiente Externo
7. Análise da Turbulência e da Vulnerabilidade
8. Análise do Ambiente Interno

Parte IV — Formulação
9. Representação do Portfólio
10. Estratégias de Balanceamento do Portfólio
11. Formulação das Estratégias
12. Capacitação Estratégica

Parte V — Implantação
13. O Plano Estratégico
14. Metodologia do Planejamento Estratégico
15. *Workshop* de Planejamento Estratégico
16. Implantação da Gestão Estratégica

Parte VI — Aprofundamento
17. Formulação de Estratégias via Teoria dos Jogos
18. Jogos de Empresas para Capacitação Estratégica e Simulação Gerencial
19. Ferramentas para Planejamento e para Gestão Estratégica
20. Aplicações e Práticas da Gestão Estratégica

Quando se fala em *estratégia de atuação externa* ou *estratégia para o mercado*, usando-se a palavra *estratégia* no singular, na realidade está-se cometendo uma impropriedade metodológica, como veremos a seguir.

Uma organização, ao encarar o mundo externo no qual atua ou pretende atuar, em busca de caminhos para construir seu futuro, precisa ser capaz de individualizar, para cada uma das áreas específicas, quais estratégias distintivas são as mais recomendáveis em cada caso. Por isso, deve-se falar, mais corretamente, de *estratégias,* e não de *estratégia*.

Tal procedimento deve considerar, por um lado, a atratividade da área estratégica e, por outro, a competitividade da organização com relação a seus concorrentes atuais ou potenciais. Por exemplo, as estratégias de mercado para um produto ou serviço em fase de lançamento são completamente diferentes daquelas que devem ser adotadas para produtos ou serviços tradicionais, eventualmente obsoletos, nos quais a instituição já vem atuando há muitos anos.

9.1 Segmentação em Áreas Estratégicas

O primeiro passo para a construção das estratégias diferenciadas para uma instituição é a identificação de suas áreas de atuação externa[1]. Pesquisa-se o ambiente externo no qual a instituição atua ou pretende atuar, considerando-se sua visão de futuro, sua missão, seus princípios e valores, como descritos anteriormente, bem como as áreas de atuação possíveis, atuais ou futuras. Nesse ponto, a formulação da missão, e também da visão, dá uma idéia dos campos possíveis de atuação, ao passo que os valores e princípios podem indicar limitações ou balizamentos nessas escolhas.

A partir desse universo de atuação possível, essencialmente heterogêneo, procede-se a uma segmentação progressiva, buscando-se identificar as unidades externas que podem ser consideradas blocos *razoavelmente homogêneos*, do ponto de vista de formulação de estratégias.

Como roteiro de trabalho, apresentamos um quadro que contém, na primeira coluna, uma lista de possíveis fatores diferenciadores do mercado, que é usada para identificar e descrever essas áreas. Na segunda coluna, há perguntas que orientarão a instituição a identificar aqueles fatores.

---

[1] Proposta em ANSOFF, 1984, p. 44-46.

Quadro 9.1   Fatores Diferenciadores de Segmentação

Fatores diferenciadores de segmentação	Questões para identificação
Produtos ou serviços	Quais são os produtos ou serviços, ou famílias de produtos ou de serviços, nos quais a instituição atua, pode atuar ou pretende atuar?
Tipos de clientes, de consumidores ou de usuários	O cliente é organização ou indivíduo? Se for organização, é estatal, multinacional ou familiar? Se for indivíduo, quais são as faixas etárias típicas, classes socioeconômicas dos consumidores ou usuários ou outros diferenciadores relevantes?
Tipos de uso	O produto é para consumo direto? É usado para reposição? É insumo para outros processos produtivos? O produto ou serviço é usado nos investimentos dos clientes?
Motivações para aquisição	Compra-se por necessidade, por prestígio, por imitação, por ostentação, por precaução ou por impulso? Ou é fruto de uma decisão lógica, com base em fatos, dados, estudos ou informações objetivas?
Estágio na curva de maturidade / ciclo de vida do produto	Em qual estágio da curva de maturidade — nascente, crescimento, estagnação ou declínio — está o produto ou serviço em questão?
Regiões geográficas, Estados, países	As várias regiões geográficas têm características diferenciadoras? Quais?
Ambientes competitivos	As demais instituições concorrentes atuam diferentemente em cada segmento? Como? Quais são as principais vantagens competitivas de cada concorrente em cada segmento?
Tecnologias	As tecnologias usadas nos produtos ou serviços, ou na sua utilização, variam muito de segmento para segmento?
Fatores-chave de escolha	Os fatores que fazem as pessoas ou organizações decidirem pelo produto ou serviço em questão variam muito de segmento para segmento? Esses fatores devem ser aspectos diferenciadores, para elaboração da estratégia?
Especificações técnicas	Os produtos ou serviços têm características e especificações técnicas muito distintas entre si? Existem diferentes especificações de qualidade para diferentes grupos de produtos ou de clientes?
Fatores de risco ou de oportunidades	Os fatores de risco ou as oportunidades são muito diferenciados, nos variados segmentos ou áreas de atuação? Quais?

(continua)

(continuação)

Processos produtivos	As formas de elaborar os produtos, os processos produtivos ou as maneiras de prestar os serviços são muito diferenciadas, nos vários segmentos ou áreas de atuação?
Práticas comerciais ou operacionais	Cada segmento tem uma forma diferente de comprar, de vender, de operar? De formar preços? Ou até de embalar o produto? Quais?
Canais de distribuição	Cada segmento tem canais distintos de distribuição? Quais?

Deve ficar claro, no entanto, que a relação anterior é apenas um *checklist*. Em condições normais, não se usam *todos* esses fatores diferenciadores de segmentação, pois isso tornaria a análise extremamente detalhada e a simplicidade necessária para estabelecer processos estratégicos claros seria perdida. Portanto, recomenda-se que, para segmentar mais facilmente o ambiente externo, escolham-se de dois a cinco fatores de diferenciação, e não mais que cinco.

A partir dessa escolha, desenhar-se-á a "quebra" — ou segmentação — do ambiente externo, usando esses critérios como fatores de diferenciação. Tomemos, como exemplo, o caso de uma organização industrial no ramo eletrônico que tenha selecionado para si, como fatores diferenciadores, produtos, tecnologias, regiões geográficas e canais de distribuição. A análise e a segmentação seguem um esquema como ilustrado na Figura 9.1.

Figura 9.1   Exemplo de uma Segmentação de Mercado

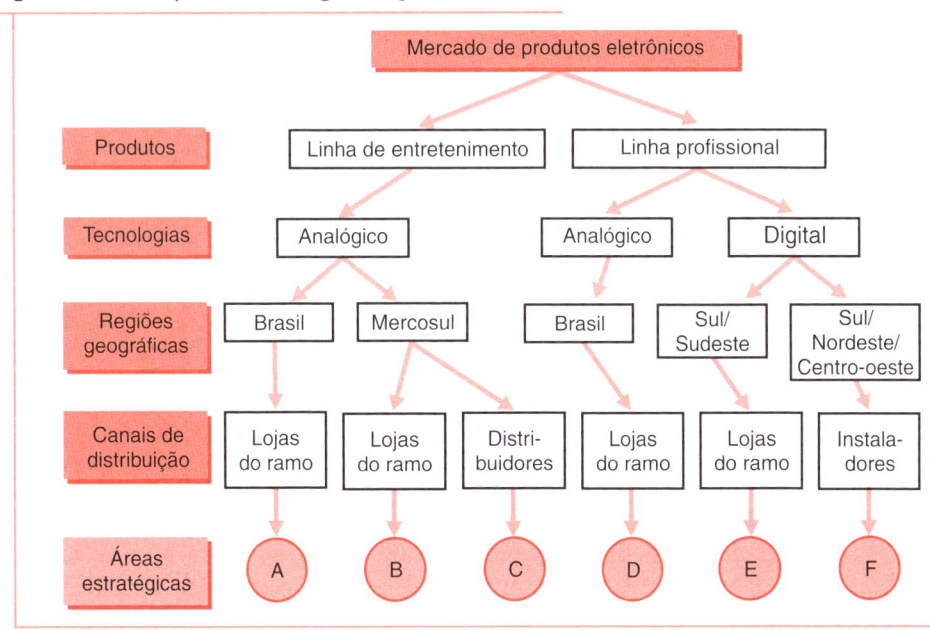

Dessa segmentação resultariam seis áreas estratégicas, descritas no Quadro 9.2, a seguir:

Quadro 9.2 Resultado da Segmentação da Figura 9.1

Áreas estratégicas	Descrição
A	Linha de entretenimento: produtos analógicos, para o Brasil, vendidos nas lojas do ramo.
B	Linha de entretenimento: produtos analógicos, para os países do Mercosul (exceto Brasil), vendidos nas lojas do ramo.
C	Linha de entretenimento: produtos analógicos, para os países do Mercosul (exceto Brasil), vendidos por meio de distribuidores.
D	Linha profissional: produtos analógicos, para o Brasil, vendidos nas lojas do ramo.
E	Linha profissional: produtos digitais, para o Sul e Sudeste, vendidos nas lojas do ramo.
F	Linha profissional: produtos digitais, para o Norte, Nordeste e Centro-oeste, vendidos por meio de instaladores.

A Figura 9.2 ilustra o resultado do exercício.

Figura 9.2 Ilustração das Áreas Estratégicas de Negócios

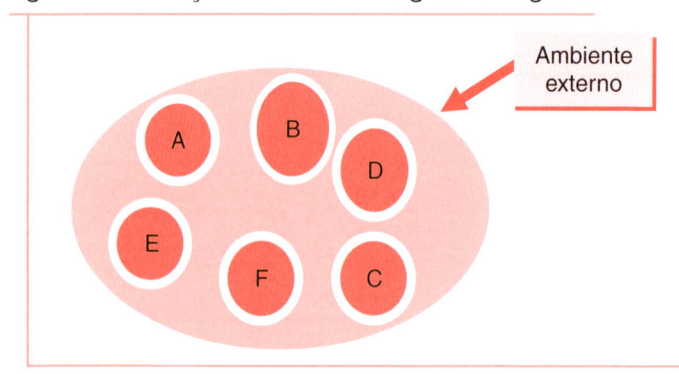

Para cada uma dessas seis áreas estratégicas, deverão ser feitas as avaliações da atratividade e da competitividade, com a formulação de estratégias específicas para cada uma delas.

É importante destacar que o exercício de segmentação descrito é feito "olhando de fora para dentro": uma divisão estratégica, teoricamente, não é determinada pela forma de a instituição se organizar internamente! Por exemplo, se ela é estruturada em várias operadoras comerciais ou industriais, se tem diretorias, unidades operacionais, departamentos, tudo isso representa apenas *conveniências internas* que, em última análise, são ignoradas pelo mercado.

A Figura 9.3 ilustra a situação da empresa, com seis áreas estratégicas de mercado, chamadas de A, B, C, D, E e F, e quatro unidades operacionais *internas*, denominadas 1, 2, 3 e 4. Uma vez estabelecida a forma de atuar em cada área estratégica, será necessário mapear a operacionalização de cada uma delas sobre a estrutura interna da instituição, conforme mostrado na figura a seguir.

Figura 9.3 Correspondência entre as Áreas Estratégicas de Negócio e as Unidades Operacionais da Instituição

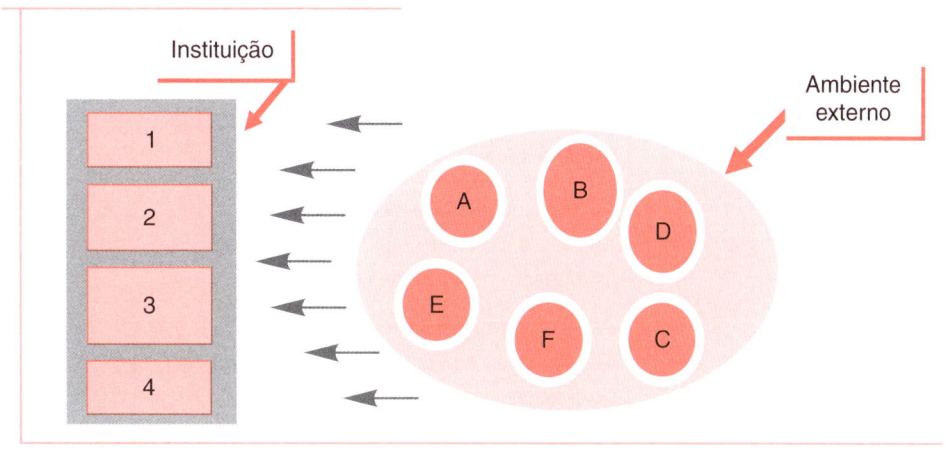

9.2 Análise da Atratividade

Para cada área estratégica identificada, como descrito anteriormente, será feita, inicialmente, uma avaliação do grau de atratividade da área. Devemos entender que existe um interesse maior ou menor da instituição em relação a cada área específica.

Observe-se que a atratividade é uma variável fora do controle da organização, pois ela depende de *fatores externos*, e não internos. Sua avaliação depende de um conjunto de fatores de atratividade, como os mostrados no Quadro 9.3.

Quadro 9.3 Exemplos de Fatores de Atratividade

Fatores de atratividade	Aspectos a considerar das áreas estratégicas
Perspectivas de crescimento	As perspectivas de crescimento da área estratégica, como um todo, são firmes e de longa duração? Existem lacunas de atendimento ao mercado a serem atendidas por alguém?

(continua)

(continuação)

Ambiente competitivo	Existem muitas outras empresas ou entidades procurando fornecer o mesmo produto ou serviço, com a mesma tecnologia, para a mesma clientela ou o mesmo público-alvo, usando o mesmo canal de distribuição? Que política competitiva os concorrentes adotam?
Lucratividade/ resultados	Os preços praticados no mercado são compatíveis com os custos de produção ou de prestação dos serviços?
Barreiras de entrada	Existem barreiras para entrada de novos concorrentes?
Estágio na curva de maturidade / ciclo de vida do produto	O produto ou serviço está na fase nascente, de crescimento, de estagnação ou de declínio?
Retorno dos investimentos	Os resultados esperados são compatíveis com o nível de investimentos necessários? O tempo de retorno dos investimentos é aceitável?
Turbulência	Há grande agitação no ambiente externo? Muitos fatores de risco presentes ou previsíveis? E as oportunidades?
Tecnologias	As tecnologias usadas nos produtos ou serviços têm obsolescência muito rápida? Há condições de acompanhar as mudanças ou, até, de antecipá-las?
Processos produtivos	As formas de elaborar os produtos ou de prestar os serviços são acessíveis e permitem atender ao mercado com qualidade e com satisfação dos clientes?
Práticas comerciais e operacionais	As práticas comerciais e operacionais prevalentes são alinhadas com os princípios e valores da instituição?
Canais de distribuição	Existem bons canais de distribuição? São confiáveis? Estão disponíveis ou estão na mão de concorrentes fortes?

Com o resultado desse questionamento, avalia-se o grau de **atratividade** para cada área estratégica. A atratividade pode ser classificada em quatro níveis: alta, média, regular e baixa, ou, simplesmente, em alta e baixa, por medida de simplificação. Essa escala de classificação não é absoluta: deve-se olhar o conjunto das áreas estratégicas selecionadas e, entre elas, fazer, comparativamente, uma avaliação e classificação. Assim, por exemplo, para certa organização, uma área pode lhe parecer de alta atratividade, ao passo que, para outra empresa, em termos comparativos, pode lhe parecer média, dependendo da **atratividade relativa** *das demais* **áreas estratégicas**.

Continuando com o exemplo em questão, ilustrado na Figura 9.1, suponhamos que, ao serem comparadas as perspectivas das seis áreas estratégicas, resultou, ilustrativamente, a avaliação mostrada no Quadro 9.4.

Quadro 9.4 Resultado Ilustrativo da Análise da Atratividade para as Áreas Estratégicas da Figura 9.1

Atratividade	Áreas
Atratividade alta	Área E: produtos da linha profissional, digitais, para o Sul e Sudeste, vendidos nas lojas do ramo.
Atratividade média	Área C: produtos da linha de entretenimento, analógicos, para os países do Mercosul (exceto Brasil), vendidos por meio de distribuidores.
Atratividade média	Área B: produtos da linha de entretenimento, analógicos, para os países do Mercosul (exceto Brasil), vendidos nas lojas do ramo.
Atratividade regular	Área F: produtos da linha profissional, digitais, para o Norte, Nordeste e Centro-oeste, vendidos por meio de instaladores.
Atratividade baixa	Área A: produtos da linha de entretenimento, analógicos, para o Brasil, vendidos nas lojas do ramo.
Atratividade baixa	Área D: produtos da linha profissional, analógicos, para o Brasil, vendidos nas lojas do ramo.

Esses resultados são ilustrados na Figura 9.4, mostrando as áreas de alta atratividade; as de atratividade média; as de regular; e as de baixa atratividade.

Figura 9.4 Ilustração dos Diferentes Graus de Atratividade

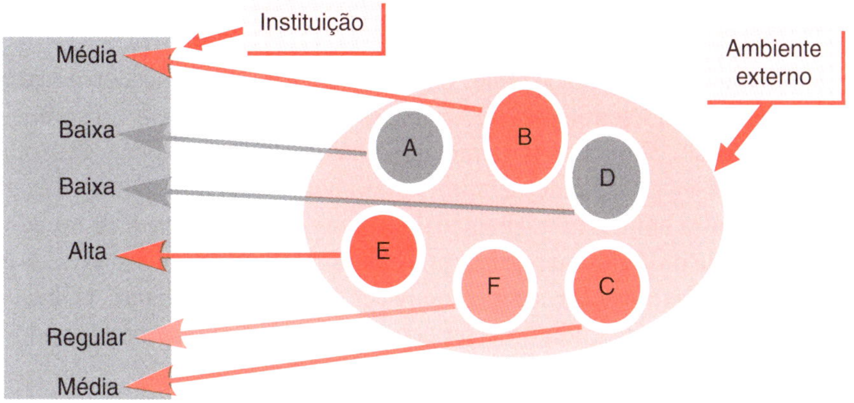

9.3 Fatores-chave de Escolha

O passo seguinte para a construção do portfólio é a avaliação do grau de competitividade da instituição em cada uma das áreas estratégicas. Mas, para isso, é preciso introduzir um novo conceito, chamado de fator-chave de escolha. Esse fator descreve aquilo que faz o cliente, usuário ou interessado decidir-se por este ou por aquele fornecedor.

É importante frisar que esses fatores estão associados à opinião das pessoas ou clientes que participam do mercado comprador, ou usuário, *e* não do próprio fornecedor. Esses fatores variam muito, de área para área, e também com o passar do tempo. Clientes mudam de opinião com muita facilidade. Aliás, a propaganda tenta fazer justamente isto: fornecer argumentos a favor de um produto ou fornecedor — e contra o dos concorrentes, claro — para tentar influenciar a decisão dos potenciais compradores.

Como exemplos, citamos:

- se o comprador ou usuário for uma pessoa física, ele pode se decidir influenciado por fatores como cordialidade no atendimento, cumprimento de prazos e pontualidade, marca conhecida, confiança, condições financeiras, tratamento personalizado, funcionalidade e confiabilidade, garantia, estética, preço, referências de terceiros e de amigos;
- se o comprador-tipo for um adolescente, um jovem, uma mulher ou um idoso, os fatores-chave de escolha podem ser completamente diferentes para cada grupo;
- se o comprador ou usuário for uma empresa privada, ele pode escolher com base em preço, cumprimento de prazo, condições de pagamento, produtos ou serviços certificados, qualidade, pós-venda, customização, cobertura geográfica, solidez da organização fornecedora; e
- se o comprador for o governo ou uma ONG (organização não governamental), ele pode fazer suas escolhas com base no atendimento às especificações técnicas e comerciais, cadastramento prévio, propostas técnicas e comerciais em respostas a editais, preço, prazo, qualidade.

Historicamente, o fornecimento de serviços foi sempre considerado condicionado a fatores como confiança e relacionamento, ao passo que o fornecimento de produtos era associado a fatores como atendimento às especificações desejadas, explícitas ou não, e à garantia de atendimento no pós-venda. Entretanto, hoje, mesmo nas relações entre empresas — chamadas relações *business-to-business* ou B2B —, o fornecimento de produtos ou serviços está caminhando também, cada vez mais, para ser mais dependente de fatores tais como relacionamento e confiança. O atendimento às especificações do produto ou serviço, progressivamente, está deixando de ser um fator diferenciador.

Lembramos que a identificação dos fatores-chave de escolha para certa área estratégica não está associada, diretamente, com pontos fortes ou pontos fracos da instituição fornecedora, discutidos no Capítulo 8; pode muito bem ocorrer que um fator-chave de escolha coincida exatamente com um ponto fraco da organização ou, ao contrário, que um ponto forte da organização não seja percebido como um fator relevante de escolha pelo mercado.

9.4 Análise da Competitividade

Identificando-se os principais fatores-chave de escolha dos clientes de uma área estratégica, o passo seguinte é avaliar até que ponto a organização em questão tem condições de responder a essas expectativas e preferências do seu mercado ou público-alvo, comparativamente a seus concorrentes próximos ou futuros. O resultado dessa comparação permite caracterizar o grau de competitividade da instituição.

Se a instituição é *mais forte* que todos os seus concorrentes *em todos* os fatores-chave de escolha daquela área estratégica, diz-se que sua competitividade é alta. Se ela é *mais fraca* que seus concorrentes diretos, *em todos ou quase todos* os fatores-chave de escolha, diz-se que sua competitividade é baixa. Os casos intermediários podem ser classificados como de competitividade média, se for um pouco inferior à alta, ou regular, se for abaixo da média, mas ainda acima da baixa. O Quadro 9.5 mostra esses conceitos, para uma área estratégica hipotética na qual os clientes são indivíduos, pessoas físicas.

Lembre-se de que a análise da competitividade é sempre uma medida relativa: a posição dos concorrentes em relação aos mesmos fatores-chave de escolha deve ser igualmente avaliada, para se ter a posição relativa.

Quadro 9.5 Fatores-chave de Escolha e uma Avaliação Comparativa Ilustrativa

Fatores-chave de escolha para uma dada área estratégica	Organizações sendo avaliadas				
	Instituição que está sendo avaliada	Concorrente mais forte	Segundo concorrente mais forte	Terceiro concorrente mais forte	Resultado da avaliação comparativa
Cumprimento de prazos e pontualidade	Muito bom	Muito bom	Às vezes falha	Nunca falha	A instituição avaliada é uma das melhores
Funcionalidade e confiabilidade	Tem problemas	Funciona muito bem	Funciona muito bem	Tem problemas	A instituição avaliada está entre as quatro melhores
Cordialidade no atendimento	Deixa a desejar. Há queixas	Todos elogiam	Não há reclamações	Há reclamações de alguns clientes	A instituição avaliada perde na comparação competitiva

(continua)

(continuação)

Tratamento personalizado	Sim, sempre	Sim, mas há restrições	Sim, sempre	Sim, sempre	A instituição avaliada está entre as três melhores
Avaliação global da competitividade da instituição	Competitividade média					

Vale mencionar que a avaliação da **competitividade** não está diretamente relacionada à da **atratividade**! Pode existir uma área na qual a instituição tem alta competitividade, mas a área estratégica tem baixa atratividade para ela, assim como também é possível encontrar áreas estratégicas de alta atratividade, porém com baixa competitividade.

Outra consideração importante é que, se a atratividade não depende de qualquer ação que a instituição possa tomar, a competitividade pode, em certo grau, ser aumentada ou mantida, ao longo do tempo, dependendo de ações, prioridades e investimentos que venham a ser estabelecidos internamente.

9.5 Mapeamento dos Segmentos Estratégicos

Depois de realizar esses passos essenciais, o leitor já estará em condições de produzir o mapeamento do conjunto das áreas estratégicas, em um desenho que chamaremos de **matriz do portfólio** da instituição. O nome portfólio está associado à idéia tradicional de uma coleção cuidadosa de elementos preciosos, como documentos, títulos, valores, ações, aplicações e investimentos, que, no passado, eram guardados em pastas antigas chamadas de portfólio, porta-folhas ou guarda-folhas.

O **portfólio** de uma organização pode ser representado por meio de um desenho esquemático, em uma matriz 2 × 2. Usando as duas variáveis já descritas, ele assume a forma de uma matriz que, no eixo horizontal, representa a **atratividade** de cada **área estratégica** e, no eixo vertical, a sua **competitividade**.

Para facilitar o desenho e simplificar a interpretação da matriz, tanto as avaliações alta como média são representadas apenas como *alta*, e as avaliações baixa e regular são representadas simplesmente como *baixa*, tanto para atratividade como para competitividade. Com essas simplificações, delineiam-se, no esquema, quatro quadrantes:

- √ *Quadrante 1*: atratividade alta e competitividade baixa;
- √ *Quadrante 2*: atratividade alta e competitividade alta;
- √ *Quadrante 3*: atratividade baixa e competitividade alta;
- √ *Quadrante 4*: atratividade baixa e competitividade baixa.

Uma avaliação em três níveis (alta, média e baixa), resultando em nove (3 × 3) quadrantes, também seria possível. Mas, nesse caso, as interpretações e as aplicações ficariam mais complicadas e mais extensas — sem, com isso, agregar algum conceito realmente poderoso na análise, a nosso ver.

A Figura 9.5 ilustra essa matriz.

Figura 9.5 Os Quatro Quadrantes do Portfólio

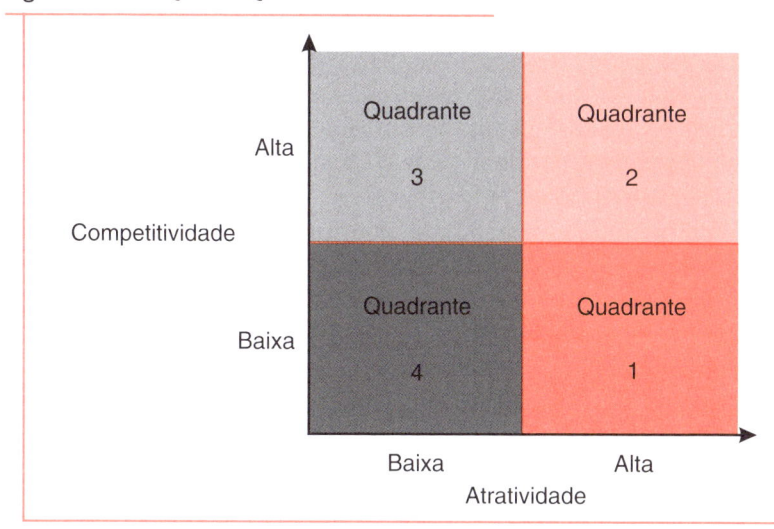

Fonte: Adaptada de ANSOFF.

Assim, cada área estratégica deverá ser mapeada no gráfico da Figura 9.5, de acordo com suas avaliações de atratividade e de competitividade[2].

Agora, vamos descrever cada um dos quatro quadrantes, seguindo, com algumas adaptações, o esquema proposto por Ansoff.

---

[2] Um breve histórico da matriz de portfólio pode ser útil aos leitores mais interessados. A referência básica usada por nós está em Ansoff. O autor descreve a **Matriz do BCG** (Boston Consulting Group). As dimensões usadas são: na horizontal, a participação no mercado como função dos concorrentes líderes (Alto — Baixo) e, na vertical, o volume de crescimento (Baixo — Alto), resultando nos quatro quadrantes, no sentido horário, a partir da posição [0,0]: *Cash cows* (Vacas leiteiras), *Stars* (Estrelas), *Wildcats* (Gatos selvagens) e *Dogs* (Cachorros). Ansoff apresenta também a **Matriz GE-McKinsey**, com as seguintes dimensões: na horizontal, a posição competitiva da empresa (Boa — Fraca) e, na vertical, a atratividade da área estratégica de negócios (Fraca — Boa), resultando nos quatro quadrantes: *Cash cows (milk), Stars (optimize), Wildcats (upgrade or maintain) and Dogs (divest)*, ou seja, Vacas leiteiras (aproveitar o leite), Estrelas (otimizar), Gatos selvagens (melhorar ou manter) e Cachorros (desinvestir). No modelo usado por Ansoff, na Promon, em 1978, ele apresentou sua matriz, a **Matriz de Portfólio de Ansoff**, usando, como escala horizontal, a atratividade da área de negócio (Baixa — Alta) e, como escala vertical, a competitividade da empresa (Baixa — Alta). Esta foi a opção adotada neste livro, designando os quadrantes como *Problem children* (Criança problema), *Star* (Estrela), *Cash cow* (Vaca leiteira) e *Dog* (Cachorro). A denominação que utilizamos neste livro é **Nascedouro**, **Estrela**, **Vaca leiteira** e **Cão de estimação** (ANSOFF, 1984, p. 47 e 62).

9.5.1 Quadrante do Nascedouro

O primeiro quadrante, em baixo, à direita, na matriz, abriga aquelas **áreas estratégicas** que estão na fase de **nascimento**, de pioneirismo. É o **nascedouro**. Essas áreas prometem muito: há grandes expectativas, muitas oportunidades, mas muitos riscos também. Elas se caracterizam por uma alta **atratividade** — caso contrário, nem mereceriam o interesse da organização.

Embora sua atratividade seja alta, como é um tema novo dentro da instituição, o mais provável é que sua **competitividade** seja baixa. Conseqüentemente, elas serão mapeadas no Quadrante 1. Essas áreas estratégicas serão simbolizadas por uma **criança**, pois nada mais promissor que um ser humano ainda em início de seu desenvolvimento. Mas quem será capaz de dizer se ela será uma grande benfeitora da humanidade, ou se irá se converter em um facínora?

Esse aspecto de promessa, de esperança, de oportunidades para o futuro e de expectativas, mas também de investimentos pesados, de grandes riscos, é o que caracteriza as áreas estratégicas no nascedouro. A Figura 9.6 ilustra o Quadrante 1 (com atratividade alta e competitividade baixa).

Podem ser citados como exemplos de áreas estratégicas no nascedouro a venda por meio de comércio eletrônico (*e-commerce*), para uma tradicional rede de supermercados, ou os serviços de educação à distância, para uma conhecida universidade particular.

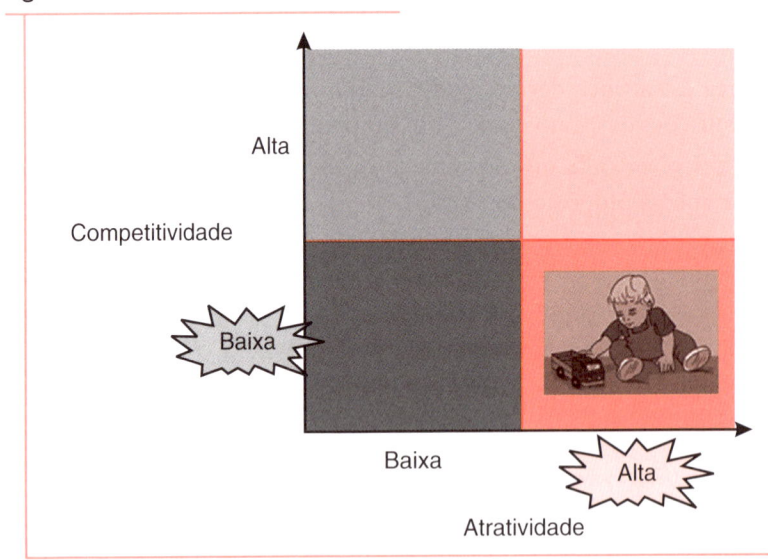

Figura 9.6 Quadrante do Nascedouro

Fonte: Adaptada de ANSOFF.

9.5.2 Quadrante das Estrelas

O segundo quadrante, em cima, à direita, na matriz, abriga aquelas áreas estratégicas que já estão na fase de grande crescimento e sucesso. Há bons resultados, tudo vai bem, muitas oportunidades, mas existem, ainda, grandes expectativas, e muita demanda para mais investimentos! Os riscos são menores do que os existentes no quadrante anterior, mas ainda existem. Essas **áreas estratégicas** de negócios devem ser a sucessão natural e mais provável daquelas áreas do **nascedouro** que evoluíram favoravelmente.

Essas áreas continuam se caracterizando por alta atratividade. Mas a competitividade já deve ter aumentado muito, em função do sucesso no mercado e dos resultados dos investimentos feitos. Com essas considerações, elas serão mapeadas no Quadrante 2 (atratividade alta e competitividade alta).

Tais áreas estratégicas são simbolizadas por **estrelas**: nada mais brilhante que uma estrela. Mas quem será capaz de dizer por quanto tempo ela permanecerá brilhando? Elas precisam continuar recebendo investimentos e cuidados especiais para não perderem sua competitividade e para continuarem a gerar bons resultados. A Figura 9.7 ilustra o Quadrante 2.

Como exemplos de áreas estratégicas nesse quadrante, citamos a produção e a comercialização de automóveis de passeio modelo *flex-fuel* (dois combustíveis — álcool e gasolina — no mesmo tanque, em qualquer proporção...), os serviços de comunicações móveis do tipo celular, com tecnologia CDMA ou GSM, e os serviços *delivery* de toda ordem, desde comida até remédios.

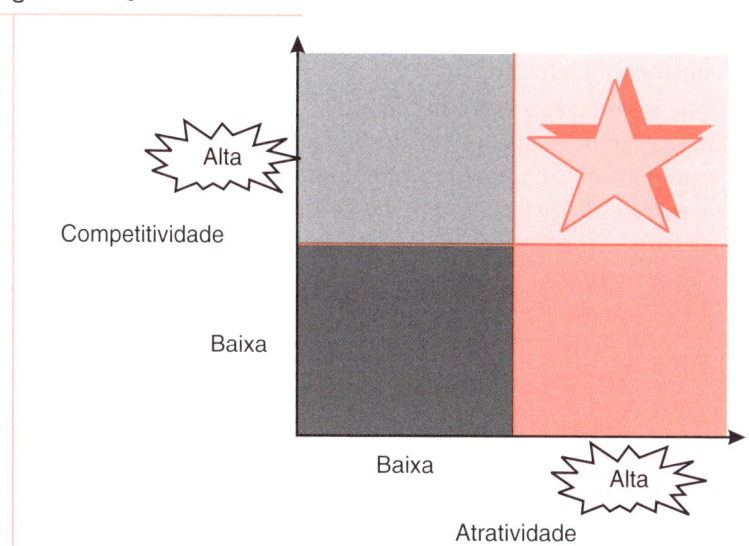

Figura 9.7 Quadrante Estrela

Fonte: Adaptada de ANSOFF.

9.5.3 *Quadrante das Vacas Leiteiras*

O terceiro quadrante, em cima, à esquerda, na matriz, abriga aquelas **áreas estratégicas** que estão na fase de maturidade lucrativa, mantendo, em certo sentido, um sucesso que pode durar anos, ou até décadas. Há bons resultados, tudo vai bem, mas não se espere mais crescimento significativo naquele mercado. Os riscos são menores, mas os resultados tendem a ficar estáveis ou, mesmo, iniciar uma queda nas vendas.

Com o sucesso alcançado, outros concorrentes podem ter se interessado pelo mercado e, despontando com grande peso, abafando o mercado e reduzindo os níveis de lucratividade e de resultados tidos até então. Pode acontecer também a redução do tamanho total do mercado. Essas áreas são a sucessão natural e mais provável das áreas de estrelas, que de lá evoluíram favoravelmente.

Em função do descrito, a **atratividade** da área para a instituição já caiu, embora a **competitividade** possa continuar alta. Com essas considerações, elas serão mapeadas no Quadrante 3 (atratividade baixa e competitividade alta).

Essas áreas estratégicas são simbolizadas por **vacas leiteiras**. Como ocorre com as vacas leiteiras na vida real, essas áreas produzem muito e consomem pouco investimento. Elas devem ser monitoradas com muita atenção, para que possam manter a lucratividade e os resultados positivos. Mas quem será capaz de dizer por quanto tempo elas ainda permanecerão nessa situação? Progressivamente, não havendo atratividade, a competitividade também cairão.

Deve-se enfatizar, entretanto, que as vacas leiteiras são as atividades e os negócios que realmente *sustentam* a organização, por causa da relação extremamente favorável entre as receitas ou resultados que geram e os investimentos efetuados no passado.

Lembremos que as áreas no **nascedouro** costumam apresentar margens negativas e as **estrelas** também tendem a apresentar margens líquidas reduzidas, por causa da amortização e depreciação dos investimentos. Assim, elas precisam ser sustentadas, de preferência, pelas vacas leiteiras. Saber gerenciar as áreas estratégicas nesse quadrante é essencial para que seja possível continuar investindo nas estrelas e no nascedouro. A Figura 9.8 ilustra o Quadrante 3.

Como exemplos de áreas nesse quadrante, citamos uma linha de produção e comercialização do clássico pão de forma, uma siderúrgica, ou os serviços de telefonia fixa tradicional — segmento que, com o crescimento da telefonia celular, já deverá estar passando para o quadrante **cães de estimação** dentro de poucos anos.

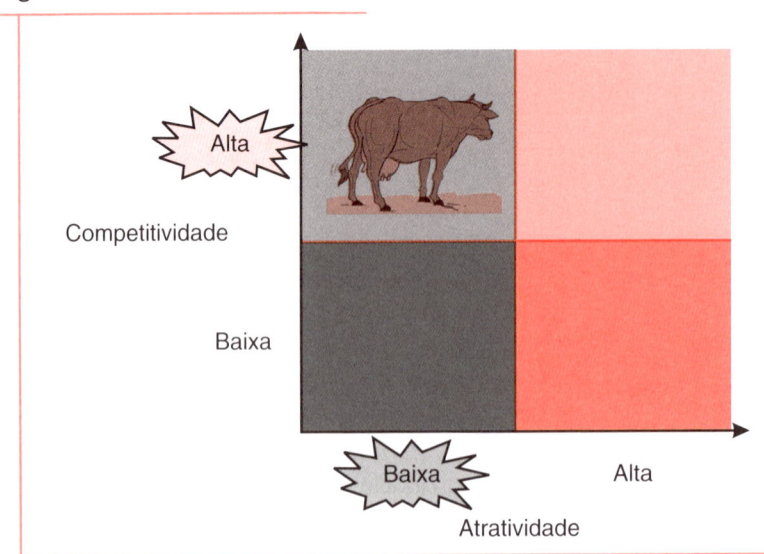

Figura 9.8 Quadrante Vaca Leiteira

Fonte: Adaptada de ANSOFF.

9.5.4 Quadrante dos Cães de Estimação

O quarto quadrante, em baixo, à esquerda, na matriz, abriga aquelas áreas estratégicas que estão em uma fase terminal: os resultados são negativos, ninguém mais quer cuidar desse assunto, pois costuma ser uma sucessão de perdas. Tudo o que se faz para reverter o quadro é considerado insuficiente ou ineficaz. Quanto mais se faz, mais se perde dinheiro! Essas áreas são a sucessão natural e inevitável das áreas de **vacas leiteiras**, que decaíram.

Tanto a **atratividade** como a **competitividade** dessas áreas são avaliadas como baixas, levando-as para o perigoso Quadrante 4. Essas áreas estratégicas são representadas por **cães de estimação**: o que fazer com aquele cachorrinho querido que já completou 15 anos e que não sai do veterinário?

Alguma coisa precisa ser feita para se desfazer desses "cães". Mas como fazê-lo sem prejudicar a reputação da instituição? Afinal, aquela área, que hoje é um cão de estimação, já passou pelas fases de nascedouro, de estrela e de vaca leiteira, tendo representado, no passado, grande sucesso e prestígio para a organização. A Figura 9.9 ilustra o Quadrante 4 (atratividade baixa e competitividade baixa).

Como exemplos de áreas estratégicas nesse quadrante, podemos citar a fabricação e a comercialização de máquinas de escrever elétricas — que já foram o grande sucesso da IBM no passado —, substituídas pelas impressoras, ou a produção das tradicionais máquinas de fax com papel térmico, sendo substituídas por e-mails, os serviços gerais de reparos, como de sapatos, de roupas, de relógios, de motores etc., sendo substituídos, paulatinamente, por simples compra do objeto ou artigo novo, pois quase tudo virou descartável.

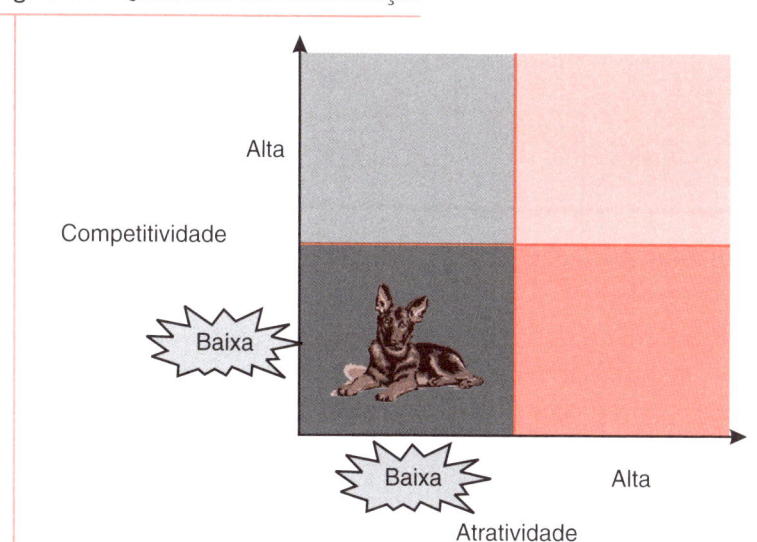

Figura 9.9   Quadrante Cão de Estimação

Fonte: Adaptada de ANSOFF.

9.5.5 Ciclo de Vida das Áreas Estratégicas

Embora as descrições anteriores possam dar uma impressão estática das *áreas estratégicas*, na realidade elas são essencialmente dinâmicas: a evolução dessas áreas pelos quatro quadrantes, referidos anteriormente, pode ser representada pela Figura 9.10. Neste gráfico, é possível identificar, na curva cinza, referente à área estratégica A, quatro grandes fases: pioneirismo, crescimento, maturidade e declínio. De certa forma, essas quatro fases podem ser associadas aos quatro quadrantes do portfólio, na mesma ordem.

O gráfico serve para mostrar, também, que não se deve esperar até que uma área estratégica entre na *maturidade* ou, pior, no *declínio*, para que novas atividades sejam iniciadas: quando se entra no começo da fase de *crescimento*, já se deve ter uma nova área estratégica desenvolvida, como ilustrado na curva de cor vermelho-escuro, referente à área estratégica B. Quando a curva vermelho-escuro iniciar sua fase de crescimento, deve ter se iniciado uma terceira área, a da vermelho-claro, referente à área estratégica C, e assim sucessivamente.

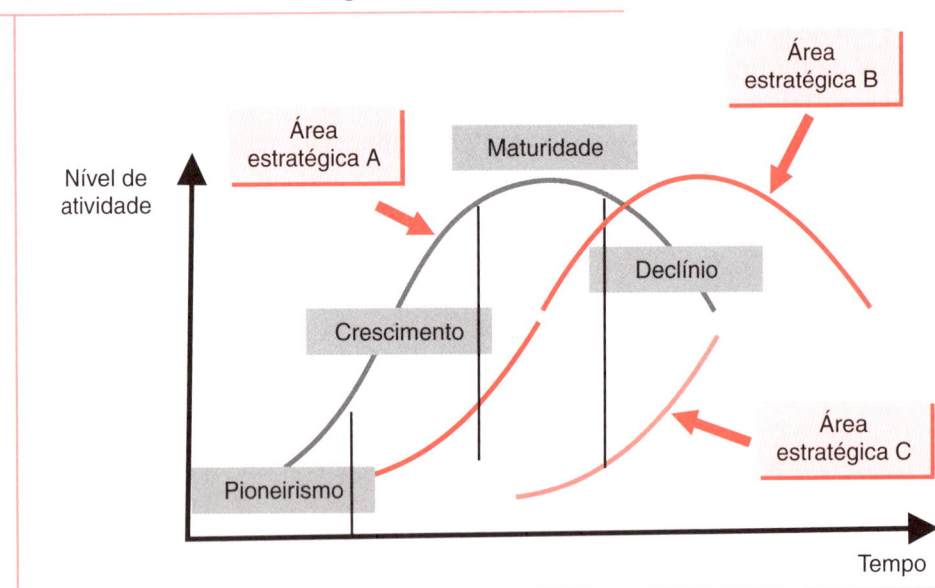

Gráfico 9.1 O Encurtamento Progressivo dos Ciclos de Vida

Trabalhando dessa forma, o resultado total (a soma das receitas, ou das margens) de quatro ou cinco áreas estratégicas, bem administradas no tempo, será sempre uma curva mais suave e, de preferência, sempre crescente ou, ao menos, sem quedas ou solavancos indesejáveis.

* * *

As considerações anteriores usaram, como pressuposto implícito, que a instituição tenha feito, no *trilema estratégico*, a *opção estratégica* pela *inovação*, trabalhando com produtos ou serviços de ponta (ver Tópico 3.3.3). Entretanto, há organizações que fazem uma opção estratégica diferente, que resultam em economias na fase de pesquisa e de desenvolvimento, entrando no mercado somente após o lançamento de produtos ou serviços, ou de teste de mercado, *pelos concorrentes pioneiros*.

Essas empresas ou entidades normalmente fazem uma opção estratégica pela excelência operacional como base de sua competitividade, o que lhes permite oferecer produtos não inovadores, porém a um preço muito mais baixo. É o caso das indústrias farmacêuticas de segunda ou terceira linha, que somente entram no mercado para produzir os "genéricos" após caducarem as patentes das empresas pioneiras. Como opção estratégica, isso também é respeitável, desde que implementada de maneira competente.

Nesse caso, as curvas em cor vermelho-claro e vermelho-escuro, do gráfico anterior, seriam deslocadas mais para a direita, começando seu ciclo no *início* da fase de maturidade da curva anterior, e não na do crescimento. Entretanto, todas as demais conclusões do raciocínio anterior permanecem aplicáveis.

Outras considerações sobre o uso da matriz de portfólio para formulação de estratégias de mercado serão discutidas no Capítulo 10.

TERMOS-CHAVE

Neste capítulo, foram apresentados os elementos conceituais e metodológicos para uma análise sistemática das áreas de atuação externa da organização, que foi chamada de análise do portfólio.

Também foi visto um processo de segmentação do mercado da organização, ou seu universo de atuação, em unidades características, chamadas de áreas estratégicas.

A seguir, mostrou-se como avaliar o grau de atratividade, para a instituição, de cada uma de suas áreas estratégicas, com base em critérios como concorrência, crescimento, perspectivas e resultados esperados.

O conceito de fator-chave de escolha foi definido como uma característica que faz o cliente ou usuário optar — ou não! — pelo produto ou serviço oferecido pela instituição.

Igualmente, foi exposto um processo para avaliar o grau de competitividade da instituição em uma área estratégia específica, indicando qual a capacidade da organização em obter a preferência de seu público ou clientela, comparativamente aos de seus concorrentes reais ou potenciais.

Finalmente, com os resultados das avaliações de atratividade e competitividade, foi descrito, para cada área estratégica, um processo de como representá-las em um esquema de quatro quadrantes típicos — nascedouro, estrela, vaca leiteira e cão de estimação —, representados na matriz de portfólio da instituição.

Questões

1. O que é uma **área estratégica** de negócios? Por que esse conceito é tão relevante para a formulação das estratégias de uma organização?

2. Como e por que se faz a **segmentação** do mercado de uma empresa, ou do público potencial de uma entidade, para identificação de suas **áreas estratégicas**?

3. Qual é a diferença básica entre os conceitos de **atratividade** e **competitividade**? Como esses conceitos são usados no mapeamento da **matriz de portfólio** de uma organização?

4. O que são os **fatores-chave de escolha**? Como eles influenciam na avaliação da competitividade da organização?

5. Identifique as áreas estratégicas de uma empresa ou entidade da qual você faça parte e construa uma **matriz de portfólio** com elas. Aponte, na **matriz de portfólio**, as áreas que estão em cada um dos quadrantes: **nascedouro**, **estrelas**, **vacas leiteiras** e **cães de estimação**. Justifique.

10

Estratégias de Balanceamento do Portfólio

Tópicos

- Estratégias Típicas para cada Quadrante • A Rotação do Portfólio •
- Recomendações para Balanceamento do Portfólio • A Sinergia no Portfólio •
- A Diversificação de Riscos no Portfólio •

Apresentação

O objetivo deste capítulo é conceituar balanceamento de portfólio e explicar como se faz um bom **balanceamento** do **portfólio** de negócios ou atividades da organização[1].

Mostramos, inicialmente, quais são as **estratégicas típicas** para cada um dos quatro **quadrantes** da **matriz do portfólio**.

Explicamos como, ao longo do tempo, as áreas vão progressivamente se deslocando por esses quadrantes, desde o **nascedouro**, passando pelos quadrantes **estrela** e **vaca leiteira**, até se transformarem em um **cão de estimação**.

Descrevemos o que é um **portfólio bem balanceado**. Também mostramos quais são as anomalias e as patologias que um portfólio pode apresentar.

Veremos, ainda, a importância de as áreas estratégicas do portfólio terem alta **sinergia** entre si: a existência de características comuns entre essas áreas traz vantagens, como a redução de custos, o aumento da competitividade e a diminuição do montante total a ser investido.

Finalmente, alertamos para os cuidados que devem ser tomados para uma **diversificação** eficaz das áreas estratégicas do portfólio, de forma que não estejam, todas elas, suscetíveis aos mesmos **fatores de risco**.

---

[1] Este capítulo tem por base o texto de H. I. Ansoff (ANSOFF, 1984, p. 72-99).

Legenda: Capítulos já estudados | Capítulo em estudo | Capítulos ainda não lidos

- Introdução

Parte I — Motivação
1. Motivações para a Estratégia
2. Desafios para a Estratégia

Parte II — Conceituação
3. Conceitos Básicos de Estratégia
4. Gestão Estratégica
5. Transformação Estratégica

Parte III — Análise
6. Análise do Ambiente Externo
7. Análise da Turbulência e da Vulnerabilidade
8. Análise do Ambiente Interno

Parte IV — Formulação
9. Representação do Portfólio
10. Estratégias de Balanceamento do Portfólio
11. Formulação das Estratégias
12. Capacitação Estratégica

Parte V — Implantação
13. O Plano Estratégico
14. Metodologia do Planejamento Estratégico
15. *Workshop* de Planejamento Estratégico
16. Implantação da Gestão Estratégica

Parte VI — Aprofundamento
17. Formulação de Estratégias via Teoria dos Jogos
18. Jogos de Empresas para Capacitação Estratégica e Simulação Gerencial
19. Ferramentas para Planejamento e para Gestão Estratégica
20. Aplicações e Práticas da Gestão Estratégica

Seguindo as instruções dadas no Capítulo 9, construímos **a matriz de portfólio** atual de nossa empresa ou entidade. Mapeamos as áreas estratégicas na matriz e identificamos aquelas que estão em cada um dos quadrantes, tudo de acordo com o especificado no capítulo anterior. "E agora?", perguntará o leitor. "O que fazer com ele? Como avaliar se é saudável e se está bem equilibrado? Há problemas? Quais? Por quê?"

É bom ressaltar que, além de pensarmos no portfólio atual, devemos analisar, em cada etapa do planejamento, também (e até dando maior atenção) o portfólio projetado para os próximos anos.

A **gestão estratégica** de uma organização deve considerar novos mercados, novas linhas de produto, novos serviços, novas formas de atuar, sem desconsiderar, entretanto, a eventual exclusão de umas e outras áreas estratégicas mais antigas, que já não produzem mais resultados para a organização. É o que trataremos a seguir.

10.1 Estratégias Típicas para cada Quadrante

Considerando o que já foi dito ou sugerido no capítulo anterior, é possível estabelecer, a princípio, algumas **estratégias típicas** para tratamento de cada área estratégica, em função de seu mapeamento no **portfólio**. Retomemos, portanto, à matriz do capítulo anterior, na qual se mostram os quatro quadrantes: **nascedouro**, **estrela**, **vaca leiteira** e **cão de estimação**.

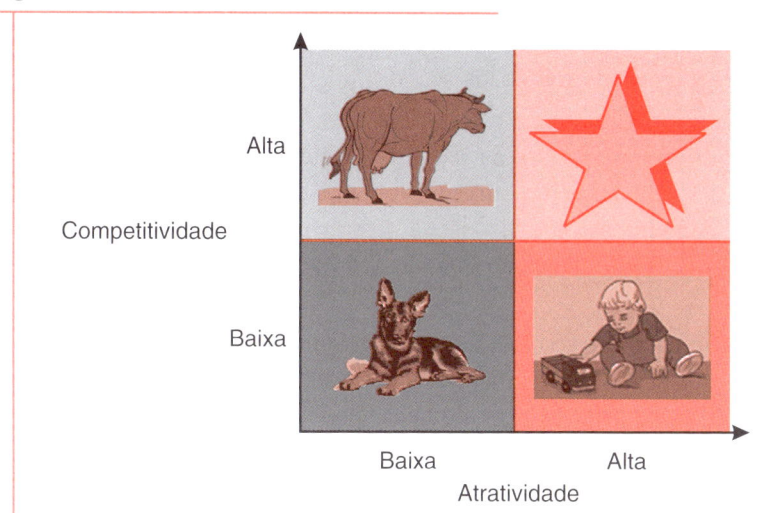

Figura 10.1 Os Quatro Quadrantes do Portfólio

Fonte: Adaptada de ANSOFF.

10.1.1 Estratégias Típicas para as Áreas Nascedouro

Normalmente, as áreas estratégicas no **nascedouro** surgem como possibilidades promissoras, sendo resultado de uma entidade empreendedora, ou de um exame cuidadoso das oportunidades detectadas no ambiente externo da instituição.

Muitas vezes, é feita uma lista extensa, mas, como regra, não existem recursos financeiros, materiais e humanos suficientes para administrar *todas* as novas idéias. Costuma-se dizer que a capacidade de criar novas idéias de negócios é, *muitas vezes, maior* do que a capacidade para criar e implementar esses novos negócios!

Então, o que fazer com tantas idéias tão interessantes? Uma **estratégia típica**, para esses casos, é selecionar, cuidadosamente, aquelas áreas que oferecem maior probabilidade de sucesso a médio e longo prazo e avaliar os investimentos necessários para que elas possam chegar à posição de **estrela**, em um horizonte de tempo aceitável.

As decisões, nessa fase, são geralmente as mais difíceis, em vista da presença de grandes riscos associados a grandes benefícios potenciais. Muitas idéias boas podem precisar ser adiadas, ou deixadas de lado, infelizmente. Estratégias que impulsionem os **pontos fortes**, a **capacitação** existente, as **parcerias**, os investimentos e as instalações existentes devem ser consideradas nessa fase, pois elas podem viabilizar começos mais promissores — ou menos arriscados.

Vale a pena observar, aqui, que a escolha das novas áreas, entre muitas possibilidades, deve estar associada à análise de seu grau de alinhamento com o **propósito** da organização, pois, freqüentemente, surgem propostas de áreas no **nascedouro** com diferentes níveis de alinhamento com a **visão**, a **missão**, os **princípios e os valores** da empresa ou organização, e esse filtro não pode ser ignorado só porque se trata de uma "boa idéia do chefe".

Uma organização com boa gestão e disciplina estratégica descartará as áreas com baixa congruência com seu propósito, mesmo que sejam financeiramente mais atraentes. Inversamente, áreas estratégicas bem alinhadas poderão ser as preferidas, mesmo que o retorno financeiro seja um pouco inferior ao de outras áreas candidatas.

Para gerenciar as novas áreas, no nascedouro, recomenda-se designar pessoas de espírito pioneiro, criativas e inovadoras, com perfil empreendedor, dispostas a assumir riscos e a trabalhar em condições extremas, em ambiente de grande turbulência e de incerteza.

10.1.2 Estratégias Típicas para as Áreas Estrelas

Para as áreas no quadrante **estrela**, as estratégias mais indicadas são para continuar reinvestindo pesadamente todos os recursos gerados pela área, e até complementando com recursos advindos de outras áreas no quadrante vaca leiteira, se necessário.

São áreas que estão crescendo muito e não se sabe até que ponto elas podem subir. Refrear investimentos nessa fase implicaria abrir mão da possibilidade de grandes vôos para o futuro, os quais poderiam resultar em vacas leiteiras saudáveis, lucrativas e duradouras.

Estratégias de reforço de capacitação também precisam ser consideradas nesse quadrante. Deve-se implantar, entretanto, alguma forma de se verificar continuamente se as estrelas continuam, ou não, apresentando uma prospectiva válida.

Como postulam Treacy e Wiersema[2], as empresas líderes em produtos de maior sucesso — ou seja, as que permaneceram no topo — são aquelas que encontram formas de balancear e focar *rapidamente* seus portfólios.

As organizações líderes são as que, historicamente, têm concentrado seus recursos nas oportunidades com maior potencial. Elas escolhem suas metas da mesma maneira pela qual Peter Lynch, antigo gerente de fundos mútuos da Fidelity Investment, escolhia ações: são os grandes acertos que dão brilho a todo o portfólio[3]. Para cada produto pioneiro, há uma taxa natural de crescimento pela qual se desenvolve sua demanda, o que forma uma curva conhecida como taxa de difusão da inovação e tem forma da conhecida curva S[4].

O desafio para os líderes é levar essa taxa para além do que é natural e comum ao mercado[5]. Dessa forma, quanto mais depressa e sabiamente se balancear e focar o portfólio, menos recursos serão gastos em produtos ou serviços que podem ser os perdedores, e mais recursos serão concentrados naqueles que podem tornar-se vencedores.

---

[2] Como descrito em TREACY; WIERSEMA, 1995.
[3] Ibid., p. 111-112.
[4] Chama-se de curva S a curva típica do progresso físico na implantação de um projeto. Ela tem o formato de uma letra *s* estilizada. Pode ser entendida como a função integral (acumulada) de qualquer uma das curvas da Figura 9.10. Esta curva é muito utilizada para decidir o momento de investir em novas tecnologias. Serve também para acompanhar a evolução do progresso físico de um empreendimento qualquer.
[5] TREACY; WIERSEMA, 1995, p. 110.

Todo produto ou serviço, desde sua concepção, deve ter uma curva S prevista, a partir da qual deve ser monitorado seu desempenho real. Essa curva depende da característica do produto ou serviço e da forma como ele está sendo gerenciado pela empresa.

Observe-se, entretanto, que os produtos ou serviços dependem, por sua vez, da opção estratégica da instituição, em seu trilema estratégico. Se a organização posicionar-se com base na excelência em produtos, haverá uma grande aposta naqueles que forem inéditos, com as correspondentes curvas S; se a opção for a de excelência operacional, ela tenderá a ser *seguidora*, com menos investimentos em pesquisa e desenvolvimento, mas com um modelo operacional eficiente e de baixíssimo custo.

Em cada ponto do ciclo de vida da área estratégica — no nascedouro, na estrela, na vaca leiteira ou no cão de estimação — o desempenho real obtido deve ser comparado com o almejado na curva S pertinente. Desempenhos abaixo do esperado indicam que a área estratégica é uma candidata à exclusão do portfólio.

Essas observações aplicam-se, em tese, a todos os quadrantes, porém com maior ênfase no nascedouro e também no estrela.

Para administrar áreas estratégicas que estiverem na posição de estrela, é preciso escolher pessoas com perfil empreendedor, realizador, dispostas a assumir riscos e a crescer com a atividade ou negócio.

10.1.3 Estratégias Típicas para as Áreas Vacas Leiteiras

As estratégias para as áreas vacas leiteiras devem ser de cautela e de controle estrito de produção e de custos, sem novos investimentos, exceto, naturalmente, somente no que for, e quando for, imprescindível para promover a sobrevida do produto ou serviço.

Nessa categoria, incluem-se investimentos de maquiagem de produtos ou serviços, mudanças de embalagem, promoção de novas aplicações para produtos ou serviços tradicionais, ações de sustentação de marketing, entre outros.

Estratégias de otimização, de racionalização, de aumento de produtividade e de qualidade devem estar presentes. Comprar bem e barato, de fornecedores confiáveis, pode ser um dos fatores de sucesso nessas situações. Expansões geográficas ou para outros mercados ou públicos podem ser também estratégias de diversificação a considerar.

Vale ressaltar, entretanto, que todo esforço deve ser feito para manter a vaca leiteira nesse quadrante pelo *maior período possível*, mesmo que, para tanto, sejam necessários alguns pequenos investimentos de sustentação.

Além de investir no produto ou serviço propriamente dito, pode haver, evidentemente, investimentos em mercado, para passar ao produto ou serviço a imagem de "estrela" (embora ele não o seja mais) e permitir uma margem de lucratividade melhor.

Para administrar áreas nessa fase, devem ser escolhidas pessoas com perfil controlador, discretas, zelosas, capazes de fazer as coisas acontecerem, sem alardes e sem *novos* grandes investimentos. Mas essas pessoas precisam ser, apesar de controladoras, também criativas, capazes de "manter a vaca em pé", saudável e em evidência no mercado pelo maior tempo possível, gerando recursos financeiros para serem aplicados em áreas estratégicas que estiverem no nascedouro ou nas estrelas.

10.1.4 Estratégias Típicas para as Áreas Cães de Estimação

As estratégias típicas para as áreas no quadrante cão de estimação são as de desinvestimento, de liquidação, descontinuando produtos e serviços. Os investimentos nessas áreas precisam ser liquidados, vendidos, ou alugados, e, na medida do possível, os recursos gerados com o desinvestimento devem ser realocados para outras áreas que estiverem nos quadrantes nascedouro ou estrelas.

Mais difícil que a movimentação dos ativos e equipamentos, porém, é a movimentação e realocação das pessoas fiéis e eficientes, que trabalham há muitos anos nessas áreas, mas que precisam ser treinadas novamente e designadas para outras atividades na organização.

É preciso tomar alguns cuidados especiais também em relação aos clientes tradicionais dos produtos ou serviços dessas áreas, pois eles contam, há anos, com aquele serviço ou produto. Se uma atividade for descontinuada, algum remanejamento precisa ser feito para evitar o descontentamento dos clientes ou prejuízos de imagem para a empresa.

É necessário comunicar essa decisão, corretamente e com a devida antecedência, a todo o corpo profissional, aos clientes e aos fornecedores, e até perante a mídia e a opinião pública, estabelecendo-se prazos razoáveis para que todos possam se adaptar aos novos tempos.

As pessoas designadas para executar essas estratégias devem ter um perfil muito especial e raro. Certamente, não serão aquelas que preferem cuidar de áreas nas fases de **estrela** ou **vaca leiteira**. O comprometimento pessoal com um passado de sucesso é um empecilho para o bom exercício dessa atividade, geralmente penosa, mas muito necessária, para a saúde da instituição como um todo. Talvez uma pessoa externa à empresa deva ser chamada para esta tarefa tão delicada.

Uma das estratégias possíveis é o aumento gradativo de preços. Um *chip* antigo é muito mais caro do que o de maior volume no momento. Dessa maneira, assegura-se o suporte aos consumidores tradicionalistas insistentes, porém se exige uma remuneração extra pelo inconveniente de sua manutenção no portfólio.

Outro processo é a mudança para baixo, devidamente anunciada, de parâmetros de serviço. Essas direções para produtos ou serviços nesse quadrante podem incluir, por exemplo, tempos regulamentares mais longos para atendimento, mudança para trabalhar com fabricação somente sob encomenda, aumento do lote mínimo para pedidos, objetivos mais baixos de disponibilidade. Pode-se, ainda, terceirizar a área, total ou parcialmente — por exemplo, manufatura, vendas, distribuição e assistência.

10.1.5 Decisões mais Importantes sobre o Portfólio

Resumindo, as principais decisões estratégicas a serem tomadas na rotação do portfólio são:

- √ selecionar as áreas que estão no **nascedouro** para decidir, a respeito de cada uma delas, se é o caso de se investir pesado, para que elas passem a ser **estrelas** em um futuro previsível, o mais rapidamente possível, ou, na impossibilidade, simplesmente descartá-las;
- √ identificar as áreas que estão na situação de **estrela** para continuar reinvestindo nelas o que for necessário;
- √ identificar as áreas que estão na situação de **vaca leiteira** para cuidar muito bem delas e extrair o melhor resultado possível, durante o maior tempo possível, com investimento mínimo, apenas para sustentação;
- √ identificar as áreas que já se tornaram ou estão se tornando **cão de estimação**, visando ao desinvestimento e à sua liquidação.

10.2 A Rotação do Portfólio

Como já sugerido no Tópico 9.5.5, é de esperar que, ao longo do tempo, as áreas estratégicas percorram uma trajetória sobre o gráfico do portfólio. Essa trajetória, no caso mais geral, tem a forma de um semiciclo percorrido no sentido anti-horário. A escala de tempo para esse movimento varia muito, desde uma centena de anos, no passado, até ciclos cada vez mais curtos, de alguns trimestres, como em alguns casos atuais.

É claro que produtos ou serviços de alta tecnologia, em setores muito dinâmicos como informática, telecomunicações, medicamentos e biogenética, têm ciclos muito rápidos. Produtos de moda, então, têm ciclos curtíssimos, durando, às vezes, apenas uma ou duas estações do ano.

Um ponto relevante, que às vezes pode passar despercebido, é que a movimentação das áreas estratégicas na dimensão vertical do gráfico, representando a **competitividade** da instituição, depende, em grande parte, de decisões da instituição, de investir ou não, ou da habilidade em fazê-lo de forma correta e rápida. É certo que a entrada ou a saída de novos concorrentes, por exemplo, pode criar distúrbios na competitividade, fora do controle da instituição, mas, *grosso modo*, a competitividade é uma variável controlável, ao menos parcialmente, pela instituição. Entretanto, a movimentação na dimensão horizontal, associada à **atratividade** da área estratégica, não depende diretamente de decisões que possam ser tomadas pela instituição, pois decorre de uma avaliação de fatores externos a ela — portanto, fora de seu controle direto. É claro que uma boa campanha de marketing pode, por exemplo, aumentar o tamanho total do mercado e, conseqüentemente, sua atratividade. Todavia, o grau de controle da posição no eixo horizontal pela instituição é muito menor do que no vertical.

Considerando essas observações, veremos, a seguir, três situações típicas desta **trajetória** das áreas estratégicas.

10.2.1 O Ciclo Virtuoso

A Figura 10.2 mostra um ciclo ideal, aqui chamado de **ciclo virtuoso**, para a evolução de uma área estratégica.

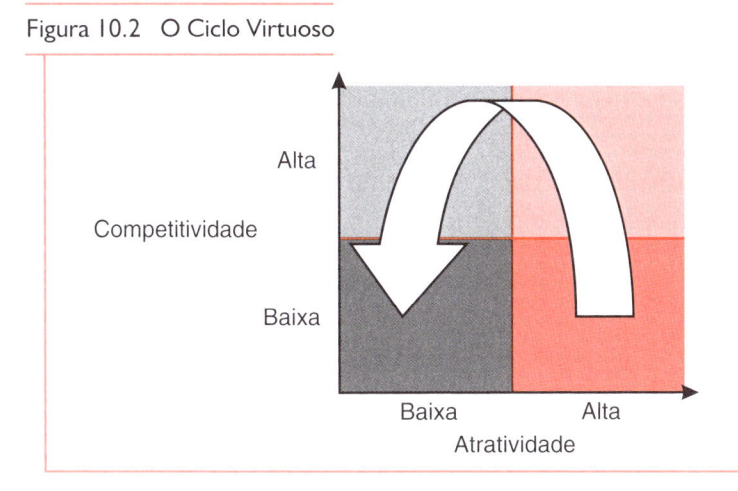

Figura 10.2 O Ciclo Virtuoso

Embora não tão freqüentemente quanto desejado, essas áreas surgem no **nascedouro**, com grande atratividade inicial, ganham competitividade com investimentos e esforços concentrados, passam para o quadrante **estrela**, no qual crescem e brilham por um bom tempo. Acabam passando para **vaca leiteira**, gerando bons resultados, que pagam todos os investimentos feitos, e ainda gerando um respeitável superávit acumulado total. Após uma fase áurea, longa e saudável, elas chegam à condição de **cão de estimação**, para, então, serem descontinuadas. Os investimentos, nessas áreas, retornam com resultados líquidos altamente compensadores!

10.2.2 O Ciclo Medíocre

Outras áreas estratégicas não têm um desenvolvimento tão bem-sucedido como a anterior, descrevendo o chamado **ciclo medíocre**.

Elas nascem como as anteriores, mas, por razões adversas, externas ou internas, não conseguem chegar à posição de alta **competitividade**. Conseqüentemente, não chegam a ser uma boa **estrela** e, muito menos, uma **vaca leiteira** rendosa. Assim, precisam ser descontinuadas no momento adequado, quando passarem para a condição de **cão de estimação**, ou mesmo pouco antes disso, como mostrado na Figura 10.3.

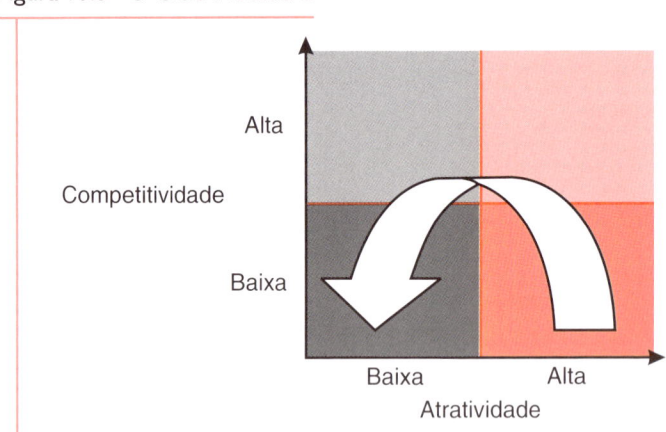

Figura 10.3   O Ciclo Medíocre

Os investimentos acumulados nessas áreas, infelizmente, podem retornar apenas em parte, porém em volumes muito inferiores aos planejados.

10.2.3 O Ciclo Malsucedido

Existem certas situações, infelizmente mais freqüentes que o desejado, em que as áreas nascem como as anteriores, mas, por razões altamente adversas, externas ou internas, ou uma combinação delas, não conseguem chegar a uma **competitividade** minimamente razoável. Elas passam do **nascedouro** diretamente para o **cão de estima-**

ção, sem passar pelos quadrantes estrela e vaca leiteira, descrevendo o que se chama de um ciclo malsucedido, conforme mostrado na Figura 10.4.

Figura 10.4 O Ciclo Malsucedido

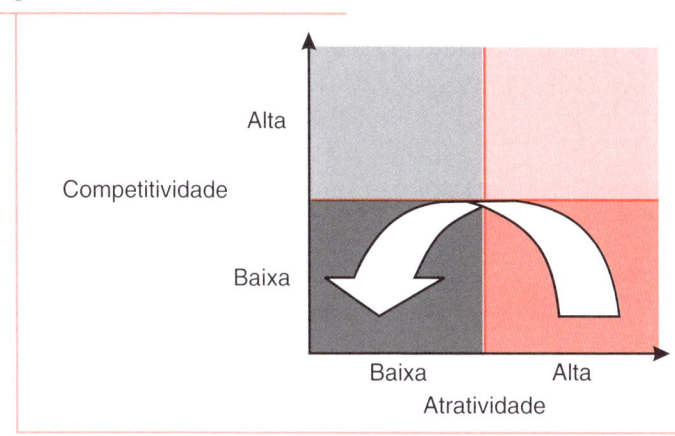

Os investimentos nunca retornam em nível adequado, gerando prejuízos e decepções para todos.

10.2.4 Considerações sobre os Três Ciclos

Se fosse possível saber, de antemão, qual dos três ciclos seria o percorrido por uma área ainda no nascedouro, as decisões de investir ou não nela seriam fáceis e garantidas. Aquelas que viriam a ser de ciclo malsucedido, ou mesmo medíocre, ficariam fora da estratégia e dos investimentos da instituição. Óbvio. Mas só com uma "bola de cristal" seria possível adivinhar se uma área estratégica teria sucesso ou não. Assim, o recomendável é que se considerem esses três ciclos como de real possibilidade toda vez que se examinarem as tais "boas idéias" para lançamento de novas áreas estratégicas!

O grau de risco externo e os pontos fracos internos, por um lado, e a consistência e a plausibilidade das oportunidades, por outro, devem ser ponderados em conjunto, para se tomar a decisão de investir ou não em uma nova área estratégica, pois esforços gerenciais e profissionais, bem como altos investimentos financeiros, costumam estar sempre em jogo nessas decisões.

É bom atentar, aqui, que a mesma área pode ser avaliada como estrela por uma empresa enquanto suas concorrentes possam considerá-la já um cão de estimação ou, ainda, uma vaca leiteira, ou mesmo um nascedouro, pois a classificação entre os quadrantes depende da atratividade e da competitividade, de acordo com a avaliação particular de cada instituição.

Obviamente, os ciclos não são inexoráveis, como o movimento dos planetas ao redor do Sol. Há sempre algo que se possa fazer para *tentar mudar* de um ciclo malsucedido para um medíocre, pelo menos, ou de um medíocre para um virtuoso, embora não haja garantias do que se vai conseguir.

A própria organização pode *tentar modificar* a trajetória desejável, considerando sua opção estratégica: a empresa farmacêutica dedicada à inovação, por exemplo, procura um ciclo como o ilustrado na Figura 10.5, no qual se tenta passar, rapidamente, de nascedouro para estrela, mediante grande investimento, descartando o produto quando ele virar uma *commodity*.

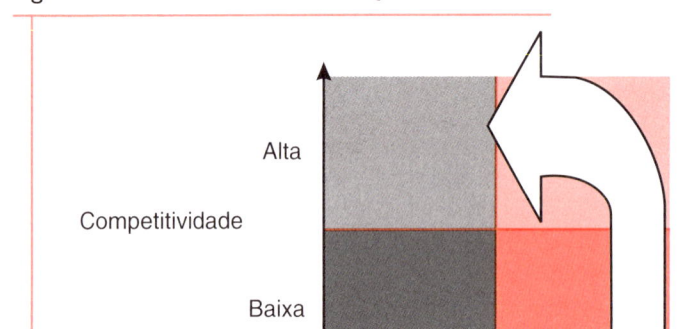

Figura 10.5   Ciclo com Ênfase no Quadrante Estrela

Algumas dessas empresas especializam-se em lançar produtos ou serviços inéditos e, protegidas pela vanguarda tecnológica e por patentes, extraem altíssimas margens de lucratividade e criam ótima imagem. À medida que esses produtos chegam à maturidade, são descartados ou mantidos de forma apenas simbólica, uma vez que a entrada de novos concorrentes diminui drasticamente os preços e, conseqüentemente, as margens envolvidas (*vide*, por exemplo, o caso dos medicamentos genéricos, no Brasil).

Essas empresas podem também, propositadamente, provocar a obsolescência do produto ou serviço tão logo cheguem os concorrentes, como ocorre com os fabricantes de *chips* de computador. Como parte de suas estratégias, essas empresas estabelecem, normalmente, ligação com uma ou mais gerações futuras do produto ou serviço, em fases distintas de desenvolvimento, para dar suporte à sua opção estratégica como organização de vanguarda em produtos ou serviços de ponta.

Diferentemente, uma organização voltada para a oferta de produtos ou serviços tradicionais, a preços extremamente baixos, pode ter um gráfico fortemente concentrado no terceiro quadrante, como ilustrado na Figura 10.6.

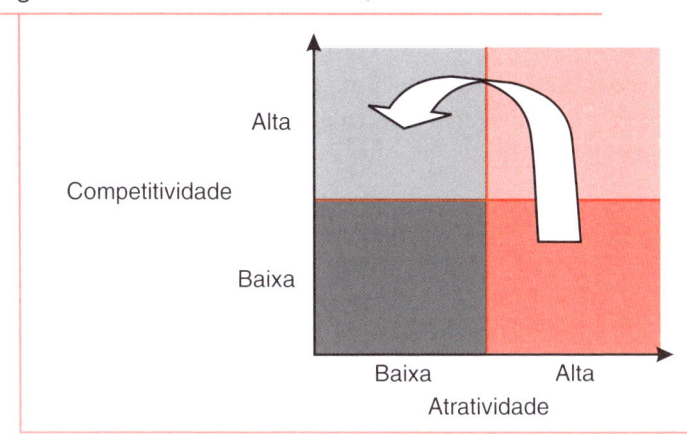

Figura 10.6 Ciclo com Ênfase no Quadrante Vaca Leiteira

10.3 Recomendações para Balanceamento do Portfólio

Em sua opinião, como deveriam estar distribuídas as várias áreas estratégicas de uma empresa, pelos quatro quadrantes, para se considerar que a instituição tem um **portfólio saudável**? E, do lado oposto, que configurações ocasionariam um **portfólio problemático**?

Vamos responder a essas perguntas fazendo algumas considerações básicas para um **portfólio saudável**:

> **Regra I** — uma instituição que tenha apenas uma ou duas áreas estratégicas estará em alto risco, pois seu futuro pode estar comprometido (a menos que ela ainda se encontre em breve fase de encubação, de implantação).
>
> **Regra II** — aquelas empresas que tiverem um número excessivo de áreas de negócio não conseguirão, provavelmente, cuidar bem de todas elas, o que poderá resultar em dispersão de esforços e investimentos, perda de controle, confusão, falta de foco e perda de resultados.
>
> **Regra III** — a existência de áreas estratégicas no quadrante **cão de estimação** deve merecer um cuidado especial por parte da mais alta administração, pois, em um portfólio saudável, as áreas que já estiverem chegando ao final de seu ciclo no quadrante **vaca leiteira** devem ser descontinuadas *antes* que venham a se tornar **cães de estimação**.
>
> **Regra IV** — a falta de duas ou três áreas estratégicas no **nascedouro,** no mínimo, indica que o futuro da instituição está em risco, pois, não havendo novas áreas hoje, quem virá a ser a **estrela** de amanhã e a **vaca leiteira** do futuro?
>
> **Regra V** — a inexistência de, no mínimo, uma área estratégica no quadrante **vaca leiteira** significa que a instituição não está gerando, internamente, recursos para iniciar novas atividades, o que compromete seu futuro. Deve ficar claro, entretanto, que empresas que acabaram de ser organizadas ainda não têm sua **vaca leiteira**! Essas instituições só sobrevivem, nessa fase, se houver *um fluxo externo de recursos* para alimentar sua(s) área(s) no **nascedouro**, ou mesmo sua(s) **estrela**(s). Mas esse fluxo externo não vai durar para sempre,

pois, em um certo momento, o investimento externo vai cessar e a instituição deverá sobreviver com seus próprios recursos. E isso somente será possível quando houver boas vacas leiteiras em operação.

Regra VI — a inexistência de, no mínimo, uma área estratégica no quadrante estrela significa que a instituição não está preparando adequadamente suas futuras vacas leiteiras para garantir sua auto-sustentação.

Com essas considerações, recomendamos a busca contínua por um portfólio saudável e bem balanceado com as seguintes características:

> 1. Nenhuma área estratégica no quadrante cães de estimação.
> 2. Duas ou três áreas no nascedouro.
> 3. Ao menos uma área como estrela.
> 4. Ao menos uma área como vaca leiteira em condições de sustentar financeiramente as demais áreas e ainda gerar resultados líquidos para a instituição.

Um portfólio assim estruturado terá mais condições de resistir à ação do tempo sobre as áreas estratégicas e garantir a perenidade da organização ou entidade.

Lembremos, porém, que um bom portfólio deve ter um balanceamento dinâmico, e não estático: tudo muda e continua mudando, as áreas estratégicas nascem, crescem e morrem, mas as regras citadas devem ser sempre atendidas para manter a saúde da empresa.

Embora as regras orientadoras mencionadas anteriormente sejam genéricas, sua aplicação estrita deve ser analisada, caso a caso, à luz da opção estratégica da organização e de suas competências conseqüentes.

Por exemplo, uma organização que se propõe a atuar com avançadíssimas tecnologias ou de *pioneirismo* em áreas, produtos ou serviços, deve ter um *pipeline* (processo contínuo) de pesquisa e desenvolvimento, bem como grande concentração nos primeiros quadrantes: nascedouro e estrela. Sua competência em explorar e obter altíssimo retorno nos dois primeiros quadrantes, somada à sua relativa incompetência (por opção) em operar a custos baixos, pode implicar um terceiro quadrante menos importante.

Já uma organização que se propõe a buscar e a desenvolver competência em absorver rapidamente produtos ou serviços tradicionais, operacionalizar e tornar-se competitiva em áreas com esses produtos ou serviços, tende a ter fracos o primeiro e o segundo quadrantes, concentrando-se mais no terceiro.

Finalmente, uma organização cuja opção estratégica está em competir com base na intimidade com o cliente tem como competência básica sua capacidade de entender profundamente a necessidade específica de cada um de seus clientes, customizando soluções para eles.[6] Isso pode ocorrer em áreas, produtos ou serviços considerados, *pelo restante do mercado*, em qualquer um dos quatro quadrantes. O fato de essas empresas entregarem a seus clientes, como valor reconhecido por eles, seu *relacionamento*,

---

[6] TREACY; WIERSEMA, 1995.

pode resultar um pouco mais difícil, ao leitor, caracterizar em qual dos quadrantes encontra-se a área estratégica em questão. Nesse caso, para se fazer seu enquadramento correto, deve-se retornar aos conceitos básicos de atratividade *para a empresa* e de competitividade *da empresa*, do tipo de produto ou do serviço oferecido.

10.4 A Sinergia no Portfólio

A experiência e as observações têm demonstrado que, em certas situações operacionais, o resultado global obtido com uma *ação combinada* ou concomitante de dois ou mais fatores pode ser *diferente* do somatório dos resultados que se obteriam com o resultado da ação isolada de cada um dos fatores[7].

Esse é o conceito de sinergia, que faz que "2 + 2 seja 5, e não 4". Esse "algo mais" que se obtém pelo resultado de ações combinadas é chamado de sinergia, no caso, sinergia positiva. É bom lembrar, desde já, que o tal "algo mais" pode, em determinadas situações, tornar-se "algo menos"(!), que, nesse caso, é chamada de sinergia negativa. Fala-se também em sinergia nula naquelas situações nas quais não há nem o "algo mais" nem o "algo menos".

10.4.1 Sinergia Positiva

Aplicando esse conceito ao portfólio de uma instituição, a pergunta é: "Será que o conjunto das áreas estratégicas do portfólio tem sinergia positiva, negativa ou nula?".

Se a resposta for a *positiva*, pode-se dizer que o portfólio tem certa unidade orgânica, e o resultado global deve ser melhor do que a atuação isolada em cada uma das áreas estratégicas. A Figura 10.7 ilustra um caso de sinergia positiva.

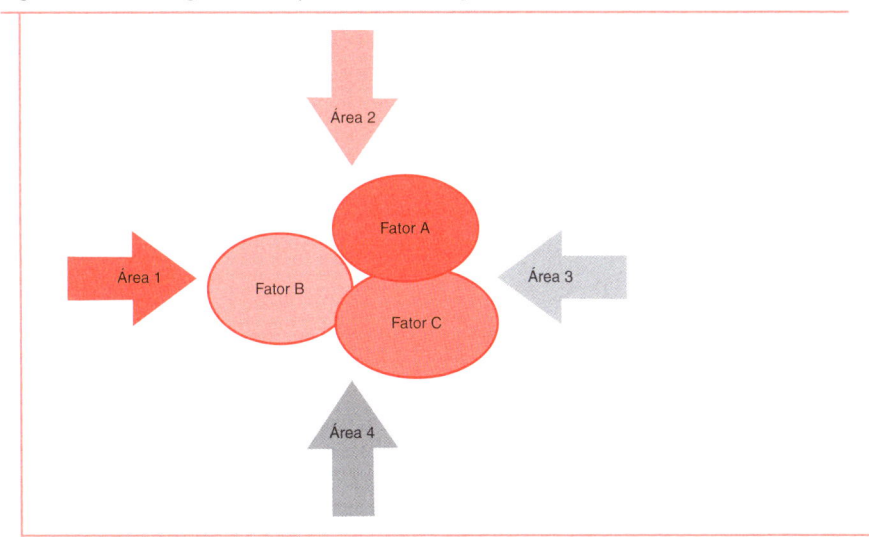

Figura 10.7 Sinergia Obtida pela Concentração das Áreas sob os Mesmos Fatores

---

[7] Mencionado em ANSOFF, 1984, p. 80-84.

Pode-se ver, nesse caso, que as quatro áreas estratégicas — 1, 2, 3 e 4 — utilizam-se dos mesmos fatores, A, B e C. Quando isso ocorre na prática, há grande economia de escala e acontece uma alavancagem recíproca entre as áreas, como mostrado no Quadro 10.1.

Tabela 10.1 Fatores que Podem Aumentar a Sinergia do Portfólio

Fatores comerciais	Os clientes que compram ou usam o produto ou serviço de uma área estratégica consomem também os das outras? A forma de vender e de comprar é aproximadamente a mesma nas várias áreas estratégicas? A marca ou imagem usada em um produto ou serviço de determinada área estratégica reforça e é reforçada por seu uso em outras?
Fatores de produção	Os equipamentos, máquinas e instalações usados em uma área estratégica são ou podem ser compartilhados com os demais? Eles podem ser facilmente realocados para atender outra área?
Fatores tecnológicos	A tecnologia usada para criar e suportar um produto ou serviço é usada também para as outras?
Fatores gerenciais	Os gerentes que administram uma área estratégica podem ser facilmente realocados para outras? Os processos que dão suporte à administração de uma área estratégica compartilham recursos (humanos e outros) entre áreas ou permitem o fácil deslocamento?
Canais de distribuição	Os produtos ou serviços utilizam os mesmos canais de distribuição?
Fornecedores	Os produtos ou serviços usam insumos fornecidos pelos mesmos fornecedores?
Matéria-prima	Os produtos empregam as mesmas matérias-primas?
Mão-de-obra	A mão-de-obra usada em uma área estratégica pode também ser usada nas outras, de forma intercambiável?
Cultura do negócio ou da atividade	A cultura necessária para fazer sucesso em uma área estratégica é semelhante à das outras?
Competências básicas	As competências básicas necessárias para fazer bem os produtos ou serviços são praticamente as mesmas em todas as áreas?

Pelo resultado dos questionamentos anteriores pode-se avaliar o grau de sinergia de determinado portfólio.

Respostas afirmativas à maioria dessas perguntas indicam altas sinergias. Esse é um critério interessante para examinar o crescimento do portfólio e a seleção de novas áreas estratégicas para a empresa atuar.

10.4.2 Sinergia Negativa

Embora seja mais difícil detectar, há situações em que a sinergia é realmente negativa. Isso ocorre quando a atuação em uma área estratégica prejudica, dificulta, cria obstáculos ou aumenta os riscos para atuação em outra área da instituição. Há casos em que elas se *atrapalham mutuamente*, o que caracteriza uma situação real de **sinergia negativa**. Esse é o conceito de sinergia negativa, que faz que "2 + 2 seja 3, e não 4"!

Os tipos de incompatibilidade que podem acarretar sinergias negativas são, basicamente, os mesmos citados anteriormente. Conflitos nos aspectos comerciais, de produção, tecnológicos, gerenciais, canais de distribuição, fornecedores, matéria-prima, mão-de-obra, cultura do negócio ou da atividade e de competências básicas, por exemplo, precisam ser examinados.

Existem também situações de conflitos éticos e de interesses que criam obstáculos para o bom exercício em algumas áreas estratégicas do portfólio. A existência eventual de situações como essas deve merecer uma ação estratégica muito delicada. Como se livrar de uma área estratégica que prejudica outra? Qual delas descartar? Vender o negócio, desmembrar em duas empresas independentes mediante cisão, ou outro recurso similar, por exemplo, são formas saudáveis de eliminar sinergia negativa do portfólio.

No momento de fazer a escolha para o descarte, venda ou desmembramento de áreas que tenham sinergia negativa, é muito importante considerar, como critério básico, a adesão às competências básicas da instituição e o alinhamento com seu **propósito** e com sua **opção estratégica**.

10.5 A Diversificação de Riscos no Portfólio

Como foi dito, a constatação da existência de **sinergia positiva** é muito interessante, pois pode maximizar os resultados e minimizar a necessidade de recursos, de instalações e de investimentos. Mas há outros aspectos igualmente relevantes que precisam ser considerados, no **balanceamento do portfólio**: alta sinergia, normalmente, pode representar **concentração de riscos**. Esta seção procura tratar, exatamente, do contraponto à alta sinergia, com a necessidade de **diversificação** — ou espalhamento — de riscos.

Para ilustrar esse conceito, façamos uma comparação com o que acontece com as plantações. Sabemos que a clonagem de árvores ou flores pode aumentar enormemente a produção e a produtividade de uma cultura: escolhe-se um espécime mais frondoso, bonito ou produtivo e dele se fazem milhões de cópias ou clones.

Entretanto, quem trabalha no setor sabe que o grande risco das plantações de clones é que uma praga que atinje *uma* planta pode destruir, igualmente, todos os clones, pois, tendo a mesma herança genética, eles reagem da mesma forma perante uma agressão, provocando catástrofes e destruições maciças.

Sabe-se que as tradicionais culturas, com diversidade genética, não são tão produtivas quanto as culturas com clones, que não têm diversidade. No entanto, elas são menos sucetíveis a pragas e doenças que as culturas com clones. Essa mesma idéia se aplica ao **portfólio**: nesse caso, troca-se eficiência por segurança.

Como diz o ditado popular, "não podemos guardar todos os ovos em uma única cesta", pois a diversificação reduz os riscos de se perder tudo. No entanto, precisamos ter um mínimo de ovos em cada cesta, "o suficiente para fazer com eles uma omelete". De igual analóga, não podemos deixar todas as nossas áreas estratégicas sujeitas aos *mesmos fatores de risco*, de modo a evitar que, caso ele se materialize, venha a prejudicar o portfólio como um todo.

Para precaver-se desse problema, recomendam-se as providências acauteladoras indicadas a seguir.

Assim, deve-se evitar que a maioria das áreas estratégicas esteja sujeita a:

- ações predatórias de um grande concorrente único;
- ações unilaterais de um grande cliente único;
- um único tipo de descontinuidade ou de tendência forte — por exemplo, variações cambiais, novas descobertas, novas tecnologias, novos sucedâneos para o produto ou serviço;
- dispositivos legais frágeis vigentes, que podem ser mudados de uma hora para outra;
- um fornecedor exclusivo de matéria-prima essencial;
- um fornecedor exclusivo de tecnologia;
- uma tecnologia única que possa tornar-se obsoleta rapidamente;
- importação de insumo de um único país com o qual o Brasil não tem relacionamento diplomático ou comercial estável;
- exportação de produtos ou serviços para um único país com o qual o Brasil não tem relacionamento diplomático ou comercial estável;
- situações climáticas extremas, como inundações, incêndios, contaminações e riscos ambientais, ações terroristas etc.

O leitor, porém, deverá estar se perguntando: "Como, então, atender, por um lado, ao ideal de máxima sinergia e, por outro, à máxima diversificação em relação a riscos?"

Aqui podemos aplicar o conceito de *perfil do investidor*, usado na administração de carteiras individuais, onde, os investidores são classificados, por exemplo, em *conservador*, *moderado* e *agressivo*. Como não é possível estabelecer uma conciliação plena dos interesses de *máxima rentabilidade* com a *máxima liquidez* e a *máxima segurança*, o que se busca é uma solução de compromisso cujo ponto de equilíbrio varia de pessoa para pessoa, dependendo do **perfil do investidor**.

Usando o mesmo princípio, cada grupo empreendedor terá de refletir sobre seu **propósito**, perfil e **opção estratégica** e fazer suas escolhas, considerando a própria disposição em arriscar mais a longo prazo em benefício dos resultados a curto ou médio prazo, ou vice-versa, dependendo do grau de risco aceitável pela direção da instituição.

Um correto entendimento das competências também pode ajudar nessa reconciliação entre **diversificação de riscos** e **alta sinergia**: muitos produtos e mercados podem ser sustentados sem se perder o foco ou a fidelidade às competências básicas escolhidas. Embora possa parecer que determinadas empresas, com amplos e variados portfólios, sejam desfocadas, uma análise mais aprofundada poderá levar à identificação de fortes fatores de sinergia positiva disseminados por toda a organização.

Termos-chave

Neste capítulo, conceituamos balanceamento de portfólio e explicamos como fazer um bom **balanceamento do portfólio** de uma instituição, apresentando as estratégias típicas para cada um dos quatro quadrantes do portfólio.

Já vimos como, ao longo do tempo, as áreas vão progressivamente se deslocando pelos quadrantes do portfólio, desde o **nascedouro**, passando pelos quadrantes **estrela**, **vaca leiteira**, até se transformarem em **cão de estimação**.

Descrevemos o que é um **portfólio bem balanceado** e comentamos suas anomalias e patologias.

Mostramos a importância de haver **alta sinergia** entre as áreas estratégicas do portfólio. A existência de alguns itens ou características comuns entre elas possibilita o bom aproveitamento desses fatores, com redução de custos, aumento da competitividade, redução de investimentos e outras vantagens para a instituição.

Finalmente, foram comentados os cuidados que se devem tomar para obter uma boa **diversificação de risco** entre as áreas estratégicas do portfólio, de forma que não fiquem, todas elas, suscetíveis aos mesmos fatores de risco.

Questões

1. Quais são as estratégias típicas para cada um dos quadrantes do portfólio? Justifique.

2. O que é **rotação do portfólio** e o que se pode fazer para assegurar um **ciclo virtuoso** para uma área estratégica específica?

3. Que critérios devem ser utilizados para avaliar se um portfólio é saudável e se está bem balanceado?

4. Como se maximiza a **sinergia de um portfólio**? Como se reduzem e se espalham os riscos em um portfólio? Explique por que esses dois critérios (sinergia máxima e espalhamento de riscos), embora ambos desejáveis, são conflitantes entre si.

5. Examine e construa a **matriz de portfólio** de uma empresa que você conheça bem. A partir daí: (a) indique, para as suas áreas estratégicas do portfólio, as estratégias mais recomendadas; (b) examine a saúde do balanceamento do portfólio; (c) analise a sinergia do portfólio com base nos critérios do Quadro 10.1; (d) avalie o espalhamento de riscos do portfólio utilizando os critérios levantados na página 164; (e) considerando os resultados anteriores, discuta o perfil do empresário: se conservador, se moderado ou se agressivo.

11

Formulação das Estratégias

TÓPICOS

- Estratégias Competitivas • Estratégias de Diversificação •
- Estratégias de Alianças e Parcerias • Estratégias de Expansão •
- Estratégias Corporativas Genéricas •

APRESENTAÇÃO

O objetivo deste capítulo é apresentar e dar exemplos de alguns tipos de estratégias possíveis e aplicáveis a entidades e empresas.

Iniciaremos com a apresentação de algumas **estratégias competitivas** típicas mais comumente usadas por organizações. As **estratégias de inovação** competitiva mostram possibilidades a serem investigadas nas situações de mercados e de ambientes muito dinâmicos e competitivos nos quais as estratégias tradicionais já não funcionam.

Quando o porte e o volume de atividades de uma instituição chegam a um patamar de difícil expansão, recomenda-se examinar as possibilidades de **diversificação**, sendo sugeridas estratégias para isso.

São apresentadas as estratégias típicas para **alianças e parcerias**, quando duas ou mais instituições articulam-se de alguma maneira para uma ação conjunta visando a um benefício mútuo, bem como os cuidados necessários nesses casos.

Mostram-se as **estratégias de expansão** dos horizontes da organização, tanto do lado de seus clientes e parceiros como do lado dos fornecedores. Para isso, a formulação da **abrangência** e mesmo da **missão** precisam ser questionadas e eventualmente alteradas e ampliadas.

Essas estratégias mais gerais transcendem ao ambiente competitivo e são chamadas de **estratégias corporativas**, pois têm a ver com a instituição como um todo, em oposição às **estratégias competitivas**, que estão voltadas para áreas de negócio específicas, ou as **estratégias funcionais**, que abordam funções específicas da organização.

Finalmente, listamos dez **estratégias corporativas genéricas** usadas por algumas organizações bem-sucedidas e que podem ser úteis no planejamento estratégico de empresas que almejem atingir um "**padrão mundial**".

As **estratégias de capacitação**, também chamadas de **estratégias funcionais**, serão apresentadas no Capítulo 12.

Legenda: Capítulos já estudados | Capítulo em estudo | Capítulos ainda não lidos

- Introdução

Parte I — Motivação
1. Motivações para a Estratégia
2. Desafios para a Estratégia

Parte II — Conceituação
3. Conceitos Básicos de Estratégia
4. Gestão Estratégica
5. Transformação Estratégica

Parte III — Análise
6. Análise do Ambiente Externo
7. Análise da Turbulência e da Vulnerabilidade
8. Análise do Ambiente Interno

Parte IV — Formulação
9. Representação do Portfólio
10. Estratégias de Balanceamento do Portfólio
11. Formulação das Estratégias
12. Capacitação Estratégica

Parte V — Implantação
13. O Plano Estratégico
14. Metodologia do Planejamento Estratégico
15. *Workshop* de Planejamento Estratégico
16. Implantação da Gestão Estratégica

Parte VI — Aprofundamento
17. Formulação de Estratégias via Teoria dos Jogos
18. Jogos de Empresas para Capacitação Estratégica e Simulação Gerencial
19. Ferramentas para Planejamento e para Gestão Estratégica
20. Aplicações e Práticas da Gestão Estratégica

Fala-se muito em estratégias, neste livro, mas pouco se disse, até agora, sobre aquelas mais recomendáveis em cada caso.

Embora muitos empresários acabem sendo iludidos por soluções baratas ou padronizadas, infelizmente o processo de formulação de estratégias não é uma ciência exata. Também não há "receitas de bolo", prontas, em livros ou revistas, para serem meramente copiadas e implantadas.

Nessa área, há muito de "engenho e arte", ou seja, invenção, criação, experimentação, ajustes, enfim, um processo de melhoria e de experimentação contínuas. Por experiências do passado, sabe-se apenas que determinada estratégia tem sido aplicada com sucesso em uma dada situação. Isso sugere que ela tem mais chances de dar certo. Sabe-se também que existem estratégias que devem ser evitadas em certos casos, pois a probabilidade de sucesso tem sido muito pequena.

Mesmo assim, não há fórmulas prontas. Portanto, este capítulo apresenta apenas um "cardápio" com algumas estratégias possíveis, para aguçar a imaginação, a investigação e a experimentação. Ele tem o objetivo de lembrar, de sugerir, de provocar o pensamento criativo em *workshops* internos de planejamento estratégico.

É bom destacar que qualquer estratégia precisa ser simples, clara e objetiva. Recomenda-se, portanto, que sejam escolhidos não mais do que três ou quatro tópicos, para cada área estratégica ou para recurso estratégico a cuidar. A experiência tem mostrado que quem tem muitos tópicos estratégicos acaba perdendo o foco nas ações prioritárias e acaba sem nenhuma estratégia efetiva...

A figura contida na página XL mostra uma **Visão Geral do Processo de Planejamento Estratégico**, evidenciando as três grandes categorias de estratégias da empresa ou entidade: são as estratégias corporativas, as estratégias competitivas (ou setoriais) e as estratégias funcionais (ou de capacitação) e seus respectivos inter-relacionamentos.

Iniciemos com as estratégias ditas competitivas, antes de abordar, mais à frente, as estratégias corporativas. As estratégias funcionais (ou de capacitação) serão tratadas no Capítulo 12.

Uma formulação mais aprofundada de estratégias cooperativas e competitivas, com base na Teoria dos Jogos, é apresentada no Capítulo 17.

11.1 Estratégias Competitivas

Quando dois ou mais fornecedores de produtos ou serviços disputam o mesmo público-alvo, ou o mesmo mercado comprador ou consumidor, algumas **estratégias competitivas** acabam sendo adotadas, explícita ou implicitamente.

Mesmo que os dirigentes da instituição não tenham condições de explicar, justificar e explicitar qual estratégia adotam, após algumas conversas será possível extrair, de suas próprias declarações e comentários, a essência de suas estratégias[1].

---

[1] Para um aprofundamento na formulação das estratégias, recomenda-se a leitura de ZACCARELLI, Sergio B. *Estratégia e sucesso nas empresas*. São Paulo: Saraiva, 2000.

Formalmente, chama-se de estratégia competitiva aquilo que um fornecedor decide fazer para que, na mente dos clientes ou consumidores, seus produtos ou serviços tenham alguma distinção e mereçam a preferência deles.

11.1.1 Produtos ou Serviços como Commodities

As **estratégias competitivas** mais simples são as adotadas por fornecedores de produtos ou serviços padronizados ou indiferenciados, chamados de **commodities**.

Leite ou arroz a granel, pão francês, petróleo bruto, tijolos para construção, por exemplo, podem ser tratados como *commodities*: são indiferenciados quanto às suas características quantitativas ou qualitativas, objetivas ou subjetivas.

Um fornecedor poderá perguntar: "Se o meu produto ou serviço não se distingue dos fornecidos por meus concorrentes, como criar uma distinção, na cabeça de meus clientes, para que eles optem pelos meus?".

A primeira estratégia que vem à mente de qualquer pessoa, para uma *commodity*, é a de **preços mais baixos**. No entanto, preços baixos são possíveis quando os *custos são mais baixos* do que os dos concorrentes e as *margens de lucratividade* também são *mais baixas*. Por sua vez, custos baixos são possíveis somente com alta escala de produção ou de operação, alta produtividade, tecnologias e máquinas modernas, mão-de-obra produtiva capacitada e barata e matéria-prima ou insumos de qualidade a preços vantajosos.

Além do preço, entretanto, outros elementos de estratégia competitiva podem ser acrescidos, como pronta entrega, atendimento personalizado, qualidade assegurada, garantia de fornecimento e assistência pós-venda. A escolha de dois ou três pontos citados anteriormente deve ser feita considerando os **fatores-chave de escolha** e a posição dos concorrentes em relação a eles, como mostrado no Tópico 9.3.

11.1.2 Produtos e Serviços Diferenciados

Como as estratégias para fornecimento de *commodities* são bastante limitadas e a rentabilidade desse tipo de negócio costuma ser baixa, recomenda-se sempre investigar a possibilidade de transformar um produto ou serviço indiferenciado em algo *único*, diferente dos demais, exclusivo, ao menos na cabeça de quem vai comprá-lo ou usá-lo.

Para diferenciar um produto ou serviço, algumas possibilidades são mencionadas a seguir:

- √ adicionar-lhe novas facilidades, sofisticar-lhe, dar-lhe um charme especial;
- √ criar uma marca, ou usar marca conhecida que inspire confiança e respeito do usuário ou cliente;
- √ apresentar novo empacotamento, embalagem mais bonita, mais atraente, mais adequada ao uso, outros tamanhos ou formas;
- √ fornecer serviços mais amigáveis, mais simpáticos, personalizados;
- √ oferecer equipamentos de uso mais simples, auto-explicativos;

- usar a qualidade superior como arma competitiva;
- aproveitar modas, eventos especiais ou sazonalidade;
- explorar a proximidade com o cliente ou usuário visando à customização do produto ou serviço;
- oferecer serviços ou produtos confortáveis ao uso — produtos ergonômicos;
- oferecer serviços ou produtos que respeitem ou preservem a natureza — produtos "ecológicos";
- oferecer serviços ou produtos que respeitem os critérios de cidadania — produtos ou serviços "éticos";
- fornecer assistência técnica insuperável;
- em um restaurante, ou em um produto alimentar, por exemplo, adicionar um "tempero exclusivo", exótico, um segredo;
- associar o produto ou serviço a uma "causa nobre", por exemplo, cultural, social, filantrópica etc.
- outras.

Como dito na seção anterior, a escolha de dois ou três desses tópicos dependerá dos **fatores-chave de escolha** e da posição dos concorrentes em relação a eles.

11.1.3 Estratégias de Inovação Competitiva

Uma estratégia aplicável a muitos setores de produtos e serviços é a da **inovação contínua**. Essa é uma forma engenhosa de escapar das formas de concorrência direta expostas na seção anterior.

Organizações que adotam a **estratégia de inovação competitiva** costumam ter objetivos e metas ambiciosas, como "manter um percentual de seus resultados preestabelecido em, digamos, pelo menos 40%, vindos somente de produtos ou serviços por ela lançados no mercado nos últimos dois anos".

Estratégias desse tipo têm suas vantagens: por meio de lançamentos contínuos, consegue-se chegar mais cedo ao mercado e auferir maior rentabilidade e melhores resultados. Mas, para isso, é necessário que toda a estrutura da organização esteja voltada para implementar essa estratégia: levantamentos de mercado, desenvolvimento de produtos, laboratórios, testes piloto, flexibilidade para iniciar novos produtos ou serviços em prazos exíguos e disposição para ousar e assumir riscos são alguns dos ingredientes necessários.

Chamam-se estratégias de inovação competitiva aos esforços e direcionamentos sistemáticos e consistentes para criar, *continuamente*, novas soluções, novas aplicações para os produtos existentes, novos produtos, novos clientes, novas formas de vender, de comprar os insumos, de distribuir os produtos ou serviços, de produzir, de formatar, enfim, tudo aquilo que, naquele mercado específico, seja entendido como uma *novidade*.

Uma vez que a inovação é uma atividade essencialmente criativa, não há como estabelecer regras ou fórmulas para ela. Mesmo assim, algumas técnicas podem facilitar esse processo: sessões de *brainstorming*, por exemplo, conduzidas com técnicas adequadas, podem ajudar a produzir listas de idéias que merecerão posterior análise crítica cuidadosa...

No caso mais geral, algumas **estratégias de inovação** mais amplas também podem ser exploradas:

- identificar novas necessidades do público-alvo ou dos clientes;
- montar negócios com dinheiro dos outros;
- criar novas formas de relacionamento com os clientes ou público-alvo;
- montar projetos de novos empreendimentos;
- aproveitar novas oportunidades em:
  - novas regulamentações (ou novas desregulamentações);
  - globalização e internacionalização (ou regionalização);
  - saltos e descontinuidades tecnológicas, por exemplo, em teleinformática, genética, mídia eletrônica ou Internet;
  - mudanças de hábitos no público-alvo ou na clientela.

Para enriquecer os campos de análise, recomendamos ao leitor retornar às dez áreas de mudança estratégica descritas na Seção 2.2.

Toda inovação, entretanto, implica riscos, que podem não ser pequenos! A busca por estratégias de inovação deve ser precedida de análise e quantificação dos benefícios esperados, comparando-os com os custos e os riscos envolvidos.

11.1.4 Estratégias Baseadas em Recursos (RBV)

Uma linha alternativa complementar de formulação de estratégias competitivas é a chamada **visão baseada em recursos** (*Resource Based View* — RBV). Ela tem como foco os **recursos** que a organização possui — ou pode possuir — para desempenhar suas atividades. O objetivo central da RBV é fazer que os gestores pensem nas **vantagens competitivas** como o resultado da gestão eficaz de seus recursos, e não como uma simples constatação de uma posição superior da organização relativamente aos seus concorrentes.

Wernerfelt[2] define recurso como "qualquer coisa que pode ser pensada como um ponto forte ou uma fraqueza de uma empresa". Segundo ele, as organizações conseguem uma vantagem competitiva ao adquirir ou desenvolver recursos.

---

[2] Ver referências em WERNERFELT, B. A resource-based view of the firm. *Strategic Management Journal*, v. 5. Apr.-June 1984, p. 171-180; Id. From critical resources to corporate strategy. *Journal of General Management*, v. 14, Spring 1989, p. 4-12; Id. The resource-based view of the firm: ten years after. *Strategic Management Journal*, v. 16, March 1995, p. 171-174.

Em pouco mais de uma década, a RBV desenvolveu-se e afirmou-se como uma importante matéria de apoio à estratégia. Na literatura de negócios, conceitos como *recursos*, *capacidades*, e *competências* são freqüentes. Atualmente, existem diversos estudos sobre estratégias baseadas em recursos e gestão de pessoas, visto que, entre os recursos mais importantes para a organização, estão os recursos humanos e sua alta capacidade de geração de valor.

* * *

Passemos agora a apresentar algumas estratégias corporativas mais gerais, que transcendem aos ambientes competitivos específicos e têm a ver com a organização como um todo.

11.2 Estratégias de Diversificação

Quando as estratégias de inovação não estão claramente disponíveis, quando não se mostrarem vantajosas, ou não se aplicarem à entidade, pode-se lançar mão das estratégias de diversificação.

Denomina-se estratégia de diversificação um processo sistemático de busca de novas oportunidades de atuação para a empresa ou entidade, partindo daquilo que ela faz bem hoje. É o que se chama de diversificação relacionada, pois procura aproveitar algum tipo de sinergia com as áreas estratégicas atuais.

A construção de um modelo de busca de novas oportunidades para diversificação é facilitada pelo uso de um esquema singelo, por meio de uma matriz como a apresentada a seguir.

No eixo horizontal, são representados os clientes — ou o público-alvo —, colocando-se, na primeira coluna, os clientes ou público-alvo *atuais* e, na segunda, os *novos*; no eixo vertical, colocam-se os serviços ou produtos oferecidos, representando, na primeira linha, os produtos ou serviços *atuais* e, na segunda, os *novos*.

Dessa forma, a matriz apresenta quatro focos possíveis de atuação, por meio do cruzamento das duas linhas com as duas colunas, como descrito na Tabela 11.1. Essa matriz é chamada de Matriz de Diversificação de Ansoff[3].

Tabela 11.1 Os Quatro Possíveis Focos de Atuação

		Clientes ou público-alvo	
		Atuais	Novos
Serviços ou produtos	Atuais	Foco 1	Foco 2
	Novos	Foco 3	Foco 4

---

[3] Publicado inicialmente em ANSOFF, H. I. Strategies for diversification. *Harvard Business Review*, Sep./Oct. 1957.

Os quatro focos da matriz ficam assim caracterizados:

- Foco 1: fornecimento de serviços ou produtos *atuais* para clientes ou público-alvo *atuais*;
- Foco 2: fornecimento de serviços ou produtos *atuais* para clientes ou público-alvo *novos*;
- Foco 3: fornecimento de serviços ou produtos *novos* para clientes ou público-alvo *atuais*;
- Foco 4: fornecimento de serviços ou produtos *novos* para clientes ou público-alvo *novos*.

Com esse modelo conceitual, três estratégias de diversificação são possíveis: horizontal, vertical e diagonal, como descrevemos a seguir.

11.2.1 Estratégias de Diversificação Horizontal

Quando o volume, as condições, a lucratividade, a atratividade ou a competitividade dos serviços ou produtos fornecidos para um mercado ou público-alvo atual não forem mais suficientes ou condizentes com as pretensões da empresa ou entidade, bem como quando as estratégias anteriores não forem suficientes ou aceitáveis, a primeira idéia que surge é oferecer o mesmo serviço ou produto atual para novos clientes ou novas empresas. É a chamada **diversificação horizontal**, pois se caminha do Foco de atuação 1 para o Foco de atuação 2, em uma linha *horizontal* da tabela, como ilustrado na Tabela 11.2.

Tabela 11.2 Estratégia de Diversificação Horizontal

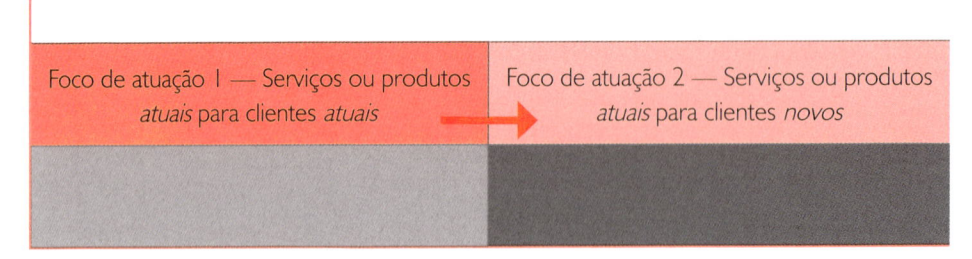

Foco de atuação 1 — Serviços ou produtos *atuais* para clientes *atuais*	Foco de atuação 2 — Serviços ou produtos *atuais* para clientes *novos*

Essa estratégia costuma ter grande probabilidade de sucesso, pois são oferecidos serviços ou produtos tradicionais, nos quais há um *know-how* acumulado, uma experiência consagrada a um público fiel, que pode servir como referência para novos clientes ou pessoas. Entretanto, sempre há margem para riscos, pois ninguém pode garantir que o público ou mercado novos tenham os mesmos hábitos, gostos, preferências ou necessidades do público tradicional. Os **fatores-chave de escolha** podem ser outros! Mas é uma interessante estratégia que deve ser sempre considerada e examinada.

11.2.2 Estratégias de Diversificação Vertical

Outra forma de diversificar é buscar, criar ou desenvolver novos serviços ou produtos para oferecer à *mesma* clientela tradicional. É a chamada **diversificação vertical**, pois se caminha do Quadrante 1 para o Quadrante 3, em uma linha *vertical* da tabela, conforme mostra a Tabela 11.3.

Tabela 11.3   Estratégia de Diversificação Vertical

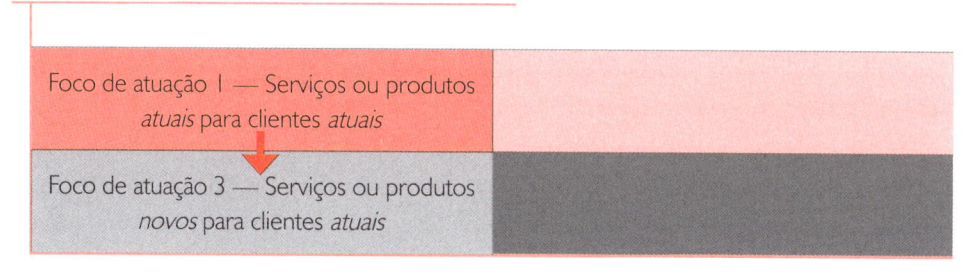

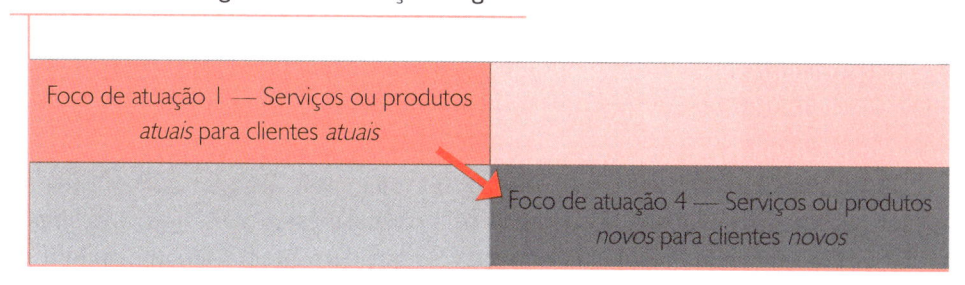

Foco de atuação 1 — Serviços ou produtos *atuais* para clientes *atuais*	
Foco de atuação 3 — Serviços ou produtos *novos* para clientes *atuais*	

Essa estratégia também costuma ter probabilidade de sucesso, pois estamos oferecendo serviços ou produtos novos para um público fiel, que já nos conhece e respeita nossa seriedade e competência.

É bom lembrar, contudo, que aqui também há margem para riscos, pois ninguém pode garantir que o novo produto ou serviço irá atender adequadamente às preferências ou às necessidades do nosso público tradicional.

11.2.3   Estratégias de Diversificação Diagonal

A terceira e última estratégia de diversificação é o oferecimento de serviços ou produtos *novos* para clientes *novos*, que não conhecem a organização. É a chamada **diversificação diagonal**, pois ela sai do Quadrante 1 e, percorrendo a *diagonal* da tabela, vai para o Quadrante 4 (ver Tabela 11.4).

Tabela 11.4   Estratégia de Diversificação Diagonal

Foco de atuação 1 — Serviços ou produtos *atuais* para clientes *atuais*	
	Foco de atuação 4 — Serviços ou produtos *novos* para clientes *novos*

Diferentemente das duas estratégias anteriores, essa estratégia costuma ter menor probabilidade de sucesso, pois com sua adoção a organização passa a oferecer serviços ou produtos *novos* para um público que não a conhece. Há, portanto, uma acumulação de margem para riscos, porque não se pode garantir que o novo produto ou serviço irá atender adequadamente às preferências ou às necessidades de um público que também não conhece a empresa.

Isso não significa, porém, que essa estratégia não deva ser adotada em nenhuma hipótese: há situações específicas nas quais os benefícios esperados são tão grandes que talvez valha a pena correr riscos maiores. Como diz o ditado popular, "quem não arrisca não petisca"...

Quando se inicia um novo negócio ou se organiza uma nova entidade, de certa forma ocorre a mesma situação, pois se trata da oferta de serviços ou produtos *novos* para um público realmente *novo*.

É por isso que — e as estatísticas confirmam —, de cada dez iniciativas de novas empresas, entre sete e oito *não são bem-sucedidas*, fechando suas portas em um curto período. Esse índice de "mortalidade infantil" das organizações aumenta ainda mais nos setores mais dinâmicos da economia, nos quais o índice de inovação é muito grande, como ocorre nas áreas de informática, Internet, telecomunicações e biotecnologia.

11.2.4 *Estratégia de Diversificação Ancorada nas Competências Essenciais*

Assim como os recursos da RBV, descritos no Tópico 11.1.4, as **competências essenciais** das organizações podem gerar a tão desejada **vantagem competitiva**. As competências essenciais são características que compõem aquilo que é indispensável à organização — até a sua própria sobrevivência!

São muitos os aspectos a serem considerados para a identificação das competências essenciais da organização, como sua cultura, sua estrutura e modelo de gestão, sua história e desafios enfrentados e vencidos, a dinâmica de seu negócio, o mercado, a tecnologia e o ambiente social, entre outros. Todos esses fatores são determinantes nas decisões estratégicas da organização, devendo fazer parte, portanto, de suas competências essenciais.

Existe certa similaridade entre a formulação das **estratégias baseadas em recursos**, descritas no Tópico 11.1.4, e a das **estratégias baseadas em competências essenciais**. Entretanto, a principal diferença entre esses conceitos é que o termo **competência** é bem menos concreto do que o termo **recurso**; dessa forma, é mais fácil estabelecer uma medida de desempenho para a vantagem competitiva utilizando a visão baseada em recursos do que em competências essenciais.

Assim, para a identificação e a análise de **estratégias de diversificação**, é útil nos apoiarmos em análises anteriores sobre as competências essenciais — as *core competencies* — e sobre os pontos fortes da empresa ou entidade, como tratado no Capítulo 9.

Se a competência principal de uma empresa é, por exemplo, mecânica fina, pergunta-se: "Em quais produtos e mercados essa competência poderia ser mais bem explorada?".

Um bom exemplo é a DuPont. A par com as competências químicas — a empresa foi responsável por mais de 30 mil descobertas científicas ou itens com tecnologia de ponta, como o náilon, o fio elastano Lycra e o fluorcarbono Teflon —, uma de suas competências mais fortes foi identificada como a segurança. Isso levou a DuPont a estabelecer uma unidade de negócios de consultoria e educação em segurança, que visa a auxiliar empresas de vários segmentos a desenvolverem e implementarem sistemas gerenciais para atingir a excelência em segurança. Desde a fundação da empresa, a segurança já era um aspecto valorizado. Para convencer seus funcionários de que a produção de pólvora era um processo seguro, o fundador E. I. du Pont construiu sua residência ao lado da fábrica.

Outro exemplo é o Grupo Martins, um dos maiores atacadistas da América Latina, que identificou a logística como uma de suas competências principais. Assim, paralelamente ao seu negócio atacadista, oferece serviços de logística para mais de 170 mil clientes e transporta mais de 20 mil itens para todos os municípios do País por meio de seus mais de 2.500 veículos.

11.3 Estratégias de Alianças e Parcerias

Competição e cooperação são as duas grandes molas mestras que movimentam pessoas, empresas, organizações e países, em praticamente todas as atividades humanas. Há necessidade de competir, mas há oportunidades para cooperar. O Tópico 17.1.3 discutirá o falso dilema entre cooperar e competir, e o Capítulo 17 como um todo irá explorar essas possibilidades teóricas e práticas utilizando o conceito da Teoria dos Jogos.

A estratégia das grandes organizações históricas, com foco concentrado em garantia de fornecimentos e domínio completo do ciclo produtivo ou operativo, era a auto-suficiência plena. Cooperar? Nunca, pois não era razoável confiar em ninguém sobre quem não se tivesse controle pleno.

Expressões como integração vertical a montante (*backward integration*) ou integração vertical a jusante (*forward integration*) ou mesmo integração horizontal eram comuns há cerca de 30 anos. Incorporar atividades de seu fornecedor, de seus clientes ou de seus concorrentes adjacentes eram estratégias comuns. O ápice dessa tendência foi o surgimento de grandes conglomerados, que fornecem *tudo* para *todos* em *qualquer lugar* do mundo.

As revoluções das últimas décadas, principalmente da última década do século XX, provocadas pelas mudanças contínuas em tecnologias, produtos, serviços, necessidades e preferências, fizeram, entretanto, que essas figuras passassem a fazer parte de um grande cemitério de boas intenções.

Organizações descobriram que não conseguiam atender bem sua clientela ou público-alvo em toda a plenitude de suas necessidades básicas. Além disso, reconheciam que, para ter sucesso e para sobreviver, seria necessário concentrar-se em algumas poucas competências básicas, para serem reconhecidas como as melhores naquilo que eram ou que faziam. É por esse motivo que foram surgindo, progressivamente, nos últimos tempos, as **alianças e parcerias** entre entidades e empresas, sendo cada uma delas especializada em algum aspecto relevante do processo: produtivo, comercial, tecnológico, financeiro, de distribuição, por exemplo.

11.3.1 Motivações Básicas para Formar Alianças e Parcerias

Por que as organizações buscam **alianças e parcerias**, se isso costuma ser tão complicado e problemático? Casos de sucesso e casos de fracasso, de conhecimento de todos, estão aí para nos intrigarem.

Entretanto, algumas motivações básicas que podem levar entidades e empresas a buscarem associações são, geralmente: a convicção de que a operação em rede deve ser mais eficiente e mais flexível que a atuação individual; a atuação conjunta, aproveitando-se a **sinergia** entre as empresas, pode gerar um *algo mais* para os clientes, para os fornecedores e para as próprias empresas; há áreas distintas de complementaridade a serem exploradas, como de competências, de tecnologias, de métodos ou processos, de cobertura do mercado, de suprimento, ou do público-alvo — e muitas outras; as possibilidades de aumentar o **valor de mercado** de ambas as instituições, pela percepção externa de que, atuando em conjunto, elas têm maior "poder de fogo" do que operando isoladamente.

Vários exemplos de alianças bem-sucedidas podem ser citados: alianças com outras empresas ou entidades que atuam em mercados ou públicos-alvos *complementares*; representação de marcas, serviços, produtos, franquias; alianças com clientes, com fornecedores, com concorrentes (Sim! É isso mesmo!); consórcios, associações, fusões, incorporações, aquisições, terceirizações e "quarteirizações".

11.3.2 Cuidados nas Alianças e Parcerias

Embora pareça, para alguns, que as alianças e as parcerias são uma solução para todos os problemas, elas não são uma panacéia. Da mesma maneira que há casos de sucesso, muitas alianças e parcerias acabam resultando em decepção e desilusão para muitos empresários — as estatísticas comprovam o fato. Em vista disso, apresentamos alguns cuidados que deveriam ser tomados para aumentar a probabilidade de sucesso nessas empreitadas, embora isso também não seja uma garantia[4].

O primeiro teste a ser efetuado é o seguinte questionamento: as instituições que estão procurando oportunidade de se associar têm, entre si, plena **compatibilidade** de princípios, de valores, de cultura, de estratégias, de *modus operandi*, de rapidez de resposta e de porte? Qualquer discrepância nesses pontos já deve levar os pretendentes a reconsiderar suas intenções...

---

[4] Recomenda-se ver KANTER, R. M. *When giants learn to dance*: mastering the challenge of strategy, management and careers in the 1990s. New York: Simon and Schuster, 1989.

Lembre-se, entretanto, que *diferenças* não significam necessariamente *incompatibilidades*: as diferenças são, freqüentemente, a principal razão para realizar alianças ou parcerias, pois se identifica aí uma oportunidade de aproveitar a complementaridade entre as instituições!

Passado pelo teste da compatibilidade, busca-se o teste do mercado: a associação pretendida aumentaria significativamente a competitividade das empresas no mercado? A parceria vai construir uma nova entidade virtual muito mais forte, robusta, equilibrada, equipada e competitiva aos olhos do mercado? Se não houver aumento de competitividade, por que, então, arcar com os inevitáveis *ônus* da parceria, sem poder contar com os *bônus* de ganho da presença no mercado? Entretanto, pode ser que o ganho potencial não esteja no mercado, mas, por exemplo, no ganho de produtividade, na redução de custos de produção, ou em um suprimento integrado.

O terceiro teste é o da empatia, da "química" entre os principais dirigentes das organizações: pergunte-se se há um canal de comunicação franco, sincero, rápido, flexível e efetivo nos mais altos níveis de cada instituição, para tratamento e solução rápida e satisfatória dos problemas operacionais inevitáveis, que acabam ocorrendo em qualquer parceria duradoura.

Por fim, o quarto e último teste é o da interdependência: a parceria vai "amarrar" pelo menos uma das partes de maneira inaceitável e constrangedora, de tal forma que ela perca totalmente sua autonomia? Ou ela ainda terá condições de continuar operando, com certo grau de independência, ao menos em algumas áreas combinadas? Nesse caso, a redução natural dos graus de liberdade provocados pela associação está explícita e é aceita formalmente por ambos os pretendentes?

11.3.3 Cuidados nas Subcontratações e Terceirizações

Como dito anteriormente, subcontratações e terceirizações ou "quarteirizações" são formas específicas de parcerias. Contudo, alguns cuidados devem ser tomados para evitar problemas trabalhistas, jurídicos ou com os clientes. Em princípio, devem ser evitadas situações nas quais a instituição tenha um fornecedor exclusivo. Sabe-se, entretanto, que, em certas ocasiões muito peculiares, por exemplo, na indústria automobilística, fornecedores únicos se postam nas linhas de montagem fornecendo ou até instalando os componentes que fabricam diretamente no veículo que está sendo montado. Essas situações exigem uma integração muito maior entre as empresas, para evitar riscos de falhas de fornecimento e confusão de responsabilidades. Se esses problemas já acontecem quando dois departamentos da mesma empresa agem sobre um mesmo processo, o que dizer de uma situação em que duas empresas distintas repartem funções?

Também devem ser evitadas situações nas quais a entidade seja o cliente único do pequeno fornecedor, pois qualquer variação maior em sua produção pode provocar "traumas" insuportáveis no seu parceiro.

Além disso, é necessário cuidar, ao se buscar subcontratados e terceirizados, para que tenham igual zelo pela qualidade, pelo respeito ao meio ambiente, pelo trato com os funcionários deles, pela melhoria contínua de processos e produtos, pelo respeito ao cliente e, não menos importante, pelos padrões éticos e estéticos. Adicionalmente, que tenham condições de obter suporte financeiro adequado para crescimento e para expansões, que tenham compromisso com a evolução tecnológica e que tenham cobertura geográfica compatível com suas operações atuais e futuras.

11.4 Estratégias de Expansão

A busca de formas de crescer, de expandir-se, de aumentar a rentabilidade, de ampliar as formas e as maneiras de atender a um mercado ou público-alvo mais diversificado pode levar algumas instituições a considerarem que seu ambiente externo, em tese, pode ser "o mundo", e não apenas a região na qual elas nasceram e atuam tradicionalmente.

Historicamente, somente governos, megaempresas e organizações mundiais eram considerados capazes de atuar do outro lado dos oceanos. Dificuldades diplomáticas, de idiomas, de transações, de transporte e manuseio, de comunicação, de câmbio, de transferências de recursos, de diferenças culturais e de práticas comerciais, e mesmo jurídicas, criavam barreiras intransponíveis para que empresas médias e pequenas, ou entidades de pequeno porte, pudessem atuar globalmente.

Atualmente, entretanto, e cada vez mais daqui para a frente, pode-se dizer que "longe é um lugar que não existe": com as quedas progressivas de barreiras, tanto de saída quanto de entrada, novas oportunidades surgem, tanto para a empresa nacional explorar novas possibilidades no exterior como para as organizações localizadas nas mais longínquas regiões da terra virem a oferecer seus produtos ou serviços aqui "no nosso quintal e no nosso nariz".

Assim como os grandes navegadores do passado descobriram novos caminhos para comprar e vender especiarias do outro lado do mundo, os empresários e dirigentes atuais que quiserem ver suas instituições crescer e sobreviver não terão outra alternativa senão buscar estratégias igualmente ousadas.

Isso porque, se não fizerem isso, concorrentes do outro lado do mundo chegarão fatalmente aqui, para disputar aquela clientela considerada cativa de organizações locais e de soluções artesanais ou caseiras. Isso tem sido mais freqüente no Brasil, onde empresas multinacionais estão se instalando para prestação de serviços tão "simples" como fazer um sanduíche, lavar uma roupa, ou alugar um vídeo...

Por outro lado, o surgimento da Internet rápida e barata, as possibilidades do *e-commerce*, do *e-business*, do *e-procurement* e da educação à distância, a ampliação da telefonia e da transmissão de dados — tanto fixas como móveis —, cada vez mais acessíveis e mais baratas, a ampliação dos meios de transporte, cada vez mais baratos e rápidos, tanto de mercadorias como de pessoas, o estabelecimento de padrões internacionais, do tipo ISO, o aumento da mobilidade social e cultural criaram as condições para que essa universalização das ações *em todos os sentidos* torne-se inevitável.

Alguém poderá alegar que há nichos muito específicos em que a universalização *nunca vai ocorrer*. Entretanto, é melhor considerar que, mais cedo ou mais tarde, mantidas as tendências atuais, ela pode acabar acontecendo — ao menos, a atitude mais cautelosa e mais sensata é considerar essa possibilidade como real. Só para ilustrar, quem diria que teríamos bancos internacionais atuando no varejo no Brasil? Até os grandes monopólios, tanto no Brasil como em todo o mundo, foram ou estão sendo privatizados, e passando para as mãos do capital externo. Assim, é recomendável atuar como se a concorrência fosse internacional e, conseqüentemente, como se ameaças e oportunidades também o fossem.

Transferência de tecnologia, por exemplo, pode parecer uma ameaça para alguns, mas pode ser encarada como oportunidade por outros. Entretanto, deve ser considerada uma estrada de mão dupla: existe muito *know-how*, experiências e processos locais que, se adequadamente protegidos, empacotados e comercializados, também podem ser transformados em ingredientes de sucesso da empresa nacional no mercado internacional!

Em vista dos comentários anteriores, apresentamos algumas estratégias típicas que devem ser avaliadas e eventualmente exploradas na busca de alternativas para expansão geográfica e de internacionalização para organizações nacionais:

- busca de complementaridade tecnológica com entidades e empresas internacionais;
- parcerias, alianças, representações, para implementar a complementaridade e aumentar a competitividade;
- participação de redes já existentes, de cobertura e de renome mundial;
- aproveitamento de novas linhas de transportes e de migrações já instaladas e operando;
- aproveitamento de novos corredores inter-regionais ou internacionais de transportes multimodais;
- associação com parceiros já instalados nas regiões alvo, com tradição e renome, nas quais se pretende atuar, como forma de contornar o bairrismo e a xenofobia;
- logística global, por meio do uso de portais para *e-procurement*;
- ampliação da cobertura de distribuição por meio de redes e representantes etc.

Entretanto, vale a pena alertar que, para que haja uma atitude positiva e pioneira em relação às estratégias de expansão, é preciso que os dirigentes das organizações estejam dispostos a questionar e até, provavelmente, a alterar as formulações atuais da abrangência e de missão da instituição, pois elas podem ter sido escritas em uma época e para certas condições em que essas novas oportunidades nem seriam imagináveis![5]

---

[5] Um aprofundamento das estratégias de expansão de mercado pode ser encontrado em KOTLER, P. *Administração de marketing*. São Paulo: Prentice-Hall, 2000.

11.5 Estratégias Corporativas Genéricas

Apresentamos, nesta seção, **estratégias corporativas genéricas** que têm sido utilizadas em algumas organizações bem-sucedidas no mercado global, devidamente agrupadas em dez grandes categorias. Para cada um desses grupos, listamos algumas possibilidades a serem examinadas. Cada empresa ou entidade deverá examinar essas estratégias cuidadosamente, para verificar quais delas seriam aplicáveis a seu caso específico.

Este *checklist* deve ser visto como um "cardápio" ilustrativo: cada empresa irá compor seu "prato" escolhendo partes ou subpartes das estratégias citadas que façam sentido para sua situação específica. Elas podem ser úteis no planejamento estratégico de empresas que almejem atingir um **padrão mundial**.

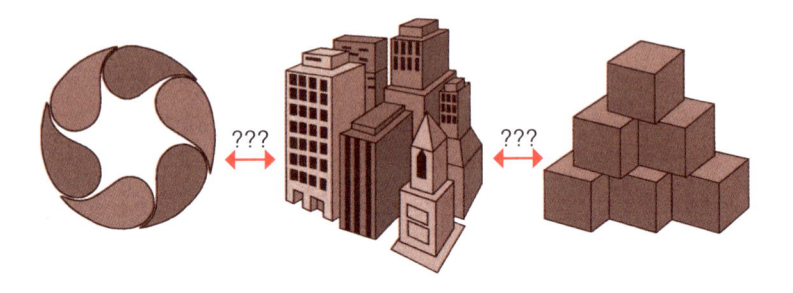

Estratégias de tratamento ao cliente:

- √ ouvir o cliente, sempre;
- √ encantar, surpreender o cliente;
- √ antecipar-se às suas necessidades;
- √ aproveitar as modificações de suas preferências;
- √ aproveitar as alterações de seus hábitos;
- √ atender os clientes internos como se fossem externos.

É importante lembrar, sempre, que:
- √ o cliente pode ser uma pessoa, uma empresa, uma multinacional, uma entidade, uma ONG, uma família, uma comunidade específica, um grupo social alvo ou até o governo!
- √ o cliente é o juiz final sobre o que é ótimo, bom ou insatisfatório para ele;
- √ a opinião da comunidade e da mídia sobre os produtos ou serviços oferecidos também é muito importante!

Estratégias com ênfase em qualidade[6]:
- fazer da qualidade uma bandeira interna e externa;
- buscar os melhores do país, do mundo e fazer o *benchmarking* contra eles;
- usar qualidade para aumentar a competitividade;
- apurar os custos da falta da qualidade para orientar investimentos nessa área;
- usar qualidade para reduzir os custos totais.

É importante, lembrar, sempre, que:
- qualidade é aquilo que o cliente diz que é;
- a qualidade busca, em última análise, a satisfação do cliente;
- a qualidade deve ser quantificável e precisa ser medida para ser melhorada.

Estratégias de operação em rede:
- organizar-se em *rede* de entidades ou empresas;
- buscar as melhores em suas respectivas classes;
- manter o foco nas competências básicas de cada uma;
- operar como se fosse uma seleção olímpica.

É importante lembrar, sempre, que:
- a rede deve ser mais forte e mais competitiva do que a simples soma dos resultados das ações de cada instituição individualmente (sinergia positiva);
- é preciso cooperar dentro da rede para poder competir externamente;
- as redes precisam ser administradas adequadamente para tratamento de eventuais dificuldades operacionais que inevitavelmente surgem no dia-a-dia.

Estratégias de concentração e foco:
- tornar explícita, interna e externamente, a **opção estratégica** da organização: *ou* produtos de ponta, *ou* excelência operacional, *ou* intimidade com os clientes;
- fundamentar-se nas competências básicas;
- aumentar sinergia pela concentração no portfólio;
- manter o portfólio enxuto e bem balanceado;
- ter muita cautela nas diversificações;
- buscar criteriosamente novas oportunidades;

---

[6] Há uma apresentação mais detalhada de alguns instrumentos e métodos para implantação de sistemas de gestão da qualidade na Seção 19.3.

- inovar "criativa e destrutivamente": *entrada* em novas áreas estratégicas *somente* se houver a *saída* de alguma existente;
- prestar atenção aos fatores-chave de escolha.

Estratégias de liquidez, rapidez e leveza[7]:
- imobilizar o mínimo indispensável;
- alugar, em vez de comprar;
- comprar, em vez de fazer em casa;
- trabalhar com equipamentos e imobilizado dos outros;
- buscar investimentos com retorno rápido;
- trabalhar com... "dinheiro dos outros";
- dever pouco.

Estratégias de simplicidade organizacional:
- alinhar e realinhar a organização continuamente com seu **propósito: visão, missão, princípios, valores** e **estratégias**;
- implantar duas estruturas paralelas e simultâneas: uma para *operar* a empresa e outra para *transformar* a empresa;
- operar sem fronteiras internas — ou, no máximo, com "divisórias facilmente removíveis";
- manter a organização "rasa", com poucos níveis hierárquicos;
- manter estrutura como "temporária", isto é, *nada é definitivo*, para aumentar a flexibilidade;
- implantar organização capaz de aprender, de inovar, com base no conhecimento;
- organizar a empresa por *processo*, e não por *função*.

Estratégias de novos estilos de liderança:
- liderança focalizadora, comprometida com **visão, missão, princípios** e **valores**;
- liderança facilitadora, como técnico e torcida ao mesmo tempo;
- liderança mentora, zelando pelo desenvolvimento profissional, pessoal e humano de sua equipe;
- liderança do não-herói — os heróis são as pessoas de equipe, não seu chefe;
- liderança negociadora, buscando bom relacionamento vertical, horizontal e diagonal;

---

[7] Recomenda-se a leitura da Seção 19.1, que elenca algumas ferramentas para implementação de estratégias de manufaturas rápidas e leves.

- liderança disposta a buscar, estabelecer e manter alianças e parcerias;
- liderança disposta a aprender e a ensinar continuamente.

Estratégias de novos estilos de colaboradores:

- colaboradores alinhados com visão, missão, princípios e valores;
- colaboradores comprometidos, e não apenas envolvidos;
- colaboradores prontos para aprender;
- colaboradores com iniciativa e com "terminativa";
- colaboradores dispostos a trabalhar em equipe;
- colaboradores dispostos a servir, tanto os clientes externos como os internos.

Estratégias de tecnologia da informação[8]:

- uso da tecnologia não só como infra-estrutura, mas também como negócio;
- informatização, em vez de simples automação dos processos antigos existentes;
- uso do computador como meio de comunicação, muito mais do que como uma simples calculadora ou máquina de escrever;
- tecnologia da informação para integração e interoperação organizacional, geográfica, com clientes, com fornecedores, com as instituições da rede e com bases de dados e de informações;
- *e-business, e-commerce, e-procurement, e-learning...* 'e-tudo' (!), tanto para uso externo como interno;
- instituição "sem-papel" — ou somente em casos excepcionais exigidos pela lei e pelos acionistas.

Estratégias de internacionalização:

- buscar resultados conforme padrões mundiais, e não nacionais;
- fazer *benchmarking* internacional, e não nacional ou regional;
- competir "lá fora" para ser mais competitivo "aqui dentro";
- fazer parcerias internacionais;
- atuar "a partir de lá", em vez de "a partir daqui";
- distribuir internacionalmente — vender para *qualquer* lugar do mundo;
- procurar suprimento internacional — comprar de *qualquer* lugar do mundo;
- subcontratar ou terceirizar — ou ser subcontratado ou terceirizado — *em, de* ou *para* qualquer lugar do mundo!

---

[8] Recomenda-se a leitura da Seção 19.2, que detalha alguns aspectos de tecnologia de informação (TI) para planejamento e gestão estratégica.

Termos-chave

Neste capítulo, vimos alguns exemplos de estratégias possíveis e aplicáveis a empresas e entidades.

Também foram mostradas as **estratégias competitivas** mais comumente usadas e as **estratégias de inovação**, formuladas por meio do aproveitamento das situações de mercado e de ambientes muito dinâmicos e competitivos, nos quais as estratégias tradicionais já não funcionam mais.

Mostramos as possibilidades que as **estratégias de diversificação** oferecem quando o crescimento da organização chega a um patamar de difícil expansão, além de demonstrarmos a importância das estratégias típicas para **alianças e parcerias**.

Vimos também as **estratégias de expansão** dos horizontes da organização, tanto do lado de seus clientes e parceiros como do lado dos fornecedores. Para isso, a formulação da abrangência e mesmo da missão da instituição precisam ser questionadas e eventualmente alteradas.

Essas estratégias mais gerais são chamadas de **estratégias corporativas**, pois transcendem ao ambiente competitivo e têm a ver com a organização como um todo, complementando as estratégias competitivas, que estão voltadas para cada área de negócios específica.

Concluímos o capítulo com um *checklist* de **estratégias corporativas genéricas** usadas por algumas organizações bem-sucedidas e que podem ser úteis no planejamento estratégico de empresas que almejam um **padrão mundial**.

Questões

1. Como se estabelecem **estratégias competitivas** para um produto ou serviço do tipo *commodity*? E para a diferenciação de um produto ou serviço específico?

2. O que são **estratégias de inovação**? Como e quando utilizá-las? Cite exemplos.

3. Qual é a diferença entre as estratégias de **diversificação horizontal**, **vertical** e **diagonal**? Quando, como e por que escolher uma delas?

4. Por que e quando se estabelecem estratégias de **alianças e parcerias** e que cuidados se devem ter em relação a elas?

5. Das dez **estratégias corporativas genéricas** descritas na Seção 11.5, selecione as três que mais se aplicariam a uma organização que você conhece bem. Justifique.

12

Capacitação Estratégica

Tópicos

- A Capacitação Decorre das Estratégias
- Identificação das Lacunas de Capacitação
- As Áreas Críticas de Capacitação
- Estratégias Corporativas de Capacitação
- Programas de Capacitação Estratégica

Apresentação

O objetivo deste capítulo é descrever os passos necessários para a elaboração de um **plano estratégico de capacitação**.

Inicia-se com uma discussão sobre o famoso dilema "o ovo ou a galinha", ou seja, o que vem primeiro: a **estratégia** ou a **capacitação**?

São mostrados os processos de **identificação das lacunas de capacitação**, comparando a posição da empresa ou entidade com os **fatores-chave de escolha**.

Apresentam-se as principais **áreas críticas de capacitação** para as quais se deve verificar a existência de alguma lacuna de capacitação a preencher, bem como descreve-se a **Matriz de Slack** como um instrumento útil para priorização das **estratégias de manufatura**.

São apontadas as **estratégias corporativas de capacitação**, as quais demandam ações para eliminação de lacunas generalizadas que cruzam, de forma abrangente, toda a organização e seus processos operativos.

Finalmente, é proposta uma abordagem para tratamento e estruturação das **ações críticas de capacitação** pela metodologia de **gestão de projetos**.

Legenda: Capítulos já estudados | Capítulo em estudo | Capítulos ainda não lidos

Introdução

Parte I — Motivação
1. Motivações para a Estratégia
2. Desafios para a Estratégia

Parte II — Conceituação
3. Conceitos Básicos de Estratégia
4. Gestão Estratégica
5. Transformação Estratégica

Parte III — Análise
6. Análise do Ambiente Externo
7. Análise da Turbulência e da Vulnerabilidade
8. Análise do Ambiente Interno

Parte IV — Formulação
9. Representação do Portfólio
10. Estratégias de Balanceamento do Portfólio
11. Formulação das Estratégias
12. Capacitação Estratégica

Parte V — Implantação
13. O Plano Estratégico
14. Metodologia do Planejamento Estratégico
15. *Workshop* de Planejamento Estratégico
16. Implantação da Gestão Estratégica

Parte VI — Aprofundamento
17. Formulação de Estratégias via Teoria dos Jogos
18. Jogos de Empresas para Capacitação Estratégica e Simulação Gerencial
19. Ferramentas para Planejamento e para Gestão Estratégica
20. Aplicações e Práticas da Gestão Estratégica

Temos visto declarações às vezes bombásticas feitas por dirigentes de empresas ou de entidades, dizendo que suas estratégias vão maximizar a lucratividade e a satisfação do consumidor, que irão ampliar a linha de produtos e serviços, aumentar a participação de mercado, exportar muito, atingir todo o mercado brasileiro e inundar o Mercosul, celebrar parcerias, conquistar o mundo. Entretanto, passados os anos, nada disso acontece. Por que será?

O planejamento estratégico clássico tem gastado muito tempo e esforço construindo cenários, analisando clientes e concorrentes, formulando estratégias, fazendo projeções de resultados quantitativos e financeiros, mas o sucesso no mercado não aparece... Uma das explicações mais plausíveis para esses percalços históricos está no fato de que a instituição não se preparou adequadamente para dar suporte às estratégias almejadas!

O conjunto estruturado de ações de preparação da organização para alavancar as estratégias estabelecidas é chamado de **plano estratégico de capacitação**, e suas bases são descritas neste capítulo.

O Capítulo 18 apresenta uma metodologia para aprofundar um aspecto da capacitação gerencial em planejamento e em gestão estratégica, utilizando-se de "jogos de empresas" — também chamados de "simulações de empresas" — como um excelente instrumental para formulação de estratégias.

12.1 A Capacitação Decorre das Estratégias

O tema *capacitação* já foi abordado neste livro em várias ocasiões:

- o conceito de **capacitação** foi apresentado no Tópico 3.3.3, Capítulo 3;
- o vínculo conceitual entre **capacitação** e **estratégias** foi mencionado no Tópico 3.5.1, Capítulo 3;
- as necessidades de um sistema de **gestão estratégica da capacitação** como elemento essencial a uma gestão estratégica eficaz foram referidas no Tópico 4.4.4, Capítulo 4;
- o Capítulo 8 descreveu um processo para avaliar o ambiente interno da empresa ou entidade de modo a diagnosticar seus **pontos fortes**, **pontos fracos** e **pontos a melhorar**.

Quando se fala em capacitação, contudo, alguns extremos precisam ser considerados e evitados.

12.1.1 Concentração Exclusiva em Capacitação

Existem instituições que se preocupam demasiadamente com a capacitação de seus profissionais, de seus equipamentos e de sua infra-estrutura, mas não cuidam de analisar, escolher e implementar ações estratégicas voltadas para o mundo exterior e para o futuro. É evidente que elas não alcançarão o sucesso pretendido, pois a **capacitação**, embora necessária, está longe de ser suficiente para se alcançar sucesso!

Se assim fosse, as universidades e os institutos de pesquisa seriam as melhores instituições para fornecer ao mercado soluções rápidas, baratas e adequadas às suas necessidades, para elaborar e implantar projetos, para promover diagnósticos, para desenvolver produtos, para solucionar problemas, para dar consultoria a empresas ou entidades... o que não tem sido confirmado pelas observações. Mas por quê?

12.1.2 Concentração Exclusiva nas Estratégias para Fora

Há instituições, por sua vez, que se lançam em estratégias audaciosas para as quais não estão preparadas, embora possam até ter um sucesso inicial momentâneo. A falta de capacitação em alguns tópicos-chave vai gerando problemas cumulativos com seus clientes ou com seu público-alvo, podendo até levar a organização a situações constrangedoras dificilmente superáveis.

12.1.3 Vínculo entre Estratégias e Capacitação

Como vimos, o vínculo estreito entre **estratégias** e **capacitação** é um dos segredos das empresas ou entidades e instituições bem-sucedidas. Ninguém deveria se lançar, de forma aventureira, no mercado ou no mundo externo sem a capacitação mínima assegurada, a fim de evitar riscos de imagem ou outras injunções financeiras e até judiciais. No entanto, não se investe pesadamente em capacitação sem se assegurar de que tal item de gasto esteja associado, de forma lógica e imprescindível, a alguma **estratégia corporativa** ou **competitiva** previamente combinada. Assim, retornemos à pergunta inicial: já que *estratégias* e *capacitação* estão tão profundamente ligadas, o que vem primeiro: a capacitação ou a estratégia?

Aparentemente, deparamos aqui com um círculo vicioso, porque sem capacitação não se implementa efetivamente a estratégia, mas sem estratégia não se tem um direcionamento que priorize os itens mais importantes para capacitação. Entretanto, a resposta à pergunta parece simples: do ponto de vista conceitual, na fase de formulações, primeiro estabelecem-se as *estratégias* pretendidas e, logo a seguir, pergunta-se: "que pontos de capacitação precisam ser implementados para garantir sucesso nessa empreitada?".

Todavia, na seqüência temporal, a capacitação precede, em certa medida, a implantação das estratégias. Assim, deve-se perguntar, para cada um dos itens de capacitação, quando ele poderá ser declarado implantado, para, então, oferecer-se ao público externo os resultados das estratégias que dele dependem.

12.2 Identificação das Lacunas de Capacitação

Embora, no Capítulo 8, tenhamos apresentado uma metodologia de diagnóstico das áreas críticas internas da empresa ou entidade, não abordamos o ponto focal do vínculo **estratégia → capacitação**. "De todas as eventuais lacunas detectadas — e elas podem ser muitas, talvez uma centena —, quais delas deveriam merecer investimentos e gastos prioritários?"

Portanto, a construção de um **plano estratégico de capacitação** começa pela investigação dos **fatores-chave de escolha**, já mencionados nas Seções 9.3 e 9.4.

Escolhidas as *áreas críticas* para ação externa da instituição, tanto para as atuais como para as novas, faz-se, para elas, a pergunta: "quais são, realmente, os pontos mais importantes, na *percepção dos clientes e do público-alvo*, para que eles se decidam por determinados fornecedores de produtos ou serviços?".

12.2.1 Identificação das Lacunas de Capacitação a partir das Estratégias

Os resultados dessas avaliações podem ser expressos em uma simples matriz, a ser construída — e lida — da *esquerda para a direita*, como um caso hipotético mostrado na Tabela 12.1, na qual apresentamos um preenchimento meramente ilustrativo.

Tabela 12.1 Identificação das Lacunas de Capacitação

Áreas estratégicas críticas	Estratégias competitivas	Fatores-chave de escolha	Avaliação da posição da instituição	Item de capacitação insatisfatório	Prioridade	Área crítica de capacitação
Área estratégica X	EC-X1	FCE X1-a	Muito boa	Nenhuma		
		FCE X1-b	Tem problemas com vendas	Treinamento de vendedores	Alta	Recursos humanos
	EC-X2	FCE X2-a	Há problemas graves de qualidade	Melhorar qualidade	Altíssima	Processos e qualidade
		FCE X2-b	Muito boa	Nenhuma		
Área estratégica Y	EC-Y1	FCE Y1-a	Boa	Nenhuma		
		FCE Y1-b (Idêntico a FCE X1-b)	Há muitos problemas	Treinamento de vendedores	Altíssima	Recursos humanos
	EC-Y2	FCE Y2-a	Há algumas reclamações sobre embalagens	Reprojeto da embalagem	Alta	Engenharia de produto
Área estratégica Z	EC-Z1	FCE Z1-a	Boa	Nenhuma		
	EC-Z2	FCE Z2-a	Muito boa	Nenhuma		
	EC-Z3	FCE Z3-a	Há problemas gravíssimos de reclamações	Desenvolvimento de fornecedores	Altíssima	Suprimentos

Como observa, para as áreas estratégicas críticas, designadas na tabela por X, Y e Z, estabelecem-se as estratégias competitivas, chamadas de EC-mn, em que *m* indica a área estratégica e *n*, um serial seqüencial.

Para cada estratégia competitiva, listam-se os fatores-chave de escolha, indicados aqui como FCE xx-y, sendo que *xx* representa a estratégia competitiva e *y*, os fatores, em uma ordem seqüencial.

Avalia-se, a seguir, a posição da instituição relativamente a cada um dos fatores-chave de escolha e indicam-se os itens de capacitação considerados insatisfatórios para garantir posição forte da empresa ou entidade em relação ao fator-chave de escolha. Estabelecem-se as prioridades de correção das lacunas de capacitação identificadas e as áreas críticas de capacitação correspondentes.

Existem três grandes vantagens em apresentar o mapeamento das lacunas de capacitação da forma citada:

- √ garante-se que *todos os pontos realmente prioritários* necessários para implementar as estratégias decididas sejam considerados no plano de capacitação;
- √ garante-se que somente lacunas de capacitação que *decorram diretamente de alguma estratégia* sejam consideradas, reduzindo-se, assim, investimentos com capacitação em itens não associados a estratégias; e
- √ garante-se que quaisquer alterações posteriores no portfólio, nas estratégias ou nos fatores-chave de escolha possam ser imediatamente *rastreadas*, de forma a se questionar o prosseguimento — ou não! — de programas de capacitação em andamento, ou até os programas ainda não iniciados.

Exemplificando o último ponto, decisões de mudanças, por qualquer razão, do trajeto de uma rodovia, ao longo do processo de construção, podem indicar que obras já em andamento devem ser interrompidas, pois pode ser melhor perder o dinheiro que já foi gasto do que perder tudo ao final, com uma estrada pronta, verdadeira obra de arte, mas... indo "do nada para lugar nenhum"!

12.2.2 Classificando as Lacunas por Prioridade Decrescente

O passo seguinte é a eliminação das linhas *sem lacunas* e o rearranjo das colunas, classificando as linhas por prioridade decrescente e agrupando os itens de mesma prioridade, conforme mostra a Tabela 12.2.

A Tabela 12.2, em um preenchimento meramente ilustrativo, serve para mostrar que a empresa precisa concentrar a atenção e as ações de capacitação, no curto prazo, na melhoria da qualidade, no treinamento de vendedores e no desenvolvimento de fornecedores, por exemplo.

Capítulo 12 – Capacitação Estratégica

Tabela 12.2 Identificação das Áreas Estratégicas Críticas para Capacitação

Prioridade	Área crítica de capacitação	Item de capacitação	Avaliação da posição da instituição	Fatores-chave de escolha	Estratégias competitivas	Áreas estratégicas críticas
Altíssima	Processos e Qualidade	Melhoria da qualidade	Há problemas graves de qualidade	FCE X2-a	EC-X2	Área estratégica X
Altíssima	Recursos humanos	Treinamento de vendedores	Há muitos problemas	FCE Y1-b (Idêntico a FCE X1-b)	EC-Y1	Área estratégica Y
Altíssima	Suprimentos	Desenvolvimento de fornecedores	Há problemas gravíssimos de reclamações	FCE Z3-a	EC-Y2	Área estratégica Z
Alta	Engenharia de produto	Reprojeto da embalagem	Há algumas reclamações sobre embalagens	FCE Y2-a	EC-Y2	Área estratégica Y
Alta	Recursos humanos	Treinamento de vendedores	Há problemas com vendas	FCE X1-b	EC-X1	Área estratégica X
Média	Comunicação	Refazer folheto de venda dos produtos ou serviços	Clientes reclamam dos folhetos	FCE X1-c	EC-X1	Área estratégica X

12.2.3 Classificando as Lacunas por Áreas Críticas de Capacitação

Com a finalidade de explicitar e facilitar a construção dos **planos de capacitação** por áreas de responsabilidade gerencial, os mesmos resultados da tabela anterior devem ser rearranjados, classificando-se, agora, as ações de capacitação pelas **áreas críticas de capacitação**, como apresentado na Tabela 12.3.

A partir da tabela é possível constatar que as grandes lacunas dessa empresa hipotética estão, por exemplo, nas áreas de **recursos humanos**, da **qualidade** e de **suprimentos**.

12.3 As Áreas Críticas de Capacitação

Feito o levantamento das lacunas da instituição quanto aos **fatores-chave de escolha** para cada **área crítica**, chega a um conjunto de áreas críticas de capacitação, que, no exemplo anterior, foram exemplificadas como Recursos humanos, Processos e qualidade, Suprimentos, Engenharia de produto e Comunicação.

Como, entretanto, identificar e criar "**áreas críticas de capacitação**" que façam sentido estratégico, operacional e gerencial para cada instituição em particular? Esse assunto será tratado nos itens seguintes.

12.3.1 Os 10-Ms do Autodiagnóstico

Os **10-Ms do autodiagnóstico**, apresentados na Seção 8.3, constituem uma sugestão simples e mnemônica para facilitar a avaliação dos pontos fortes e fracos e para melhorar a elaboração do diagnóstico do ambiente interno, permitindo uma comparação rápida entre várias empresas ou entidades dentro de um mesmo setor.

Entretanto, apesar das vantagens dos 10-Ms, eles deixam a desejar em relação a esse uso pelo fato de a lista ser incompleta e não estruturada, uma vez que as áreas estão ordenadas simplesmente em ordem alfabética...

12.3.2 Grupamento por Linhas de Responsabilidade Gerencial

Há outras formas mais estruturadas que podem ser utilizadas no agrupamento das lacunas: algumas empresas ou entidades preferem agrupá-las em cada linha de responsabilidade gerencial da organização. Dessa forma, teríamos lacunas financeiras, lacunas em recursos humanos, lacunas na produção e assim por diante.

Existem vantagens e desvantagens para uma associação direta entre as áreas de capacitação e as linhas gerenciais.

Como vantagem, tal associação facilita a elaboração dos planos, o controle das implantações, o acompanhamento dos gastos e resultados e o comprometimento de supervisores, gerentes e diretores com a implementação do programa de capacitação.

As desvantagens, por sua vez, também precisam ser consideradas. Encontramos, com muita freqüência, lacunas que traspassam várias áreas de responsabilidade, principalmente aquelas que dependem de processos que cruzam vários departamentos, diretorias, unidades operacionais ou geográficas da organização. Além disso, pode haver também lacunas de capacitação que não são associáveis diretamente a nenhuma área gerencial, pois são temas novos ainda não contemplados pela estrutura organizacional ou pela divisão de tarefas e responsabilidades.

Tabela 12.3 Identificação das Áreas Críticas para Capacitação

Áreas críticas de capacitação	Prioridade	Item de capacitação	Avaliação da posição da instituição	Fatores-chave de escolha	Estratégias competitivas	Áreas estratégicas críticas
Recursos humanos	Altíssima	Treinamento de vendedores	Há muitos problemas	FCE Y1-b (Idêntico a FCE X1-b)	EC-Y1	Área estratégica Y
Recursos humanos	Alta	Treinamento de vendedores	Há problemas com vendas	FCE X1-b	EC-X1	Área estratégica X
Processos e qualidade	Altíssima	Melhoria da qualidade	Há problemas graves de qualidade	FCE X2-a	EC-X2	Área estratégica X
Suprimentos	Altíssima	Desenvolvimento de fornecedores	Há problemas gravíssimos de reclamações	FCE Z3-a	EC-Y2	Área estratégica Z
Engenharia de produto	Alta	Reprojeto da embalagem	Há algumas reclamações sobre embalagens	FCE Y2-a	EC-Y2	Área estratégica Y
Comunicação	Média	Refazer o folheto de venda dos produtos ou serviços	Clientes reclamam dos folhetos	FCE X1-c	EC-X1	Área estratégica X

A nosso ver, as desvantagens superam as vantagens, devendo-se buscar uma solução para evitá-las, conforme veremos a seguir.

12.3.3 Organização por Processo

Empresas modernas têm sido bem-sucedidas ao adotarem uma organização por **processos**, e não por **funções**, que era a forma tradicional de se estruturar as ações empresariais. Existem muitas vantagens na estruturação organizacional por processos:

- primeiro, cada processo tem uma única pessoa responsável por ele;
- em segundo lugar, grande parte das atividades intermediárias improdutivas é eliminada, e atividades duplicadas podem ser evitadas;
- há também redução de situações nas quais não se define claramente de quem é a responsabilidade;
- as pessoas passam a tomar mais iniciativa, reduzindo as desculpas como "a responsabilidade não é minha", "o assunto ainda não chegou aqui", ou "já saiu da minha seção".

Em uma empresa ou entidade organizada por processo, *todas* as ações voltadas para capacitação devem contribuir para algum processo específico; caso contrário, essas ações não têm razão de ser e, conseqüentemente, devem ser eliminadas!

12.3.4 Conceito Clássico de Processo

Um **processo** tem início com a chegada de um produto, de um pedido, de uma reclamação, de um insumo, de um dado, de uma informação. Pode ter início, também, com a ocorrência de um evento externo ou interno, controlado ou não pela organização, ou por uma decisão gerencial no nível adequado. A partir disso, ele sofre várias operações, seqüenciais ou em paralelo, dentro ou fora da organização, e vai cruzando seções, departamentos, áreas, regiões e filiais, entre outras. Um processo só é dado por encerrado com a geração efetiva de um *benefício*, de um valor, de um serviço, de um produto ou de um atendimento para um cliente, para o público-alvo, para um *stakeholder*, ou se agregar alguma forma objetiva de valor à organização.

Para reforçar e fundamentar alguns conceitos ligados a processos, apresentamos, a seguir, algumas definições que firmam essas idéias, conforme transcrição de itens selecionados da norma NBR-ISO 8.402/1994.

- "**Processo** é um conjunto de recursos e atividades inter-relacionados que transforma insumos (entradas) em produtos (saídas)."

  Nota: Os recursos podem incluir pessoal, finanças, instalações, equipamentos, métodos e técnicas.

- "**Produto** é o resultado de atividade ou processos."

  Nota 1: O termo *produto* pode incluir serviço, materiais e equipamentos, materiais processados, informações ou uma combinação desses.

Nota 2: Um produto pode ser tangível (por exemplo, montagens ou materiais processados) ou intangível (por exemplo, conhecimento ou conceitos) ou uma combinação dos dois.

"**Serviço** é o resultado gerado por atividades na interface fornecedor e cliente e por atividades internas do fornecedor para atender às necessidades do cliente."

Quando se adota uma estrutura por processo para capacitação de uma empresa ou entidade, o detalhamento dos planos de ação é feito por equipes mistas interfuncionais, sob a coordenação do **gestor do processo** designado, e a implantação dos **planos de capacitação** é feita por ele ou por meio de comitês de dirigentes envolvidos com as várias etapas do processo em questão.

Apenas para ilustrar o conceito de **processos** em uma empresa industrial, listamos alguns processos genéricos: atendimento a solicitações, pedidos ou reclamações dos clientes ou de *stakeholders*; atendimento de solicitações internas de insumos, produtos, equipamentos, mão-de-obra, serviços ou informações; cumprimento dos compromissos contratuais assumidos com terceiros; comunicação, ao público externo ou interno, de eventos relevantes ou dados importantes; apuração de resultados físicos e financeiros; geração de relatórios para tomada de decisões gerenciais e corporativas; desenvolvimento de novos produtos ou serviços para atendimento do mercado ou do público-alvo; manutenção e reparo de equipamentos; sistemas e utilidades para o bom funcionamento da produção; elaboração de relatórios, mapas, dados para atendimento das exigências governamentais, legais e fiscais; pagamentos de salários e correlatos; concessão de benefícios e serviços aos colaboradores da instituição; melhoria contínua de processos, procedimentos produtivos, comerciais, administrativos e gerenciais, de conhecimento, atitudes e comportamentos, qualidade, segurança ou de proteção ao meio ambiente — entre outros.

A esses processos corriqueiros da empresa deveríamos adicionar os processos ligados aos **programas de capacitação estratégica** da organização.

12.3.5 Conceito Moderno de Processo

Embora o conceito clássico de **processo** tenha sido bastante aprofundado, conforme as visões de Hammer[1] e de Porter[2], o que foi apresentado no Tópico 12.3.4 é o suficiente para efeitos deste livro. Entretanto, há alguns **macroprocessos** que têm uma definição bem mais exigente, ligando desde os fornecedores até os clientes, perpassando toda a empresa ou entidade. Alguns exemplos desses macroprocessos são:

- **processo de gestão estratégica**, que vai das análises iniciais à implantação e realização das estratégias;
- **processo de gestão de produtos**, que vai da identificação de necessidades ou oportunidades do mercado à desativação dos produtos ou serviços criados e

---

[1] Veja em HAMMER, M. *A revolução da reengenharia*: um guia prático. Rio de Janeiro: Campus, 1995.
[2] Veja em PORTER, M. E. *Vantagem competitiva*. Rio de Janeiro: Campus, 1990.

lançados, passando pela pesquisa, desenvolvimento, testes, lançamento, gerenciamento e marketing do produto ao longo de todo o seu ciclo de vida;

- √ **processo previsão-disponibilidade**, que abrange desde a identificação e a previsão de necessidades do mercado até a disponibilidade dos produtos ou serviços, passando pelo planejamento de produção e materiais, obtenção de materiais em fornecedores e execução da produção;
- √ **processo pedido-caixa**, que vai do trabalho com os clientes ou público-alvo para formalizar suas demandas em pedidos ao recebimento do dinheiro dos clientes, passando pelo processamento dos pedidos e logística de saída — ainda pode ser adicionado a esse processo o suporte pós-venda, se for ele em seqüência, e não como uma atividade com ciclo distinto;
- √ **processos de suporte e administrativos**, os quais são definidos da maneira mais abrangente possível, fornecendo todos os recursos de apoio aos demais processos.

Como regra, evita-se considerar que um processo esteja definido completamente se houver outras atividades não incluídas, encadeadas e em seqüência. Assim, por exemplo, o pagamento de salários ou a elaboração de um relatório fiscal, entendidos funcionalmente, embora possam ser tratados classicamente como confinados a um dado departamento, não seriam processos inteiros e completos, mas apenas itens, ou etapas de processos maiores e mais abrangentes dos quais eles fazem parte.

12.4 Estratégias Corporativas de Capacitação

12.4.1 Como Priorizar as Lacunas de Capacitação?

Uma vez identificadas as lacunas de capacitação, seja por **processo**, seja por **função**, ou mista, surgem, com muita freqüência outras situações em que algumas lacunas são de difícil classificação por serem difusas, generalizadas e de difícil alocação a um processo ou função específicos.

Muitas vezes, são lacunas largamente distribuídas e disseminadas pela organização como um todo e afetam, por exemplo, um grupo amplo de funcionários — ou colaboradores —, de produtos, de serviços, de mercados ou de fornecedores. Elas podem estar associadas a deficiências em instalações, equipamentos, sistemas e processos, utilidades, acesso físico ao local, imagem da instituição, ou até à cultura organizacional, entre outros.

Nesses casos, as lacunas devem ser classificadas como de *natureza corporativa*, pois afetam a organização como um todo e precisam, assim, de um tratamento mais adequado por meio de **estratégias corporativas de capacitação**.

Ilustramos, a seguir, algumas áreas nas quais mais se constatam necessidades de estratégias corporativas de capacitação: capacitação gerencial, na alta e média gerência; formação e desenvolvimento de recursos humanos, operacionais, comerciais e administrativos; gestão empresarial e gestão estratégica; cultura organizacional; implantação de um jeito novo de fazer as coisas; mudanças de paradigmas organizacionais; domínio de outros idiomas e de recursos de informática, marketing e comunicação com os clientes ou com o público-alvo; sistemas computacionais e de comunicação; sistemas de informação gerencial; sistemas de monitoramento, controle e automação de processos; sistemas de garantia da qualidade; acompanhamento do nível de satisfação dos clientes e do público-alvo; sistemas de gestão de meio ambiente; sistemas de garantia de segurança pessoal e patrimonial; comunicação interna e externa; novas tecnologias produtivas ou administrativas; acesso a redes integradas de comunicação de voz, dados e imagens; recursos financeiros baratos e de longo prazo para os investimentos necessários, construção ou reforço de marca e de imagem; expansão da capacidade de produção ou de distribuição; iniciativas para aumento de produtividade e de redução de custos; funcionalidade e adequação dos *layouts* das plantas ou escritórios; e, finalmente, limpeza, iluminação e sinalização visual interna.

Áreas como as mostradas anteriormente devem ser objeto de análise detalhada e, constatando-se a presença de lacunas, estas devem ser tratadas em planos estratégicos de capacitação específicos, como mostraremos.

12.4.2 A Matriz de Slack para Priorização das Lacunas da Manufatura

Um método alternativo muito interessante de priorizar as **lacunas de capacitação** é a conhecida **Matriz de Slack**[3].

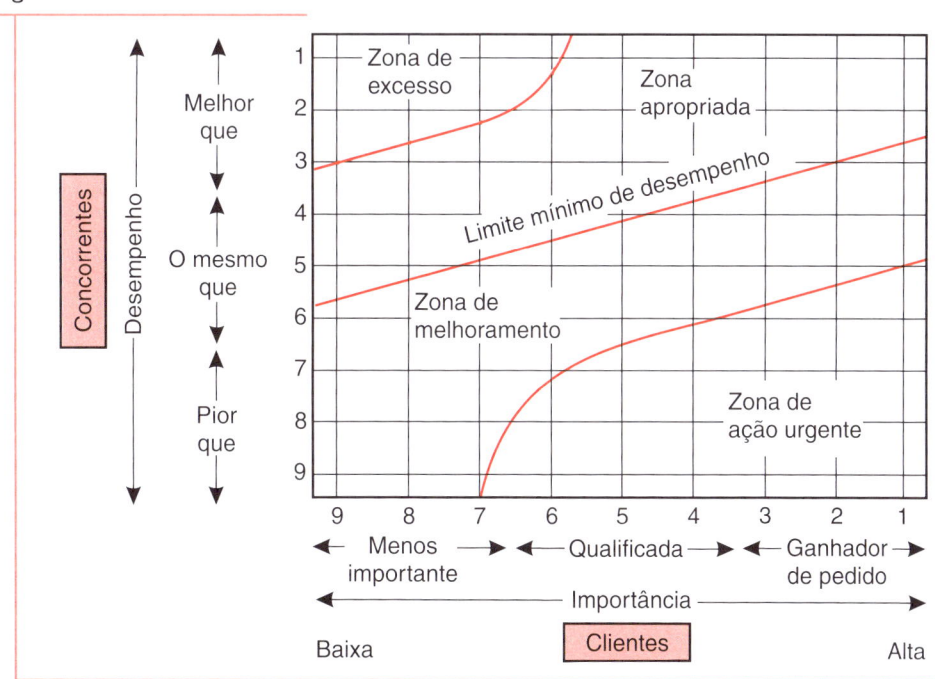

Figura 12.1 A Matriz de Slack

Fonte: Adaptada de SLACK, N. *Vantagem competitiva em manufatura*. São Paulo: Atlas, 1993.

---

[3] Conforme apresentada em SLACK, N. *Vantagem competitiva em manufatura*. São Paulo: Atlas, 1993.

Essa matriz mapeia os chamados **objetivos de desempenho** de uma dada manufatura em um gráfico em duas dimensões: na horizontal, a **importância** relativa do tópico em questão, *como visto pelos clientes*, e, na vertical, o **desempenho** relativo da empresa, comparado com o de seus concorrentes mais fortes. O gráfico de Slack resultante dessa análise é subdividido, quanto à prioridade de capacitação e eliminação da lacuna, em quatro regiões: **Zona de Ação Urgente**, **Zona de Melhoramento**, **Zona Apropriada** e **Zona de Excesso**. Conforme mostrado na Figura 12.1, quatro diferentes estratégias alternativas são indicadas, dependendo da zona em que o **objetivo de desempenho** for mapeado.

12.5 Programas de Capacitação Estratégica

Para eliminar lacunas pontuais de capacitação, não bastam declarações de boa vontade ou de boa intenção! É preciso tratar esse esforço como um **programa de investimento estratégico** da empresa ou entidade.

Caso isso não aconteça, tudo vai acabar se perdendo em um mar de boas intenções, servindo somente para aumentar as frustrações e a desmotivação dos funcionários, supervisores e gerentes — e, por que não dizer, até dos clientes e fornecedores!

12.5.1 Capacitação Tratada como Projeto

Assim, cada lacuna ou grupo de lacunas de capacitação, tanto as competitivas, derivadas das análises dos **fatores-chave de escolha**, como as corporativas, cruzando toda a organização, ou aquelas decorrentes da análise da **Matriz de Slack**, podem ser tratadas como **projetos**, para efeito de detalhamento, implantação, acompanhamento e avaliação.

Lembremo-nos de que um **projeto** é um conjunto de atividades interligadas que tem objetivo definido, tem datas de início e de término predeterminadas, tem um orçamento de gastos, além de não representar a mera repetição de esforços anteriores.

> Dessa forma, um projeto pode ser conceituado como um conjunto complexo de tarefas ou atividades, concatenadas e interdependentes, que é único, tem um ciclo de vida bem definido e um propósito previamente estabelecido[4].

A caracterização de um conjunto de atividades como um projeto independe de seu tamanho, complexidade, custo ou tempo de execução. A gestão da implantação de um **projeto de capacitação estratégica**, como qualquer outro, envolve, no caso mais geral, nove atividades gerenciais integradas, conforme o quadro a seguir.

---

[4] Essa é a definição utilizada em PMI STANDARDS COMMITTEE. *PMBOK*: a guide to the project management body of knowledge. Newton Square (PA): Project Management Institute, 1996.

Quadro 12.1 Propósito Gerencial para Cada Variável do Projeto

Variáveis controladas	Propósito gerencial para cada variável
Gestão da integração	Assegurar que os vários elementos do projeto, suas partes e as entidades envolvidas em sua implantação estejam adequadamente coordenados.
Gestão do escopo	Assegurar que o projeto inclua todos os serviços e atividades necessários para que se atinja o objetivo estabelecido.
Gestão do tempo	Assegurar a conclusão do projeto no prazo adequado.
Gestão do custo	Assegurar que o projeto seja completado dentro do orçamento aprovado.
Gestão da qualidade	Assegurar que o projeto satisfaça às necessidades e às especificações requeridas.
Gestão de recursos humanos	Tornar mais efetivo o trabalho das pessoas envolvidas com o projeto. Envolve questões como seleção, capacitação, alocação, motivação, avaliação, reconhecimento e recompensa.
Gestão das comunicações	Assegurar que todas as informações relevantes sobre o projeto sejam geradas, coletadas, avaliadas, tratadas, disseminadas e guardadas de forma adequada.
Gestão do risco	Identificar, analisar, avaliar e dar tratamento adequado aos riscos do projeto.
Gestão de aquisições	Assegurar que as aquisições de bens e serviços necessários à realização do projeto sejam feitas de forma adequada, dentro das especificações, do orçamento e a tempo.

Fonte: Adaptado do PMI STANDARDS COMMITTEE. *PMBOK*: a guide to the project management body of knowledge. Newton Square (PA): Project Management Institute, 1996.

Nos casos mais simples, entretanto, recomenda-se elaborar ao menos um detalhamento de cada projeto em alguns passos ou etapas, seqüenciais ou simultâneos, respondendo, *para cada um deles*, as perguntas a seguir:

- O que vai ser feito? Por quê?
- Como será feito?
- Quem vai fazer?
- Até quando deverá estar pronto?
- O que depende de quê?
- Que passos já devem ter sido completados para iniciar um novo projeto?
- Que recursos materiais ou humanos são necessários em cada passo?

A experiência tem mostrado que um simples quadro, como o apresentado no Tópico 13.4, tem grande poder de comunicação e de concisão, tornando explícito o que se pretende fazer, bem como quanto e quando se pretende gastar em cada passo, eliminando-se muitos mal-entendidos que, por falta de definições claras, acabam acontecendo freqüentemente nas organizações.

Esse conjunto de projetos de capacitação é um elemento fundamental para a construção do **plano de capacitação estratégica** da instituição, como se verá no próximo capítulo.

12.5.2 Gestão Estratégica da Capacitação

Esforços de capacitação iniciais ou destinados a dar um grande impulso em alguns aspectos de **transformação estratégica** podem, e devem, ser adequadamente tratados como projetos, como campanhas. Entretanto, alguns tópicos de educação, treinamento e capacitação que envolvam esforços muito longos, ou até continuados — como mudança de cultura —, são atividades que, em certo sentido, nunca se esgotam...

Em uma visão macro, eles podem ser objeto de um processo contínuo de gestão estratégica da capacitação, verificando-se permanentemente as necessidades, antigas e novas, sua programação do atendimento, as ações de implementação e os processos de acompanhamento e de verificação da sua efetividade.

Termos-chave

Neste capítulo, apontou-se a descrição dos passos necessários para a elaboração de um **plano estratégico de capacitação**.

Inicialmente, foi apresentada uma discussão sobre o famoso dilema "o ovo ou a galinha", isto é, a **estratégia** precede a **capacitação** ou vice-versa?

Foram descritos os processos de identificação das lacunas de capacitação, comparando-se a posição da empresa ou entidade com os **fatores-chave de escolha** para os mercados nos quais ela atua ou pretende atuar. A **Matriz de Slack** foi descrita como um instrumento muito útil para visualizar as ações prioritárias de **capacitação das estratégias de manufatura**.

Foram abordadas as principais **áreas críticas de capacitação**, para as quais deve ser verificada a existência de **lacunas de capacitação** a preencher e mostradas as **estratégias corporativas de capacitação**, que demandam ações para eliminar lacunas generalizadas que cruzam, de forma abrangente, toda a organização e os seus processos.

Finalmente, foi proposta uma abordagem para tratamento e estruturação das **ações críticas de capacitação** pela metodologia de **gestão de projetos**.

Questões

1. Explique e justifique a afirmação a seguir: "A capacitação decorre das estratégias, e não o contrário".

2. Partindo dos **fatores-chave de escolha** para uma organização, identifique pelo menos cinco lacunas de capacitação, utilizando a metodologia descrita no Tópico 12.2.1. Classifique-as por ordem de prioridade decrescente.

3. O que caracteriza uma **organização por processo** e como ela se distingue das **organizações funcionais**? Quais são as vantagens e desvantagens de cada uma?

4. O que são **estratégias corporativas de capacitação**? Como incluí-las no plano estratégico da organização?

5. Como implantar um **plano de capacitação estratégica** utilizando a metodologia de gestão de projetos?

V

Implantação

✓ **Capítulo 13**

O Plano Estratégico

✓ **Capítulo 14**

Metodologia de Planejamento Estratégico

✓ **Capítulo 15**

Workshop de Planejamento Estratégico

✓ **Capítulo 16**

Implantação da Gestão Estratégica

13
O Plano Estratégico

Tópicos

- A Formulação do Plano Estratégico • Plano para cada Área Estratégica •
- Plano para as Áreas Estratégicas Corporativas • Os Planos de Ação •
- Programa de Implantação •

Apresentação

O objetivo deste capítulo é apontar um **roteiro-modelo** para os documentos resultantes dos exercícios de planejamento estratégico de uma empresa ou entidade.

O modelo que apresentamos é meramente indicativo, pois cada instituição precisa examinar seu caso particular e decidir quais itens fazem sentido para a sua realidade local e seu estágio de implantação da gestão estratégica.

Inicialmente, mostramos as bases para a formulação do plano, que consistem nos conceitos de **objetivos estratégicos** e **metas estratégicas** e em um roteiro sugerido para o documento, fazendo referência aos tópicos já mostrados no livro, bem como o grau de prioridade que cada assunto deveria ter no documento final.

A seguir, indicamos um **roteiro-modelo** para os planos estratégicos de cada área da empresa ou entidade.

Lembramos que as áreas estratégicas de alcance corporativo também devem ter suas estratégias gerais, as quais precisam ser incluídas no plano estratégico da instituição. Mostramos um roteiro-modelo para elaborá-las.

O detalhamento dos planos estratégicos para tratamento de projetos específicos é feito por meio dos **planos de ação**, que podem ser, conforme o caso, documentos que especificam *o que* vai ser feito, *quem* vai fazer, *como* vai fazer, *quando* deve estar pronto e *quais recursos* humanos, materiais ou financeiros são necessários para realizá-los.

Por fim, observamos roteiros-modelo para um **plano de investimento**, para um **orçamento estratégico** e para um **cronograma de implantação dos investimentos estratégicos** para a instituição.

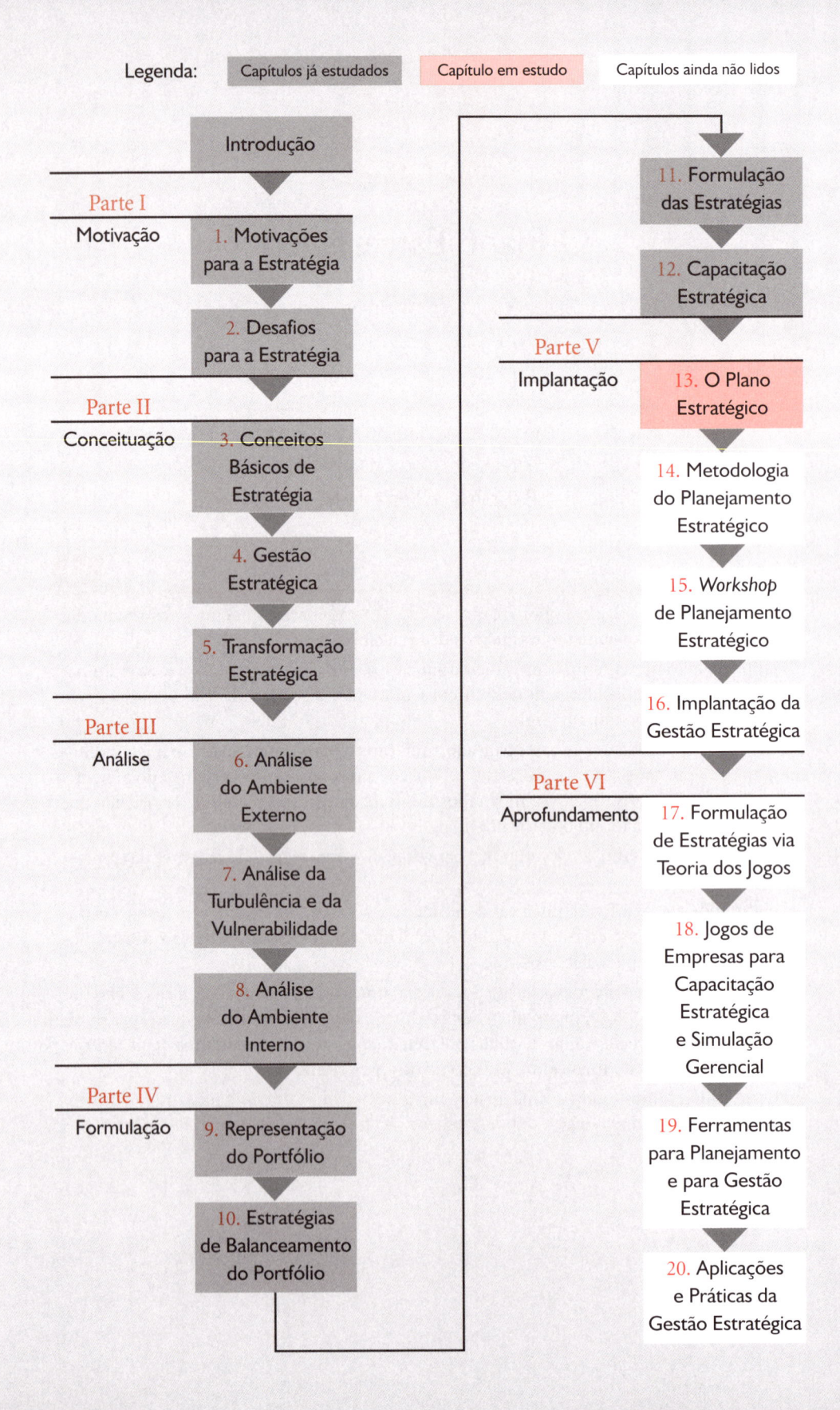

Legenda: Capítulos já estudados | Capítulo em estudo | Capítulos ainda não lidos

Introdução

Parte I — Motivação
1. Motivações para a Estratégia
2. Desafios para a Estratégia

Parte II — Conceituação
3. Conceitos Básicos de Estratégia
4. Gestão Estratégica
5. Transformação Estratégica

Parte III — Análise
6. Análise do Ambiente Externo
7. Análise da Turbulência e da Vulnerabilidade
8. Análise do Ambiente Interno

Parte IV — Formulação
9. Representação do Portfólio
10. Estratégias de Balanceamento do Portfólio
11. Formulação das Estratégias
12. Capacitação Estratégica

Parte V — Implantação
13. O Plano Estratégico
14. Metodologia do Planejamento Estratégico
15. *Workshop* de Planejamento Estratégico
16. Implantação da Gestão Estratégica

Parte VI — Aprofundamento
17. Formulação de Estratégias via Teoria dos Jogos
18. Jogos de Empresas para Capacitação Estratégica e Simulação Gerencial
19. Ferramentas para Planejamento e para Gestão Estratégica
20. Aplicações e Práticas da Gestão Estratégica

Falou-se muito, nos capítulos anteriores, de conceituações, avaliações, análises e formulações estratégicas. Esses conceitos e métodos de trabalho, estruturados de forma progressiva e construtiva, forneceram a base para a construção de um plano estratégico para uma empresa ou entidade.

Este capítulo procura ordenar e estruturar os resultados dos trabalhos, na forma de um "livro branco" que sintetize, em certo momento, as diretrizes e as ações combinadas para a construção do futuro da organização, sugerindo modelos de *roteiros* para os documentos a serem preparados.

13.1 A Formulação do Plano Estratégico

Todo plano precisa ter explicitados os fundamentos sob os quais foi realizado. Eles estão ligados ao cenário previsível — ou a cenários alternativos, como será descrito na Seção 20.5 —, às premissas básicas e ao ambiente externo e interno sob os quais o plano foi construído, conforme mencionado na Seção 6.5.

13.1.1 Objetivos e Metas

Todo plano estratégico precisa ter desafios, bem como objetivos e metas a serem atingidos ao longo do horizonte de tempo de planejamento. É a formalização desses elementos que fornece os alvos a serem alcançados pela organização.

Objetivos e *metas* referem-se aos parâmetros-chave, qualitativos ou quantitativos, que se pretende atingir ou manter em um dado momento ou período de tempo futuro preestabelecido. Podem ser marcos finais ou intermediários. Eles são como as placas de quilometragem nas estradas e servem para indicar se o caminho escolhido está correto e se está sendo percorrido no espaço, no tempo e na forma combinada. Podem ser desafios a vencer ou alvos a conquistar.

Neste ponto, é útil fazer, ao menos por uma questão metodológica, uma distinção entre metas e objetivos:

Metas são valores quantitativos ou qualitativos *a serem atingidos* em certo momento futuro preestabelecido. Quando o período para a implementação de uma estratégia é muito longo e as mudanças planejadas são substanciais, devem-se determinar uma ou mais *metas intermediárias*, para permitir melhor acompanhamento ao longo do tempo. As metas podem ter, também, um caráter qualitativo, desde que verificável. Por exemplo, "*obter* certificação ISO-14001 na planta de Rio Bonito até 31 de dezembro de 2008".

Cabe lembrar que termos genéricos como *crescer, melhorar, agilizar, desburocratizar, diversificar* e *modernizar* não são boas formulações para metas, pois não há como verificar, objetivamente, se foram ou não atingidas. É melhor que se use, em vez disso, expressões como "aumentar as vendas globais anuais em 25% até o final de 2008", ou "reduzir o grau de desperdício de matéria-prima em 30% em valor até 31 de dezembro de 2010".

Objetivos são valores quantitativos ou qualitativos *a serem mantidos* em um dado período. Por exemplo, "*manter* a certificação ISO-9001 da planta de Serra Negra por meio de aprovações nas auditorias semestrais de reverificação", ou, ainda, "*manter índice de satisfação dos clientes acima de 95% nas medições semestrais*".

A escolha e a fixação de valores numéricos para objetivos e metas devem atender aos critérios a seguir:

- tal escolha e fixação devem decorrer *diretamente* das estratégias adotadas;
- estratégias sem objetivos e metas a elas associadas não têm como serem verificadas, tornando-se meras declarações de intenção;
- objetivos e metas que não decorrem *diretamente* de alguma estratégia não fazem sentido para a organização, são inócuos — na verdade, são até nocivos, pois levam a organização a desviar recursos e atenção para realizar objetivos e metas que não têm ligação com suas estratégias;
- os objetivos não devem ser fixados em valores tão altos que sejam considerados inatingíveis pela maioria dos funcionários e gerentes envolvidos — alvos considerados inatingíveis, na opinião da maioria, desanimam os responsáveis por sua consecução, não sendo eficazes para energizar e motivar as pessoas;
- objetivos e metas muito fáceis de serem alcançados são inúteis, pois não estimulam as pessoas o suficiente para se esforçarem em conquistá-los. Assim, eles devem ser estabelecidos em comum acordo entre quem vai se comprometer a realizá-los, suas chefias imediatas e a alta administração da instituição: nem tão ambiciosos nem tão despretensiosos — uma expressão bastante utilizada é "objetivos de elásticos-esticados" (*stratching goals*), que significa que os objetivos e as metas devem fazer a organização esforçar-se ao máximo, "esticando-se" — ou "estressando-se" — quanto for possível para alcançar o que planejou, mas sem se romper;
- objetivos e metas devem ser *observáveis* e *verificáveis*: é necessário haver mecanismos que permitam medir e verificar, ao longo do tempo, se os objetivos e metas previamente combinados estão sendo cumpridos, superados ou não atingidos.

13.1.2 Roteiro do Plano Estratégico

Qualquer que seja a intensidade, abrangência, profundidade e extensão de um diagnóstico, das análises e das formulações estratégicas, é necessário que se produza um documento que sintetize as considerações e conclusões dos trabalhos.

No entanto, o documento ou relatório não deve ser um fim em si mesmo. Na verdade, a experiência tem mostrado que, em estratégia, *o processo é até mais importante que o produto*. Mesmo assim, visando a orientar os trabalhos e a estruturar minimamente os escritos, fornecemos, a seguir, um **roteiro-modelo** para um plano.

Inicialmente, pode-se dizer que o roteiro a seguir é um *modelo completo*, no sentido de que cobre *todos os itens* de análise e síntese da metodologia apresentada neste livro. No entanto, cada empresa ou entidade deve fazer uma seleção criteriosa dos itens que constam nele, buscando aqueles que realmente façam sentido para sua realidade e para a profundidade do exercício realizado. A coluna Prioridade, nas tabelas e quadros a seguir, pretende apoiar e orientar essas escolhas.

Vale também ressaltar que a *ordem* de apresentação dos tópicos do roteiro *não é a mesma* usada para a elaboração dos itens! O documento final, como todo relatório gerencial, é elaborado pensando-se em *quem vai lê-lo*, e não em *quem (ou como) vai elaborá-lo*. Dessa forma, o documento apresenta inicialmente os tópicos relativos às sínteses e às formulações conclusivas, deixando as análises, os levantamentos e as avaliações como apêndices ao plano, se for o caso.

Os grandes temas sugeridos para o documento são: cenários e premissas básicas; propósito; estratégias corporativas; portfólio; objetivos e metas; planos de ação; programa de implantação e temas para vigilância estratégica.

O Quadro 13.1 apresenta uma lista de tópicos para o plano. A segunda coluna traz as referências (conceitos e instruções para sua elaboração, contidos neste livro) e a terceira evidencia a prioridade recomendada para cada tópico.

Quadro 13.1

Tópicos do plano estratégico	Referências[1]	Prioridade
Cenário(s) e premissas básicas	(6.5 e 20.5)	Recomendável
Propósito		
Visão	(3.2.1)	Prioritário
Missão e abrangência	(3.2.2 e 3.2.3)	Prioritário
Princípios e valores	(3.3.1 e 3.3.2)	Altamente recomendável
Opção estratégica	(3.3.3)	Eventual
Estratégias corporativas		
Diretrizes estratégicas	(3.4.5)	Prioritário
Estratégias de diversificação	(11.2)	Eventual
Estratégias de alianças e parcerias	(11.3)	Eventual
Estratégias de expansão	(11.4)	Eventual
Portfólio		
Áreas estratégicas atuais e novas	(9.1)	Prioritário
Mapeamento do portfólio	(9.5)	Recomendável
Estratégias para rotação do portfólio	(10.2)	Recomendável
Estratégias competitivas para cada área estratégica	(11.1)	Prioritário
Objetivos e metas	(13.1.1)	Prioritário

(continua)

[1] As numerações indicadas nesta coluna referem-se às seções deste livro nas quais os tópicos são explicados.

(continuação)

Tópicos do plano estratégico	Referências	Prioridade
Planos de ação		
Para mudanças no ambiente	(3.5.2)	Eventual
Para revisão e adequação do propósito	(3.5.3)	Eventual
Para capacitação competitiva	(3.5.1 e 12.2.1)	Prioritário
Para capacitação corporativa	(3.5.1 e 12.4)	Altamente recomendável
Programa de implantação	(13.5)	
Gestão estratégica	(16 e 19.4)	Recomendável
Investimentos estratégicos	(13.5.1)	Altamente recomendável
Orçamento estratégico	(13.5.2)	Recomendável
Cronograma de implantação	(13.5.3)	Prioritário
Temas para vigilância estratégica	(4.5)	Indicativo

Para o Apêndice do plano, os grandes temas a serem descritos são: diagnóstico e avaliações; análise do ambiente externo; análise do ambiente interno e análise do portfólio. O Quadro 13.2 mostra uma lista sugerida de tópicos do Apêndice ao plano. Ele também apresenta uma coluna com as referências, nas quais estão os conceitos e as instruções para sua elaboração, e outra com a prioridade recomendada para cada tópico do Apêndice.

Quadro 13.2

Tópicos do Apêndice ao plano estratégico	Referências	Prioridade
Diagnósticos e avaliações	(4.1)	
Avaliação da situação estratégica	(4.3 e 20.1.1)	Prioritário
Avaliação da prontidão estratégica	(4.2 e 20.1.2)	Prioritário
Avaliação da competitividade estratégica	(4.4.1 e 20.1.3)	Recomendável
Avaliação do portfólio	(4.4.2 e 20.1.4)	Recomendável
Avaliação da capacitação estratégica	(4.4.4 e 20.1.5)	Recomendável
Avaliação da flexibilidade e da vulnerabilidade	(4.4.3 e 20.1.6)	Recomendável
Avaliação de vigilância estratégica	(4.5 e 20.1.7)	Eventual

(continua)

(continuação)

Análise do ambiente externo		
Tendências e descontinuidades	(6.1)	Prioritário
Catalisadores, ofensores, oportunidades e ameaças	(6.2)	Prioritário
Mapa(s) da turbulência	(7.4)	Recomendável
Análise da turbulência e da vulnerabilidade	(7.5)	Recomendável
Partes interessadas (stakeholders)	(6.4)	Eventual
Análise do ambiente interno		
Pontos fortes, pontos fracos, pontos a melhorar e priorização das lacunas de capacitação	(8.2 e 12.4)	Prioritário
Os 10-Ms do autodiagnóstico	(8.3)	Altamente recomendável
Gráfico-radar da instituição	(8.4)	Eventual
Gráficos-radar das áreas críticas	(8.5)	Eventual
Análise do portfólio		
Segmentação do mercado em áreas estratégicas	(9.1)	Altamente recomendável
Análise da atratividade	(9.2)	Recomendável
Fatores-chave de escolha	(9.3)	Altamente recomendável
Análise dos concorrentes e da concorrência	(6.3)	Recomendável
Análise da competitividade	(9.4)	Recomendável

Observe-se que, para os dois quadros, a prioridade foi classificada nos seguintes níveis, por ordem decrescente: prioritário, altamente recomendável, recomendável, indicativo e eventual.

Os **itens prioritários** são aqueles que deveriam ser cobertos obrigatoriamente, mesmo nos casos mais simples e iniciais. Os **itens altamente recomendáveis** e os **recomendáveis** poderiam ser incluídos como melhorias metodológicas nos ciclos subseqüentes de revisão e aprofundamento estratégico. Para isso, recomendamos utilizar os conceitos do ciclo PDCA-PEVA, mencionados na Seção 15.5.

Os itens classificados como **indicativos e eventuais** poderiam ser incluídos em novos ciclos de revisão estratégica e de aprofundamento metodológico, dependendo do caso. Esses itens são recomendados, principalmente, para os planos de empresas ou entidades de médio e grande porte e que estiverem em ambientes de alta turbulência, demandando ações e acompanhamento mais rigorosos e estritos.

A Seção 20.3 apresenta um roteiro com instruções para a elaboração de um projeto completo de planejamento estratégico.

13.2 Plano para cada Área Estratégica

Cada uma das **áreas estratégicas** identificadas deverá ter também seu **plano estratégico** específico. São esses planos que fornecem as diretrizes, as ações e o acompanhamento gerencial e físico-financeiro de cada área.

As organizações que optaram por designar pessoas específicas para gerenciar uma ou mais áreas estratégicas se beneficiarão mais desse enfoque, pois terão um documento único para acompanhar o andamento do plano combinado e discutir a eventualidade de revisão operacional ou estratégica.

Os planos para cada área estratégica reproduzem, em um sentido mais estrito, porém com mais detalhes, alguns dos tópicos apresentados na Seção 13.1.2. Na realidade, pode-se dizer que as informações contidas nesses planos para as áreas contribuem, nos itens específicos correspondentes, para a formulação do plano estratégico da instituição. As referências aqui mencionadas devem ser reinterpretadas para serem aplicadas exclusivamente à área estratégica em questão, conforme mostra o Quadro 13.3.

Quadro 13.3

Tópicos do plano para uma área estratégica	Referências	Prioridade
Cenário(s) e premissas básicas	(6.5 e 20.5)	Prioritário
Descrição do mercado ou do público-alvo	(9.1 e 9.2)	
Quem são, quantos são e como são?		Prioritário
Situação atual e tendências		Altamente recomendável
Concorrentes: quem são e como são?		Prioritário
Parceiros: quem são e como são?		Prioritário (se houver)
Histórico de volumes, de crescimento e de resultados físico-financeiros: da instituição, do setor e dos principais concorrentes		Altamente recomendável
Estratégias setoriais		
Estratégias de diversificação	(11.2)	Prioritário (se houver)
Estratégias de alianças e parcerias	(11.3)	Prioritário (se houver)
Estratégias de expansão	(11.4)	Prioritário (se houver)
Estratégias competitivas	(11.1)	Prioritário

(continua)

(continuação)

Objetivos e metas	(13.1.1)	Prioritário
Planos de ação		
Para implantação das estratégias competitivas	(11.1 e 13.4)	Prioritário
Para capacitação competitiva	(3.5.1 e 12.2.1)	Altamente recomendável
Programa de implantação	(13.5)	
Investimentos estratégicos	(13.5.1)	Prioritário (se houver)
Orçamento estratégico	(13.5.2)	Altamente recomendável
Cronograma de implantação	(13.5.3)	Prioritário

O Quadro 13.4 lista os tópicos do Apêndice do plano de uma área estratégica específica.

Quadro 13.4

Tópicos do Apêndice do plano para uma área estratégica	Referências	Prioridade
Diagnóstico e avaliações	(20.1)	
Diagnóstico estratégico	(4.1)	Prioritário
Avaliação da situação estratégica	(4.3)	Prioritário
Avaliação da flexibilidade e da vulnerabilidade	(4.4.3)	Recomendável
Avaliação do público-alvo ou do mercado		
Partes interessadas específicas	(6.4)	Recomendável (se houver)
Análise da atratividade	(9.2)	Altamente recomendável
Fatores-chave de escolha	(9.3)	Altamente recomendável
Análise dos concorrentes e da concorrência	(6.3)	Recomendável
Análise da competitividade	(9.4)	Recomendável
Análise do ambiente externo		
Tendências e descontinuidades	(6.1)	Prioritário
Catalisadores, ofensores, oportunidades e ameaças	(6.2)	Prioritário
Mapa da turbulência	(7.4)	Recomendável
Análise da turbulência e da vulnerabilidade	(7.5)	Recomendável

(continua)

(continuação)

Tópicos do Apêndice do plano para uma área estratégica	Referências	Prioridade
Análise do ambiente interno		
Pontos fortes, pontos fracos, pontos a melhorar e priorização das lacunas de capacitação	(8.2 e 12.4)	Prioritário
Gráfico-radar da área estratégica	(8.4)	Recomendável
Gráfico-radar das áreas críticas	(8.5)	Eventual

13.3 Plano para as Áreas Estratégicas Corporativas

A implantação das estratégias corporativas precisa ser acompanhada por meio de um documento específico.

As Seções 12.3 e 12.4 discorreram extensivamente sobre o conceito de áreas estratégicas corporativas, indicando as alternativas para descrevê-las e caracterizá-las. E aqui vale também a afirmação já feita nas Seções 12.1 e 12.2: *a capacitação deve decorrer sempre da estratégia*.

Assim, qualquer ação ou investimento proposto na área corporativa deve ser uma conseqüência lógica de alguma **estratégia corporativa** combinada. Caso contrário, das duas uma: ou a estratégia está incompleta e mal formulada, ou a ação não deve ser executada.

Tipicamente, as áreas funcionais ou corporativas para as quais deveriam ser feitos planos específicos são: recursos humanos (dirigentes, gerenciais, produtivos e administrativos); recursos financeiros; tecnologias de produção; logística; sistemas de informação; tecnologia da informação; qualidade; segurança; infra-estrutura; meio ambiente; comunicação social e, cada vez mais, responsabilidade social.

Alguns desses tópicos, provavelmente os mais relevantes, aplicáveis principalmente para manufatura, estão descritos nas Seções 19.1, 19.2 e 19.3.

Como exposto nos itens mencionados, as áreas estratégicas corporativas podem também ser tratadas por meio dos macroprocessos da organização, cruzando várias unidades operativas, funcionais ou administrativas. De qualquer forma, escolhidas as áreas corporativas que fazem sentido para uma instituição específica, deve-se produzir um documento cujo roteiro básico indicativo é apresentado a seguir.

Quadro 13.5

Tópicos do plano para uma área corporativa	Referências	Prioridade
Cenário(s) e premissas básicas	(6.5 e 20.5)	Recomendável
Estratégias corporativas específicas	(11.5 e 19)	Prioritário

(continua)

(continuação)

Objetivos e metas	(13.1.1)	Prioritário
Planos de ação		
Para implantação da estratégia corporativa	(13.4)	Prioritário
Para capacitação corporativa	(3.5.1 e 12.2.1)	Prioritário
Programa de implantação	(13.5)	
Investimentos estratégicos	(13.5.1)	Prioritário
Cronograma de implantação	(13.5.3)	Prioritário

Os tópicos do Apêndice ao plano estratégico para as áreas corporativas são mostrados no Quadro 13.6.

Quadro 13.6

Tópicos do Apêndice do plano para uma área corporativa	Referências	Prioridade
Diagnósticos e avaliações	(20.1)	
Diagnóstico estratégico	(4.1)	Prioritário
Avaliação da situação estratégica	(4.3)	Prioritário
Avaliação da flexibilidade e da vulnerabilidade	(4.4.3)	Recomendável
Análise do ambiente externo		
Tendências e descontinuidades	(6.1)	Prioritário
Catalisadores, ofensores, oportunidades e ameaças	(6.2)	Prioritário
Mapa da turbulência	(7.4)	Recomendável
Análise da turbulência e da vulnerabilidade	(7.5)	Recomendável
Análise do ambiente interno		
Pontos fortes, pontos fracos, pontos a melhorar e priorização das lacunas de capacitação	(8.2 e 12.4)	Prioritário
Gráficos-radar da área estratégica corporativa	(8.4)	Recomendável
Gráficos-radar das áreas críticas	(8.5)	Eventual

13.4 Os Planos de Ação

Um verdadeiro plano estratégico não estará completo se não estiverem prontos os planos de ação, ao menos para aquelas estratégias competitivas e corporativas vitais. Contudo, antes de falar em planos de ação, é importante reforçar alguns conceitos-chave, conforme ilustrado na Figura 13.1.

Os **objetivos e metas** devem ser fixados a partir das estratégias estabelecidas, tanto as competitivas como as corporativas. Para cada *objetivo* e para cada *meta*, deve haver **planos de ação** específicos para assegurar que as ações e os passos necessários para a implantação das estratégias combinadas sejam executados e acompanhados por pessoas previamente alocadas.

Figura 13.1 Os Planos de Ação Decorrem das Estratégias

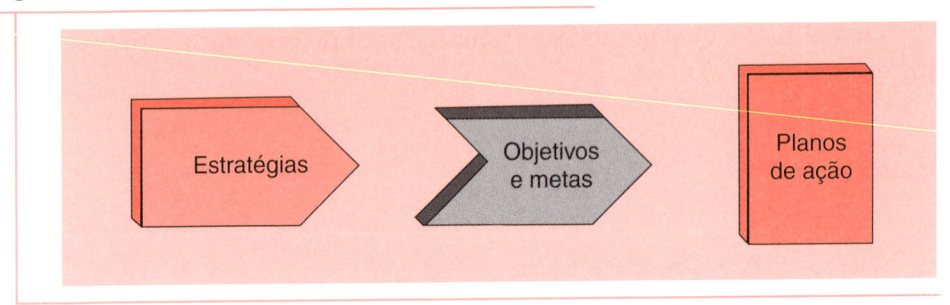

Além disso, as despesas e os investimentos necessários para implementar essas estratégias devem estar orçados e liberados para uso. Deve haver pessoas em condições de gerenciar os projetos dali decorrentes. Daí a importância do orçamento de investimentos e do orçamento estratégico, que serão tratados na Seção 13.5.

Um bom plano de ação estratégico, estruturado como projeto, precisa responder, ao menos, às perguntas mostradas no Quadro 13.7.

Quadro 13.7 Questões a Responder para a Elaboração de um Plano de Ação

Perguntas	Comentários
O quê?	O que deve ser feito, quais são os passos ou etapas necessários, quais dependem de quais, e quais podem ser realizados simultaneamente? Um diagrama PERT ou um simples gráfico de Gantt podem ajudar muito para representar visualmente o inter-relacionamento e a interdependência das tarefas.
Depende de quê?	Essa atividade depende de qual? Qual ou quais etapas devem estar completadas para que esta possa se iniciar?
Quem?	Quem deve executar cada atividade e quem deve supervisionar sua execução e responder por prazos, qualidade e orçamento de cada etapa?

(continua)

(continuação)

Por quê?	Justificativa: Por que a etapa específica é considerada necessária? Uma simples justificativa ajuda muito no entendimento do projeto. A impossibilidade ou a dificuldade em obter uma justificativa razoável é uma boa indicação para um questionamento mais profundo, se aquela etapa deve, de fato, ser incluída no projeto.
Como?	Como a etapa deverá ser executada? (é a maneira como será feita cada etapa).
Até quando?	Até quando aquela atividade deve estar completada?
Quanto custa?	Quanto vai custar a etapa, quanto será gasto para realizá-la?
Recursos necessários?	Que outros recursos são necessários, em cada etapa, como recursos humanos, informações, relatórios, licenças, patentes, equipamentos, espaço físico, máquinas e tecnologias?

Na maioria dos pequenos projetos, em que o número de etapas não é tão grande, digamos, de 10 a 25, e nos quais quase todas as fases são seqüenciais, uma simples tabela, como a Tabela 13.1, pode ser de muita utilidade.

13.5 Programa de Implantação

Como transformar idéias, sugestões, sonhos, propostas, resoluções e determinações, por exemplo, em realizações práticas e efetivas?

É claro que tudo ou quase tudo que se decida fazer, em estratégia, implica gastos e investimentos. E quando se fala em dinheiro, se não tivermos mecanismos bastante formais para propor, aprovar, desembolsar, registrar gastos, acompanhar os resultados e corrigir eventuais distorções, as boas idéias acabam morrendo. Este tópico trata exatamente dos documentos necessários, mas nunca suficientes, para assegurar a implementação do plano estratégico de uma empresa ou entidade.

As técnicas de BSC (*Balanced Scorecard*), descritas na Seção 19.4, e da implantação como projeto, descritas na Seção 19.5, podem ser muito úteis para a fase de implantação das estratégias.

13.5.1 Investimentos Estratégicos

Os investimentos decorrentes dos planos estratégicos precisam ser descritos de forma adequada para serem apreciados e avaliados, aprovados ou não. Uma vez aprovados, precisam ser implementados e ter seus resultados físico-financeiros devidamente acompanhados.

Esses investimentos podem decorrer de estratégias competitivas ou corporativas, de planos de capacitação ou de expansão, por meio de aquisição de equipamentos, de instalações, de tecnologias ou de outros recursos. Eles devem vir acompanhados de avaliação da relação benefício-custo, dos riscos envolvidos e de uma estimativa de retorno do investimento.

Tabela 13.1

Plano de ação para implantação do projeto XYZWT

Passo nº	O quê?	Depende de quê?	Quem?	Como?	Até quando?	Quanto custa?	Recursos necessários?	Observações
1	Partida	Nada	Sr. Pedro		15/01			
2	Especificação e orçamento	Passo 1	D. Maria Rosa		28/02			
3	Aprovação	Passo 2	Diretoria		15/03			
4	Tarefa A	Passo 3	Equipe A		15/06			Passos 4, 5 e 6 são simultâneos
5	Tarefa B	Passo 3	Equipe B		30/06			
6	Tarefa C	Passo 3	Equipe C		01/07			
7	Integração	Passos 4, 5 e 6	Coordenação		31/07			
8	Implantação	Passo 7	Equipe de trabalho		31/10			
9	Avaliação dos resultados	Passo 8	Diretoria		15/12			
10	Término	Passo 9	Sr. Pedro		31/12			

Eles precisam levar em conta o ciclo **completo** da implantação, ao final do qual algum benefício real possa ser obtido para a empresa ou instituição, ou para seus clientes, ou para seu público-alvo.

Existem diversos tipos de investimentos, de valores que variam de alguns milhares de reais a milhões de dólares. Cada empresa ou entidade deve considerar seu porte, seu patrimônio e suas entradas e saídas de caixa anuais para classificar as propostas de investimento de acordo com seu porte relativo, os riscos envolvidos, o nível de imobilização necessário e a existência de fontes de recursos disponíveis, entre outros.

O Quadro 13.8 traz um roteiro básico para um plano de investimentos de médio porte, adaptado caso a caso, em função das considerações anteriores.

Quadro 13.8 Roteiro para a Elaboração de um Plano de Investimentos

Tópicos do plano de investimentos	Descrição
Nome do projeto	Título pelo qual o projeto será conhecido.
Descrição sumária	Texto resumido, de até cinco linhas, descrevendo sucintamente o projeto e seus resultados.
Justificativa	Por que o investimento precisa ser feito ou por que ele é um bom negócio para a instituição? Qual ou quais são as estratégias que precisam desse investimento para se tornar viáveis?
Escopo	Descrição dos passos a serem seguidos para a implantação do projeto.
Áreas envolvidas	Áreas, departamentos, setores, unidades envolvidos no projeto, tanto durante a implantação como na geração dos resultados.
Recursos necessários	Recursos materiais, humanos, financeiros, instalações, facilidades e equipamentos necessários, por exemplo.
Orçamento e cronograma de desembolsos	Volumes de recursos financeiros necessários detalhados pelos grandes itens de gastos e distribuídos no tempo. Quando se fará o desembolso dos recursos por conta do investimento?
Avaliação do retorno	Avaliação dos retornos esperados, comparando-os com os recursos que serão consumidos.

(continua)

(continuação)

Tópicos do plano de investimentos	Descrição
Cronograma de implantação	Quando cada uma das etapas intermediárias e final deve estar concluída?
Cronograma de resultados	Quando e quanto se espera ter de retorno ou de resultados físico-financeiros como conseqüência do investimento?
Riscos e dificuldades de implementação	Quais são os principais riscos, dificuldades e ameaças durante e após a implantação do projeto? Como tratá-los?
Fontes	Se houver possibilidades ou garantias de fontes de recursos, mencionar as linhas especiais de financiamento disponíveis.

É claro que, para investimentos sem grandes imobilizações, de pequena monta, não será necessário um documento tão detalhado, bastando apenas uma planilha, como mostrado no modelo de plano de ação ilustrado na Seção 13.4.

13.5.2 Orçamento Estratégico

Quem vai assegurar, *a priori*, que há recursos financeiros para *todas* as propostas de investimentos aprovadas? Das muitas propostas apresentadas, quais são as prioritárias? Comparando-se as relações benefício-recursos ou benefício-custos, que investimentos apresentam os melhores resultados relativos? De onde virão os recursos para honrar os investimentos propostos e aprovados?

O documento que resume todas essas respostas é o **orçamento estratégico**. Esse orçamento, diferentemente do orçamento operacional, tem as seguintes características:

1. **É plurianual** — como a maioria dos investimentos tem uma duração de implantação que supera o ano fiscal e como o retorno dos recursos empregados pode ser demorado, o orçamento estratégico deve cobrir vários anos, ao menos em um horizonte suficiente para que os principais investimentos estratégicos possam se pagar ou, alternativamente, gerar os resultados programados. Embora seja plurianual no horizonte, ele é refeito periodicamente ou quando as condições externas ou internas se alteram.

2. **É estratégico e gerencial** — procura mostrar os resultados das decisões gerenciais e estratégicas, diferentemente do orçamento contábil, que procura contemplar mais os interesses fiscais e societários. Normalmente, o primeiro ano, pelo menos, deve ter, *grosso modo*, números coincidentes tanto no orçamento estratégico quanto no contábil.

3. **É sumário** — poucos números, grandes números, facilitando a elaboração e o acompanhamento. Esse orçamento não deverá apresentar detalhamentos mensais, trimestrais ou mesmo semestrais; deve contemplar somente valores anuais.

4. **Contempla o investimento inteiro** — mostra os investimentos estratégicos *completos* e explicita como eles decorrem de exigências das estratégias escolhidas.
5. **Contempla os resultados** — associa a cada investimento os seus resultados e retorno.
6. **Contempla grandezas físicas** — além dos valores financeiros, apresenta resultados físicos, consumo, produção e vendas associados às operações e, principalmente, aos investimentos.
7. **Mostra as fontes** — de onde vêm os recursos? Das operações? Dos acionistas? De investidores? De alienação de patrimônio inservível? De parcerias?

Um modelo bastante simples de um orçamento estratégico é apresentado na Tabela 13.2.

Tabela 13.2 Modelo Ilustrativo de um Orçamento Estratégico

Orçamento estratégico para a instituição XYZWT para o período de 2014-2018							
Rubricas	Realizado em 2013	2014	2015	2016	2017	2018	Total (2014-2018)
Grandezas físicas (por unidades gerenciais): Produção Vendas Estoques Outros							
Receita bruta: Das operações correntes (por área estratégica) Do Projeto A Do Projeto B Do Projeto C De outros projetos							
Impostos							
Entradas/saídas líquidas de caixa (se houver)							
Custos operacionais							

(continua)

(continuação)

Orçamento estratégico para a instituição XYZWT para o período de 2014-2018							
Rubricas	Realizado em 2013	2014	2015	2016	2017	2018	Total (2014-2018)
Margem bruta							
Despesas administrativas							
Margem líquida							
Imposto de Renda							
Resultados operacionais							
Saldo do ano anterior	X0	X1	X2	X3	X4	X5	Saldo do ano anterior
Fontes de financiamento (explicar)							
Total disponível para investimentos							
Investimentos: Projeto A Projeto B Projeto C Demais projetos							
Saldo para o próximo ano		X1	X2	X3	X4	X5	X6	Saldo para o próximo ano

13.5.3 Cronograma de Implantação

Um **cronograma de implantação** estabelece os grandes marcos de implementação de todos os projetos da organização, as datas nas quais são esperados resultados mensuráveis e observáveis, bem como os responsáveis pelos respectivos projetos e investimentos.

Deve-se ordenar as atividades de acordo com os critérios *tempo* e *importância*, de forma que possam ser avaliadas, aprovadas e acompanhadas. Esse é um elemento-chave para a implantação de qualquer gestão estratégica.

No caso mais complexo, em instituições de grande porte, com grandes volumes de investimentos, um diagrama de precedência deve ser construído para cada projeto, como o ilustrado na Figura 13.2, no qual se anotam as datas em que cada evento futuro deverá acontecer. Como será mostrado na Seção 19.5, as técnicas de gestão de projetos e o uso do MS Project[2], por exemplo, podem ajudar muito nesse mister.

Figura 13.2 Diagrama de Precedência

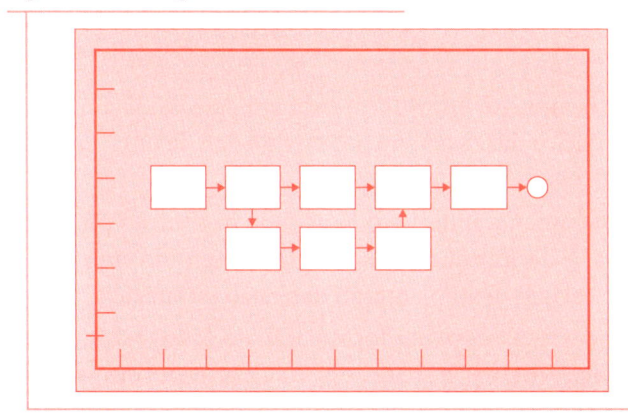

No caso mais geral, um simples gráfico de Gantt, como o ilustrado na Figura 13.3, já seria extremamente útil.

Figura 13.3 Cronograma de Implantação de Projetos Estratégicos

Cronograma de implantação dos projetos estratégicos																				
1ª fase			2014				2015				2016				2017				2018	
	Resp.	Status	1	2	3	4	1	2	3	4	1	2	3	4	1	2	3	4	1	2	3	4
Projeto A	Antônio Pedro	em andamento																					
Projeto B	Marina Silva	em andamento																					
Projeto C	Benedito Moreno	a iniciar																					
Projeto D	Walter Negrão	a iniciar																					
2ª fase Projeto E	Waldelice Oliveira	a iniciar																					
Revisões																						

---

[2] *Software* de propriedade da Microsoft. A versão Project2003 faz parte do Microsoft Office System.

Nos casos mais simples, em organizações de pequeno porte, será suficiente uma agenda bem preparada, acompanhada e divulgada periodicamente, com os marcos mais importantes ligados ao início e ao fim de cada atividade, aos pontos de revisão e ao término dos projetos.

Termos-chave

Neste capítulo, apresentou-se um roteiro-modelo para os documentos resultantes dos exercícios de planejamento estratégico de uma empresa ou entidade.

O modelo apresentado é meramente indicativo, pois cada instituição precisará examinar seu caso particular e decidir quais dos itens fazem sentido em relação à sua realidade local e a seu estágio de implantação da gestão estratégica.

Inicialmente, foram mostradas as bases para a formulação do plano estratégico, consistindo em conceitos de objetivos e metas estratégicas e em um roteiro sugerido para o documento, fazendo referência aos tópicos já indicados no livro e indicando o grau de prioridade que cada tópico deve ter no documento final.

A seguir, foi apontado um roteiro-modelo para os planos estratégicos de cada área das empresas ou entidades.

Lembramos que as áreas estratégicas corporativas também devem ter suas estratégias gerais, as quais precisam ser incluídas no plano estratégico da instituição. Foi visto, também, um roteiro-modelo para elaborá-las.

O detalhamento dos planos estratégicos para tratamento de projetos específicos deve ser feito por meio dos planos de ação, que podem ser, conforme o caso, documentos que especificam *o que* vai ser feito, *quem* vai fazer, *como* vai fazer, *quando* deve estar pronto e *quais* os recursos humanos, materiais ou financeiros necessários para realizá-los.

Finalmente, foram mostrados roteiros-modelo para um plano de investimento, para um orçamento estratégico e para um cronograma de implantação dos investimentos estratégicos para a instituição.

Questões

1. Qual é a diferença entre um objetivo estratégico e uma meta estratégica? Por que ambos são tão importantes? Como eles se inserem no plano estratégico da organização?

2. O que são planos de ação e como eles se relacionam com os objetivos, as metas e as estratégias da organização? Quais são os tópicos relevantes para a elaboração de um plano de ação estratégico?

3. Qual é a importância dos investimentos estratégicos e como eles devem ser tratados no plano estratégico de uma organização?

4. Quais são as principais características de um bom orçamento estratégico? Utilizando o modelo sugerido na Seção 13.5.2, esboce um orçamento estratégico para uma dada organização.

5. Usando o modelo sugerido na Seção 13.5.3, esboce um cronograma de implantação dos projetos estratégicos para uma determinada organização que você conhece.

14

Metodologia de Planejamento Estratégico

Tópicos

- Bases Metodológicas • Etapas de Implantação •
- A Seqüência W •
- Seqüência Conceitual e Cronograma-macro de Implantação •
- Acompanhamento da Implantação Estratégica •

Apresentação

O objetivo deste capítulo é apresentar os grandes passos e fases para a implantação da **metodologia de gestão estratégica** em uma instituição, bem como explicar suas etapas principais e os cuidados necessários para tal implantação.

Inicialmente, descrevemos os passos e as atividades para a implantação da gestão estratégica em uma empresa ou entidade, e como eles interagem e distribuem-se no tempo.

As grandes etapas ou fases da implantação, adotando-se a **seqüência W**, são descritas e justificadas.

Apresentamos também as principais características de um **cronograma-macro de implantação**.

Finalmente, enfatizamos a necessidade de haver mecanismos fortes e eficazes de acompanhamento e **avaliação do andamento da implantação** da gestão estratégica, apresentando o **ciclo operacional** e o **ciclo estratégico** para correções de rumo.

Legenda: Capítulos já estudados | Capítulo em estudo | Capítulos ainda não lidos

- Introdução

Parte I — Motivação
1. Motivações para a Estratégia
2. Desafios para a Estratégia

Parte II — Conceituação
3. Conceitos Básicos de Estratégia
4. Gestão Estratégica
5. Transformação Estratégica

Parte III — Análise
6. Análise do Ambiente Externo
7. Análise da Turbulência e da Vulnerabilidade
8. Análise do Ambiente Interno

Parte IV — Formulação
9. Representação do Portfólio
10. Estratégias de Balanceamento do Portfólio
11. Formulação das Estratégias
12. Capacitação Estratégica

Parte V — Implantação
13. O Plano Estratégico
14. Metodologia do Planejamento Estratégico *(Capítulo em estudo)*
15. *Workshop* de Planejamento Estratégico
16. Implantação da Gestão Estratégica

Parte VI — Aprofundamento
17. Formulação de Estratégias via Teoria dos Jogos
18. Jogos de Empresas para Capacitação Estratégica e Simulação Gerencial
19. Ferramentas para Planejamento e para Gestão Estratégica
20. Aplicações e Práticas da Gestão Estratégica

Os tópicos a seguir apresentam as bases conceituais e metodológicas aplicadas por nós em trabalhos de consultoria para empresas, cooperativas e entidades sem fins lucrativos — e as quais são desenvolvidas neste livro.

14.1 Bases Metodológicas

14.1.1 Conceitos Fundamentais

Vários elementos compuseram os recursos aqui utilizados. Os primeiros foram os conceitos e técnicas desenvolvidos pelo acadêmico e consultor russo naturalizado norte-americano Igor Ansoff[1], recentemente falecido, considerado um dos grandes pensadores de Estratégia e uma das figuras-chave na formulação de um conceito claro de **gestão estratégica**[2].

Complementando e aprofundando essas sementes conceituais, há diversas outras contribuições, disponíveis na literatura especializada:

- **Gary Hamel**, que introduziu conceitos fundamentais, como plano estratégico, arquitetura estratégica, previsão para o setor e competências centrais[3];
- **Michael Porter**, com os conceitos de vantagens competitivas e das cinco forças competitivas: entrada de novos concorrentes, ameaça dos substitutos, poder de barganha dos compradores, poder de barganha dos fornecedores, rivalidade entre os concorrentes atuais. A contribuição de Porter foi significativa na análise dos fatores de competitividade aplicáveis a cada país[4];
- **Andrew Campbell e Kenichi Ohmae**, para desenvolvimento e aplicação do conceito dos 3-Cs estratégicos: corporação (organização), cliente e competição[5];
- **Boston Consulting Group (BCG)**, tido por muitos como a primeira consultoria puramente estratégica, introduziu o conceito da matriz do **portfólio**, considerando as variáveis de crescimento e a competitividade dos negócios[6];
- **Bruce Henderson**, que propôs uma teoria de gestão de caixa, fornecendo recomendações sobre como gerenciar o caixa da organização em ordem de

---

[1] ANSOFF, 1957; ANSOFF, 1984; ANSOFF, H. I.; DECLERCK, R. P.; HAYES, R. L. (Org.). *Do planejamento estratégico à administração estratégica*. São Paulo: Atlas, 1986.

[2] Citado em CRAINER, S. *The ultimate book of business gurus*. Oxford: Captone Publishing Limited. New York: Amacom, 1998.

[3] HAMEL, G. *Competence-based competition.* New York: John Wiley, 1995.

[4] PORTER, M. E. *Técnicas para análise de indústrias e da concorrência*. Rio de Janeiro: Campus, 1986; PORTER, 1990; MONTGOMERY, C. A. ; PORTER, M. E. (Org.). *Estratégia*: a busca da vantagem competitiva. Rio de Janeiro: Campus, 1998.

[5] CAMPBELL, A.; GOOLD, M.; ALEXANDER, M. *Corporate-level strategy*: creating value in the multibusiness company. New York: John Wiley, 1994; OHMAE, K. *The mind of the strategist*. New York: McGraw-Hill, 1982.

[6] STERN, C. W.; STALK JR., G. *Perspectives on strategy from The Boston Consulting Group*. New York: John Wiley & Sons, 1998.

prioridade para o negócio, e não de *volume*, em cada um dos **quatro quadrantes** do **portfólio**[7];

- **Richard Pascale**, que estabeleceu os macroaspectos a serem avaliados, em uma organização, para se verificar se ela está bem balanceada entre seus aspectos "flexíveis" — os mais facilmente mutáveis, chamados pelo autor de *soft*: estilo (*style*), valores compartilhados (*shared values*), habilidades (*skills*) e pessoal (*staff*) — e seus aspectos "rígidos", mais perenes — chamados pelo autor de *hard*: estratégia (*strategy*), estrutura (*structure*) e sistemas (*systems*). Essas sete características da empresa são chamadas de os **7Ss de Pascale**[8].

Outros autores, contemporâneos desses ou mais recentes, também devem ser citados[9].

14.1.2 Características da Metodologia Aplicada

As principais características da metodologia vista neste livro são a evolução, a transformação e o aprofundamento progressivos do uso da metodologia proposta por Ansoff para empresas e entidades brasileiras. Os vários módulos aqui descritos devem ser utilizados considerando-se o **grau de prontidão**, o amadurecimento e a familiarização com os conceitos estratégicos. Ou seja, a implantação da gestão estratégica deve ser progressiva em cada organização e deve considerar, a cada estágio de implementação, qual ou quais módulos são necessários e aplicáveis com sucesso a cada fase ou etapa.

Os passos a seguir podem e devem ser adaptados a cada situação, levando-se em conta a empresa ou entidade, a situação estratégica e o estágio de implantação da metodologia. Deve haver flexibilidade nas formas de fazer, mas solidez nos conceitos e princípios, tratados como pontos fixos da metodologia. Também é necessário um cronograma de acompanhamento rígido, para evitar que outros interesses do dia-a-dia se sobreponham aos compromissos assumidos nos *workshops* (seminários internos), os quais são descritos no Capítulo 15.

---

[7] HENDERSON, B. D. *Perpectives on strategy from the Boston Consulting Group (The Star of the Porfolio)*. New York: John Wiley & Sons, 1998.

[8] PASCALE, R.; ATHOS, A. *The art of Japanese management*. London: Penguin, 1981.

[9] Veja, por exemplo, em HUNGER, J. D. *Strategic management*. Reading (MA): Addison — Wesley, 1996; HUNGER, J. D.; WHEELEN, T. L. *Essentials of strategic management*. Reading (MA): Addison-Wesley, 1997; VERNON-WORTZEL, H.; WORTZEL, L. H. *Strategic management in the global economy*. New York: Jonh Wiley, 1997; WRIGHT, P.; KROLL, M. J.; PARNELL, J. A. *Strategic management concepts*. Upper Saddle River (NJ): Prentice-Hall, 1998; MINTZBERG, H.; AHLSTRAND, B.; LAMPEL, J. *Strategy safari*. New York: The Free Press, 1998; HUSSEY, D. *Strategy and planning: a manager's guide*. 5. ed. Chichester, West Sussex, UK: Wiley, 1999; TIFFANY, P.; PETERSON, S. D. *Planejamento estratégico*. Rio de Janeiro: Campus, 1999.

14.1.3 O Estilo do Trabalho

O trabalho relacionado à gestão estratégica requer determinadas características e estilo. Ele necessita, primeiro, de um ambiente propício à criação e à inovação, com liberdade para pensar e para criar bem como disposição e estímulo para "pensar o impensável". Deve-se fugir da chamada "torre de marfim" do planejamento: aqueles que estarão comprometidos com a *implantação* dos planos precisam participar de sua *elaboração*, desde o começo.

É preciso estimular o trabalho em equipe em tudo o que for possível, com autonomia para ação, dentro dos propósitos combinados. O foco, portanto, deve estar voltado mais para as atividades coletivas do que para as atividades individuais. O trabalho estratégico não deve exagerar no volume de dados: deve-se concentrar apenas nos números realmente relevantes. Deve-se também atribuir tanto respeito e importância ao processo quanto aos resultados finais.

Planos, estratégias e metas devem ser facilmente acompanháveis e verificáveis, isto é, devem ser especificados os parâmetros e as formas de verificação da sua implantação. Deve haver especificação e aprovação dos prazos, dos responsáveis e dos recursos por quem tem poderes para isso. Além disso, os relatórios de acompanhamento devem mostrar como os planos de ação devem ser implantados.

14.1.4 O Enfoque Estratégico

Todos os exercícios de pensamento e de formulação estratégica devem partir do pressuposto de que o *futuro* deve ser encarado de maneira descontínua, ou seja, o futuro não deve ser visto como uma mera extrapolação do passado, ou do presente.

Deve-se olhar primeiro *para fora* da instituição, para seu mercado, para seu público-alvo e, depois, olhar *para dentro*. Assim, por exemplo, nunca se deve deixar de lado, negligenciar ou menosprezar os concorrentes, tanto os atuais como os futuros! Deve-se buscar uma visão compartilhada do futuro, muito mais do que uma visão particular ou individual, por mais brilhante que possa ser ou parecer.

14.2 Etapas de Implantação

A Figura 14.1 apresenta, em uma escala indicativa de tempo, no eixo horizontal, e de nível de atividade ou de esforço, no eixo vertical, os principais passos e atividades envolvidos na implantação da gestão estratégica em uma empresa ou entidade.

O primeiro ciclo completo de implantação da gestão estratégica deve passar por cinco grandes etapas: **preparação**, *workshop*, **detalhamento**, **implantação** e **revisão**, como mostrado na Figura 14.1. Os ciclos seguintes, de replanejamento estratégico, repetirão, aproximadamente, os mesmos passos, porém com outras intensidades e em outras escalas de tempo.

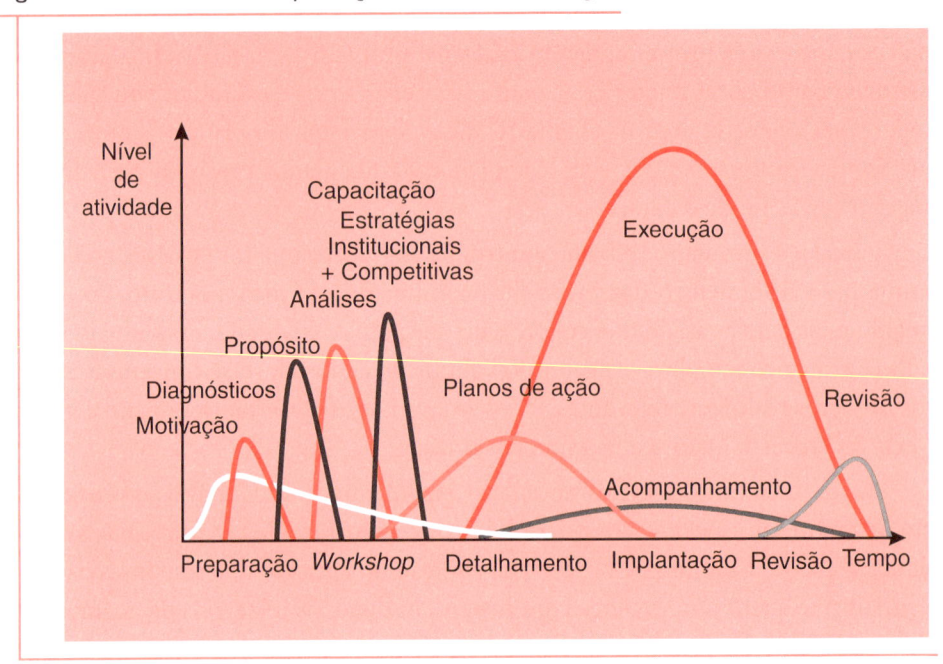

Figura 14.1 Um Ciclo de Implantação de Gestão Estratégica

[Figura: gráfico com eixo "Nível de atividade" vs "Tempo", mostrando curvas sobrepostas representando as fases: Diagnósticos, Motivação, Propósito, Capacitação Estratégias Institucionais + Competitivas Análises, Planos de ação, Execução, Acompanhamento, Revisão — ao longo das etapas: Preparação, Workshop, Detalhamento, Implantação, Revisão.]

14.2.1 Etapa de Preparação

A etapa de **preparação** é constituída por duas grandes atividades: a de **sensibilização/motivação** e de **diagnóstico**, que podem ser executadas simultaneamente:

- **Sensibilização** — nesta fase, são feitos os programas de sensibilização e de motivação da alta e média chefias, alertando-os para a necessidade do *workshop* e para os benefícios que dele podem ser esperados. Também devem ser divulgados internamente os conceitos e a metodologia adotada. A motivação prossegue praticamente ao longo de todo o ciclo, com maior ênfase na preparação e no *workshop*.
- **Diagnóstico** — nesta fase, serão feitas as avaliações da situação estratégica, da mentalidade estratégica e da prontidão estratégica da entidade, como descritos na Seção 20.1. Caso os resultados desses diagnósticos se mostrem insatisfatórios, deve-se considerar a hipótese de adiar o início do projeto ou de se fazer um encaminhamento mais demorado, até que se consigam as condições mínimas de sucesso do projeto.

14.2.2 Etapa do Workshop

Durante o *workshop* serão elaborados, em conjunto, basicamente, os seguintes tópicos:

- elaboração de análises, em equipe, para avaliação do ambiente externo, das turbulências, da vulnerabilidade e do ambiente interno da empresa ou entidade;
- formulação do propósito da instituição, contemplando a visão, a missão, os princípios e os valores, e quando é feita a opção estratégica da instituição;

- formulação das estratégias corporativas e competitivas, bem como das estratégias de rotação e de balanceamento do portfólio;
- análise da capacitação e formulação dos planos para superar as lacunas eventualmente encontradas, passo essencial para a implantação das estratégias escolhidas.

14.2.3 Etapa de Detalhamento

Nesta fase, serão feitos os planos de ação e projetos específicos, os orçamentos de investimento, o orçamento estratégico e os cronogramas de implantação, conforme o que consta nos Tópicos 13.5.3, 14.4 e 19.5[10].

14.2.4 Etapa de Implantação

A implantação envolve a execução e o acompanhamento, efetuados simultaneamente.

A **execução** propriamente dita coloca em prática os planos de ação e os projetos aprovados. Observe, na Figura 14.1, que a execução pode se iniciar *antes* da conclusão do detalhamento de todos os planos de ação. A explicação é que, assim que algum plano de ação estiver pronto e *aprovado* nas instâncias adequadas, e se não depender de outros, ele poderá entrar em implantação de imediato, sem precisar esperar, obrigatoriamente, a conclusão daqueles que demandem levantamentos ou estudos mais demorados e complexos ou recursos difíceis de obter.

No caso geral, entretanto, é necessário considerar que cada plano de ação deve entrar em execução *no momento apropriado*, que pode não ser imediatamente! A espera ou não pelo detalhamento e aprovação de outros planos poderá depender de procedências a serem identificadas; por exemplo, pode não fazer sentido executar uma análise de mercado para suportar a propaganda de um produto com demasiada antecedência em relação à sua disponibilidade, pois os dados da análise podem perder relevância antes de serem usados.

O **acompanhamento** das implantações ocorre por meio de relatórios-sumários, gráficos, reuniões e entrevistas, entre outros. O acompanhamento percorre *todo* o processo de implantação e pode implicar correções de rumo, operacionais ou estratégicos, como será mostrado no Tópico 14.5. Recomendamos, também, o exame da Seção 19.4, que oferece uma metodologia para acompanhamento da implantação da gestão estratégica e das estratégias escolhidas e aprovadas.

14.2.5 Etapa de Revisão

Ao final de cada período de planejamento — tipicamente anual —, são feitas avaliações e revisões gerais de todo o processo de implantação das ações programadas, tanto dos projetos em andamento como dos concluídos, bem como dos resultados obtidos.

A revisão deve gerar também sugestões, decisões, providências e medidas para melhorias no processo para o próximo ciclo de planejamento.

---

10 Sugerimos usar o roteiro 5W+2H, respondendo às sete perguntas: What?, Why?(What for?), How?, Who?, Where?, When?, How much?(How many?).

14.2.6 Algumas Considerações sobre as Dimensões do Gráfico

As duas dimensões do gráfico da Figura 14.1 — o nível de atividade, na vertical, e a escala do tempo, na horizontal —, embora mostradas apenas esquematicamente, têm algo importante a ilustrar:

- o nível de atividade ou intensidade dos esforços deve estar realmente concentrado na execução. Muitas empresas ou entidades "perdem o pique" na implantação da gestão estratégica por não estarem dispostas a despender a energia, os recursos, e a atenção necessários à consecução dos projetos decorrentes da análise e da formulação estratégica;
- muitas atividades podem e devem ser feitas simultaneamente, para se ganhar tempo e para realimentar os resultados de uma sobre as outras;
- em relação ao tempo, a fase mais demorada é, naturalmente, a execução. Assim, algumas horas de motivação e dois ou três dias de *workshop* devem ser seguidos de 30 a 60 dias de detalhamento e aprovação, os quais, por sua vez, devem ser seguidos de 10 a 20 meses de execução, se não mais, dependendo do caso, e ainda muitos anos para o retorno dos resultados.

Um trabalho sem acompanhamento e sem revisão tende a se perder no tempo e no espaço. A alta administração da entidade ou empresa deve tomar a si, com todo o rigor, o acompanhamento da implantação dos planos decorrentes do planejamento estratégico. Delegações indevidas e o não-acompanhamento costumam ser desastrosos!

Afinal, se existir a possibilidade de a construção do futuro da instituição ficar em um segundo plano nas atenções, no interesse e nas prioridades da alta administração, pergunta-se o que, realmente, deveria lhes interessar *mais* do que isso. Se isso infelizmente estiver ocorrendo, pode ser um sinal de que a prontidão e a mentalidade estratégicas não estão presentes no nível mínimo necessário. Essas condições deveriam ter sido identificadas durante o diagnóstico e solucionadas antes do início do processo.

14.3 A Seqüência W

Quando se fala em planejamento e gestão estratégica a empresários ou administradores de entidades, uma das perguntas que temos ouvido com muita freqüência é: por onde se deve começar uma implantação de *gestão estratégica*, de cima para baixo, ou de baixo para cima?

Colocada dessa forma, como se fosse um dilema, essa pergunta pode gerar muitas confusões, pois algumas organizações ditas *democráticas* costumam ter certa "ojeriza" a qualquer orientação que surja de forma *autocrática*, dos mais altos escalões das instituições, ao passo que outras, com tradição mais centralizadora, evitam ao máximo a organização e a iniciativa "das bases".

De fato, cada um dos dois movimentos tem suas vantagens e desvantagens.

O movimento *top-down* (de cima para baixo) procura garantir certa unidade de propósitos e estratégias, principalmente para organizações que atuam em vários lugares, caso de empresas multinacionais como Microsoft, Nestlé e Fiat. Seu objetivo é garantir que a instituição tenha um estilo similar em todos os setores, unidades, fábricas, cidades ou países nos quais atue. Em empresas muito grandes e com muitas filiais, esse movimento é, de modo geral, o mais eficaz.

Como desvantagem, entretanto, ele sugere um ranço autocrático e autoritário, podendo despertar ressentimentos e oposição surda das bases, como "eles decidem e nós é que temos de executar", desperdiçando os imensos recursos disponíveis nos colaboradores diretamente envolvidos com a produção ou com a prestação dos serviços.

O movimento *bottom-up* (de baixo para cima), por sua vez, reforça a adesão, a participação de todos, explorando os conhecimentos específicos que cada um tem de seu local de trabalho, contribuindo efetivamente para a construção de soluções de caráter mais geral.

Esse movimento é, de modo geral, muito motivador; no entanto, tem, como desvantagem, o fato de geralmente ser mais demorado, mais difícil de coordenar, tendo resultados incertos e, até com certa freqüência, podendo "sair do controle".

Assim, considerando-se esses dois aspectos aparentemente antagônicos, a metodologia aqui proposta procura tirar proveito das vantagens de ambos, tentando evitar as desvantagens de cada um deles, trabalhando com os dois movimentos em etapas alternadas, como segue:

- 1º movimento — *de cima para baixo*, de direcionamento e de alinhamento, de sensibilização, que é de iniciativa da alta administração e da alta gerência;
- 2º movimento — *de baixo para cima*, no qual as bases, agora alinhadas, fazem suas reflexões e submetem suas proposições à direção da empresa;
- 3º movimento — *de cima para baixo*, de decisão, em última instância, pela alta administração, que examina, consolida e compatibiliza as propostas, toma as decisões e dá conhecimento a todos de suas decisões e determinações;
- 4º movimento — *de baixo para cima*, de implementação, acompanhamento e realimentação (*feedback*), no qual as equipes de trabalho colocam em prática aquilo que foi decidido, informando continuamente à alta administração o que está acontecendo e os resultados que estão obtendo.

Observe que esses quatro movimentos podem ser representados pelos quatro braços da letra W, razão pela qual essa metodologia de trabalho é aqui chamada, mnemonicamente, de seqüência W.

Veremos agora, em mais detalhes, cada um dos quatro movimentos citados.

14.3.1 *Direcionamento e Alinhamento*

As bases para o primeiro movimento partem de levantamentos e análises, tanto externos quanto internos. Os externos podem partir de levantamentos de mercado, reclamações de clientes e usuários, bem como da situação dos concorrentes atuais e potenciais. Os internos podem ser feitos de maneira a captar os conhecimentos e opiniões de uma parcela ampla da organização. Por exemplo, as análises simples de pontos fortes, pontos fracos e pontos a melhorar serão pouco confiáveis se não incluírem a participação de pessoas de praticamente todos os níveis e setores da organização. Além disso, definir um direcionamento estratégico sem um conhecimento confiável do mercado ou do público-alvo e do que existe na organização pode ser, no mínimo, temerário.

Nesse primeiro movimento, a mais alta administração da instituição reflete sobre sua visão, missão, princípios e valores, posicionamento estratégico, diretrizes e grandes estratégias corporativas, além de formular uma declaração sumária desses pontos. Entretanto, quem são as pessoas que devem estar envolvidas nesse processo? A resposta é simples: obrigatoriamente, todos aqueles que têm sob sua responsabilidade direta ou compartilhada os destinos da instituição e de suas unidades operacionais e administrativas.

Deve-se alertar, entretanto, que muitas vezes aquelas pessoas que têm a responsabilidade formal pelas definições dos rumos da organização não são as detentoras de todo o conhecimento sobre a organização, ou, pior ainda, têm um conhecimento muitas vezes equivocado: são incapazes de ver claramente o que está próximo, ou não conseguem enxergar o que está distante, no tempo ou no espaço.

Portanto, é interessante envolver no processo outras pessoas responsáveis pela operação. Mesmo a respeito de aspectos externos, o envolvimento de alguns funcionários "comuns" pode ser extremamente útil; por exemplo, um vendedor pode dizer coisas interessantes sobre as opiniões dos clientes, opiniões dos concorrentes e de outros, diferentemente do que podem pensar os gerentes de vendas e de marketing — e essas informações quase nunca chegam aos ouvidos da alta administração ou da alta gerência.

Para tais formulações, podem-se conduzir *workshops* reunindo de 20 a 40 pessoas, por um período concentrado de dois a quatro dias, conforme será descrito no Capítulo 15. Nesse tipo de evento, divergências sobre os tópicos do *propósito*, no mínimo, devem ter sido consideradas, discutidas e resolvidas.

Esse movimento é ilustrado pela Figura 14.2.

Figura 14.2 Direcionamento e Alinhamento

14.3.2 Reflexões e Proposições

Na etapa seguinte, as grandes diretrizes são comunicadas e explicadas, verbalmente e por escrito, às equipes de trabalho, possivelmente em um grande evento. O objetivo é proporcionar, às pessoas que vão elaborar as propostas e os projetos, as bases necessárias para que possam se aprofundar em suas análises e propor soluções, passos e providências, conforme ilustrado na Figura 14.3. Essas propostas devem ser objetivas, simples e ilustrativas, com cronogramas e orçamentos realistas, conforme mostrado, com mais detalhes, no Capítulo 13.

Figura 14.3 Reflexões e Proposições

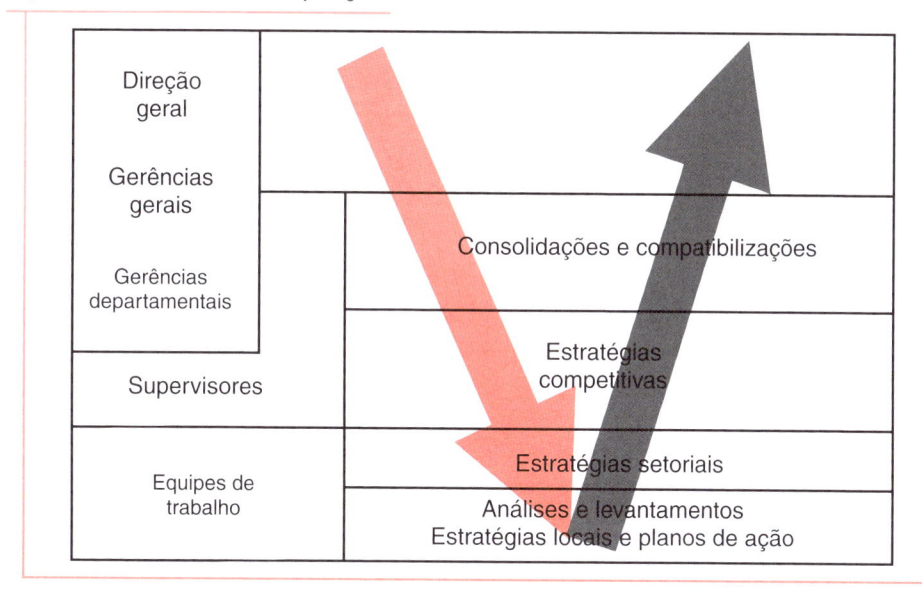

Nesta etapa, também são feitas as consolidações e compatibilizações das grandezas físicas e financeiras das diversas unidades e departamentos proponentes, dando certa unidade aos planos e propostas.

14.3.3 Decisão e Divulgação

De posse dessas análises e propostas, devidamente acompanhadas de orçamentos de investimentos, dos resultados e das consolidações, a direção, com o apoio, providências e coordenação do facilitador[11], toma as devidas decisões e as comunica, formalmente, às equipes técnicas e de trabalho, para detalhamento e implementação.

---

[11] O papel do facilitador será discutido nos Tópicos 15.1.2, 15.2.5 e 15.4.2. e 20.2.1.

Observe que as decisões estratégicas serão formalmente divulgadas a todos os colaboradores diretos e indiretos da instituição somente nesse terceiro movimento, pois muitas mudanças podem ter ocorrido ao longo de todo o processo, e divulgações antecipadas e indevidas podem trazer desencontros de informações e conflitos internos na organização.

Esse terceiro movimento é ilustrado na Figura 14.4.

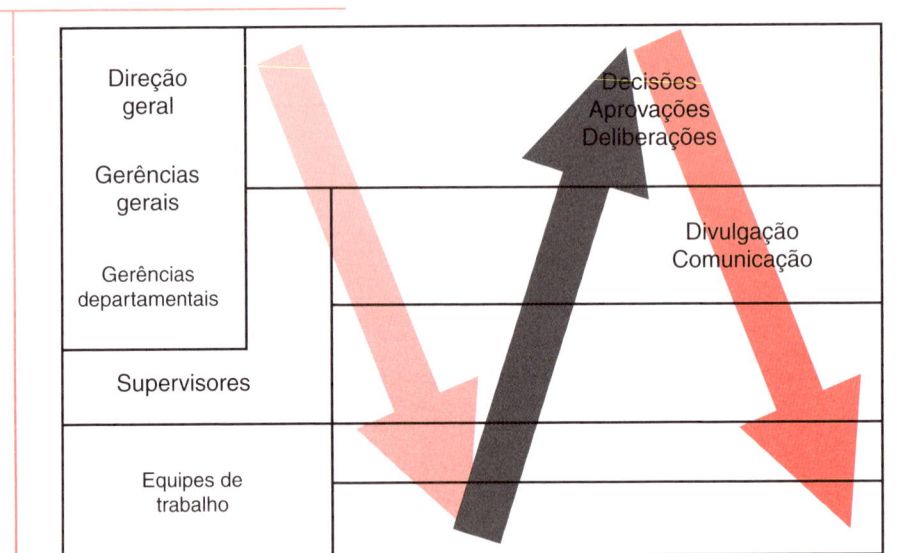

Figura 14.4 Decisão e Divulgação

Direção geral		Decisões Aprovações Deliberações
Gerências gerais		
Gerências departamentais		Divulgação Comunicação
Supervisores		
Equipes de trabalho		

14.3.4 Implementação e Acompanhamento

O quarto e último movimento resulta na implementação, pelas equipes de trabalho, dos planos de ação aprovados. Cada projeto deve gerar relatórios, reuniões, gráficos, enfim, o que for especificado para manter a alta administração informada sobre o andamento das providências[12]. Eventuais discrepâncias devem merecer ações corretivas ou preventivas. Como se observa na Figura 14.5, este movimento completa as quatro etapas ou fases da chamada **seqüência W**[13].

---

[12] O uso do *Balanced Scorecards*, descrito no Tópico 19.4, pode ser uma boa opção para apoiar esta atividade.

[13] Lembremo-nos de que a mesma **seqüência W** deverá se repetir a cada novo ciclo de planejamento, com maior aprofundamento e eventualmente com outra escala de tempo, talvez mais comprimida!

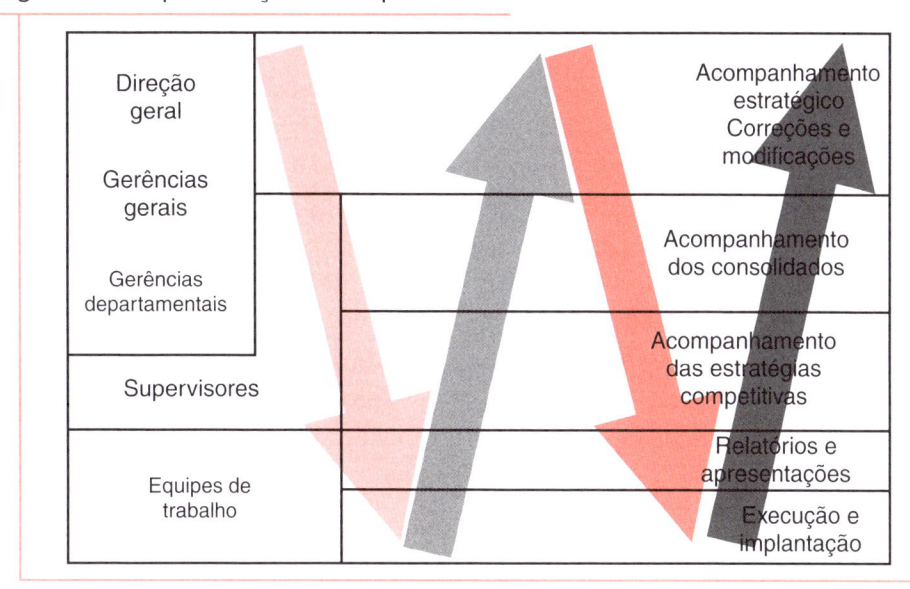

Figura 14.5 Implementação e Acompanhamento

Direção geral		Acompanhamento estratégico Correções e modificações
Gerências gerais		
Gerências departamentais		Acompanhamento dos consolidados
Supervisores		Acompanhamento das estratégias competitivas
Equipes de trabalho		Relatórios e apresentações
		Execução e implantação

14.4 Seqüência Conceitual e Cronograma-macro de Implantação

Uma seqüência conceitual ilustrativa do processo de planejamento estratégico é apresentada na página XL. Ela sumariza os grandes blocos conceituais e seus inter-relacionamentos.

Outro elemento-chave para a implantação do processo de gestão estratégica em uma empresa ou entidade é a construção de um cronograma-macro, representando todas as macroatividades e os macroprocessos envolvidos.

De modo geral, os executivos e administradores querem resultados de curto prazo, pois julgam que a implantação da gestão estratégica é apenas uma questão de métodos e procedimentos. Contudo, essa implantação implica mudanças de cultura, de habilidades, de atitudes e até mesmo da maneira de lidar com as oportunidades e ameaças do futuro.

Assim, embora alguns sinais e resultados já possam ser visíveis a curto prazo, somente a permanência, insistência, persistência, constância e determinação unânime da alta direção, *ao longo dos anos*, é que vão sinalizar efetivamente para toda a organização que as mudanças são "para valer", e que vieram para ficar, e quem não se alinhar vai acabar ficando de fora.

Nada mais útil, portanto, que um calendário macro, de longo prazo, muito bem divulgado e mantido, para sinalizar e enfatizar a todos quais são as mudanças pretendidas.

Vale a pena ressaltar que a expressão *longo prazo* pode ter significados diferentes para cada tipo de empresa ou entidade, mas, normalmente, ele abrange um período de cinco a dez anos. Em certas situações muito peculiares, contudo, pode-se ir de três a até 15 ou 20 anos, dependendo do tipo de negócio e dos investimentos envolvidos. O ciclo do produto, o período de maturação dos investimentos, o prazo de esgotamento de recursos estratégicos, os prazos de esgotamento de certos mercados, por exemplo, podem ser os principais determinantes para a escolha, em cada caso, de um horizonte de programação razoável, nem tão curto, que impeça o retorno dos investimentos, nem tão longo, que perca o sentido prático do negócio ou atividade.

Apresentamos, a seguir, um cronograma-macro ilustrativo de implantação da gestão estratégica em uma instituição. Tanto a escala de tempo quanto a lista de itens das macroatividades são exemplificações, mas dão uma idéia do esforço a ser empreendido e do prazo total de implantação que se pode esperar.

Esse cronograma deve ser elaborado ao final do primeiro *workshop* e submetido à aprovação da alta administração. Uma vez aprovado, deve ser periodicamente revisto, corrigido e ampliado e, naturalmente, divulgado, para que todos saibam "a quantas estamos" e onde e quando queremos chegar.

Tabela 14.1 Cronograma-macro de Implantação da Gestão Estratégica

Macroatividades	2013[14]		2014		2015		2016		2017		2018		2019		2020		2021		2022	
	1	2	1	2	1	2	1	2	1	2	1	2	1	2	1	2	1	2	1	2
	S	S	S	S	S	S	S	S	S	S	S	S	S	S	S	S	S	S	S	S
Sensibilização para estratégia																				
Diagnósticos estratégicos																				
Workshops de planejamento estratégico																				
Gestão da estratégia competitiva																				
Gestão estratégica do portfólio																				
Gestão da flexibilidade e da vulnerabilidade																				
Gestão estratégica da capacitação																				
Estratégias de diversificação																				

(continua)

---

[14] Valores já realizados.

(continuação)

Estratégias de alianças e parcerias															
Sistemas de informações gerenciais para o acompanhamento estratégico															
Governança corporativa (19.3.7), participação acionária, avaliação de desempenho, reconhecimento e recompensa															
Construção e acompanhamento dos gráficos-radar															
Organização por processos															
Trabalho em equipe															
Elaboração e acompanhamento de cenários (20.5)															
Sistema de vigilância estratégica															
Orçamento estratégico															
Estruturação do processo de sucessão															

Legenda:

☐ Atividade não implantada ou inoperante no período

▨ Implantação simplificada e pedagógica

■ Implantação plena

▨ Manutenção

■ Repetição com aprofundamento progressivo

14.5 Acompanhamento da Implantação Estratégica

Um bom cronograma-macro para implantação dos projetos de gestão estratégica na instituição precisa deixar claro *o que* vai ser feito, *quem* vai fazer, *quais* são as datas e os prazos de execução, *quais* são os resultados observáveis e mensuráveis esperados e *como* e *quando* esses resultados e andamentos devem ser reportados, *a quem* e *com qual* periodicidade.

Os relatórios de andamento da implantação da gestão estratégica devem informar como estão sendo acompanhadas as ações e quais são as grandezas físicas e financeiras envolvidas em cada projeto. A Seção 19.4 apresenta o *Balanced Scorecard* (BSC) como sugestão de um modelo de implantação e acompanhamento da gestão estratégica.

Perguntas úteis, nesse relatório, podem ser:

- √ Quais são os marcos relevantes da implantação?
- √ Que resultados são esperados/planejados e quanto já foi obtido?
- √ Quem são os responsáveis pelas ações e como as estão desempenhando?
- √ Quais são os desvios constatados entre o planejado e o executado?
- √ Quais são as causas dos desvios? Podem ser eliminadas ou contornadas? Como?
- √ O que está sendo feito para superar os desvios?
- √ Seria o caso de se propor um replanejamento? Em caso afirmativo, quem vai fazer e até quando deve estar pronto, para aprovação da diretoria?

Toda implantação de projeto necessita de processos de acompanhamento e de correção de rumos. Existem dois tipos de correção de rumo, ambos necessários: o **ciclo operacional** e o **ciclo estratégico**, descritos a seguir.

14.5.1 O Ciclo Operacional

O esquema a seguir (Figura 14.6) ilustra um dos mecanismos de correção de rumos na implantação de um projeto de cunho estratégico. Mostra-se, ali, que o plano estratégico é formulado de acordo com o triângulo formado pelos três vértices conhecidos: **propósito**, **ambiente** e **capacitação**. Aprovado o plano, ele deve entrar em execução.

Com a periodicidade combinada previamente — digamos, trimestral, mensal ou quinzenal —, é feita, no nível adequado, a verificação do andamento da implementação do projeto. Nesse ponto, esquematicamente, teremos duas possibilidades: a implementação está ocorrendo como o planejado, ou não.

No caso de estar de acordo, indica-se que se deve prosseguir sem alterações de curso. Caso contrário, algumas providências operacionais precisam ser implementadas a tempo, para corrigir as ações e, ainda, manter as metas globais do cronograma. As ações possíveis podem ser de vários tipos, tais como: substituição de pessoas; troca da função entre as pessoas no projeto; aumento de número ou da qualificação das pessoas; mudanças nos métodos e processos, na maneira de fazer as coisas; obtenção de mais recursos técnicos, administrativos ou financeiros; aumento da autonomia etc.

O ciclo formado pelas atividades de executar, verificar, corrigir, executar outra vez é chamado de **ciclo operacional**, como se observa na Figura 14.6.

Figura 14.6   O Ciclo Operacional

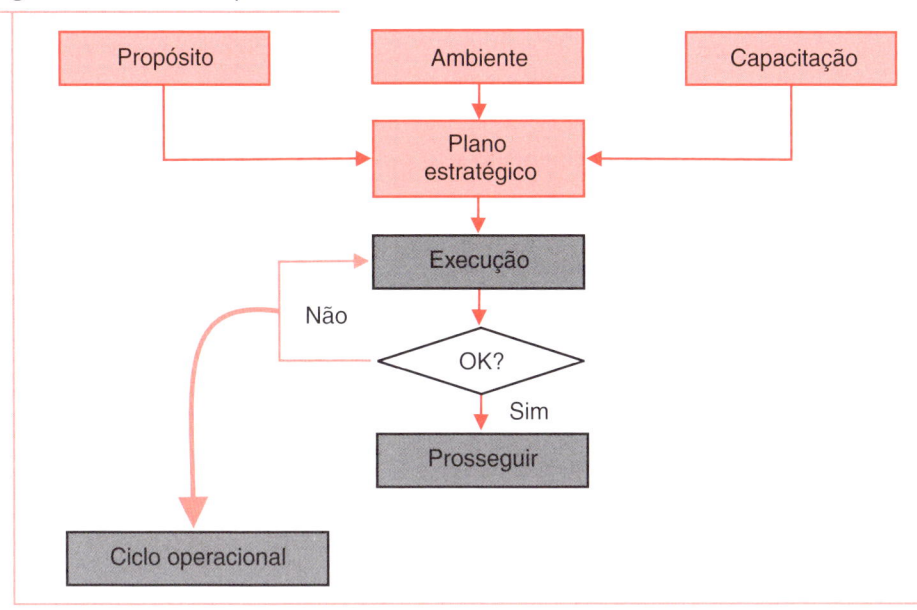

[Fluxograma: Propósito, Ambiente, Capacitação → Plano estratégico → Execução → OK? → Sim: Prosseguir; Não: Ciclo operacional (retorna à Execução)]

14.5.2   O Ciclo Estratégico

É possível, todavia, que o tipo de intervenção sobre a implantação dos projetos estratégicos esteja em outro contexto, como ilustrado na Figura 14.7.

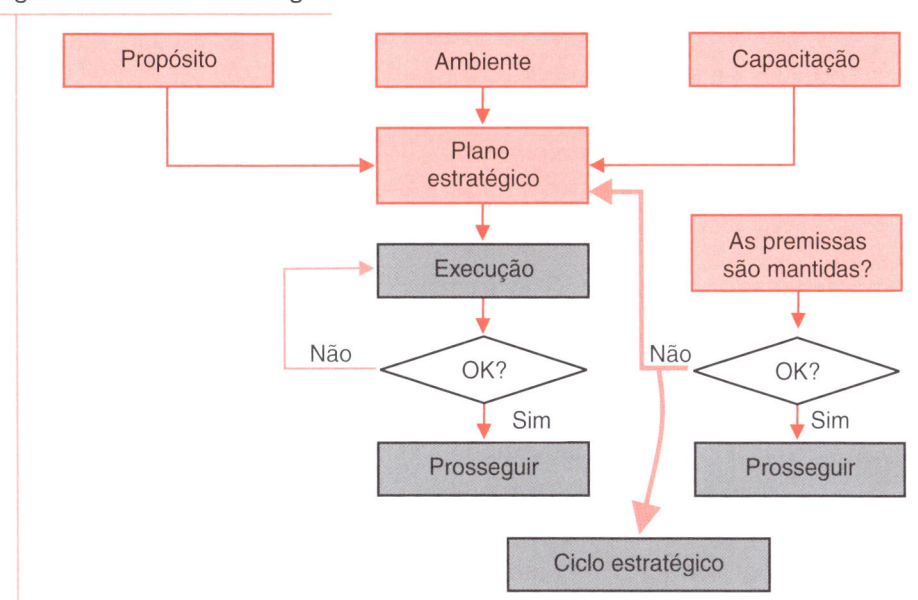

Figura 14.7   O Ciclo Estratégico

[Fluxograma: Propósito, Ambiente, Capacitação → Plano estratégico → Execução → OK? → Sim: Prosseguir; Não: retorna à Execução. As premissas são mantidas? → Sim: Prosseguir; Não: Ciclo estratégico (retorna ao Plano estratégico)]

Nessa outra situação, a origem dos problemas de dificuldade de execução pode não estar mais na execução propriamente dita, mas nas mudanças das premissas que estavam presentes no momento da elaboração e da aprovação do plano de trabalho. O esquema ilustra a avaliação que se deve fazer quanto à existência de mudanças externas que impliquem a necessidade de revisão do *próprio plano estratégico*. Embora o plano possa estar sendo implementado sem problemas, suas premissas podem ter mudado!

Uma vez revisto o plano, a implementação também precisa ser mudada, para se adaptar às novas condições prevalentes. O ciclo que começa pela verificação da existência de alguma mudança estratégica relevante, passando pela revisão do próprio plano e de seu impacto sobre a implementação é chamado de **ciclo estratégico**.

Aqui, como no Tópico 14.5.1, aplica-se o conceito do ciclo PDCA: *plan* (planejar), *do* (executar), *control* (controlar), *act* (atuar para melhorar), chamado também de ciclo PEVA, descrito em detalhes na Seção 15.5.

TERMOS-CHAVE

Neste capítulo, apresentamos os passos para a implantação da **metodologia de gestão estratégica** em uma instituição e explicamos as principais etapas a seguir e os cuidados necessários, bem como as bases conceituais da metodologia adotada.

Descrevemos também os passos e as atividades para a implantação da gestão estratégica em uma empresa ou entidade e como eles interagem e são distribuídos no tempo.

As grandes etapas ou fases da implantação, adotando-se a **seqüência W**, também foram descritas e justificadas.

Vimos ainda as principais características de um **cronograma-macro** de implantação.

Finalmente, enfatizamos a necessidade de haver mecanismos fortes e eficazes de acompanhamento e avaliação do andamento da implantação da gestão estratégica, apresentando o **ciclo operacional** e o **ciclo estratégico** para correções de rumo.

QUESTÕES

1. Quais são as principais características da **metodologia** e do estilo de trabalho aqui adotados para implantação da gestão estratégica?

2. Quais são e como são as principais etapas da implantação da gestão estratégica?

3. O que é a **seqüência W**? Como e por que ela é usada no processo de formulação de um plano estratégico? Por que não se deveria utilizar, por exemplo, em

uma empresa, uma seqüência M (*bottom-up*, *top-down*, *bottom-up*, *top-down*)? Justifique.

4. Esboce um **cronograma-macro** de implantação da gestão estratégica para uma dada organização, usando o modelo sugerido na Seção 14.4. Justifique as macroatividades escolhidas, sua ordem de implantação, suas interdependências e os prazos estimados.

5. Quais são as principais diferenças entre o **ciclo operacional** e o **ciclo estratégico**? Como, quando e por que se usa cada um deles?

15
Workshop de Planejamento Estratégico

TÓPICOS

- O Conceito do *Workshop* • A Preparação do *Workshop* •
- O Funcionamento do *Workshop* • Os Próximos Passos •
- A Espiral PDCA de Ciclos Sucessivos •

APRESENTAÇÃO

O objetivo deste capítulo é descrever um **workshop** de planejamento estratégico para uma empresa ou entidade, bem como a organização, a execução e a consolidação dos resultados dos trabalhos dele decorrentes.

Inicialmente, apresentamos o conceito de *workshop* e mostramos como se justifica sua realização.

A seguir, explicamos como se prepara o *workshop*, mostrando os cuidados que devem ser tomados para garantir bons resultados.

Descrevemos o funcionamento do *workshop* propriamente dito, constituído de exposições conceituais entremeadas com **dinâmicas de grupo** e trabalhos em equipe, para a execução de exercícios cujos resultados constituem as peças básicas para montagem do **plano estratégico** da instituição.

Mostramos também os trabalhos posteriores decorrentes dos temas levantados no *workshop*.

Finalmente, o método de implantação da gestão estratégica em estágios progressivos é estudado, usando-se o conceito do conhecido **ciclo PDCA (PEVA)**.

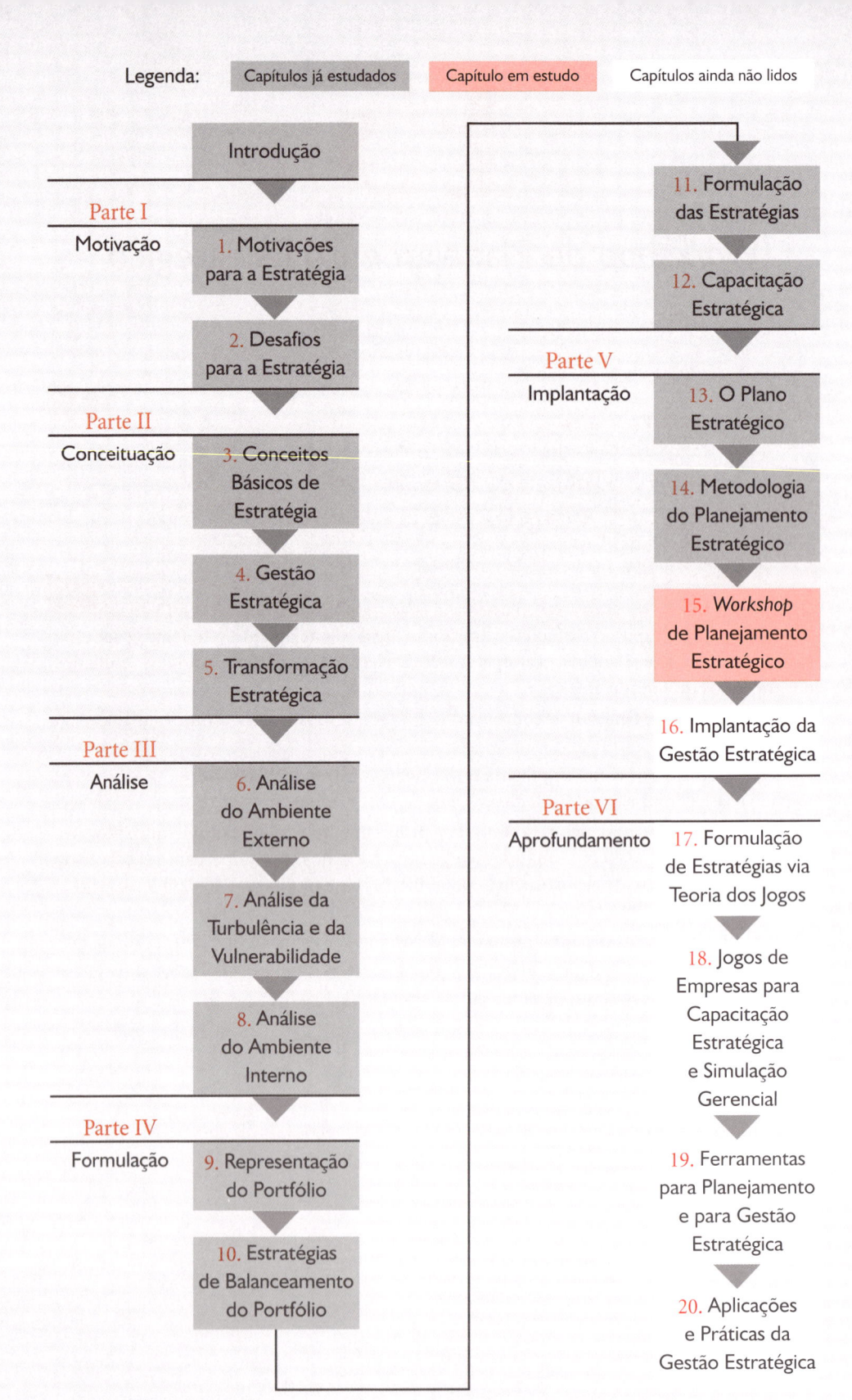

Legenda: Capítulos já estudados | Capítulo em estudo | Capítulos ainda não lidos

- Introdução

Parte I — Motivação
1. Motivações para a Estratégia
2. Desafios para a Estratégia

Parte II — Conceituação
3. Conceitos Básicos de Estratégia
4. Gestão Estratégica
5. Transformação Estratégica

Parte III — Análise
6. Análise do Ambiente Externo
7. Análise da Turbulência e da Vulnerabilidade
8. Análise do Ambiente Interno

Parte IV — Formulação
9. Representação do Portfólio
10. Estratégias de Balanceamento do Portfólio
11. Formulação das Estratégias
12. Capacitação Estratégica

Parte V — Implantação
13. O Plano Estratégico
14. Metodologia do Planejamento Estratégico
15. *Workshop* de Planejamento Estratégico
16. Implantação da Gestão Estratégica

Parte VI — Aprofundamento
17. Formulação de Estratégias via Teoria dos Jogos
18. Jogos de Empresas para Capacitação Estratégica e Simulação Gerencial
19. Ferramentas para Planejamento e para Gestão Estratégica
20. Aplicações e Práticas da Gestão Estratégica

Neste livro, falamos muito do *workshop* de planejamento estratégico. Entretanto, o que é o *workshop*? Que outras palavras poderiam ser usadas para dizer a mesma coisa?

Algumas pessoas ou organizações preferem usar a expressão *seminário interno*. A palavra *workshop*, porém, tem uma acepção diferente, podendo sugerir um evento ou um programa para "ouvir alguém especial", em um lugar separado, contendo eventuais debates, exposições e estudos. Outros julgam *oficina* a denominação mais adequada, por indicar um lugar de trabalho efetivo, no qual se fazem ou se elaboram "peças" (idéias) para a construção de um projeto. Entretanto, essa palavra tem uma conotação mais fabril, lembrando máquinas, equipamentos e pessoal de macacão e mãos sujas de graxa.

Neste livro, usaremos a palavra *workshop*, a qual, embora estrangeira, é muito usada no Brasil. Ela não deixa de estar associada à idéia de *oficina* ou *seminário*, mas tem um caráter de geração e desenvolvimento de idéias, embora se admita seu uso para algumas palestras de explanação de conceitos e metodologias.

15.1   O Conceito do *Workshop*

O ***workshop* de planejamento estratégico** é um evento especial, que envolve a alta e a média direção da instituição, e tem por objetivo pensar e formular, em equipes, um projeto para o futuro da organização e gerar as bases do seu plano estratégico.

Temos enfatizado, desde o início do livro, que é de fundamental importância a construção compartilhada do propósito da instituição: **visão**, **missão**, **abrangência**, **princípios**, **valores** e **opção estratégica**. Também as **diretrizes estratégicas**, os **objetivos**, as **metas** e os desafios para a empresa ou entidade devem ser formulados em conjunto. Assim, o objetivo do *workshop* é fazer isso acontecer de forma estruturada e rápida, mas, na medida do possível, de maneira consensual.

15.1.1   *Participantes do* Workshop

Comecemos com uma pergunta simples: "*Quem* deve participar do *workshop*?"

Essa pergunta já foi esboçada no Capítulo 14, mas agora tem uma definição um pouco mais específica. Imaginemos, para exemplificar, uma instituição com cinco níveis hierárquicos: N1, N2, N3, N4 e N5, conforme exemplificado na pirâmide da Figura 15.1.

Com base na Figura 15.1, pode-se dizer que os dirigentes dos níveis hierárquicos N1 e N2 e alguns membros do nível hierárquico N3, aqueles que tiverem maior contribuição a apresentar, deverão participar do *workshop*. Devem-se agregar também elementos-chave do nível N4 e, eventualmente, até do N5, escolhidos dentre aqueles de alto potencial, que têm algo com que contribuir, que sejam formadores de opinião e que estejam sendo preparados para assumir, no futuro, novas funções de liderança técnica ou gerencial.

Figura 15.1 Os Participantes do *Workshop*

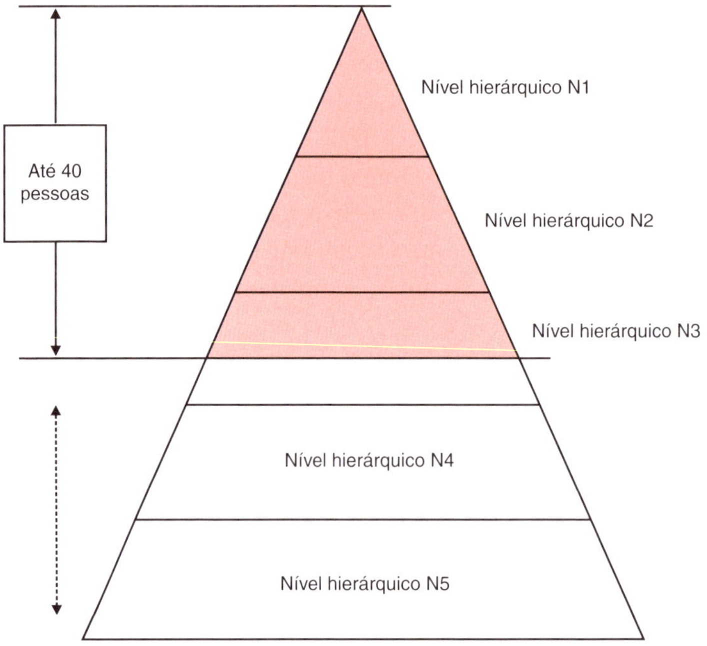

- Até 40 pessoas
- Nível hierárquico N1
- Nível hierárquico N2
- Nível hierárquico N3
- Nível hierárquico N4
- Nível hierárquico N5

O importante é que o total de pessoas selecionadas não ultrapasse 40 participantes, que é o número limite para se obter sucesso na metodologia apresentada a seguir. No entanto, *workshops* com menos de 15 pessoas tendem a ser fracos, não proporcionando a diversidade e a variedade de idéias, de experiências e de funções ou atividades necessárias para um bom trabalho de criação nas equipes.

O leitor perguntará: "E se um ou outro membro dos níveis N1 a N3, por motivos imperiosos, não puder comparecer?". Nesses casos, a direção deverá usar de bom senso para flexibilizar a regra anterior.

É importante esclarecer a todos que *o workshop não é um curso*. É verdade que, às vezes, palestras prévias breves, de apresentação do tema e de sensibilização e motivação, poderiam e até deveriam ser feitas, com auditórios de até 100 ou 200 pessoas. Mas essas palestras são apenas *apresentações*, não implicando formulações ou tratamento, em equipe, de questões específicas da instituição.

Quanto à duração, temos recomendado que os *workshops* sejam realizados em períodos entre um e quatro dias, *em tempo integral*, dependendo, naturalmente, do tipo e do porte da instituição, da prontidão, da profundidade que se pretende aplicar ao exercício naquela etapa e do nível de intervenção escolhido.

15.1.2 O Facilitador e o Instrutor

É altamente recomendável que o **workshop** seja conduzido por duas pessoas.

A primeira pessoa, que é a mais importante, é o **facilitador**, o coordenador geral do *workshop*, que cuidará dos aspectos de aplicação prática das metodologias e dos exercícios e trabalhos em grupo. Ele coordenará a montagem das equipes, acompanhará seus trabalhos, administrará o tempo e zelará pela produção escrita das conclusões das equipes de trabalho e de síntese. Sua função começa antes e terá continuidade depois do *workshop*, como descrito mais à frente.

A segunda pessoa é o **instrutor**, um profissional que, de preferência, não tenha envolvimento direto com os negócios ou atividades da instituição em questão, para garantir-lhe uma posição sadia de distanciamento quanto ao mérito das matérias discutidas.

O papel do **instrutor** do *workshop* é, basicamente, o de exposição conceitual e metodológica, de esclarecimento de dúvidas, de reforço, de revisão dos conceitos e de instrução quanto à aplicação da metodologia, porém resistindo à tentação de entrar no julgamento do mérito ou da qualidade das conclusões das equipes de trabalho.

Esses dois papéis são distintos e complementares, sendo ambos essenciais para o sucesso do *workshop*, por vários motivos.

Primeiro, o fato de existirem dois papéis distintos, desempenhados por pessoas diferentes, permite o melhor funcionamento do *workshop*. Quando os aspectos instrucionais e de facilitação são praticados simultaneamente por uma única pessoa, eles sobrecarregam demais, dificultando o bom andamento do evento. Um facilitador eficiente alivia o instrutor para que ele possa cuidar adequadamente de seu papel.

Outro fator favorável à existência de duas pessoas é que a tarefa de facilitação requer conhecimentos, habilidades e perfis psicológicos e profissionais diferentes da função do instrutor, que praticamente se extingue ao se encerrar o *workshop*.

O papel do facilitador, por sua vez, continua por anos e anos. É uma função geralmente pouco entendida, pouco valorizada e inadequadamente utilizada na maioria das empresas e organizações, sendo fator fundamental para o sucesso dos trabalhos em equipe e para a implementação dos passos decorrentes do *workshop*.

Embora estejamos recomendando fortemente que a condução de um *workshop* seja desenvolvida por duas pessoas — um instrutor e um facilitador —, é preciso deixar claro que haverá situações muito peculiares, nas quais uma única pessoa terá de fazer ambos os papéis, embora se sobrecarregando nas duas tarefas. Nesse caso, deve-se usar o bom senso para decidir quando será o momento de adotar essa exceção.

A Seção 20.2 apresenta recomendações específicas para facilitadores e instrutores, para o *antes*, o *durante* e o *depois* do *workshop*.

15.2 A Preparação do Workshop

Um *workshop* de planejamento estratégico, como todos os eventos que envolvem a alta administração de uma empresa ou entidade, deve merecer preparação esmerada, a fim de garantir que uma boa idéia não seja destruída por problemas que poderiam ter sido evitados. Um dos pontos-chave para a organização de um *workshop* é a escolha do nível de intervenção a ser adotado pela direção para aquele evento específico.

O Apêndice A.3 (Suplementos), disponível no *site* do livro (www.editorasaraiva.com.br), apresenta nove níveis recomendáveis de intervenção, com os respectivos tópicos conceituais a serem apresentados e os exercícios aplicáveis em cada nível, com sugestões de critérios para sua aplicação.

15.2.1 *Obtenção do Compromisso da Alta Administração*

O primeiro e mais importante tópico para a preparação do **workshop** é garantir o apoio, a compreensão e o comprometimento inequívocos da mais alta direção da organização quanto ao evento e às suas conseqüências. Caso isso não seja plenamente garantido e não se consiga caracterizar a prontidão necessária para assegurar um alto grau de sucesso nesse esforço, *recomenda-se* a não-realização do *workshop*.

Nessa eventualidade, infelizmente não tão rara, deve-se insistir e persistir em palestras, conversas, entrevistas, debates, leituras, filmes, testemunhos, enfim, um conjunto de recursos para acelerar o amadurecimento e a aceitação inconteste da idéia, até que a prontidão seja considerada aceitável e todos estejam convictos de que o evento é necessário e de que vale a pena "perder", ou melhor, "investir" de um a quatro dias para delinear o futuro da organização.

Podem-se recomendar, nesses casos, as seguintes providências: primeiro, deve-se conseguir o entendimento e a aceitação, pela direção ou por parte importante da direção da empresa ou entidade, de que existem problemas de falta de apoio, incompreensão, ausência de comprometimento ou de prontidão para o evento. A alta administração deve compreender que a obtenção desse apoio é fator determinante para o sucesso do evento.

A direção, ou parte dela, deve também dar o patrocínio político e material ao projeto, visando a suprir a eventual falta de apoio inicial.

Se a situação continuar desfavorável, é necessário reconsiderar a decisão de realizar o *workshop*, por mais decepcionante que isso possa ser. Nesse caso, algumas ações mais cautelosas e de longo prazo podem ser tentadas, como coletar informações, fazer medições e **benchmarking**, relacionar bons e maus exemplos — o que será muito útil para quando for possível realizar o *workshop* —, priorizar ações de desenvolvimento de pessoal em conceitos de gestão estratégica, facilitação, gerenciamento de mudanças, entre outros, e procurar identificar o que pode influenciar as pessoas positivamente em relação aos *workshops* e quebrar as suas resistências.

Não se pode, contudo, *garantir* que essas providências irão, realmente, solucionar com rapidez o problema; mas, na falta de uma solução definitiva e cabal, as sugestões anteriores são uma forma de a organização sempre ter algo a ir fazendo e que seja útil para, eventualmente, chegar ao ponto desejado, quando for o tempo.

Como veremos a seguir, a escolha correta da data e do local é um ponto-chave para o sucesso do *workshop*.

15.2.2 Escolha da Data

Um *workshop* eficaz deve ser *concentrado* no tempo. Em nossa experiência, todas as tentativas de dividir o evento em vários módulos ou sessões curtas têm se mostrado ineficazes, pois as pessoas podem perder a motivação de um módulo para outro, diluindo o "clima" que se formou nos módulos anteriores.

Acontece, freqüentemente, que alguns participantes não podem participar dos módulos seguintes ou, pior ainda, que outros, que não puderam vir nos módulos anteriores, cheguem ao meio do processo e queiram rediscutir "matéria já vencida". Se ele for uma autoridade na empresa, pior ainda...

Estabelecer uma regra de que não se discute matéria vencida, embora seja tentador, também não chega a resolver o problema, uma vez que sempre se pode argumentar, por um lado, que a contribuição dos faltosos poderia ser relevante para evitar erros importantes, e que, por outro lado, a falta de comprometimento dos faltosos, por não terem suas idéias consideradas, acabaria gerando problemas futuros.

Assim, todo o esforço deve ser empreendido para que as pessoas-chave, realmente importantes na organização, participem do *workshop* do começo ao fim. Se isso não for possível, recomenda-se não fazer o *workshop*. Levando esse raciocínio ao extremo, a permanente impossibilidade de agendar o *workshop* nas condições aqui recomendadas poderia ser interpretada como **falta de prontidão** para o exercício.

De um modo geral, o período de julho a outubro costuma ser o mais indicado para esse tipo de evento, pois o momento em que as pessoas começam a se preocupar com o "ano que vem" é um bom momento para repensar o futuro da organização.

É muito importante, entretanto, que o *workshop* de planejamento estratégico seja feito *antes* do início dos infindáveis exercícios de elaboração do orçamento, levados muito a sério na maioria das organizações multinacionais.

É sabido que esse tipo de trabalho drena toda a atenção e a disponibilidade de tempo das pessoas. No entanto, mais que isso, as conclusões do *workshop* devem balizar e influenciar fortemente a construção dos grandes números do orçamento operacional do ano seguinte.

Para evitar má vontade, resistências e conflitos familiares, recomenda-se fortemente a não-utilização de *feriados, sábados à tarde e domingos. Workshops* começando na quarta ou quinta-feira e prolongando-se até o sábado de manhã costumam ser um razoável compromisso em muitas organizações.

O ideal é que o *workshop* inicie-se com um evento de congraçamento, uma recepção ou similar, já no local combinado, *na noite anterior*. Isso ajuda a "quebrar o gelo" e a iniciar o "aquecimento" dos assuntos. Como as pessoas já vão acordar no local do encontro, evitam-se atrasos. É claro que essa formulação depende muito da cultura de cada lugar e de cada empresa.

15.2.3 Escolha do Local

Recomenda-se que o **workshop** *não seja realizado no local cotidiano de trabalho* das pessoas. A razão é muito simples: esse local já tem muitas conotações de hierarquia, de *status quo*, de cunho operacional e administrativo. O clima de dia-a-dia e o peso do passado criam bloqueios para o exercício pleno da criatividade, da inovação, do pensar o impensável, necessários para uma boa reflexão sobre o futuro da instituição.

Além disso, por mais que se estabeleçam regras e barreiras, a proximidade ao local de trabalho, inevitavelmente, aumenta a freqüência de interferências indesejáveis durante o *workshop*. Mesmo em locais afastados, regras para evitar a interferência de recados telefônicos, uso de celulares e de correio eletrônico devem ser combinadas previamente e aplicadas com rigor. Existem hotéis, pousadas, escritórios virtuais, centros educacionais e centros de convenção apropriados que podem ser usados para esse tipo de evento a custos razoáveis. Não é necessário luxo, mas é bom que haja um conforto mínimo, comparável àquele que está disponível aos colaboradores e dirigentes no dia-a-dia da instituição.

É essencial que se tenha um local para as reuniões plenárias, com mesas arranjadas no formato de semicírculo, de "U" ou de "V", para facilitar a interação dos participantes. Recursos audiovisuais e equipamentos como projetor multimídia, retroprojetores e *flipcharts* (cavaletes com papel) são necessários. Deve haver locais ou salas próximas da sala plenária para os trabalhos das equipes (em geral, são necessárias cinco saletas, mais os locais para a **equipe de síntese**, para a secretaria e para o grupo de apoio).

Condições para refeições e lanches *no local* são indispensáveis, para evitar perda de tempo e dispersão dos participantes. As refeições devem ser simples e leves (feijoadas, moquecas ou churrascos devem ser deixados para o almoço do sábado, por exemplo, ao final do encontro). Quanto à hospedagem no local, é altamente desejável e, em certas situações, indispensável.

15.2.4 Convite e Convocação dos Participantes

A escolha dos participantes deve envolver a mais alta administração da organização, respeitando-se, de preferência, o limite mínimo de 15 e o máximo de 40 pessoas.

Os participantes devem ser formalmente convidados para o evento pela mais alta autoridade da organização. Aqueles cuja presença for considerada indispensável devem ser *convocados*. Aqueles cuja presença for considerada desejável, porém não essencial, devem ser *convidados*. Entretanto, tanto uns como outros precisam *confirmar* sua presença com bastante antecedência, como condição prévia para compatibilização de todos os arranjos e das providências necessárias.

Devem-se buscar participantes com a maior variedade e diversidade possíveis dentro da instituição, abrangendo diferentes níveis hierárquicos, áreas funcionais, áreas geográficas, formação e experiência profissionais, sexo e idade. Se, por um lado, essa variedade geralmente implica maior gasto de tempo no início dos trabalhos, para que as pessoas "aqueçam" o relacionamento e acostumem-se umas com as outras, por outro, provoca um processo de análise muito mais rico e profundo.

15.2.5 Escolha do Facilitador e do Instrutor

A posição do **facilitador** costuma ser muito delicada, pois ele não pode ser autoritário a ponto de inibir a livre manifestação dos participantes nas equipes de trabalho, mas também não pode perder o controle do processo como um todo, tanto no que diz respeito ao escopo dos exercícios a serem executados quanto, principalmente, ao tempo fixado para a realização das tarefas.

O facilitador corre sempre contra o tempo, sem descuidar do conteúdo dos trabalhos e do clima de "camaradagem" — sem virar bagunça ou piquenique — que deve imperar nas equipes de trabalho. Deve zelar também pelo trabalho da **equipe de síntese**, assegurando que o resultado de seu trabalho não se desvie do material recebido das equipes. A missão imediata do facilitador encerra-se com a entrega à direção de um documento relatando os tópicos alinhavados no *workshop* e eventuais complementos imediatos, bem como com a entrega de uma lista de eventuais pendências a serem tratadas internamente.

Para conduzir bem o *workshop*, o **instrutor**, por sua vez, deve ser firme nos conceitos e na metodologia e claro nas exposições. Além disso, deve ter bom controle do seu tempo. Deve ter boa articulação e flexibilidade para contornar, com sabedoria e rapidez, os eventuais acidentes ou incidentes que surgem na hora, evitando que eles acabem despontando durante o *workshop* e prejudicando as exposições conceituais sob sua responsabilidade.

Uma pessoa externa à organização pode ter várias vantagens para exercer essa atividade, com isenção e neutralidade. Além do mais, ela pode ser vista, pelos participantes, como alguém não comprometido com esquemas ou com eventuais disputas políticas internas.

15.2.6 Recursos de Infra-estrutura

São necessários recursos de projeção de *slides* ou transparências. Em empresas ou entidades mais equipadas, podem ser usados, para as apresentações, projetores multimídia comandados por microcomputadores do tipo *laptop*. Filmes motivacionais para ativar os debates poderão ser usados em ambientes mais descontraídos, geralmente à noite. Será preciso também haver, no local, recursos de digitação e de impressão e uma máquina de reprodução.

> O Apêndice B.3, disponível no *site* do livro (**www.editorasaraiva.com.br**), traz uma lista indicativa do material necessário para a realização do *workshop*.

15.2.7 Material de Leitura Prévia

Em algumas situações, vale a pena distribuir com antecedência algum material que precise ser lido previamente pelos participantes, tais como planos estratégicos da instituição dos anos anteriores, resultados de diagnósticos, relatórios de levantamento de satisfação de clientes, levantamentos e estudos de mercado, resultados de *benchmarking*, casos, análises, balanços, posicionamentos, artigos. Este material pode ser muito útil para "aquecimento" prévio dos participantes.

A leitura de tópicos selecionados de livros simples e didáticos, distribuídos antecipadamente, também pode ser realizada. Entretanto, não nos iludamos: na maior parte das organizações que conhecemos, apenas uma minoria dos participantes se dá ao "trabalho" prévio de ler efetivamente o material. Em vista disso, pode-se introduzir alguma forma de recompensar, simbolicamente, os que tenham lido — por exemplo, consultando-os ao longo dos trabalhos ou dando-lhes, como tarefa de destaque, a incumbência de sumarizar suas conclusões aos demais. Mas se deve assegurar que isso não seja visto como um encargo indesejável ou um constrangimento.

Para a parcela da leitura prévia considerada efetivamente imprescindível, pode ser interessante separar um tempo, no início do *workshop*, para que aqueles que não tiverem lido antes possam fazer a leitura. Para os que tiverem lido, deve ser dada alguma outra atividade em paralelo, mais interessante — por exemplo, assistir a um filme ou participar de um debate.

Se houver muito interesse em que uma leitura prévia específica seja feita, mensagens claras da direção devem ser veiculadas com antecedência e procedimentos de lembrança e monitoramento devem ser considerados. Alguma tarefa pode ser associada à leitura, seja individual ou em grupo, seja anterior ou no transcorrer do *workshop* — por exemplo, grupos de discussão sobre um determinado documento, ou respostas a um breve questionário, apresentando um resumo ou conclusões aos demais, logo no início do *workshop*.

É importante, todavia, evitar que aqueles que tenham lido sintam-se entediados por serem forçados a repassar os assuntos que os demais não leram. Além disso, os que gastaram o tempo pessoal lendo o material poderão sentir-se injustiçados em relação aos que negligenciaram a atividade.

15.2.8 Material Didático

Vale a pena distribuir, no início do *workshop*, uma apostila com cópia de todas as transparências que serão apresentadas, contendo também os enunciados dos exercícios a serem feitos durante o *workshop*, entre outras informações. A projeção e o debate de alguns filmes didáticos ou motivacionais, antes do *workshop* ou durante o evento, também poderão ser muito úteis.

15.2.9 Diagnósticos

É altamente motivante e provocativa a análise de diagnósticos estratégicos previamente elaborados.

O Apêndice A.2, disponível no *site* do livro (www.editorasaraiva.com.br), sugere uma seqüência de questões a serem verificadas como diagnóstico da situação, da mentalidade e da prontidão estratégicas. Veja também a Seção 20.1.

15.2.10 Roteiro do Workshop

Um roteiro circunstanciado de todas as etapas ou fases do *workshop* deve ser preparado e incluído na apostila distribuída.

> O Apêndice A.4, disponível no *site* do livro (www.editorasaraiva.com.br), traz sugestões de roteiros. Se houver resultados de diagnósticos internos ou externos, *benchmarking* ou similares, devem ser apresentados logo no início do *workshop*.

De modo geral, recomenda-se que se reservem, preferencialmente, as manhãs e os finais de tarde para as apresentações conceituais, deixando o início da tarde para os trabalhos mais dinâmicos, em equipes. Nenhuma apresentação conceitual deve ser feita entre o almoço e às 16 horas, para evitar aquelas conhecidas situações, geralmente constrangedoras, de baixo aproveitamento e sonolência. Isso não quer dizer que apresentações conceituais não possam ser dinâmicas e altamente motivadoras. Tudo é uma questão de estilo e de método. A sugestão anterior dá maior ênfase aos métodos tradicionais de apresentações, as quais são mais discursivas que interativas.

Deve-se cuidar para que as exposições dos conceitos necessários para a realização de um dado exercício tenham sido ministradas imediatamente antes da realização do respectivo exercício[1].

Devem-se incluir, durante as apresentações, intervalos de descanso com duração de 10 a 15 minutos, a cada período de 50 minutos. As noites devem ser reservadas para projeções e debates de filmes e, no final, para um evento mais descontraído, de congraçamento e de lazer, se for o caso.

15.3 O Funcionamento do Workshop

O *workshop* tem, como modelo básico, uma seqüência própria de atividades e uma forma típica de operar que, em princípio, deveriam ser mantidas, conforme descrevemos a seguir.

O *workshop* de planejamento estratégico deveria ter as seguintes características:

- ser interativo e participativo;
- alternar, cuidadosamente, exercícios práticos com exposições conceituais e metodológicas;
- ousar nos exercícios e trabalhos em equipes a fim de analisar a própria instituição;
- empregar mais tempo fazendo do que ouvindo;
- trabalhar em equipe — sem incentivo ao trabalho individual;

---

[1] Embora esquemas mais ousados possam ser utilizados, sugere-se algo bem leve, como exercícios breves somente para solucionar dúvidas, levantar opiniões e problemas, que serão posteriormente esclarecidos nas exposições e nos trabalhos em grupo.

- delinear os pontos mais relevantes, porém sem a preocupação de esgotar a matéria;
- estar determinado a envolver e a comprometer a direção, a média gerência e o pessoal-chave da organização;
- ter formato flexível, adaptando seu conteúdo e roteiro segundo o porte, a complexidade, o diagnóstico e a prontidão da instituição;
- valorizar mais o *processo* do que o *produto* final dos trabalhos;
- valorizar as equipes, as pessoas, suas atitudes e suas contribuições;
- procurar evitar que posições hierárquicas, de parentesco, históricos de amizades ou de desavenças, bem como características de personalidade, prejudiquem a isenção das análises e inibam participações dos mais novos, especialmente nos trabalhos em equipes.

15.3.1 As Exposições Conceituais

As **exposições conceituais** serão feitas pelo **instrutor**, em reuniões plenárias, usando-se as melhores técnicas de comunicação audiovisual disponíveis. Por exemplo, projeções multimídia, de *slides* coloridos, em PowerPoint, animadas, com uso de *mouse* sem fio, podem dar mais brilho e fluência às apresentações. Entretanto, é bom lembrar que a tecnologia e a "pirotecnia" podem ajudar, mas não devem ofuscar o conteúdo.

É importante destacar que, apesar dos avanços tecnológicos, o velho retroprojetor, com o uso de transparências coloridas, ainda é um recurso aceitável.

Deve-se incentivar os participantes, principalmente os mais retraídos, para que exponham suas dúvidas, questões ou idéias a respeito dos conceitos que estão sendo apresentados e sobre sua aplicação à empresa ou entidade em questão.

É claro que as exposições não esgotam a matéria. Aliás, nem é essa a intenção. Muitos dos conceitos serão mais bem compreendidos somente durante, ou até após, a realização dos exercícios em equipe. O instrutor deve alertar os participantes quanto a isso, para reduzir a ansiedade. Outros novos conceitos serão abordados em maior profundidade somente nos próximos ciclos de planejamento estratégico!

15.3.2 Os Trabalhos em Equipe

Os exercícios serão executados por quatro a seis equipes, de quatro a seis pessoas cada uma, trabalhando simultaneamente, *com o mesmo enunciado*, em locais separados, arranjadas de forma a abrigar o número total de participantes presentes.

> O Apêndice B.1, disponível no *site* do livro (**www.editorasaraiva.com.br**), apresenta as instruções para funcionamento dos trabalhos das equipes, descrevendo os papéis dos moderadores, dos relatores e dos demais participantes.

Os exercícios envolvem, principalmente, análises externas e internas, formulação do propósito da instituição, análises de portfólio, estabelecimento de estratégias e de objetivos e metas para a empresa ou entidade.

> Os enunciados dos exercícios encontram-se no Apêndice B.4, disponível no *site* do livro (www.editorasaraiva.com.br). Ver mais na Seção 20.3.

Ressalte-se que o **facilitador** deve rodar pelas equipes, para orientar e esclarecer eventuais dúvidas, bem como para estimular aquelas equipes que tenham cometido desvios ou entrado em impasses e lembrá-las do andamento dos trabalhos.

15.3.3 A Montagem das Equipes

A montagem das equipes deve ser feita pelo **facilitador**, com a ajuda da **equipe de apoio** e com antecedência, mas contemplando uma margem de flexibilidade para adequação a situações de última hora. Ela obedecerá aos seguintes critérios:

- a cada exercício, as equipes terão uma composição *diferente* da anterior. Dessa maneira, não se formam grupos fechados, ao longo do *workshop*: a rotação dos membros das equipes é uma forma complementar de promover maior integração das pessoas que trabalham na instituição;
- a cada exercício, a equipe designada escolherá, no início de seus trabalhos, um **moderador** e um **relator**;
- os resultados dos trabalhos das equipes serão transcritos, à mão, resumidamente, em transparências, que serão apresentadas pelo relator da equipe a todos os participantes, em plenário. Durante as apresentações dos relatores não haverá debates; no máximo, esclarecimentos de dúvidas;
- na medida do possível, pessoas que trabalham lado a lado, que sejam do mesmo departamento ou unidade, que desempenhem a mesma função, não deverão ficar na *mesma* equipe;
- também, na medida do possível, deve-se evitar que o chefe e seus subordinados diretos ou parentes próximos fiquem na mesma equipe. Isso é feito para dar mais liberdade às pessoas para expressarem suas idéias sem qualquer tipo de constrangimento;
- no momento de escolher o novo moderador e o novo relator, deve-se dar preferência àqueles que *ainda não desempenharam esses papéis* nos exercícios anteriores, para que, se possível, todos possam desempenhar todos os papéis;
- para todos os efeitos, não pode predominar, nas equipes, a hierarquia: as opiniões devem ser acatadas ou recusadas "por seu próprio mérito", independentemente de quem as apresentou. As únicas autoridades, nas equipes, são o moderador e o relator escolhidos e o facilitador e instrutor, se forem chamados ao local para tratar de matéria metodológica ou conceitual.

> O Apêndice B.2, disponível no *site* do livro (www.editorasaraiva.com.br), apresenta um roteiro de passos para montagem de equipes rotativas, multiníveis e interfuncionais.

15.3.4 A Equipe de Síntese

As transparências apresentadas pelos relatores são imediatamente recolhidas e entregues a uma **equipe de síntese**, a qual, trabalhando em paralelo, irá formulando uma versão sintetizada dos trabalhos das equipes.

A equipe de síntese deve ser instruída para *não criar nada novo*. Ela só trabalhará com o material recebido, procurando dar um sentido de unidade aos resultados. Procurará identificar os pontos mais freqüentes nos relatórios das equipes e fará uma versão sintetizada dos resultados dos exercícios. Esses resultados serão digitados, impressos, copiados em número suficiente e distribuídos para todos os participantes ainda durante o *workshop*.

Pode ser que, em situações extremas, alguma empresa ou entidade não disponha de um microcomputador e impressora. Nesses casos, não há nada que impeça que se escreva à mão o resultado dos trabalhos da equipe de síntese, desde que esse material possa ser reproduzido e distribuído entre os participantes.

Assim que o material estiver pronto, o **instrutor** abrirá espaço em suas apresentações para sua distribuição a todos os participantes, para ali colocarem seus comentários, críticas e sugestões, *por escrito*. Como o método utilizado, nessa fase, não usa o nome da pessoa para nenhuma finalidade, recomenda-se que os comentários escritos não contenham identificação. As folhas, devidamente anotadas pelos participantes, serão recolhidas pela equipe de síntese para produção de uma nova versão, melhorada e enriquecida com as críticas e sugestões dos participantes.

Estima-se que esse processo possa ser repetido de duas a três vezes ao longo do *workshop*, pelo menos para os primeiros exercícios. O produto do trabalho da equipe de síntese acaba sendo o primeiro resultado objetivo do *workshop*.

Recomendamos não abrir um debate amplo, em plenário com 30 a 40 pessoas, sobre os termos dos documentos que estão sendo gerados pela equipe de síntese. Os participantes terão oportunidades de se manifestar, inicialmente, em suas equipes de trabalho e, posteriormente, por escrito.

Sabemos que um debate aberto é de difícil controle e, uma vez perdido o domínio e controle sobre o conteúdo ou sobre o tempo, o *workshop* poderá perder toda a sua eficácia. Mesmo a eventual adoção de "regras parlamentares" nessa situação seria, teoricamente, uma forma de garantir a livre manifestação, organizada e democrática de todos os participantes. Embora procure garantir a palavra franqueada a todos os interessados, réplicas, tréplicas, propostas, debates e votações, entre outros, têm uma grande desvantagem para o *workshop*: os debates têm hora para começar, mas não têm hora para terminar, o que compromete todo o roteiro elaborado.

Fica claro, portanto, que a indicação da equipe de síntese é um ponto-chave de todo o processo: essa equipe mantém-se inalterada ao longo de todos os exercícios do *workshop*. Os membros da equipe de síntese devem conhecer os conceitos e a metodologia adotada e ter facilidade para ler, entender, sintetizar e escrever. Em um intervalo de tempo muito curto, eles têm de fazer isso, e muito rapidamente.

Eles também devem ser reconhecidos, pelos demais participantes, como pessoas imparciais, justas, capazes de colocar de lado suas paixões por "bandeiras" e preferências particulares e de desenvolver uma visão neutra do assunto. Além disso, devem conhecer, pelo menos minimamente, o negócio ou atividade da instituição, para não se embaralharem com termos técnicos, gírias, siglas, nomes de pessoas, estrutura organizacional ou operações.

Deve-se evitar colocar, nessa equipe, pessoas-chave da organização envolvidas diretamente com os assuntos que estejam sendo discutidos, sob pena de não serem vistas como isentas pelos demais participantes. Essas pessoas terão mais a contribuir no *workshop*, participando diretamente das equipes em que as matérias substantivas serão discutidas.

Parece difícil imaginar que pessoas que preencham todas as características anteriores não sejam, elas mesmas, funcionários-chave. O que se recomenda é que pessoas essenciais para trazer novas idéias nas equipes de trabalho não sejam designadas para a equipe de síntese.

É aconselhável que ao menos um membro da equipe de síntese já tenha participado anteriormente de *workshops* de planejamento estratégico, que tenha adotado essa mesma metodologia, na mesma ou em outra instituição. Recomenda-se que a equipe de síntese tenha entre dois e quatro componentes.

15.3.5   Os Trabalhos de Secretaria

Os **trabalhos de secretaria** envolvem a emissão dos convites e confirmação de presenças, a escolha e a preparação das salas, a arrumação do material de distribuição, a elaboração dos crachás de mesa e as listas de presença. A secretaria cuida, também, da identificação eventual de participantes com necessidades especiais, providenciando o que for necessário para atendê-los. Entretanto, seu papel primordial durante o *workshop* é a digitação rápida e a preparação de cópias do material preparado pela **equipe de síntese**. A equipe de secretaria deve ser composta por duas pessoas. A missão dessa equipe estende-se até a elaboração do documento final, a ser entregue à diretoria.

15.3.6   Os Serviços de Apoio

Os **serviços de apoio** visam ao atendimento de pequenas ou grandes emergências, envolvendo o **instrutor**, o **facilitador**, os participantes ou as equipes. A **equipe de apoio** fará o acompanhamento dos cafezinhos, das refeições, dos horários de recomeçar as atividades e das necessidades do instrutor que possam surgir durante as apresentações ou os trabalhos das equipes.

A equipe de apoio deve ter duas pessoas, e trabalha *antes* do *workshop*, *durante* sua realização e *depois* do evento. Deve ser formada por pessoas com iniciativa, perspicazes, dedicadas, rápidas na solução de problemas, os quais podem ser desde a falta de energia, o não-funcionamento de algum equipamento, a necessidade de comprar algum remédio, traslados urgentes, questões de segurança, até problemas maiores que envolvam o bom uso do próprio local.

Quando o evento é realizado em hotéis ou centros de convenções, boa parte dessas atribuições pode ser desempenhada pelo pessoal local. Nesse caso, é importante especificar, nitidamente, as necessidades previstas e os procedimentos para solicitações. É importante também definir claramente quem é o responsável direto e quais são os responsáveis alternativos.

Na abertura do *workshop*, devem ser informados aos participantes os recursos e os serviços disponíveis, a localização, nomes dos responsáveis e procedimentos para solicitação de qualquer apoio necessário. Não se deve esquecer de informar os recursos e os procedimentos relativos à segurança e a emergências.

15.4 Os Próximos Passos

Terminado o *workshop*, as pessoas tendem a desaparecer, "correndo" para suas atividades normais e pessoais. As salas ficam imediatamente vazias. Se não houver disciplina, com pessoas designadas *previamente* para organizar as próximas fases, os conceitos e as boas idéias poderão se perder no tempo e no espaço.

Há muita coisa para se fazer depois do *workshop*, pois o planejamento estratégico apenas começou! Assim, é muito importante que o último ato de um *workshop*, além, naturalmente, da avaliação, seja um acerto entre os presentes a respeito dos **próximos passos** a serem tomados, visto que os achados do *workshop* precisam ser sumarizados, detalhados e aprofundados.

Essa atividade, chamada de os próximos passos, é uma lista de providências urgentes e imediatas que devem ser tomadas *logo após o encerramento* do *workshop*, cobrindo um lapso de, digamos, 60 a 90 dias.

15.4.1 Providências para os Próximos Passos

Algumas providências precisam ser alinhadas, nesse apagar das luzes do *workshop*. Entre as providências necessárias, podemos citar: a designação formal de um **facilitador** para a implantação da gestão estratégica, se isso já não tiver sido feito; a finalização do documento, com as conclusões do *workshop*; a complementação e a compatibilização quantitativa e qualitativa dos objetivos e metas; o detalhamento e a compatibilização dos planos de ação e capacitação; o orçamento estratégico e os investimentos; a apresentação e a aprovação do documento final pela direção.

Deve-se também marcar a data, o local e as condições para a realização da próxima reunião geral, basicamente com os mesmos participantes do *workshop*, para conhecimento do que foi aprovado pela direção e prosseguimento da implantação da gestão estratégica. É interessante que o facilitador do *workshop* seja a mesma pessoa que se encarregue da finalização dos documentos e, além do mais, que ele seja capaz de dar continuidade às providências de implementação estratégica.

Para cada uma dessas atividades, deve-se indicar uma pessoa responsável, sendo importante combinar e registrar uma data limite para a execução de cada atividade.

Se o facilitador de gestão estratégica ainda não tiver sido formalmente designado até o final do *workshop*, deve-se nomear um dos membros da alta administração presentes, por exemplo, um dos diretores, para que monitore o andamento do processo em sua fase inicial e providencie os recursos necessários para que o combinado realmente aconteça, até a designação formal do facilitador.

15.4.2 O Facilitador de Gestão Estratégica

Para conduzir todo o processo de implantação da gestão estratégica na organização, depois do **workshop** e da aprovação do plano pela direção, deve-se escolher e designar — se isso ainda não tiver sido feito — um **facilitador** com as seguintes características pessoais e profissionais: dominar essa metodologia; ser firme nos conceitos; ter capacidade de articulação vertical, horizontal e diagonal; ter bom trânsito em todos os níveis da organização; e ser capaz de obter resultados por meio das pessoas, mesmo que elas não sejam diretamente subordinadas a ele.

O facilitador deverá promover o fechamento do plano e zelar pela exatidão dos números físicos e financeiros apresentados no plano, além de divulgá-lo de acordo com a política aprovada pela direção. Ele cuidará também dos calendários e dos processos de acompanhamento e de revisão estratégica — portanto, já dentro do processo de gestão estratégica.

> Algumas sugestões para a atuação dos instrutores e facilitadores estão no Apêndice A.1, disponível no *site* do livro (**www.editorasaraiva.com.br**), e na Seção 20.2.

15.5 A Espiral PDCA de Ciclos Sucessivos

Em um processo de formulação de planos estratégicos e na implantação de um sistema pleno de gestão estratégica em uma organização, não se deve ter a pretensão de tentar implantar *todas as* mudanças estratégicas necessárias, a "ferro e a fogo", por meio de um único ciclo. As organizações, de modo geral, não suportam tantas mudanças em seus procedimentos, instrumentos, métodos, e até cultura interna, ao mesmo tempo. Essas iniciativas extremas costumam "estressar" a organização, produzindo efeitos danosos para o futuro.

Na maioria das vezes, não é possível "ir de zero a 100" em todos os itens considerados relevantes, de uma rodada só, sem provocar grandes "acidentes". A estratégia de implantação da gestão estratégica que tem se mostrado bem-sucedida, em empresas ou entidades já em operação há muitos anos, é o processo do ciclo **PDCA** (em inglês), também chamado de PEVA (em português).

O ciclo PDCA é um método clássico da literatura, uma forma simples de organizar as melhorias em ciclos sucessivos, cada um deles composto de quatro fases ou etapas, como descrito a seguir.

- √ **P (Planejar — *Plan*)** — esta fase parte da preexistência de descrição e entendimento básico do que se pretende com todo o processo. Consiste em definir as ações necessárias, dimensionar os recursos e condições, identificar as dependências e as implicações, atribuir as responsabilidades e especificar o processo de medição do desempenho e dos resultados esperados. Esta fase é considerada concluída quando um plano suficientemente detalhado para suportar a execução está pronto e aprovado para implantação. É nesta fase que se elegem os itens prioritários para melhoria, como descrito, por exemplo, nas Seções 4.4, 7.5, 8.4 e 12.2.
- √ **E (Executar — *Do*)** — execução das ações determinadas no plano, desde a obtenção de recursos e condições até a implantação do processo de medição e controle. Seu resultado é um conjunto de sistemas, processos, equipamentos ou o que mais tenha sido objetivado no plano, devidamente implementado e em condições de ser operado e de produzir os efeitos desejados.
- √ **V (Verificar ou controlar — *Control*)** — mais do que medir, implica assegurar que o processo tenha sido executado mediante observação cuidadosa de seu desempenho planejado na fase P. Para isso, usam-se relatórios de acompanhamento e de desvios, mostrando o atendimento ou não dos parâmetros de controle estabelecidos.
- √ **A (Atuar — *Act*)** — na verdade, mais apropriadamente, deveríamos denominar esta fase por "*como aprender com erros e acertos*", pois ela é a utilização prática dos resultados do processo, bons ou maus, para serem introjetados na cultura e nos métodos e sistemas da organização:
  - √ assim, da fase anterior (verificar ou controlar) duas conclusões básicas podem decorrer: ou tudo correu bem, ou houve problemas. Na primeira hipótese, mais favorável, o processo delineado experimentalmente no planejamento e que foi bem-sucedido deve ser institucionalizado e transformado em padrão para o futuro. As pessoas precisam ser treinadas ou educadas para agir daquela maneira que deu certo, seguindo-se, em um novo ciclo, as fases de planejar, executar, verificar e atuar. Isso implica que a organização aprende *com o que deu certo*.
  - √ na segunda hipótese, deve-se iniciar um novo ciclo, para identificar as causas dos desvios e as formas de evitá-los. Trata-se de um novo plano de ação de correção. O plano anterior precisa ser revisto para que se possa avaliar se deve ser readequado convenientemente. Seguem-se, assim, as fases de planejar, executar, verificar e atuar, e a organização aprende também *com o que não deu certo*.

Com isso em mente, a "evolução em espiral", ou em ciclos sucessivos, é bem simples de ser entendida e aplicada: na primeira rodada, vamos, por exemplo, do zero a 30 (em uma escala de zero a 100) naqueles aspectos mais relevantes da estratégia, como descrito neste livro. Essa primeira rodada é ilustrada na Figura 15.2.

Figura 15.2 Primeiro Ciclo PDCA

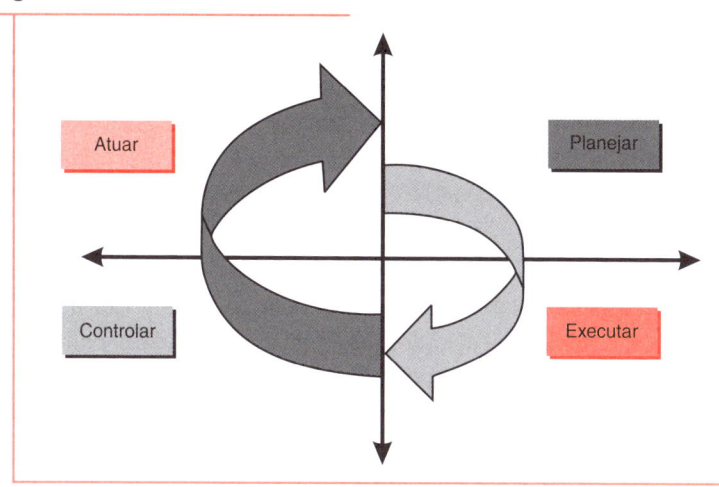

Em uma segunda rodada, vamos evoluir de 30 a 70, por exemplo, aprofundando os tópicos anteriores e iniciando alguns novos, como ilustrado na Figura 15.3.

Figura 15.3 A Espiral PDCA

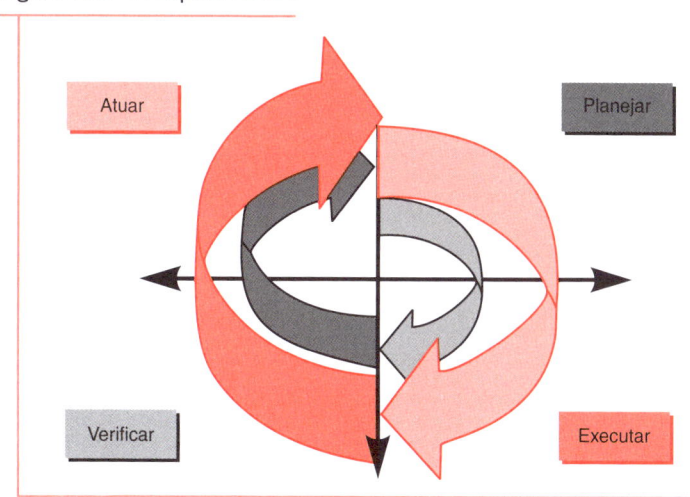

Na terceira rodada, vai-se de 70 a 95, e assim por diante. Utilizando-se dessa metodologia evolutiva, a cada ciclo da espiral conseguem-se resultados cada vez melhores, ao longo de cada seqüência PDCA. A duração de um ciclo da espiral, por um lado, não pode ser muito longa, pois o mundo externo não vai esperar pela prontidão da instituição; por outro lado, a duração do ciclo não pode ser muito breve, pois não há tempo hábil para atender, com profissionalismo e eficácia, às quatro etapas ou fases seqüenciais do processo.

Pelo menos conceitualmente, pode-se dizer que a duração do ciclo deve ser compatível com o tempo necessário para implantar o plano e obter os primeiros resultados que permitam uma avaliação crítica e a conseqüente identificação de melhorias.

Para alguns processos decididos na gestão estratégica, os ciclos podem ser muito rápidos, como semanas ou mesmo dias; para outros processos, o ciclo pode demorar até anos. Nesses casos, sempre que possível, medições intermediárias ou parciais devem ser feitas para estimar a efetividade da ação e permitir ações de melhoria mesmo antes de se completar o ciclo.

O primeiro ciclo de planejamento estratégico deve culminar com a produção de um documento, que chamamos de plano estratégico da entidade para um período "tal". Esse documento deve sintetizar os achados, análises e formulações, conforme descrito com detalhes no Capítulo 13. Mas, principalmente, deve ter registradas as decisões da direção da instituição sobre os passos a serem dados para implantação do projeto de transformação estratégica da organização.

O Apêndice C.4, no *site* do livro (www.editorasaraiva.com.br), apresenta um exemplo de modelo de plano estratégico.

Lembre-se, entretanto, de que a existência pura e simples de um documento *não garante* que a instituição já tenha um sistema de gestão estratégica devidamente implantado e em pleno funcionamento. Deve-se prosseguir, em ciclos sucessivos, implantando, progressivamente, todos os subsistemas de gestão estratégica descritos neste livro e que sejam aplicáveis ao tipo de organização em questão, como mostrado na Tabela 14.1.

TERMOS-CHAVE

Este capítulo explanou as razões para se conduzir um *workshop* de planejamento estratégico para uma empresa ou entidade. Mostrou como se organiza e se executa o evento e como se consolidam os resultados dos trabalhos.

Inicialmente, foi apresentado o conceito de *workshop*, justificando-se sua realização.

A seguir, foi explicado como se prepara o *workshop*, mostrando os cuidados a serem tomados para assegurar os bons resultados do trabalho.

Foi descrito o funcionamento do *workshop* propriamente dito, constituído de exposições conceituais entremeadas com dinâmicas de grupo, para execução de exercícios cujos resultados constituem as peças para montagem do plano estratégico da instituição.

Também foram apresentados os trabalhos posteriores decorrentes dos temas levantados no *workshop*.

Finalmente, foi mostrado o método de implantação da gestão estratégica em estágios progressivos, usando-se o conceito de **espiral PDCA (PEVA)**.

QUESTÕES

1. Quais são as principais motivações para a realização de um *workshop* de planejamento estratégico?

2. Que características pessoais e profissionais devem ter o *facilitador*? E o *instrutor*? Como eles devem ser escolhidos para um *workshop* em uma organização? Dê exemplos.

3. Como escolher os participantes, a data e o local para um *workshop*? Por que e como diferenciar entre *convidados* e *convocados*?

4. Como montar as *equipes de trabalho*? E a *equipe de síntese*? Que cuidados devem ser tomados em ambas?

5. Como assegurar que o *workshop* não acabe sendo apenas "mais uma boa idéia", mas que não teve acompanhamento nem resultados práticos para a organização?

16

Implantação da Gestão Estratégica

Tópicos

- Algumas Dificuldades Típicas nas Implantações
- Implantação como um Projeto
- Como Escolher os Níveis de Melhoria
- Impacto das Mudanças sobre a Vida das Pessoas
- Fatores-chave de Sucesso

Apresentação

O objetivo deste capítulo é apresentar alguns obstáculos a serem vencidos e algumas sugestões para a implantação da gestão estratégica em uma empresa ou entidade.

Inicialmente, descrevemos algumas **dificuldades típicas** nas tentativas dessa implantação, mostrando, a seguir, as **dez dimensões** que devem ser consideradas para a implantação da gestão estratégica como um projeto.

São feitas considerações a respeito de vários tipos de melhoria: contínua, drástica, incremental por **ciclos sucessivos** e por **saltos estratégicos**, mostrando-se a aplicabilidade de cada um deles.

Discutimos, ainda, os principais **impactos das mudanças estratégicas** sobre a vida das pessoas que trabalham nessas empresas ou entidades. Também apontamos as formas típicas de reação das pessoas a essas mudanças e as **atitudes recomendadas** durante o processo de transformação.

Finalmente, apresentamos os principais **fatores-chave de sucesso** para uma implementação e uma operacionalização bem-sucedidas da gestão estratégica na organização, bem como os **dez determinantes** para verificar se um sistema de gestão estratégica existe e se está bem implementado.

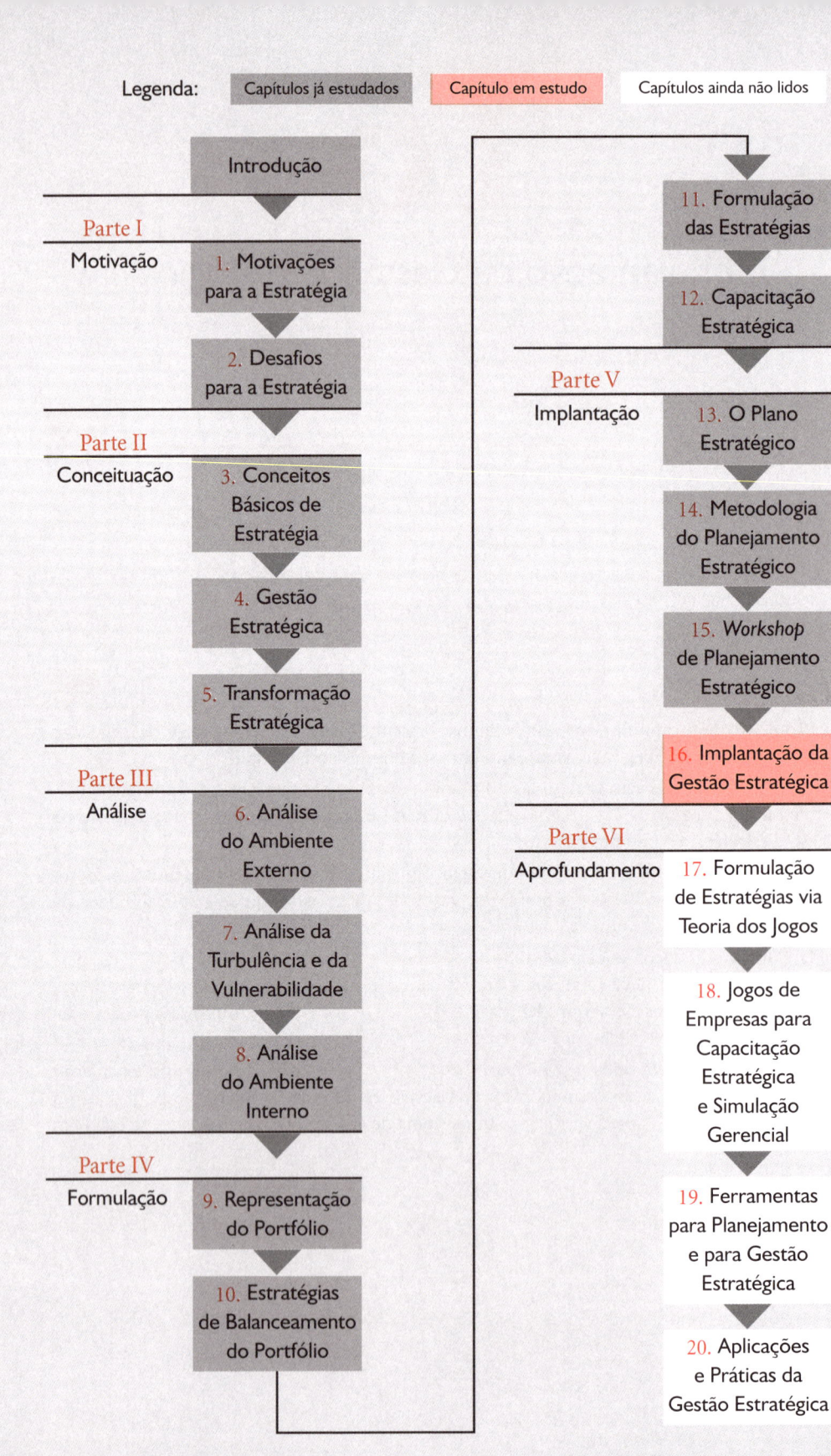

Legenda: Capítulos já estudados | Capítulo em estudo | Capítulos ainda não lidos

- Introdução

Parte I — Motivação
1. Motivações para a Estratégia
2. Desafios para a Estratégia

Parte II — Conceituação
3. Conceitos Básicos de Estratégia
4. Gestão Estratégica
5. Transformação Estratégica

Parte III — Análise
6. Análise do Ambiente Externo
7. Análise da Turbulência e da Vulnerabilidade
8. Análise do Ambiente Interno

Parte IV — Formulação
9. Representação do Portfólio
10. Estratégias de Balanceamento do Portfólio
11. Formulação das Estratégias
12. Capacitação Estratégica

Parte V — Implantação
13. O Plano Estratégico
14. Metodologia do Planejamento Estratégico
15. Workshop de Planejamento Estratégico
16. Implantação da Gestão Estratégica

Parte VI — Aprofundamento
17. Formulação de Estratégias via Teoria dos Jogos
18. Jogos de Empresas para Capacitação Estratégica e Simulação Gerencial
19. Ferramentas para Planejamento e para Gestão Estratégica
20. Aplicações e Práticas da Gestão Estratégica

Neste capítulo, buscamos resumir o que se pode chamar de as *melhores práticas* hoje usadas no mundo dos negócios e em organizações não governamentais bem-sucedidas, em seus processos de busca de um direcionamento estratégico profícuo. Elas decorrem da experiência e de vasta literatura internacional a respeito da matéria, tanto aquelas que foram bem-sucedidas como as que resultaram em frustrações e decepções.

Deve-se ressaltar a experiência adquirida com a aplicação dessa metodologia em organizações bastante distintas, tanto das empresas típicas como daquelas chamadas de terceiro setor. Essas aplicações abrem um segmento pouco atendido na literatura, e os resultados obtidos servem para alimentar a idéia de que os conceitos, as técnicas básicas e a metodologia aqui apresentados podem ser aplicados de forma ampla em praticamente todos os ramos de organização humana.

Na Seção 20.4, estenderemos as aplicações da metodologia de planejamento e da gestão estratégica para entidades do terceiro setor (ETS), *clusters* empresariais e cadeias produtivas integradas.

Assim, uma boa base conceitual, validada por extensa prática pessoal, serviu para consolidar uma metodologia consistente e flexível, que pode ser aplicada de forma proveitosa em organizações tão díspares como as de grande, de médio e de pequeno porte, aquelas com finalidade lucrativa, bem como aquelas que têm outro tipo de objeto social que não a geração de lucros, as cooperativas, as ETS, fundações e outras.

16.1 Algumas Dificuldades Típicas nas Implantações

Apresentamos, nesta seção, algumas dificuldades típicas que podem ser encontradas no dia-a-dia dos executivos, ao se tentar colocar as estratégias em prática. Elas abarcam a maioria das situações de fracassos ou de insucessos, totais ou parciais, observadas nas implantações.

16.1.1 *Diagnóstico Inexistente ou Inadequado*

Muitas vezes, os dirigentes, no entusiasmo de agir rapidamente e de mostrar resultados, iniciam um processo de implantação da gestão estratégica sem ter conduzido ou encomendado, antes, um bom diagnóstico de prontidão e situação estratégicas, conforme sugerido nas Seções 4.1, 4.2 e 20.1.

A inexistência de um bom diagnóstico faz que as pessoas trabalhem com base em impressões, opiniões pessoais, palpites ou em idéias preconcebidas. Nessas situações, boas ferramentas podem ser usadas para resolver problemas errados, como será descrito na Seção 17.4.

Essas instituições acabam despendendo muito tempo, esforço e dinheiro no ataque a pseudoproblemas, ao passo que os verdadeiros problemas nem foram arranhados, gerando grandes frustrações e decepções, bem como podendo, até mesmo, agravar os verdadeiros problemas, com ações erradas, embora implementadas de boa-fé.

É uma situação parecida com a que ocorre com os problemas de saúde quando aplicada a automedicação: esta, carecendo de diagnóstico médico adequado, acaba resultando na utilização de remédios caros, que podem causar efeitos colaterais negativos e, pior, não serem os indicados para aquele tipo de doença!

16.1.2 Foco no "Aqui e Agora"

A expressão "tudo é para ontem, e se não for assim não serve" representa uma situação típica de vários empresários e executivos que conhecemos. Esse enfoque é chamado de **miopia estratégica**, pois, nessa situação, as pessoas não são capazes de focar e de vislumbrar o médio nem o longo prazo, ou o que está fora de sua cidade, da sua região ou do seu país, de onde poderiam estar vindo os maiores problemas ou as maiores oportunidades para a instituição.

16.1.3 O "Fogo de Palha" e a Novidade do Mês

A falta de uma perspectiva de longo prazo, de persistência e da sustentação de rumo tem levado muitas instituições a iniciarem belíssimos trabalhos de planejamento estratégico, contratando consultores caros, envolvendo todo o seu pessoal e fazendo uma grande agitação interna. Afinal, acreditam que "o planejamento estratégico vai resolver todos os problemas da instituição".

É como acontece no mercado da moda: "É a cor da estação. Todos precisam usá-la". Mas, passado o furor, que freqüentemente não dura mais do que dois ou três meses, outra nova moda já surgiu, outra novidade, com igual ou maior intensidade, que vai, esta sim, "resolver todos os problemas", e assim sucessivamente.

Dessa forma, "aquele tal de planejamento estratégico" foi mais uma moda que passou, deixando saudades e frustrações em decorrência das grandes expectativas levantadas, mas não atendidas por falta de objetividade, persistência e continuidade.

Além do desperdício de recursos, tempo e motivação, isso acaba criando, na organização, um ceticismo crônico, dificultando a mobilização futura do corpo gerencial e profissional para qualquer outra iniciativa semelhante: as pessoas passam uma imagem de que dão suporte a todas as iniciativas, mas, na verdade, envolvem-se o menos possível, apenas esperando que "essa onda" também seja esquecida.

16.1.4 Falta de Comprometimento da Alta e da Média Gerência

Para quem já trabalhou com algum processo de mudança organizacional, é fácil perceber quando não há comprometimento da alta ou da média gerência. Vejamos alguns indícios:

- ✓ não há espaço, nas agendas dos dirigentes, nem para uma reunião preparatória;
- ✓ não há tempo para fazer uma entrevista de diagnóstico com eles;
- ✓ não se consegue marcar um *workshop* de planejamento estratégico;
- ✓ não se consegue designar um *facilitador* de gestão estratégica com perfil adequado e necessário. De fato, o que se percebe é que "para este serviço, qualquer um serve", e pode ser a oportunidade para "se livrar" de alguém indesejado na organização, empurrando-o para mais essa moda;
- ✓ não há uma disposição genuína de investir o necessário para prover as condições mínimas para que o *workshop* seja bem-sucedido;

- as pessoas entram nas reuniões sem demonstrar interesse, pois estão mais preocupadas com o seu dia-a-dia do que com o que está sendo discutido;
- a implantação da gestão estratégica não é vista como um investimento, mas como uma despesa a ser controlada e, se possível, evitada;
- a primeira pergunta que é feita é "quanto vai custar?", em vez de "que benefícios isto pode trazer?", ou "o que podemos fazer para garantir o sucesso da iniciativa?" — às vezes, acontece algo pior: não fazem pergunta nenhuma... para não se comprometerem!
- durante as discussões, usam todo o conhecimento e argumentos possíveis para justificar "por que isso não vai funcionar", em vez de discutirem "como podemos fazer funcionar".

É claro que, se não houver um compromisso firme da alta direção, é melhor nem começar um processo de implantação da gestão estratégica, pois o fracasso, nesse caso, é praticamente certo.

16.1.5 Mudanças Inesperadas Durante o Andamento do Processo

Algumas vezes, tudo parece ir muito bem, sob controle: há grandes expectativas e esperanças quanto aos resultados para a organização, o *workshop* foi realizado conforme programado, os planos foram detalhados, o *facilitador* foi designado e é atuante e os planos estão em execução.

De repente, algo inesperado acontece, como:
- mudanças bruscas no pessoal-chave: entradas, saídas ou movimentações;
- o novo diretor que acabou de entrar não acredita em planejamento estratégico, por isso, manda parar tudo;
- perda do *facilitador*, que saiu da organização ou foi designado para outras funções consideradas mais importantes;
- perda de um grande contrato ou de uma grande concorrência, gerando pânico em todos, tanto dirigentes quanto funcionários;
- dificuldades financeiras, gerando corte de pessoal ou interrupção de programas de investimentos;
- reorganizações inesperadas e inoportunas;
- novas prioridades, novos programas, novas iniciativas;
- mudanças na legislação ou nas regulamentações;
- mudanças nas grandes diretrizes, provocadas por alterações no controle do negócio ou da atividade.

Diante disso, interrompe-se tudo, suspendem-se os esforços em andamento, e "vamos apagar o incêndio"... A gestão estratégica, por sua vez, ficou para depois ou, talvez, para nunca.

16.1.6 Falta de Metodologia Adequada e Consensual

Há situações em que existe percepção clara e generalizada da necessidade de "se fazer alguma coisa". Infelizmente, não existe um método escolhido, um caminho, uma seqüência firme e consensual dos passos necessários. Às vezes, ainda, os conceitos não estão claros, não são concatenados entre si, não são operacionais ou, pior, não são entendidos da mesma forma por todos os dirigentes. Até problemas de nomenclatura podem ser um empecilho!

Nas instituições em que isso acontece, o processo acaba "morrendo" em uma grande confusão, a própria Torre de Babel, pois, embora não se entendam, todos querem fazer alguma coisa, com a melhor das intenções; assim, por falta de metodologia adequada, cada qual faz do seu jeito e nada funciona.

16.1.7 Muita Análise, Pouca Síntese e Nenhuma Ação

Em certas organizações, existe uma excessiva preocupação em "mostrar serviço para os superiores", com uma fixação na necessidade de justificar detalhadamente todas as conclusões, recomendações e ações. Para isso, encomendam estudos, pesquisas, relatórios, análises, gráficos, pareceres de especialistas e levantamentos extensos.

Esses papéis acabam se transformando em um escudo, atrás do qual os dirigentes e responsáveis (ou melhor, irresponsáveis...) escondem-se, a fim de se defender das eventuais críticas de seus superiores, dos membros do *board* (Conselho de Administração), da direção geral, da matriz, dos controladores ou proprietários.

Percebe-se essa situação quando as pessoas estão mais preocupadas com a *forma* do que com o *conteúdo*. Por exemplo, há grande preocupação em evitar erros de português, com a precisão dos centavos ou com a beleza estética do documento final e com a qualidade visual de apresentações ou de relatórios de acompanhamento.

Nessas instituições, gasta-se muito tempo, esforço e dinheiro nas análises, pouco na busca e na elaboração das soluções, e menos ainda em ações concretas. E, de fato, nada acontece de prático para realizar a transformação estratégica diagnosticada da maneira necessária.

16.1.8 Falta de Flexibilidade no Processo

Embora um pouco mais raramente na cultura brasileira, essa situação pode ocorrer em certas empresas ou entidades de cultura muito burocratizada, nas quais as pessoas não têm iniciativa de fazer ou de propor alterações de curso quando imprevistos acontecem ao longo do processo.

Como a realidade é muito dinâmica, essa falta de flexibilidade pode levar a fracassos de implantação, pois, quando o projeto estiver completo (se estiver...), eventualmente as premissas para sua execução já terão sido alteradas há muito tempo, resultando nos chamados "elefantes brancos" em muitas organizações.

16.1.9 Falta de Vinculação dos Investimentos com o Orçamento Operacional

Temos visto belíssimos projetos estratégicos, com planos de ação detalhados para implementar as metas e os objetivos dentro das estratégias escolhidas. Mas

— estranho — ninguém se lembrou de avisar o diretor financeiro sobre os gastos necessários para implementá-los e sobre a necessidade de incorporar esses números no orçamento operacional do próximo ano — ou nas previsões e revisões orçamentárias do ano em curso.

Conseqüentemente, sem recursos assegurados, as coisas começam muito bem, mas param por falta de recursos humanos ou financeiros alocados formalmente ao projeto. Ao mesmo tempo, recursos preciosos podem estar sendo gastos em antigos programas ainda em andamento, programas que nem chegaram a ser examinados, avaliados e alinhados dentro do contexto das novas diretrizes estratégicas.

16.1.10 Falta de Comando para Implementação

Muito comum no Brasil, às vezes, os conceitos e as idéias são claros e bem formalizados, as estratégias são bem elaboradas, o documento final está muito bem preparado e os planos, bem trabalhados; mas não há um comando firme de implementação. Não bastam as boas intenções. Em casos como esses, o processo acaba se extinguindo por falta de gerência e de energia.

16.2 Implantação como um Projeto

Esta seção retoma o tema abordado no Tópico 12.5.1, sobre o tratamento de cada programa de capacitação como se fosse um projeto. A metodologia de gestão de projetos, como preconizada pelo Project Management Institute (PMI), passou a ser adotada em muitas empresas como a plataforma conceitual, operacional e administrativa para a condução de suas atividades de implantação[1].

Existem muitas vantagens na adoção dessa prática, com as devidas adaptações ao caso específico de gestão estratégica. O que se propõe, aqui, é que se trate a implantação de uma gestão estratégica de uma entidade e de seus projetos estratégicos como se fosse um macroprojeto.

Todo projeto tem um início, um meio e um fim. Tem um gerente e uma equipe designados, premissas explícitas, escopo, cronograma, responsabilidades e orçamento detalhados e supervisão que se reporta ao mais alto nível da organização. Isso dá muita solidez em sua implantação, com acompanhamento gerencial em todos os níveis e em todas as variáveis e dimensões relevantes de sua implantação.

Apresentamos, a seguir, as dez macrovariáveis que devem ser administradas em uma gestão integrada de um projeto, conforme a metodologia do PMI. Essas variáveis permitem formar um conceito integrado e harmonioso de um projeto, abordando todos os aspectos relevantes para sua implantação com sucesso — um detalhamento desses tópicos e a inter-relação entre eles pode ser visto na Seção 19.5.

---

[1] Exposto em PMI STANDARDS COMMITTEE, 1996.

1. **Gestão das premissas**[2] — a gestão das premissas busca assegurar que as bases do projeto usadas como premissas ainda permaneçam vigentes ao longo de sua implementação. O gerente do projeto precisa verificar, periodicamente, se as premissas adotadas para a elaboração do projeto, inclusive quanto ao cenário externo, ainda são válidas.

2. **Gestão da integração** — a gestão da integração corresponde a uma atividade gerencial típica, que é estruturada sobre um elenco de funções, cargos, entidades internas ou externas, órgãos públicos e *stakeholders* que, direta ou indiretamente, estão envolvidos no desenvolvimento do projeto. Ou seja, deve-se assegurar que os vários elementos e entidades envolvidos com o projeto estejam adequadamente integrados e coordenados. Essa atividade é chamada, também, de *gestão das interfaces*.

3. **Gestão do escopo** — a gestão do escopo requer assegurar que o projeto inclua todos os serviços e atividades necessários, e somente os necessários, para atingir o objetivo estabelecido.

4. **Gestão do tempo** — a gestão do tempo visa a assegurar a conclusão do projeto no prazo combinado. Deve-se estimar a duração de cada micro ou macroatividade. Além disso, de acordo com a seqüência das atividades (relacionamento lógico e de precedência entre elas), deve-se estabelecer o caminho crítico, os intervalos e os marcos de verificação do progresso da implantação do projeto.

5. **Gestão do custo** — a gestão do custo tem por finalidade assegurar que o projeto estará completo dentro do orçamento aprovado pela direção. Similarmente às variáveis relacionadas ao tempo, os custos também precisam ser orçados e acompanhados. O cotejo entre o custo orçado e o custo realizado, para cada microatividade, pode indicar a necessidade de revisões do orçamento total ou parcial do projeto.

6. **Gestão da qualidade** — a gestão da qualidade implica assegurar que o projeto irá satisfazer aos requisitos especificados e às necessidades requeridas, definidas previamente. Além das características de escopo, de tempo e de custo, devem-se estabelecer, *desde o início*, os parâmetros operacionais, funcionais e financeiros que o projeto deve atender, tanto em sua implementação quanto em sua operação normal, quando estiver completo — a Seção 19.3 apresenta alguns tópicos relevantes sobre os sistemas de gestão da qualidade.

7. **Gestão dos recursos humanos** — a gestão dos recursos humanos consiste em tornar mais efetivo o desempenho das pessoas envolvidas com o projeto. No início do projeto, o gerente e sua equipe devem fazer um levantamento das características qualitativas e quantitativas com relação ao pessoal necessário à sua implementação. É muito útil elaborar um plano especificando o

---

[2] Nove das dez premissas, da segunda até a décima, fazem parte do esquema básico do PMI. A primeira, chamada aqui de gestão das premissas, foi adicionada pelo autor.

que, quanto, como e quando das necessidades de recursos humanos para o projeto, bem como acompanhar este plano ao longo do projeto.

8. **Gestão das comunicações** — a gestão das comunicações tem como objetivo assegurar que as informações sobre o projeto sejam geradas, coletadas, tratadas, disseminadas e armazenadas de forma adequada. O gerente e sua equipe deverão especificar os processos, mecanismos, formatos e periodicidade ou freqüência das comunicações internas e externas sobre as informações relacionadas ao projeto.

9. **Gestão dos riscos** — a gestão dos riscos consiste em identificar, analisar, avaliar os riscos do projeto e dar tratamento adequado a eles. Assim, o gerente e sua equipe devem qualificar e quantificar os riscos envolvidos no projeto sob sua responsabilidade. Ressalte-se que os riscos nem sempre são financeiros: podem ser de atraso, de falta de algum recurso essencial, de falta de segurança pessoal ou patrimonial, de não-realização de alguma premissa, de ações na Justiça impetradas por interessados que se considerem prejudicados, entre outros. A quantificação financeira dos riscos deve ser examinada e sua cobertura e repasse devem ser especificados, aprovados e providenciados.

10. **Gestão das aquisições** — a gestão das aquisições tem como objetivo assegurar que as aquisições de bens e serviços necessários à realização do projeto sejam feitas de forma adequada, dentro das especificações, do orçamento e do tempo. O gerente e sua equipe devem providenciar uma sistemática eficaz para que essas aquisições sejam especificadas no nível adequado e efetuadas nas melhores condições de preço, prazo e qualidade para a empresa ou entidade.

16.3 Como Escolher os Níveis de Melhoria

Toda implantação da gestão estratégica em qualquer empresa ou entidade é um processo evolutivo. Dificilmente se consegue acelerar de zero a 100 km/h em dez segundos, como alguns fabricantes de carros dizem que seus carros fazem.

É preciso sabedoria (conhecimento), paciência e perseverança para conduzir a transformação dos métodos de trabalho, da capacitação das pessoas, da cultura organizacional, das estratégias competitivas, dos sistemas gerenciais e da capacitação profissional. Tudo ocorre ao mesmo tempo, pois cada um desses elementos está intimamente associado aos outros e todos são *interdependentes*.

Quando se está iniciando uma nova empresa ou entidade, por incrível que possa parecer, tudo é mais simples! O recrutamento de pessoas, o estabelecimento das estratégias, planos de capacitação e sistemas gerenciais podem ser implantados já dentro dessa nova metodologia.

A questão é: "Como fazer isso com uma instituição de 30, 50 ou até 100 anos de existência?". Como se diz, "é como se tivéssemos de transformar, em pleno vôo, um avião Electra num Boeing", ou como "transformar, em plena viagem, um navio a vapor em um navio nuclear", ou, ainda, como "transformar um sistema telefônico analógico em um digital sem interromper a conversação". De fato, não existem hangares, aeroportos, estaleiros, laboratórios ou bancadas de teste para as instituições, pois elas *continuam operando* enquanto estão sendo transformadas.

Portanto, as transformações precisam ser feitas de forma a não prejudicar a prestação dos serviços ou o fornecimento dos produtos enquanto as mudanças continuam sendo feitas. Metaforicamente, poderíamos dizer que andaimes e biombos precisam ser providenciados...

Assim, ao implementarmos as transformações, alguns cuidados especiais precisam ser tomados, pois existem pelo menos três níveis de melhoria que poderiam ser escolhidos, conforme descritos a seguir.

16.3.1 Melhorias Contínuas

As melhorias contínuas são as que mais facilmente podem ser implementadas nas organizações: círculos da qualidade; grupos de reflexão e de melhoria nos sistemas da qualidade; realinhamento de mercado; treinamento *on-the-job* (no trabalho); novo sistema de atendimento a clientes ou usuários, entre outros. Todos esses exemplos são formas "suaves" de realizar melhorias. O melhor exemplo de melhoria contínua e gradual é o que se refere a um princípio, adotado inicialmente em empresas japonesas, conhecido como *kaizen*[3].

Essas melhorias se aplicam mais a entidades e empresas que já estão razoavelmente ajustadas ao mercado e ao ambiente, para as quais adaptações e ajustes são suficientes para mantê-las, com eficácia, no rumo certo.

Essas formas de melhoria, como ilustradas nas Seções 19.1, 19.2 e 19.3, devem ser consideradas e aplicadas sempre que possível, pois têm custo relativamente baixo e quase nenhum impacto negativo em relação ao mercado ou a seu público-alvo.

16.3.2 Melhorias Drásticas

Contudo, quando mudanças profundas são imprescindíveis e inevitáveis, as formas suaves e incrementais de melhoria pouco podem ajudar. Por exemplo, como pensar em melhorar o processo de fabricação e reduzir o custo ou o tempo de processo em uma linha de fabricação de máquinas de escrever, quando o mercado já se encaminhou para o uso de impressoras? Não adianta *jogar bem* o jogo, se o jogo jogado não é o jogo certo, como descrito na Seção 17.4.

A reengenharia, por exemplo, é um processo de transformação drástica e rápida, visando a benefícios muito grandes nos processos produtivos ou administrativos das organizações. Benefícios inferiores a 5% não justificam a reengenharia[4].

Também os processos de *downsizing* (redução drástica de funcionários) ou de *rightsizing* (ajuste do número de funcionários para o nível mínimo adequado às tare-

---

[3] *Kaizen* é uma palavra de origem japonesa com o significado de melhoria contínua e gradual, na vida em geral (pessoal, familiar, social e no trabalho). A aplicação dessa filosofia de vida no ambiente empresarial veio com os conceitos de ciclo de qualidade e produção *just-in-time*. Ver Tópicos 19.1 e 19.3.

[4] Como descrito em HAMMER, 1995.

fas a executar) costumam provocar grandes e profundas mudanças nas organizações. Quem já passou por um *downsizing* em que muitas pessoas foram despedidas em um curto espaço de tempo saberá dizer como essas experiências podem ser dolorosas, mas infelizmente, em muitos casos, imprescindíveis.

16.3.3 Os Saltos Estratégicos e as Grandes Descontinuidades

Infelizmente, há situações, mais freqüentes do que desejadas, em que melhorias como as mencionadas anteriormente, ou as melhorias por ciclos sucessivos, como na espiral PDCA (mencionada na Seção 15.5), não são suficientes para atender à premência e à profundidade das mudanças exigidas pelo ambiente externo da instituição.

O que fazer, então? Bem, essa é a hora da "operação cirúrgica", quando a situação premente não pode esperar por longos tratamentos ou esforços de boa vontade. Uma possibilidade real é a criação de duas estruturas virtuais[5], eventualmente usando até, em parte, as mesmas pessoas:

- **Estrutura de sustentação operacional** — a estrutura de sustentação operacional é uma estrutura provisória, mas eficiente, que tem por finalidade atender muito bem os clientes atuais. Ao final do processo de mudança, ela será desmontada e as pessoas serão reincorporadas à estrutura definitiva.

  Ela funciona como um *andaime*, ou como uma *fachada*, no bom sentido, por meio da qual os negócios atuais continuam sendo executados com eficiência relativa, embora as mudanças estejam ocorrendo na outra estrutura (descrita a seguir).

- **Estrutura para a transformação** — a estrutura para a transformação é voltada para as mudanças, para onde as grandes alterações estratégicas são feitas, sem prejuízo das operações em andamento.

  Podem fazer parte da estrutura em transformação um ou mais dos seguintes elementos de inovação: novos produtos; novos serviços; novas formas de operar, de vender, de comprar; novas plantas; novos equipamentos; novo *layout* (arranjos físicos); novas pessoas; novas tecnologias; novas parcerias; *joint ventures*; novos sistemas; novas políticas de pessoal; novas formas de remunerar as pessoas; e, até — por que não? —, uma nova organização ou uma nova cultura organizacional[6].

Para que essas duas estruturas funcionem harmonicamente, deverá existir certa separação entre a *velha* estrutura, operacional, e a *nova* estrutura, para transformação, evitando-se que haja contaminação das "velhas verdades" do passado para a nova estrutura que se pretende criar.

É preciso, entretanto, que haja uma ligação entre as duas estruturas, coordenada no mais alto nível da organização, para compatibilizar situações que contemplem

---

[5] Esta solução foi proposta por ANSOFF, 1984, p. 437-449.
[6] Um interessante caso sobre a Intel pode ser encontrado em TREACY; WIERSEMA, 1995 (Capítulo 7).

as peculiaridades de cada uma e para que se aproveitem, na nova estrutura, algumas experiências e práticas bem-sucedidas da estrutura operacional.

Eventualmente, um apoio externo pode ajudar no processo de transformação, pois uma visão externa pode atuar com mais rapidez na identificação dos velhos paradigmas que precisam ser substituídos e daqueles que devem ser mantidos.

16.4   Impacto das Mudanças sobre a Vida das Pessoas

Embora transformações e mudanças tão rápidas e até radicais sejam inexoráveis em muitas situações de transformação estratégica, elas acabam criando grandes impactos sobre a vida dos profissionais envolvidos!

Pessoas que, por décadas, foram fiéis "servidores da casa", de uma hora para outra podem começar a levantar questões como:

- √ Será que haverá algum lugar para mim depois das transformações?
- √ Onde eu me encaixo na nova estrutura?
- √ Será que tudo o que aprendi até hoje não serve para mais nada?
- √ E esses "meninos novos", recém-saídos das universidades, que estão sendo contratados, vão tomar o meu lugar?
- √ E a minha experiência não conta para nada?
- √ Mas eu não entendo nada daquilo que está sendo implantado!
- √ Eu acho que estou muito velho para aprender tudo de novo!
- √ De que valeram tantos anos de sacrifício e dedicação?
- √ Eu sabia que eles não ligavam para as pessoas; só para os lucros...

Ou outras lamúrias até mais amargas que essas.

16.4.1 Mudanças, Mudanças e mais Mudanças

Os principais tipos de mudanças que podem ocorrer no ambiente externo da organização são: no ambiente competitivo; nas regulamentações e leis; nas parcerias e alianças — em novas alianças ou no fim de alianças históricas; nas necessidades, opiniões e preferências dos clientes; nos tipos de clientes; nos produtos ou serviços; nas formas de operar, de vender e comprar (por exemplo, com a expansão da Internet); nos parâmetros de sucesso e nas tecnologias. Podem ocorrer, até, *mudanças na forma, na velocidade e no tipo de mudança*! Nessas situações extremas, temos de encarar os fatos, em vez de fugir deles.

Quando as mudanças são inevitáveis, as formas de lidar com elas variam de pessoa para pessoa, conforme seu perfil psicológico e sua maneira de ver o mundo e o futuro.

Os **pessimistas empedernidos** só pensam no pior e preparam-se para ele, como se isso fosse uma certeza da qual não se pode escapar. Não vêem quaisquer possibilidades de melhoria pessoal ou profissional na mudança. Sua atitude típica costuma ser de "sentar em um canto e chorar", ou de investir toda a energia em ações defensivas, ou até relatiatórias, se possível!

Os **otimistas inveterados** são aqueles que imaginam que tudo ocorrerá da melhor forma. O futuro perfeito é possível, é quase uma certeza. Não vêem nas mudanças nenhuma possibilidade de prejuízo pessoal ou profissional. Sua atitude típica costuma ser de "dormir sonhando com o paraíso". E, não enxergando os riscos, não aplicam muita energia para garantir os resultados sonhados.

Os **realistas proativos** não são ingênuos como os otimistas, pois sabem que existe alguma possibilidade real, embora pequena, de que a situação possa até piorar para eles, se nada fizerem. No entanto, sabem que, se fizerem "a coisa certa", as chances de melhoria são concretas. Sua atitude típica é de "correr em busca das oportunidades, preparando-se para elas".

É claro que sempre há os **indecisos**, que estão "em cima do muro", esperando para saber de que lado a bola vai cair. Esses não fazem nada de objetivo: ligam-se na "rádio cipó" para se manterem muito bem informados sobre as "novidades lá de cima".

Os administradores do processo de mudança precisam identificar e encarar objetivamente cada um dos quatro tipos de pessoas, que existem, em menor ou maior proporção, em *todas* as organizações. Afinal, a maioria se preocupa com seu emprego e com o sustento da própria família.

Por parte da empresa, o que fazer com cada um desses tipos? É claro que o tratamento a ser dado também varia de pessoa para pessoa, conforme seu perfil social, psicológico e profissional. Vejamos.

Os profissionais devem ser claramente, extensivamente e repetidamente informados de que:
- as mudanças são inevitáveis, são uma questão de sobrevivência da instituição;
- em princípio, todos os funcionários são chamados a participar do processo de mudança;
- é inútil resistir às mudanças, pois elas virão, queiramos ou não;
- existem oportunidades a serem exploradas por aqueles que se dispuserem a ajudar a fazer a mudança, da mesma forma que existem riscos pessoais para

aqueles que não se dedicarem, não se envolverem e não se comprometerem com o processo;
- deve-se deixar bem claro quais mudanças ocorrerão, e quando, para que cada um possa se posicionar em relação a elas;
- entretanto, nem tudo será mudado: há alguns pontos fixos em toda mudança, e isso precisa ser reforçado nas comunicações internas e externas: as formulações de visão, de missão, dos princípios e valores não deveriam ser objeto de mudanças. Mas tudo isso, mudando ou não, deve ser enfatizado nas comunicações;
- haverá certas situações muito especiais em um processo de transformação estratégica mais profunda, em que se pode concluir, por exemplo, que a opção estratégica, ou algum valor, ou algum princípio, ou a missão, ou até a visão, *precisam* ser mudados — por exemplo, a percepção do valor de lealdade da empresa em relação ao funcionário tem mudado drasticamente em muitas organizações, provocando efeito semelhante quanto à lealdade do empregado em relação à empresa;
- o valor da antiga "garantia do emprego" passou a ser visto como sinônimo de acomodação do profissional. Hoje, será mais valorizado o profissional que muda de emprego a cada período de três a cinco anos, para ampliar sua experiência pessoal e profissional, do que aquele que ficou várias décadas na mesma organização[7, 8].

De maneira geral, as organizações atuais podem parecer, aos olhos de seus funcionários, mais imediatistas e mercenárias do que no passado, na medida em que os dirigentes tradicionais foram sendo substituídos, nas últimas décadas, por gerentes com valores pessoais mais ambiciosos e empreendedores, bem diferentes dos anteriores.

O que poderia ter sido apenas uma mudança comportamental passageira acabou firmando-se como uma mudança efetiva de valores do corpo gerencial. Daí se ouvir os funcionários antigos dizerem, pelos corredores, que as organizações preferem mais os "carreiristas", e não os "dedicados burros de carga" do passado.

Há também situações históricas, bastante conhecidas, de organizações que conseguiram reformular, com sucesso, sua missão e visão, para se adequarem às grandes transformações ou às descontinuidades no ambiente externo, na concorrência ou no próprio conceito do negócio.

Em situações como essas, deve-se examinar cuidadosamente, em cada caso, o que muda e o que não muda, e utilizar o que não muda para infundir confiança e segurança no quadro de pessoal, por meio de um processo de comunicação claro, consistente e verdadeiro.

Deve-se deixar bem claro, portanto, o que a alta administração espera de cada classe de colaboradores e de cada um em particular: dos gerentes, dos supervisores e dos profissionais em geral. Entretanto, apesar de todos os esforços empreendidos

---

[7] ASSAD, N. A.; 2010.
[8] POTTS, R.; LAMARSCH, J.; 2004.

pela alta administração, em última instância é o *próprio* funcionário quem decidirá de que lado prefere ficar.

Segundo o conhecido consultor de empresas Daniel Druwe, da Oliver Wight, os últimos 20 anos testemunharam significativas mudanças nas organizações. Com base na experiência desse consultor, é possível afirmar que as empresas que demonstraram preocupação real com o ser humano e que se esforçaram por apoiar-se em critérios justos e éticos para todas as decisões, mesmo as mais dolorosas, pagaram um preço menor pelas mudanças, superaram essas mudanças mais rapidamente e colheram mais benefícios a médio prazo.

Garantir, com comunicação e com ação, em todos os momentos, que tudo será feito com ética e justiça é vital não apenas para os que podem ser prejudicados com as mudanças, mas também para os que permanecerão na organização e acabarão ganhando maiores responsabilidades.

16.4.2 Oportunidades ou Ameaças?

É importante que as oportunidades e ameaças pessoais sejam corajosa e claramente expostas a todos os funcionários envolvidos.

- **Oportunidades** — Como exemplos de oportunidades que podem ser anunciadas aos funcionários, dependendo de cada caso, podem ser citadas: crescimento pessoal e profissional, com valorização tanto dentro da empresa como no mercado de trabalho, aumentando sua empregabilidade; enriquecimento de tarefas e de funções; mobilização horizontal, vertical ou diagonal; novas funções, novas tarefas, novos desafios; maior envolvimento interfuncional; contato com novas tecnologias, novas empresas ou entidades, novos tipos de clientes; possibilidade de participar da construção de um novo futuro da organização.
- **Ameaças** — Mesmo que a organização esteja promovendo mudanças avançadas em relação ao mercado, a não-mudança poderá acarretar, eventualmente, uma perda de competitividade, com riscos para o bem-estar de todos na empresa.

Quando as mudanças ocorrem simultaneamente com os concorrentes, ou até mesmo com atraso em relação ao mercado, os riscos de encolhimento e desaparecimento do mercado são muito fortes, com implicações óbvias para os empregos. Alguns exemplos de organizações que eram líderes de mercado há dez anos e que desapareceram, ou que hoje passam por grandes dificuldades para se manterem no mercado devem servir de alerta a todos nós. Lembremo-nos, por exemplo, da Varig, da Transbrasil, da Vasp...

Que ninguém se iluda. Durante as transformações, algum desavisado ou distraído pode acabar "caindo do caminhão de mudança". Aqueles que não estiverem dispostos a cooperar efetivamente e a se preparar para os novos tempos correm o risco pessoal e profissional de acabarem ficando sozinhos, em uma posição subalterna ou até mesmo fora da organização, em situação incômoda de ter de voltar ao mercado de trabalho em condições talvez menos favoráveis.

16.4.3 Atitudes Recomendáveis Durante o Processo

Considerando o exposto, recomenda-se àqueles que estiverem envolvidos em processos de mudança em suas respectivas organizações que procurem, em seu dia-a-dia, desenvolver e exercitar atitudes como honestidade, sinceridade e integridade; abertura e flexibilidade; curiosidade, iniciativa, criatividade; disposição e iniciativa para aprender; disposição e iniciativa para ensinar, mudar e experimentar o novo; coragem de arriscar; automotivação e energia; adesão, envolvimento, comprometimento e *visão geral do todo* do qual sua tarefa é uma parte. Aqueles que seguirem essas orientações aumentarão suas possibilidades de participar, com sucesso, de qualquer processo de transformação organizacional.

16.5 Fatores-chave de Sucesso

De um modo geral, pode-se dizer que a gestão estratégica tem dois grandes momentos, com características, metodologias e problemáticas distintas: a implantação e a "operação em regime".

Este livro trata, em partes distintas, das duas fases. É claro que maior ênfase é dada à implantação, fase na qual as maiores dificuldades podem ser encontradas, fazendo que muitas organizações acabem desistindo do processo. Entretanto, a *operação em regime* também precisa ter seus parâmetros de controle, sem os quais as boas iniciativas e os esforços iniciais acabam sendo desperdiçados. (Ver o Modelo BSC, descrito no Tópico 19.4.)

16.5.1 Fatores-chave de Sucesso na Implantação

Apresentamos, a seguir, como lembrete, dez fatores-chave de sucesso que devem estar presentes para a implementação de uma gestão estratégica efetiva nas organizações. Embora não sejam uma garantia absoluta de sucesso, deve-se cuidar para que todos eles estejam presentes, de modo a aumentar a probabilidade de sucesso das implantações.

Assim, os **fatores-chave de sucesso** que devem ser continuamente avaliados pela alta direção são:

1. convicção generalizada de que "mudar é uma questão de sobrevivência";
2. compromisso efetivo da alta direção da instituição com as mudanças;
3. disposição de todos para priorizar o assunto;
4. persistência, apesar das resistências, mas flexibilidade para adaptações de curso;
5. comunicação clara e divulgação eficaz;
6. facilitador capacitado, disponível, motivado e comprometido;
7. comprometimento dos envolvidos na implementação: gerentes e funcionários;
8. disposição real para mudar, custe o que custar;
9. acompanhamento "implacável" do andamento do plano de implantação;
10. metodologia adequada e aconselhamento externo.

16.5.2 Fatores-chave na Gestão Estratégica

A gestão estratégica, uma vez implantada com sucesso e entrando em "operação em regime", deve ser caracterizada como um processo contínuo, cotidiano e permanente. Embora haja ciclos anuais ou semestrais mais ou menos formais de acompanhamento, de revisão, ela deve ter uma atenção constante de toda a alta e média direção da organização.

A Seção 19.4 apresenta o **Balanced Scorecard (BSC)** como uma metodologia de acompanhamento de implantação que pode ser muito útil nessa situação.

Da mesma forma que a alta administração gerencia aspectos como finanças, produção, vendas ou desenvolvimento de produtos, ela também deve gerir, continuamente, o projeto, a construção e a reconstrução de seu próprio *futuro*, que nada mais é do que a **gestão estratégica**.

Pode ter havido um esforço concentrado para implantação inicial do processo de gestão estratégica e pode haver inúmeros projetos em diferentes fases de implantação. Entretanto, a gestão estratégica como um todo não deve ser caracterizada apenas como um projeto, com começo, meio e fim, e muito menos como responsabilidade exclusiva de uma equipe isolada, como em uma "torre de marfim".

Infelizmente, nossa tendência e a da alta administração é de, após um grande esforço para executar uma transformação estratégica urgente e inadiável, envolver-se novamente com os interesses comerciais, gerenciais ou operacionais, deixando o futuro em segundo plano. Esse é um dos grandes riscos pelo qual a gestão estratégica pode passar.

Assim, além dos dez tópicos apresentados anteriormente, embora em diferentes graus, os fatores-chave típicos para o sucesso da gestão estratégica são:

- comprometimento firme, explícito, inquestionável, unânime e duradouro da alta administração com a sustentação dos esforços necessários ao exercício pleno desse novo módulo de gestão;
- acompanhamento implacável de todo o processo pelo facilitador de gestão estratégica e apoio explícito, no mais alto nível da organização, a suas iniciativas e ações;
- priorização dos temas e projetos estratégicos e incorporação deles no dia-a-dia da alta e média gerência, bem como dos funcionários envolvidos em sua implementação; e
- melhoria contínua dos próprios processos, da metodologia de planejamento e de gestão estratégica, a cada novo ciclo, ou quando isso se mostrar necessário.

16.5.3 Determinantes da Gestão Estratégica Efetiva

Pode-se dizer que uma organização tem um sistema de gestão estratégica efetiva, "operacional e em regime" quando for possível verificar, sem que haja dúvidas, a presença de *todos* os dez requisitos determinantes, descritos a seguir:

1. A alta administração, a média gerência e o pessoal-chave da organização conhecem, dominam e utilizam, em suas reuniões, decisões e comunicações do dia-a-dia, os conceitos e a metodologia de gestão estratégica. O facilitador atua eficazmente no cumprimento de seu papel.

2. Há documentos "vivos", conhecidos por todas aquelas pessoas que se relacionam com sua implementação. Esses documentos explicitam o propósito, as grandes diretrizes, as decisões estratégicas e as ações concretas aprovadas para a construção do futuro da instituição.
3. Existem responsáveis, prazos e mecanismos simples e eficazes para que esses documentos sejam prontamente modificados sempre que mudanças nas condições externas ou internas assim recomendarem.
4. Os sistemas de vigilância estratégica funcionam regularmente. Existem sistemas de informação gerencial que apóiam, de forma sistemática, as ações e os resultados das implantações dos planos de ação aprovados.
5. Os planos operacionais e administrativos da instituição consideram e adotam ações que apóiam e reforçam as decisões estratégicas.
6. Os objetivos e as metas existem formalmente e são periodicamente acompanhados, tanto qualitativa como quantitativamente. Os planos de ação estratégicos, bem como os de diversificação, de parcerias, de inovação, de rotação do portfólio, de reposicionamento competitivo e de investimentos, existem e estão em implantação e sob controle.
7. Há mecanismos formais de verificação contínua e periódica da validade das hipóteses, premissas e cenários que balizaram a construção dos planos estratégicos vigentes.
8. Existem mecanismos formais para se buscar a melhoria contínua nos métodos e nas técnicas de gestão estratégica da organização.
9. A empresa ou entidade conta com um macrocronograma de longo prazo, acompanhado periodicamente, para a implantação dos vários subsistemas de gestão estratégica. Os orçamentos da organização incorporam e contemplam, explicitamente, os números referentes ao orçamento e aos investimentos estratégicos.
10. Os mecanismos ou sistemas de reconhecimento e de recompensa, especialmente os dos dirigentes, gerentes e supervisores, estão claramente alinhados e comprometidos com a implantação das estratégias, com a busca dos objetivos e metas e com a execução dos planos de capacitação e dos planos de ação aprovados.

É a presença de *todos* esses fatores que vai fazer toda a diferença entre o planejamento estratégico clássico e a moderna gestão estratégica, objeto deste livro. Como se pode observar, a gestão estratégica é um processo contínuo, um processo que tem um começo, mas não tem um fim, pois está comprometido profundamente com o crescimento, com o desenvolvimento e até com a própria sobrevivência da organização!

Termos-chave

Neste capítulo, vimos alguns dos obstáculos a serem vencidos na implantação da gestão estratégica, bem como sugestões e recomendações para a implantação da gestão estratégica em uma empresa ou entidade.

Mostramos quais são as principais dificuldades e as dez dimensões que devem ser consideradas para implantar a gestão estratégica como um projeto.

Também fizemos considerações a respeito de vários tipos de melhoria: contínua drástica, incremental por ciclos sucessivos e por saltos estratégicos, mostrando a aplicabilidade de cada um deles.

Apresentamos os principais impactos das mudanças estratégicas sobre a vida das pessoas que trabalham nas empresas ou entidades. Mostramos, ainda, as formas típicas de reação das pessoas às mudanças estratégicas, além das atitudes recomendadas durante o processo de transformação.

Vimos os fatores-chave de sucesso para uma implementação e uma operacionalização bem-sucedidas da gestão estratégica na organização. Por fim, foram apontados os dez requisitos determinantes usados para verificar se um sistema de gestão estratégica está bem implementado na organização.

Questões

1. Quais são as principais dificuldades para implantar a gestão estratégica em uma organização? Justifique.

2. Por que a gestão das premissas e cenários é tão importante na implantação da gestão estratégica como se fosse um projeto? Em que ela difere dos projetos tradicionais?

3. Como é possível e por que é necessário manter uma estrutura de sustentação operacional e uma estrutura para a transformação em processos de grandes transformações e descontinuidades estratégicas nas organizações já existentes?

4. Quais são os principais impactos das mudanças estratégicas sobre os funcionários, gerentes e profissionais em geral? Como tratar as dificuldades de acordo com o estilo pessoal de cada um?

5. Quais são os principais fatores-chave de sucesso na implantação da gestão estratégica em uma organização? Como fazer para que os fatores que você considera relevantes estejam presentes e sejam atuantes?

VI

Aprofundamento

✓ Capítulo 17
Formulação de Estratégias via Teoria dos Jogos

✓ Capítulo 18
Jogos de Empresas para Capacitação Estratégica e Simulação Gerencial

✓ Capítulo 19
Ferramentas para Planejamento e para Gestão Estratégica

✓ Capítulo 20
Aplicações e Práticas da Gestão Estratégica

17

Formulação de Estratégias via Teoria dos Jogos[1]

TÓPICOS

- Alguns Conceitos da Teoria dos Jogos •
- A Matriz de Jogos Estratégicos (MJE) • Os Seis Jogos Estratégicos na MJE •
- Como Escolher o Jogo Certo e Jogá-lo Corretamente •
- Negociações Estratégicas Usando a Teoria dos Jogos •
- Conclusões e recomendações •

APRESENTAÇÃO

Este capítulo apresenta, desenvolve e aplica alguns conceitos da Teoria dos Jogos na formulação de estratégias de negócios, tanto competitivas como cooperativas.

São explicados os conceitos de árvores de decisão determinísticas e com eventos aleatórios, como base para a introdução do conceito de jogos discretos finitos e jogos hierárquicos.

Também é apresentado o conceito de rede-de-valores — envolvendo, como "jogadores", a empresa, seus clientes, seus fornecedores, seus concorrentes e seus "complementadores" — a partir do qual se ilustra e se aplica o conceito de "coopetição" no mundo dos negócios.

A Matriz de Jogos Estratégicos (MJE) é introduzida como base à formulação de jogos estratégicos. Quatro deles são inspirados nas estratégias clássicas da Teoria dos Jogos: jogos retaliatórios, jogos concorrentes, jogos cooperativos e jogos hierárquicos líder/seguidor; dois deles são apresentados como novos jogos em situações-limite: jogos paternalista-solidário e jogos dominante-marginal.

São descritos e ilustrados os conceitos de "jogos de cena", de dinâmica do posicionamento estratégico, de manobrabilidade, de polivalência e de flexibilidade estratégicas, como novas habilidades que executivos e gestores devem dominar e utilizar, de forma mais racional e menos intuitiva, para bem desempenharem a gestão estratégica de suas empresas.

Um tópico sobre o jogo de negociação cooperativa de Nash, usando o conceito de *Best Alternative to a Negotiated Agreement* (Batna) — cuja tradução é "melhor alternativa a um acordo negociado" —, é apresentado e ilustrado.

---

[1] Este capítulo tem por base um trabalho de COSTA, E. A.; BOTTURA, C. P; ALERIGI, A. R. Modelación de estrategias competitivas y cooperativas en ambientes empresariales mediante la teoría de los juegos. In: FORUN EN CLUSTERS Y EMPRESAS INTEGRADORAS — TECNOLÓGICO DE MONTERREY. Campus Toluca, México, ago. 2005. Agradecemos a colaboração especial dos co-autores daquele trabalho, professor Celso Pascoli Bottura e engenheiro Alberto Ruben Alerigi.

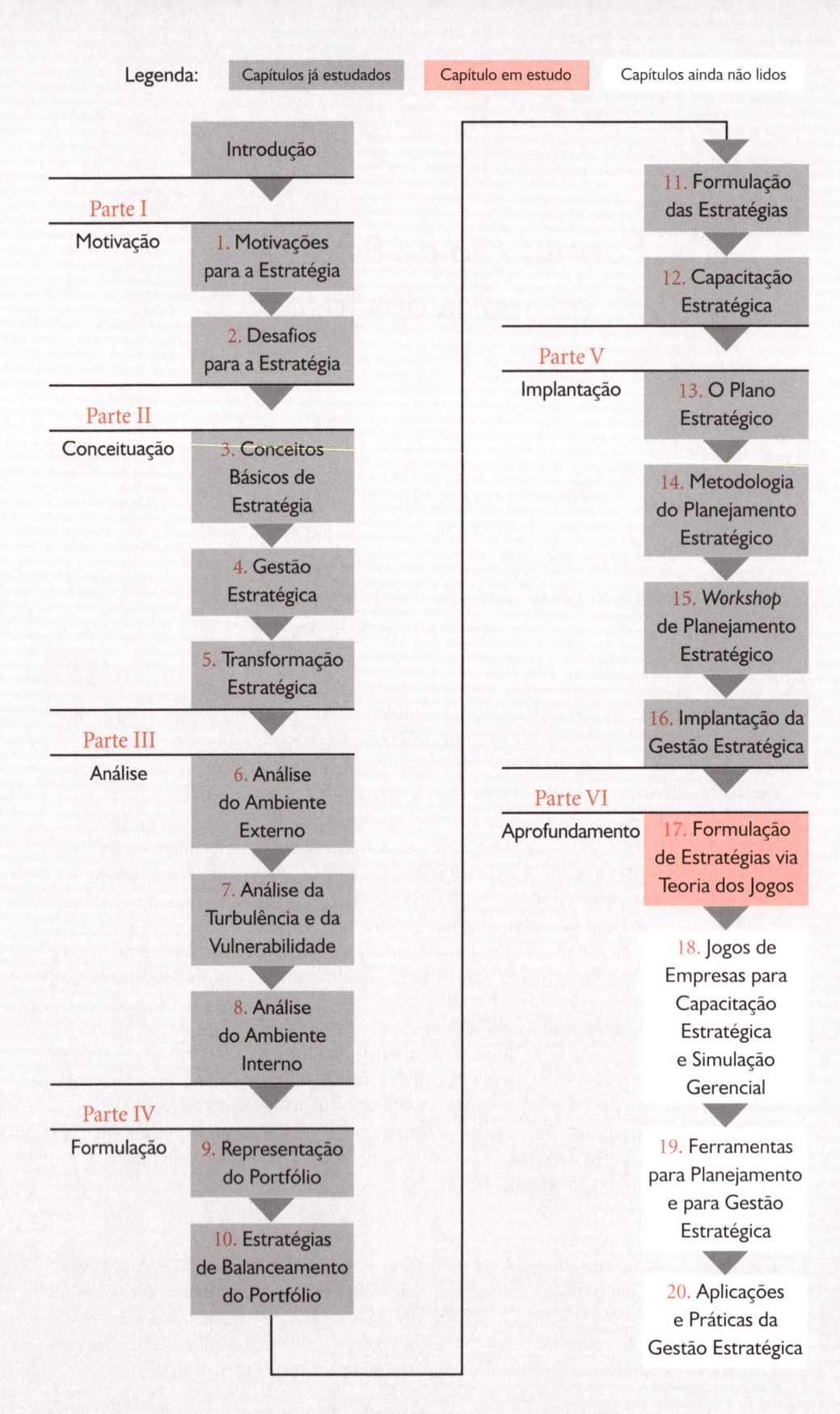

Legenda: Capítulos já estudados | Capítulo em estudo | Capítulos ainda não lidos

- Introdução

Parte I — Motivação
1. Motivações para a Estratégia
2. Desafios para a Estratégia

Parte II — Conceituação
3. Conceitos Básicos de Estratégia
4. Gestão Estratégica
5. Transformação Estratégica

Parte III — Análise
6. Análise do Ambiente Externo
7. Análise da Turbulência e da Vulnerabilidade
8. Análise do Ambiente Interno

Parte IV — Formulação
9. Representação do Portfólio
10. Estratégias de Balanceamento do Portfólio
11. Formulação das Estratégias
12. Capacitação Estratégica

Parte V — Implantação
13. O Plano Estratégico
14. Metodologia do Planejamento Estratégico
15. *Workshop* de Planejamento Estratégico
16. Implantação da Gestão Estratégica

Parte VI — Aprofundamento
17. Formulação de Estratégias via Teoria dos Jogos
18. Jogos de Empresas para Capacitação Estratégica e Simulação Gerencial
19. Ferramentas para Planejamento e para Gestão Estratégica
20. Aplicações e Práticas da Gestão Estratégica

Nos processos de planejamento estratégico, a formulação de estratégias empresariais constitui, há muito tempo, um dos principais desafios para executivos, especialistas, acadêmicos e consultores de empresa, pois a diversidade de situações tem mostrado que uma estratégia bem-sucedida para um caso pode não servir para outro. Isso porque, entre outras razões, as situações, as posturas e a relação de forças entre as empresas ou entidades são muito diversas entre si.

Embora as três classes de estratégias mencionadas no Capítulo 11 — corporativas, competitivas e funcionais — sejam essenciais ao sucesso dos negócios, são as estratégias competitivas as que costumam absorver o maior esforço nas formulações estratégicas nas organizações, razão pela qual aplicamos, neste livro, alguns resultados da **Teoria dos Jogos** a ambientes empresariais cooperativos e competitivos, como suporte à formulação das estratégias de negócios.

Embora o conceito de **conflito de interesses** possa ser aplicado a quase todas as atividades humanas, coletivas ou individuais — como as atividades políticas, militares, geopolíticas, sociais, diplomáticas ou familiares —, focamos, neste livro, sua aplicação ao mundo dos negócios.

De fato, a Teoria dos Jogos tem se mostrado muito útil para análise e decisão entre as várias estratégias de negócios disponíveis, principalmente nos jogos racionais do tipo "perde-perde", "perde-ganha" e "ganha-ganha". Também tem se mostrado eficaz para o entendimento das estratégias de negócios, principalmente no que se refere a possíveis reações dos concorrentes aos lances escolhidos, bem como à reação da empresa aos possíveis lances de seus concorrentes.

Entretanto, é bom ressaltar que, muitas vezes, os tomadores de decisão não andam pelos "caminhos da racionalidade", pois, com freqüência, empresários fazem suas escolhas estratégicas baseadas muito mais em motivações psicológicas, políticas ou diplomáticas, por exemplo, na necessidade de se justificar por decisões passadas, por uma percepção seletiva da realidade, por hostilidade gratuita, ou, simplesmente, por palpites intuitivos.

17.1 Alguns Conceitos da Teoria dos Jogos

No mundo dos negócios, os empresários lidam, no seu dia-a-dia, com dúvidas e questões cruciais que muitas vezes os colocam diante de difíceis decisões, como: "Devo cooperar ou devo competir? O que aconteceria se eu praticasse a cooperação, quando deveria estar competindo? O que aconteceria se eu praticasse a competição, quando deveria estar cooperando? Existem outras posturas possíveis além de simplesmente cooperar ou competir?".

Os conflitos de interesses fazem parte da vida dos executivos e empresários. Não há como evitá-los ou ignorá-los. Mas, o que caracteriza, realmente, uma situação de conflito de interesses?

> Sempre que dois ou mais agentes autônomos — pessoas, unidades, empresas, organizações, países etc. —, com interesses próprios e distintos, descobrem que seus interesses podem ser afetados por ações de outrem ou que, reciprocamente, suas decisões podem afetar interesses alheios, temos uma situação típica de conflito de interesses, a qual precisa ser resolvida de alguma maneira.

Disputas judiciais, agressões, guerras, invasões, ocupações, negociações, composições, buscas de soluções de compromisso, por exemplo, são formas usuais de "solucionar" situações de conflito de interesses. Muitas vezes, alguns empresários optam por não resolver um determinado conflito de interesses, na esperança de que o tempo irá solucioná-lo. Às vezes, isso até pode acontecer, mas nem sempre o tempo resolve...

Quando há boa-fé e fidelidade mútua entre as partes, muitas vezes a solução será a cooperação entre elas, procurando atender aos interesses de todos, na medida do possível, situação em que cada parte cede algo em troca de alguma compensação que lhe interesse. Nesse caso, as partes estudam as alternativas e fixam suas "posições de máximo recuo", embora normalmente não revelem isso ao seu antagonista. Segue-se um processo interativo de idas e vindas (às vezes longo e sofrido), em tentativas sucessivas, buscando um ponto que seja minimamente aceitável para as partes envolvidas. Espera-se que cada uma delas vá cedendo um pouco na busca de um acordo: as mais fortes e mais pacientes geralmente cedem menos; as mais fracas e mais apressadas acabam cedendo mais. Se, mesmo assim, não se chegar a um acordo, as partes podem perder algo pela não-realização do negócio — e essa perda potencial é a "mola" que leva ambas as partes a um esforço da negociação.

Deve-se ressaltar: não há uma "receita de bolo" para as estratégias. Cada caso é único, pois uma estratégia bem-sucedida em uma situação pode ser um fracasso em outra, assim como uma estratégia que foi fracasso em um caso pode vir a ser um sucesso em outro. A melhor estratégia — ou a menos ruim — depende da situação de força relativa entre os antagonistas, da estrutura do jogo e das atitudes de todos os jogadores envolvidos em qualquer processo de confronto ou de negociação.

Muitas vezes, os jogos jogados não são aqueles que os jogadores declaram estar jogando. O blefe faz parte da vida, mas é necessário ter cuidado: como em uma simples brincadeira de "par ou ímpar", quem blefa sempre pode acabar sendo desmascarado; e quem não blefa nunca acaba fornecendo, involuntária e desnecessariamente, informações preciosas aos adversários.

Nos conflitos de interesses entre empresas ou pessoas, as intenções alegadas, geralmente "nobres", nem sempre são as verdadeiras — estas, sim, muitas vezes são inconfessáveis. É comum alguém fingir estar se cooperando quando, no fundo, está competindo. Finge-se companheirismo e parceria, por exemplo, quando, na verdade, a intenção disfarçada é de dominação...

Este tópico e os próximos retomam as questões levantadas anteriormente, procurando dar um tratamento mais racional às difíceis decisões que envolvem situações de conflito de interesses. Isso será feito por meio do uso de alguns conceitos simples e intuitivos da **Teoria dos Jogos**.

17.1.1 Aplicação do Conceito de Árvore de Decisão

O conceito de **árvore de decisão** parte do pressuposto de que muitas das decisões no mundo dos negócios podem ser racionalizadas por meio de um processo sistemático de mapeamento de todas as decisões alternativas possíveis, geralmente seqüenciais, que executivos deveriam tomar. Todas as possibilidades são representadas em um diagrama em forma de árvore, em que cada um dos ramos representa o resultado de uma decisão possível.

Um dos benefícios dessa análise é induzir os executivos a pensarem e a quantificarem as decisões até o seu resultado final, para cada alternativa, em vez de se deterem otimizações parciais ou intermediárias, com base apenas em decisões primárias ou iniciais.

Nesse método de suporte à decisão, para cada um dos ramos finais da árvore, deve-se calcular e associar um resultado para a empresa, que ela valorize e deseje otimizar.

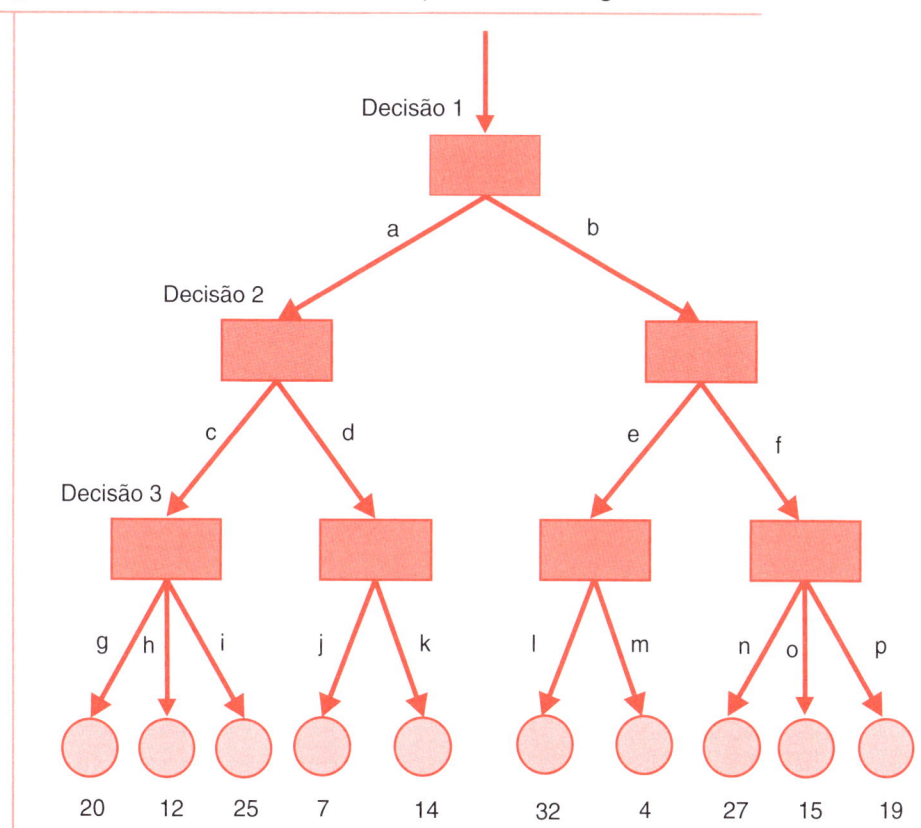

Figura 17.1 Uma Árvore de Decisão Simples em Três Estágios de Decisão

A busca do melhor resultado entre os possíveis implica a escolha do "caminho" ou da seqüência de decisões que o executivo deve tomar para otimizar seus resultados. A Figura 17.1 ilustra uma aplicação típica simples para um processo de decisão. Como em uma malha rodoviária, a cada encruzilhada há uma decisão a ser tomada, levando a resultados diferentes dependendo das decisões feitas. É fácil perceber que, nesse caso, o melhor caminho seria [**b** ➔ **e** ➔ **l**], com resultado 32, o maior de todos.

Um outro tipo de árvore de decisão também muito usado para representar decisões sob condições de incerteza é aquele no qual um ou mais estágios podem ser representados por eventos aleatórios, como as ações da natureza — clima, chuvas, inundações — ou fatores imponderáveis, como distúrbios de natureza social, macroeconômicos, políticos, diplomáticos ou militares. De fato, dependendo do ramo de atividade da empresa, eventos climáticos ("Chove ou não chove?"), ou eventos econômicos ("O câmbio sobe, fica estável ou desce?"), por exemplo, podem afetar significativamente os resultados para a empresa, implicando a necessidade de modelar adequadamente as decisões alternativas a tomar, apesar dos riscos envolvidos.

Em jogos repetitivos, o que se pode fazer, por exemplo, é avaliar e atribuir probabilidades a cada ramo possível nos extratos aleatórios e calcular a esperança matemática (média estatística) dos resultados para a empresa a cada ramo terminal da árvore. A Figura 17.2 ilustra a situação de uma seqüência de decisões na contingência de eventos aleatórios.

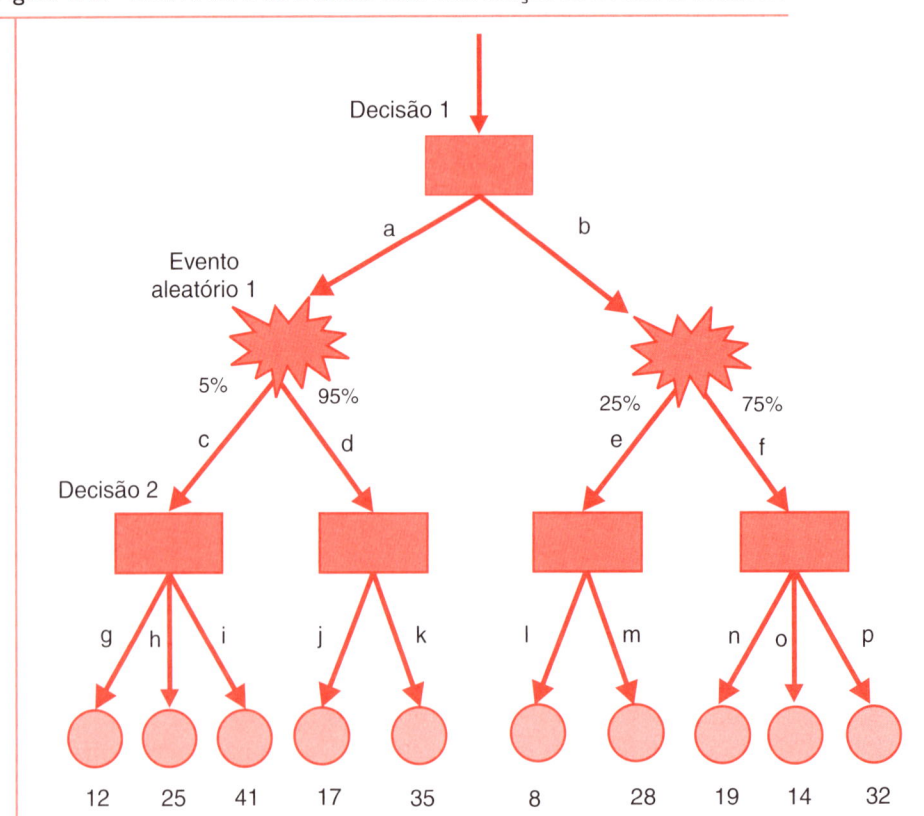

Figura 17.2 Uma Árvore de Decisão com Intervenção de Eventos Aleatórios

No exemplo em questão, é possível mostrar que o melhor caminho seria [a ➔ d ➔ k], com resultado 33,25. Observe-se, entretanto, que o evento aleatório, por ser imprevisível, poderia selecionar, embora com menor probabilidade, o caminho c em vez de d. Nesse caso, o caminho resultante seria [a ➔ c ➔ i], com resultado de apenas 2,05.

17.1.2 Jogos Discretos Finitos

Vamos agora aplicar o conceito de árvore de decisões a uma situação típica de conflito de interesses entre apenas duas empresas, A e B, em um confronto competitivo no qual elas disputam um mesmo mercado, um mesmo recurso, ou uma margem de um negócio. Nesse caso, as decisões seqüenciais que cada uma das empresas pode tomar influenciam — e são influenciadas — pelas decisões que a outra empresa decida tomar.

Para representar essa seqüência de decisões, utilizamos o mesmo conceito de árvore de decisão, em que os resultados, para cada empresa, representados nos ramos finais de árvore de decisão, levam cada uma delas a fazer escolhas que precisam ser condicionadas ao que ela supõe que a outra empresa poderia tomar.

Essas situações são chamadas de **jogos discretos finitos** e nelas cada empresa atua como se fosse um jogador que deve tomar decisões sob risco, pois depende de decisões da outra. Assim, um problema de jogo como esse implica, para cada uma das empresas, escolha de caminhos que levem a resultados ótimos para si, em um novo tipo de árvore de decisão em que, agora, alguns lances ou escolhas são tomados por uma outra empresa adversária, que tem caminhos diferentes e outros interesses a otimizar.

A Figura 17.3 ilustra um jogo seqüencial em quatro lances ou estágios, em que as empresas A e B tomam decisões alternadas sobre os ramos da árvore. Os números, ao final, indicam os diferentes resultados para A e para B, em cada possibilidade. Nesse tipo de jogo, supõe-se que cada empresa pretenda otimizar o seu resultado, ignorando o do outro, embora desconheça, *a priori*, qual seria a decisão intermediária da oponente.

Cabe perguntar: "Como os dois jogadores escolhem o caminho sobre a árvore?" Bem, aí está a questão crucial sobre o posicionamento competitivo entre os jogadores A e B. A escolha dos melhores caminhos para cada empresa vai depender de alguns pressupostos competitivos, conforme mostraremos a seguir.

Observe-se na Figura 17.3, que, em princípio, o jogador A deveria preferir o caminho [a ➔ c ➔ g ➔ o], que lhe daria o resultado 91, o maior de todos. Já o jogador B deveria preferir o caminho [a ➔ d ➔ i ➔ s], que lhe daria também o resultado 91, o maior de todos. Mas nem B estaria interessado no primeiro caminho nem A estaria interessado no segundo caminho, pois, nesses casos, seus resultados seriam bastante inferiores àqueles que eles poderiam obter em outros caminhos.

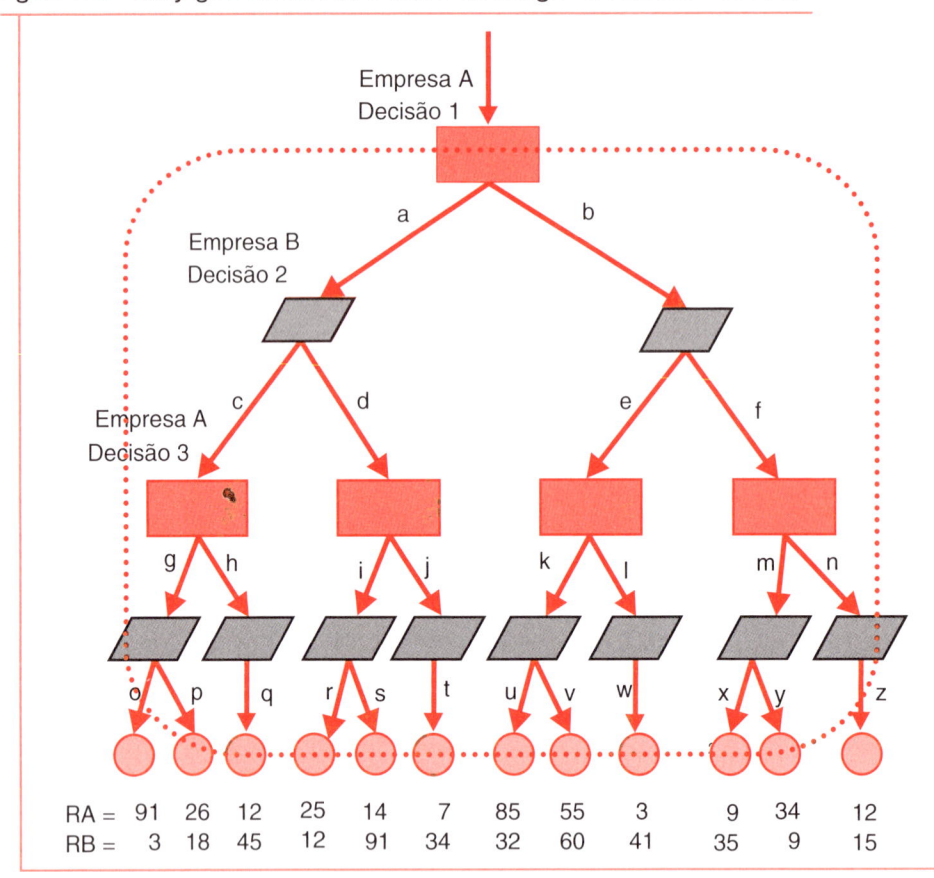

Figura 17.3 Um Jogo Discreto Finito com Dois Estágios em Lances Alternados

RA =	91	26	12	25	14	7	85	55	3	9	34	12
RB =	3	18	45	12	91	34	32	60	41	35	9	15

Como primeira hipótese, se os jogadores A e B pudessem combinar entre si suas escolhas, com confiança mútua de fidelidade, compartilhando informações sobre suas opções e resultados, a melhor solução para ambos seria escolher o caminho [b ➜ e ➜ k ➜ u], resultando 85 para o jogador A e 32 para o jogador B. Mas essa seria a hipótese de cooperação entre os jogadores.

Em uma segunda hipótese, se os jogadores A e B não puderem, não quiserem, ou forem impedidos de trocar entre si informações e decisões, por qualquer razão, cada um deles terá de fazer escolhas independentes, de forma que reduzam ao mínimo as perdas de seus resultados, independentemente da decisão que o outro vá tomar. Deixamos aos leitores a tarefa de propor uma solução para esse problema. É possível concluir, a partir do exemplo, que os caminhos escolhidos seriam diferentes dos mencionados e os resultados seriam inferiores àqueles obtidos na primeira hipótese, "otimista".

Observe-se que, com base em um simples exemplo numérico, já é possível mostrar que cooperar ou competir são estratégias que podem levar a caminhos e resultados diferentes para os jogadores.

Os caminhos escolhidos pelos dois jogadores, em cada um dos casos citados, são as chamadas estratégias de equilíbrio do jogo. Assim, chama-se de estratégia de equilíbrio de um jogo ao "par" de caminhos ou decisões que os jogadores devem tomar, de tal forma que, nas condições e limitações do jogo, cada um deles julga ter feito a "melhor" (ou a "menos pior"...) decisão possível.

No caso particular do problema proposto, é fácil perceber que os resultados para os dois jogadores, em um **jogo cooperativo**, como na primeira hipótese, seriam melhores para ambos do que aqueles que teriam em um jogo competitivo, como na segunda hipótese.

Entretanto, o não-atendimento da hipótese de boa-fé e de fidelidade entre os jogadores, essenciais nos jogos cooperativos, poderia levar a resultados muito piores para o jogador que for "traído": se o jogador A, por exemplo, fizer os lances combinados na estratégia cooperativa, e o jogador B, conhecendo de antemão as decisões que A iria tomar, decidir romper secretamente o acordo e buscar unilateralmente otimizar seus resultados, ele escolherá outro caminho, que lhe aumentaria o resultado, maior do que ele teria na estratégia combinada, enquanto o jogador A teria um resultado menor do que teria se o acordo fosse honrado.

É por esse motivo que o jogo cooperativo é tão exigente em condições de boa-fé e de fidelidade mútua de ambos os parceiros: boa-fé no momento de expor seus dados e objetivos ao parceiro, para combinarem a melhor estratégia para ambos, e fidelidade no momento de honrá-los. Aqui se percebe a distinção entre "jogos repetitivos" e jogos de uma única partida: se o jogo é repetitivo, o traidor terá dificuldades em obter um acordo de cooperação na próxima partida...

17.1.3 O Falso Dilema: "Cooperar ou Competir?"

Usemos uma interessante metáfora exposta por Brandenburger e Nalebuff[2]. Imagine um bolo a ser fatiado entre as partes interessadas. Duas ações podem ser tomadas para aumentar a quantidade de bolo que uma pessoa vai comer: aumentar o tamanho do bolo como um todo, ou aumentar a fatia individual do bolo existente. Esses autores indicam que, para aumentar o tamanho do bolo para todos, é necessária a cooperação entre as partes. No entanto, fixado o tamanho do bolo, o *aumento* da fatia de um implicará *redução* da fatia do(s) outro(s); nesse caso, temos uma situação típica de competição retaliatória.

Conseqüentemente, a escolha de uma ou de outra opção estratégica está ligada a alguns pressupostos fundamentais: "Seria possível aumentar o bolo por uma ação combinada entre as partes?" Se a resposta for "sim", há espaço para colaboração, e todos poderiam ter um bolo maior para comer, mesmo sem aumentar a largura da

---

[2] Mencionada em BRANDENBURGER, A. M.; NALEBUFF, B. J. *Co-opetition*: a revolutionary mindset that combines competition and cooperation... the game theory strategy that's changing the game of business. New York: Currency Book, Doubleday, 1996.

fatia de cada um. Mas, se nada puder ser feito para aumentar o tamanho do bolo, ou se não houver confiança recíproca de boa-fé e fidelidade entre as partes, então é o "salve-se quem puder", e come mais quem for mais esperto, mais ousado, mais forte ou tiver mais informações...

Para o crescimento do tamanho do mercado como um todo, a melhor estratégia, se for possível implementá-la, é a **cooperação**. Para aumentar apenas o *market share*, quando o tamanho do bolo estiver fixado, a estratégia é a **competição** ("que vença o melhor, o mais competitivo"). Isso explica porque, em mercados nascentes e crescentes, há clima propício para cooperação entre empresários, mas quando o mercado torna-se maduro, saturado ou até decrescente, a competição é que vai prevalecer, pois o tamanho do mercado estará limitado. O importante é saber, portanto, o momento certo de cooperar e de competir.

Para responder à questão "cooperar ou competir?", valem algumas considerações:

- ✓ Um jogador só deve escolher a opção de cooperação se, por um lado, ele tiver a convicção de que o resultado total tem condições de aumentar para todos os jogadores, e se, por outro, tiver certeza e garantia de que os demais jogadores também jogarão e honrarão a cooperação. Confiança recíproca na boa-fé e na lealdade dos oponentes, portanto, é essencial para que esse jogo prospere como cooperativo, como veremos no Tópico 17.3.2.
- ✓ Com relação à estrutura, se o jogo ocorrer de uma maneira que o ganho para um implique, obrigatoriamente, perda de igual valor para o outro, e vice-versa, temos um jogo chamado de soma constante ou de "**soma zero**". Nesse caso, o único jogo racional possível é o retaliatório, como veremos no Tópico 17.3.1.
- ✓ Se o jogo for de "**soma variável**", isto é, um jogo em que o resultado total poderia crescer, mas em que não há condições de confiança plena na boa-fé e na fidelidade dos oponentes, infelizmente, a cooperação não será possível. Nesse caso, um terceiro tipo de jogo deverá ser jogado, como veremos no Tópico 17.3.3.

17.1.4 A Rede-de-valor da Empresa

Uma outra forma interessante e ilustrativa de tratar esse falso dilema — cooperar ou competir — é a utilização do conceito de **rede-de-valor**, proposto por Brandenburger e Nalebuff[3], do qual adaptamos o esquema da Figura 17.4.

A rede-de-valor é um diagrama no qual estão representados os principais "jogadores" contra os quais a empresa precisa se relacionar, de alguma forma, no seu dia-a-dia: seus **clientes**, seus **fornecedores**, seus **complementadores** — cujas atividades tendem a *aumentar* o valor dos negócios da empresa — e seus **concorrentes** (ou "substituidores") — cujas atividades tendem a *reduzir* o valor das operações da empresa.

---

[3] BRANDENBURGER; NALEBUFF, 1996.

Figura 17.4 A Rede-de-Valor da Empresa

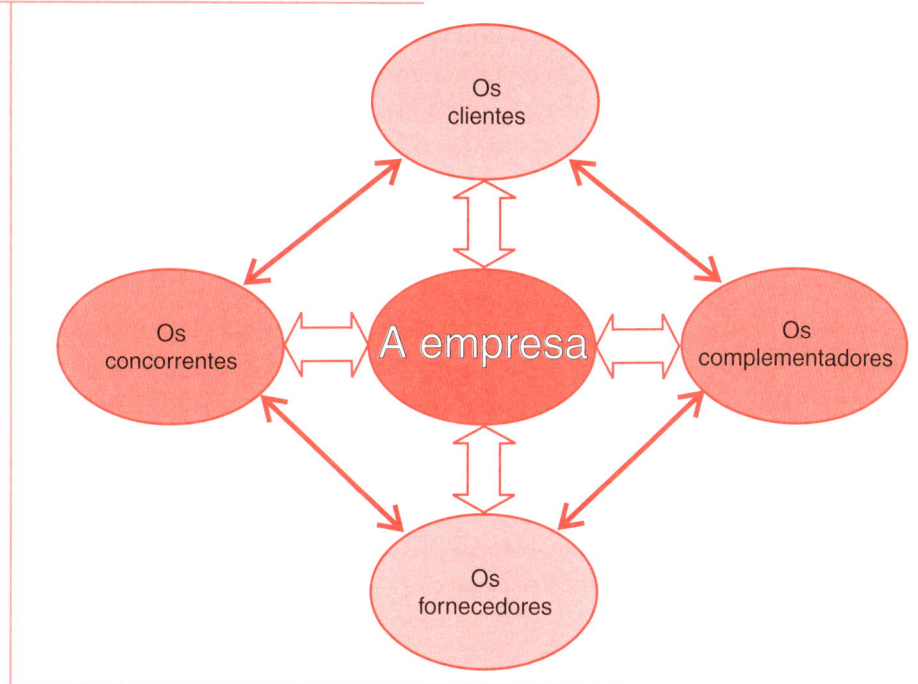

[Diagrama: "A empresa" ao centro, conectada por setas bidirecionais com "Os clientes" (acima), "Os fornecedores" (abaixo), "Os concorrentes" (à esquerda) e "Os complementadores" (à direita).]

Fonte: Adaptado de BRANDENBURGER, A. M.; NALEBUFF, B. J. *Co-opetition:* a revolutionary mindset that combines competition and cooperation... the game theory strategy that's changing the game of business. New York: Currency Book, Doubleday, 1996.

Nesse diagrama, o relacionamento entre a empresa e seus clientes pode tornar-se mais vantajoso se conseguirem estruturar seus conflitos de interesses como um jogo cooperativo. O mesmo se aplica à relação entre a empresa e seus fornecedores, bem como entre a empresa e seus complementadores.

No caso dos concorrentes, entretanto, o jogo tenderá a ser competitivo ou retaliatório, pois o ganho para a empresa poderá implicar perda para os concorrentes, e vice-versa.

Esse modo operativo bivalente da empresa, cooperativo com certos jogadores e em certos momentos, e competitivo e até retaliatório com outros jogadores e em outros momentos, é chamado de "**co-opetição**" ou "**coopetição**". Implica uma decisão racional — e não emocional, nem histórica, nem cultural, nem comportamental — entre cooperar e competir. Um executivo bem preparado deverá ser capaz de escolher qual comportamento concorrencial adotar em cada caso e contra cada antagonista, se cooperativo ou se competitivo — ou se nenhum deles —, bem como implementá--lo adequadamente.

17.1.5 *Jogos Equilibrados e Jogos Hierárquicos*

Em grande parte das situações de conflito de interesses, os jogadores podem estar em uma relação de forças de relativo equilíbrio. Isso significa que a decisão de um deles pode afetar os resultados e os interesses dos outros, e vice-versa. São os chamados *jogos equilibrados* ou *não hierárquicos*. Muitos modelos matemáticos foram desenvolvidos com base nesta hipótese.

Entretanto, com muita freqüência encontramos situações de jogos, no mundo dos negócios, em que os jogadores não estão nivelados com seus adversários em termos de relação de forças. São os *jogos desequilibrados* ou *assimétricos*. Algumas vezes, a estrutura do jogo impõe que um dos jogadores, chamado de *líder*, faça, sua escolha primeiro, a qual é divulgada aos demais jogadores. Esses, por sua vez, chamados de *seguidores*, conhecendo a decisão do primeiro jogador, procuram, então, tomar decisões condicionadas à decisão prévia do líder. Esses jogos são chamados de *jogos hierárquicos*.

Os jogos hierárquicos são muito freqüentes em todas as esferas humanas e também no mundo dos negócios: a relação entre uma corporação multinacional e cada uma de suas empresas nacionais, a relação entre o governo e as empresas, a relação entre o Mercosul e cada país-membro, a relação entre uma empresa que domina o mercado e outra iniciante, com pequena participação, a relação entre um franqueador e seus franqueados, por exemplo, são exemplos de jogos hierárquicos.

Veremos, na Seção 17.2, como os jogos hierárquicos também são contemplados e modelados na Matriz de Jogos Estratégicos.

17.1.6 Os Subjogos

Em uma complexa teia de relacionamento empresarial, no mundo dos negócios, com relacionamentos hierárquicos e/ou equilibrados, um jogador pode estar, ao mesmo tempo, submetido a situações de conflito de interesses distintas contra cada um dos demais participantes do "grande jogo do mundo dos negócios". Assim, para facilitar a exposição, chamamos de *subjogo* cada um dos contextos para o qual a empresa precise fazer suas análises, escolhas e estratégias. Dessa forma, um jogador precisará selecionar e adotar estratégias distintas e específicas para cada um dos *subjogos* dos quais participa em um determinado momento.

17.2 A Matriz de Jogos Estratégicos (MJE)

Embora as opções propostas no tópico anterior abarquem uma parte das estratégias possíveis no mundo dos negócios — os jogos cooperativos e os jogos competitivos —, existem muitas outras situações de conflito de interesses que não se enquadram nem em uma nem em outra opção.

Este tópico e os seguintes expandem o leque de opções de jogos estratégicos possíveis, tanto para jogos em situação de equilíbrio de forças entre os competidores como para jogos hierárquicos, em diversas hipóteses de posturas dos jogadores.

De um modo geral, os executivos precisam examinar cuidadosamente cada um dos seus subjogos, as várias situações de conflito de interesses, a respectiva relação de forças entre os jogadores e as posturas concorrenciais mais indicadas em cada subjogo, para depois escolher qual é o jogo mais adequado a jogar em cada subjogo. Uma escolha inadequada poderá resultar em grandes prejuízos para a empresa.

Um instrumento muito útil para orientar essa escolha é a Matriz de Jogos Estratégicos (MJE), que apresenta uma tipologia para interpretar, mapear, classificar e tratar uma grande variedade de situações de conflito de interesses no mundo dos negócios, conforme descreveremos a seguir.

17.2.1 Posicionamento Estratégico

No mundo dos negócios, um executivo pode ser visto como um jogador que, individualmente ou em equipe, considerando os riscos e oportunidades envolvidos, toma suas decisões e implementa-as, mesmo sabendo que o resultado delas implica riscos e incertezas. Isso porque suas ações podem influenciar e serem influenciadas, positiva ou negativamente, por decisões autônomas e imprevisíveis de outros tomadores de decisão, que têm outros interesses em jogo. Um executivo ou tomador de decisão não tem um controle direto sobre os demais nem informação antecipada sobre o que eles pretendem ou vão efetivamente fazer!

Para nosso modelo, selecionamos duas dimensões intimamente relacionadas aos conceitos das estratégias de equilíbrio da Teoria dos Jogos para mapear os diversos posicionamentos estratégicos possíveis em uma situação de conflito de interesses.

Analisando as diferentes situações de conflito entre jogadores, identificamos dois fortes condicionantes conceituais que se mostraram adequados para caracterizar, diferenciar e discriminar, satisfatoriamente, as estratégias possíveis:

1. a postura do jogador, em confronto com seus oponentes (classificada em apenas três tipos: rival, individualista e associativa);
2. os pressupostos de relação de forças entre o jogador em questão e o seu oponente (classificados em apenas três tipos: hegemônico, equilibrado e fraco).

17.2.2 Posturas dos Jogadores

A escolha da **postura dos jogadores**, em cada caso, está ilustrada no Quadro 17.1.

Quadro 17.1 As Três Alternativas de Posturas dos Jogadores

Posturas dos jogadores	Rival	Individualista	Associativa
Situações típicas	Concorrência predatória ou retaliatória	Concorrência leal	Alianças, consórcios e parcerias
Resultados desejados	"Quero eliminar ou prejudicar os meus concorrentes"	"Quero vencer e sobreviver"	"Quero o melhor possível para o todo"
Pressupostos éticos	"Vale tudo para bater nos meus concorrentes"	"Vencer, sim, mas com dignidade"	"Estamos todos no mesmo barco"
Frases-lema típicas	"Todos são contra mim!"	"Cada qual por si, e que vença o melhor"	"Um por todos e todos por um"

Essas posturas podem ser descritas nesta seqüência:

- um jogador tende a assumir uma postura associativa se ele entende que se trata de uma situação de um jogo de soma variável e se sabe que pode confiar na boa-fé e na fidelidade de seus oponentes na busca do melhor resultado para todos;
- mas, se ele admitir que se trata de um jogo de soma constante, ou de soma zero, tenderá a assumir uma postura concorrencial rival, ou de rivalidade;
- se, entretanto, ele preferir atender a seus próprios interesses, sem contatos com seus concorrentes — geralmente, muitos —, por não poder acreditar na boa-fé ou na fidelidade de todos os seus antagonistas, tenderá, neste caso, a assumir uma postura individualista.

17.2.3 Pressupostos de Relação de Forças

A escolha do pressuposto de **relação de forças** está ilustrada no Quadro 17.2.

Quadro 17.2 Os Três Pressupostos de Relação de Forças dos Jogadores

Relações de forças	Fraco	Equilibrado	Hegemônico
Situações típicas	Iniciante, ou terminal	Livre mercado	Monopólio, controle ou regulamentação
Resultados desejados	"Quero sobreviver"	"Quero vencer"	"Quero manter a posição de soberania e domínio"
Pressupostos éticos	"Vale tudo para sobreviver"	"Tenho condições de vencer eticamente"	"Eu é que faço as regras e ganho com elas"
Frases-lema típicas	"Eu sou muito pequeno!"	"Eu sou um deles"	"Eu sou o mais forte"

Essa escolha pode ser descrita nesta seqüência:

- se um jogador, ao procurar otimizar seus resultados, puder acarretar grandes danos ou perdas aos resultados do seus oponentes, e se a recíproca não puder ocorrer, ele tenderá a assumir, para si mesmo, um pressuposto de relação de forças hegemônico;
- ao contrário, se um oponente puder causar grandes danos aos seus resultados, e a recíproca não puder ocorrer, ele tenderá a assumir o pressuposto fraco;
- se, entretanto, os danos aos resultados puderem ocorrer reciprocamente em ambas as direções, ele tenderá a assumir o pressuposto equilibrado.

17.2.4 A Matriz de Jogos Estratégicos[4]

Para um mapeamento conceitual do posicionamento estratégico de um jogador em uma situação genérica de conflito de interesses, utilizamos as duas dimensões anteriormente demonstradas para construir a **Matriz de Jogos Estratégicos**, descrita a seguir.

Combinando-se os três tipos de posturas dos jogadores com os três tipos de pressupostos de relação de forças, pode-se construir uma matriz com 3 × 3 posicionamentos estratégicos típicos, conforme mostrado na Figura 17.5.

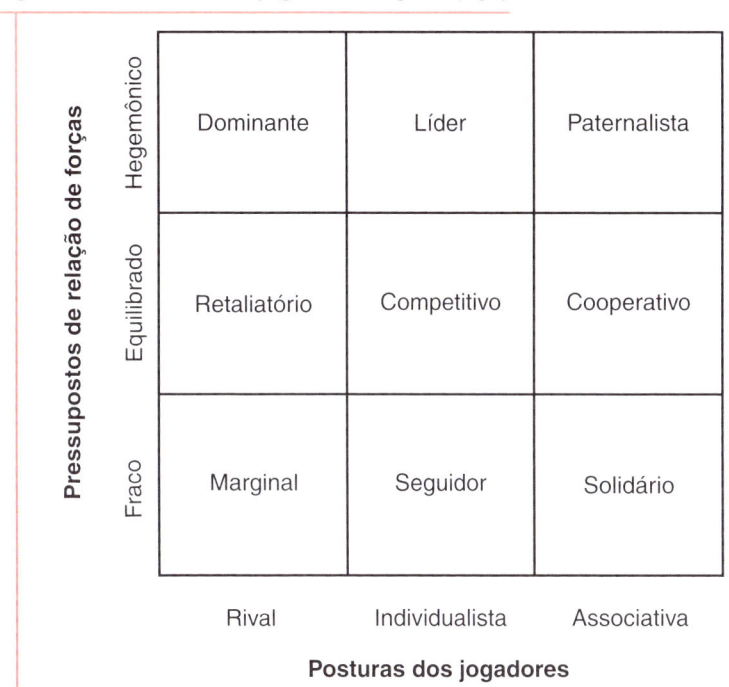

Figura 17.5 A Matriz de Jogos Estratégicos (MJE)

Pressupostos de relação de forças	Rival	Individualista	Associativa
Hegemônico	Dominante	Líder	Paternalista
Equilibrado	Retaliatório	Competitivo	Cooperativo
Fraco	Marginal	Seguidor	Solidário

Posturas dos jogadores

Na dimensão horizontal da matriz são colocadas as posturas — rival, individualista e associativa — e, na dimensão vertical, os pressupostos de relação de forças — hegemônico, equilibrado e fraco.

Cada uma das células da MJE resultante desse cruzamento representa uma situação de posicionamento estratégico típico. Assim, os nove posicionamentos estratégicos resultantes, em cada uma das nove células da matriz, são assim designados: **retaliatório**, **concorrente** e **cooperativo**, para os jogadores desempenhando jogos não hierárquicos, com relação de forças equilibrada, e **dominante**, **marginal**, **líder**, **seguidor**, **paternalista** e **solidário**, para os jogadores em jogos hierárquicos.

---
[4] A Matriz de Jogos Estratégicos já foi apresentada nos seguintes trabalhos: BOTTURA; COSTA (2004a; 2004b); COSTA; BOTTURA (2004; 2005a; 2005b; 2005c) e COSTA et al (2005; 2006).

Para as cinco células centrais da matriz é possível mapear as estratégias de equilíbrio clássicas da Teoria dos Jogos, e para as quatro células restantes, nos vértices da matriz, dois novos jogos estratégicos em situações-limite são descritos.

As quatro posições nos vértices da matriz permitem compor jogos estratégicos em situações-limite, como dissemos, e são extensões das estratégias de equilíbrio clássicas consagradas na Teoria dos Jogos.

O tópico a seguir descreve cada um dos seis jogos representados pelas nove células de posicionamento estratégico, indicando-se as situações em que elas ocorrem e as estratégias de equilíbrio aplicáveis a cada situação.

Apresentaremos as estratégias de equilíbrio aplicáveis às posições estratégicas referidas na Figura 17.5. A aplicação de uma ou outra estratégia de equilíbrio vai depender, entre outros fatores, da estrutura do jogo, do número de participantes, da postura de cooperação ou de competição entre os participantes, da estrutura de informação disponível aos jogadores e da existência ou não de algum jogador privilegiado em condições de impor sua estratégia aos demais jogadores.

17.3 Os Seis Jogos Estratégicos na MJE

A literatura descreve situações cooperativas e competitivas clássicas da Teoria dos Jogos e indica formas de se obter estratégias de equilíbrio nesses tipos de jogos. Omitiremos, neste livro, os tratamentos matemáticos da Teoria dos Jogos, atendo-nos apenas aos aspectos conceituais e ilustrativos de suas aplicações[5].

Selecionamos, para servirem de paradigmas para esse desenvolvimento, os seguintes jogos clássicos:

- Jogos de soma constante, ou de soma zero, em que se aplica a estratégia Minimax para obtenção do ponto de equilíbrio, chamado de ponto de sela;
- Jogos cooperativos de soma variável, com a hipótese de boa-fé e de fidelidade entre os jogadores, em que se pode aplicar a estratégia de equilíbrio de Pareto. Esses jogos caracterizam-se por situações típicas de parcerias, alianças, associações, *clusters* ou cooperativas;
- Jogos não cooperativos de soma variável, em que as hipóteses de boa-fé e de fidelidade não são satisfeitas, para os quais se pode aplicar a estratégia de equilíbrio de Nash. Esses jogos caracterizam-se por situações de mercados concorrenciais com muitos concorrentes e muitos fornecedores igualmente competitivos;

---

[5] Os aspectos teóricos podem ser encontrados em SCHELLING, T. C. *The strategy of conflict*. New York: Harvard University Press, 1960. BASAR, T.; OLSDER, G. J. *Dynamic non-cooperative game theory*. 2. ed. Philadelphia: SIAM, 1999.

Jogos hierárquicos, em que um jogador, geralmente mais forte, faz seu lance estratégico e o anuncia aos demais jogadores, os quais, em seguida, selecionam suas estratégias; para esses jogos, pode-se aplicar a **estratégia de equilíbrio de Stackelberg**: líder, para o primeiro jogador, e seguidor, para o segundo.

Esses quatro modelos de jogos estratégicos são utilizados como conceitos pilares para a construção da MJE. Estão descritos nos Tópicos 17.3.1 a 17.3.4 e ilustrados na Figura 17.6, a seguir.

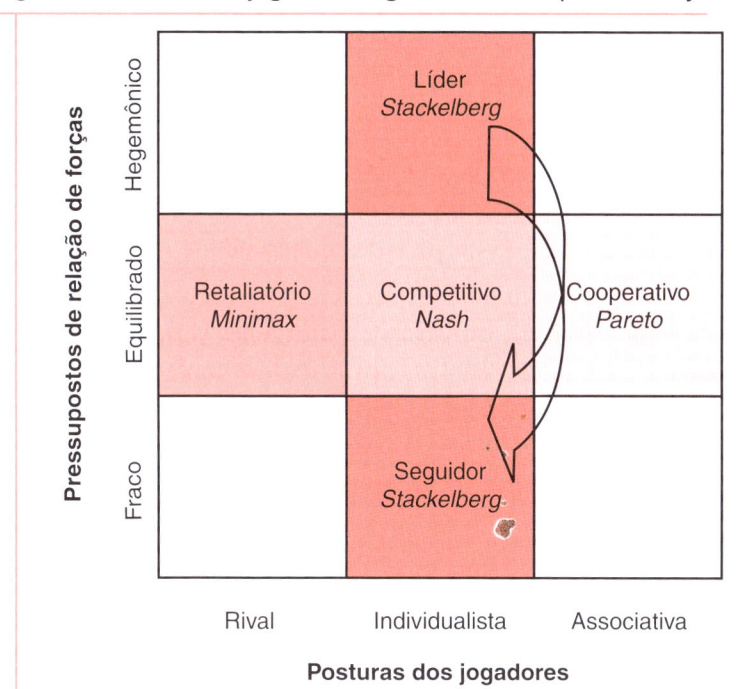

Figura 17.6 Os Quatro Jogos Estratégicos Clássicos Aplicados à MJE

17.3.1 Jogos Estratégicos Retaliatórios: Estratégia Minimax

O **posicionamento estratégico retaliatório** aplica-se aos jogos do tipo "perde-ganha", em que os jogadores assumem, explícita ou implicitamente, que o ganho para um implica perda para os demais. Para formalizar essa posição concorrencial, é utilizado o conceito de jogo de **soma zero**.

Define-se como soma zero um jogo em que a soma dos resultados para todos os jogadores é sempre constante, independentemente das estratégias individuais que venham a escolher. Assim, se um jogador tem algum ganho a mais, esse ganho será subtraído dos demais jogadores.

Chama-se de **ponto de sela**, em um jogo de soma zero, a uma solução para a qual cada um dos jogadores atua na direção que entende ser a mais favorável para otimizar sua função-objetivo, ignorando o que o outro pretende fazer. Uma característica peculiar do ponto de sela é a de que qualquer desvio em torno dele, por qualquer dos jogadores, faz que o seu próprio resultado piore em relação à sua função-objetivo.

A estratégia que leva a este ponto de sela é chamada de **Minimax**. Essa estratégia implica uma ação defensiva por parte de cada jogador: como o jogador em questão não confia na boa-fé nem na racionalidade de seus adversários, ele procura simplesmente minimizar os seus resultados desfavoráveis, limitando suas perdas. Esse jogo aplica-se, por exemplo, a empresas que disputam uma tomada de preços, uma concorrência, pública ou privada, ou um leilão: se uma empresa ganhar, todas as demais perdem.

17.3.2 Jogos Estratégicos Cooperativos: Estratégia de Pareto

Nos jogos de soma variável, a cooperação entre jogadores poderá levar a resultados — para todos os jogadores — melhores do que aqueles que eles poderiam obter se tentassem otimizar sua função-objetivo desconhecendo, *a priori*, a decisão do outro.

Aliás, os jogos de soma variável constituem a maioria das situações do mundo empresarial, diplomático, militar, político e, principalmente, familiares. Daí o surgimento de muitas oportunidades para parcerias, alianças, coalizões, cartéis e blocos.

Assim, quando jogadores decidem compartilhar informações sobre as respectivas condições e interesses, alternativas de ação e suas funções-objetivo, é possível encontrarem um ponto de equilíbrio chamado de "**ótimo de Pareto**", que é o melhor para todos os jogadores.

Esse ponto caracteriza-se pelo fato de nenhum dos jogadores poder melhorar seu resultado sem que, com essa ação, prejudique o resultado dos outros. São os chamados jogos "ganha-ganha". O ambiente dos jogos cooperativos implica, porém, a existência de um acordo tácito ou explícito entre os jogadores, de forma a não exacerbarem seus interesses individuais em prejuízo dos demais. Esse tipo de jogo, portanto, exige boa-fé e lealdade estrita entre os participantes, para que combinem e realizem a estratégia combinada.

Esse tipo de jogo aplica-se, por exemplo, às padarias de uma certa região da cidade, que pensam em organizar um *pool* a fim de fazer uma campanha de marketing integrado, aumentando seu mercado, ou para reduzirem os custos de um insumo essencial a todas elas, como o da farinha de trigo, por exemplo. Também há empresas que se unem espontaneamente em um *cluster* para aproveitar vantagens competitivas geradas por sua aglomeração em proximidades geográficas, além de outras razões.

17.3.3 Jogos Competitivos: Estratégia de Nash

O terceiro dos jogos estratégicos aqui descritos é o chamado **competitivo**, que se aplica, por exemplo, a situações denominadas "concorrência perfeita" ou "livre mercado", com muitos fornecedores e muitos compradores, sem que nenhum deles tenha condições de dominar — e de ser dominado! — pelos demais concorrentes.

Nos jogos não cooperativos de soma variável, em que os jogadores decidem assumir posicionamento estratégico competitivo, eles buscam a otimização de suas respectivas funções-objetivo, ignorando o que os demais jogadores estejam fazendo ou pretendam fazer.

Essa solução é caracterizada pela situação em que nenhum dos jogadores consegue melhorar seus resultados particulares sem alterar, unilateralmente, a sua decisão. Tal conjunto de decisões é conhecido como **ponto de equilíbrio de Nash**.

Esse jogo aplica-se, por exemplo, tanto a um fabricante de sapatos de médio porte, em um pólo produtivo, quanto a um restaurante médio, em uma cidade grande como São Paulo, na qual há muitos estabelecimentos espalhados pelos bairros e milhares de clientes.

17.3.4 Jogos Hierárquicos: Estratégia de Stackelberg

Tomemos um jogo hierárquico simplificado entre um jogador, o líder e um outro jogador, o seguidor, com decisões estratégicas e funções-objetivo dadas. Suponhamos também que, pela estrutura e pelas regras do jogo, o jogador líder seleciona, inicialmente, a sua decisão estratégica; em seguida, o jogador seguidor, conhecendo de antemão a decisão do líder, também seleciona a sua decisão estratégica. Dá-se o nome de **ponto de equilíbrio de Stackelberg** ao par de decisões que otimize, simultaneamente, as funções-objetivo dos dois jogadores, dentro das limitações do jogo.

Note-se que, para se ter um ponto de equilíbrio de Stackelberg, é necessário que o seguidor seja racional, tomando sempre decisões ótimas. Esse par de estratégias — para o líder e para o seguidor — aplica-se, tipicamente, a situações de conflito de interesses entre um jogador mais forte e outro mais fraco, ambos com postura concorrencial individualista.

Esse jogo aplica-se, por exemplo, à negociação entre uma montadora de automóveis e cada uma de suas empresas fornecedoras de autopeças.

Entretanto, existem situações de conflito de interesses que podem caracterizar jogos que não se enquadram em nenhum dos quatro jogos descritos: são os jogos em **situações de casos-limite**.

A Figura 17.7 ilustra esses dois novos tipos de jogos estratégicos não contemplados entre os jogos clássicos da Teoria dos Jogos. São jogos hierárquicos chamados de **dominante-marginal** e **paternalista-solidário**, os quais são descritos a seguir.

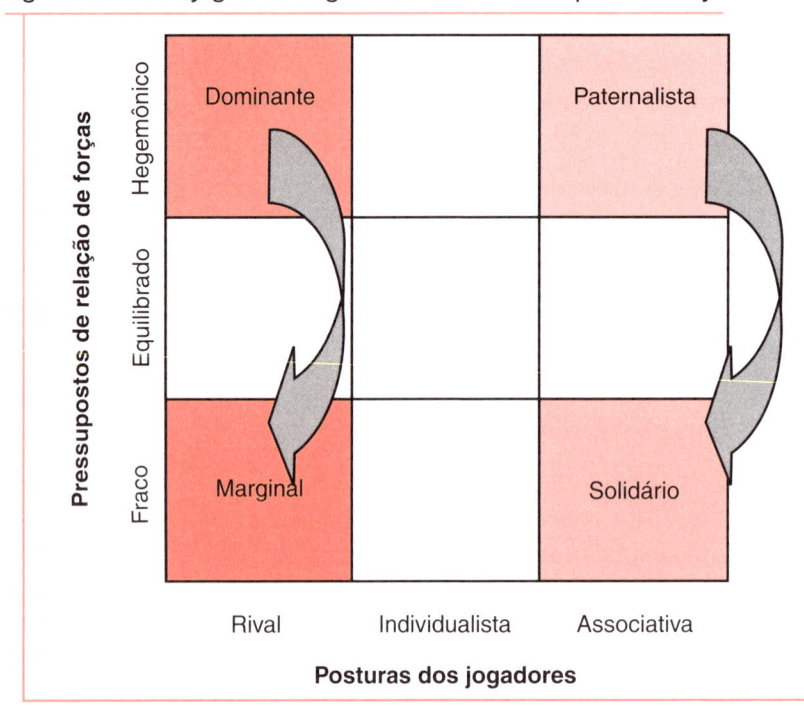

Figura 17.7 Dois Jogos Estratégicos em Casos-limite Aplicados à MJE

		Posturas dos jogadores	
Pressupostos de relação de forças	Hegemônico	Dominante	Paternalista
	Equilibrado		
	Fraco	Marginal	Solidário
		Rival / Individualista / Associativa	

17.3.5 Jogos Dominante-marginal

Esse jogo hierárquico é caracterizado pela existência de dois jogadores em posições estratégicas antagônicas na MJE:

- **Posição estratégica dominante** — a célula superior esquerda da MJE caracteriza a situação de um jogador no posicionamento dominante, que tem a força e a intenção de dominar os seus competidores. Essa postura pode ser de intimidação, de chantagem, de guerra de preços, com a intenção de, se possível, "quebrar os menores". Um ponto de equilíbrio para a posição dominante é obtido ao se ignorar as funções-objetivo dos demais jogadores, podendo ser encontrado mediante a solução de um problema de otimização monocritério.

- **Posição estratégica marginal** — a posição marginal, na célula do canto inferior esquerdo da MJE, é oposta à posição dominante, caracterizando a posição em que um jogador mais fraco na hierarquia, mas também com postura concorrencial **rival**, faz tudo o que entende ser possível e necessário para sobreviver, tentando obter alguma vantagem ao causar perdas ao jogador na posição dominante. Um fabricante de produtos-pirata (cópias não autorizadas) ou um comerciante informal, por exemplo, podem adotar essa estratégia enquanto são de pequeno porte.

A postura marginal pode parecer um comportamento "patológico", estranho ou irracional, mas esses casos existem na prática, e esse tipo de jogo procura levar em conta também essas situações-limite.

Esse tipo de jogo, em casos extremos, aplica-se, por exemplo, à disputa entre uma grande empresa de *software*, como a Microsoft, e os produtores de cópia pirata que comercializam no mercado informal, com preços muito abaixo do que a detentora do direito sobre o produto pratica no mercado formal. A atual disputa entre a Coca-cola e a fabricante de guaraná Dolly pode, também, enquadrar-se nesse tipo de jogo.

17.3.6 Jogos Paternalista-solidário

Esse jogo hierárquico é caracterizado pela existência de dois tipos de jogadores, um na posição estratégica paternalista e outro na posição solidária.

A **posição estratégica paternalista** localiza-se na célula superior direita da matriz MJE e ocorre quando um jogador de nível hierárquico superior, por sua decisão autônoma, delineia suas ações e as dos demais jogadores no nível inferior, procurando otimizar o desempenho do grupo de jogadores como um todo.

Um ponto de equilíbrio para o jogador na posição paternalista pode ser achado como a solução de um problema de otimização multicritério em que a nova função-objetivo é uma combinação conveniente das funções-objetivo de todos os jogadores envolvidos — incluindo a do próprio jogador paternalista.

Em um sentido mais abrangente, entretanto, o verdadeiro problema do jogador na posição paternalista é estabelecer uma estratégia de forma que apenas um número muito pequeno de jogadores na posição solidária venha a abandonar essa posição, dando lugar a uma posição "solitária".

A posição estratégica oposta à paternalista é a **posição solidária**, localizada na célula inferior direita da matriz MJE, representando a situação de um jogador com relação de forças mais fraca, porém com uma postura associativa. Esse jogador, sem condições de impor seus interesses aos demais, busca seguir as regras estabelecidas pelo jogador na posição paternalista, procurando, se possível, tirar delas alguma vantagem individual. Caso isso não lhe seja interessante, ele pode decidir "sair do jogo" e atuar por conta própria.

É assim que se comporta um membro de um *cluster* ou de uma organização cooperativa: ele precisa decidir se lhe convém permanecer associado ao "coletivo", seguindo as imposições do jogador no posicionamento paternalista, ou se é melhor abandonar o jogo e atuar sozinho, arcando com os riscos decorrentes de tal atitude.

Uma estratégia de equilíbrio para o jogador em uma posição solidária pode ser obtida pela solução de um problema de árvore de decisão com apenas dois ramos, representando as decisões alternativas de juntar-se — ou manter-se — solidariamente ao coletivo, ou, alternativamente, de abandonar o grupo e "trabalhar sozinho". Esse jogador tem somente uma decisão a tomar, com apenas duas alternativas: "ficar" ou "sair".

Esse jogo aplica-se também, por exemplo, a cooperativas de produção ou de serviço: a direção da cooperativa opera como um líder paternalista, e cada cooperado, como seguidor solidário. Se a cooperativa adotar alguma política de preços de aquisição muito drástica, o produtor poderá decidir, considerando suas alternativas, se lhe convém sair da cooperativa e atuar diretamente no mercado.

17.4 Como Escolher o Jogo Certo e Jogá-lo Corretamente
17.4.1 A Matriz da Eficácia Estratégica (MEE)

A Matriz de Eficácia Estratégica, apresentada na Figura 17.8, procura ilustrar as opções presentes em uma dada problemática estratégica genérica, aqui classificada em duas categorias:

a) quanto à escolha correta do jogo a ser jogado;
b) quanto à forma correta de jogar o jogo.

Figura 17.8 A Matriz de Eficácia Estratégica (MEE)

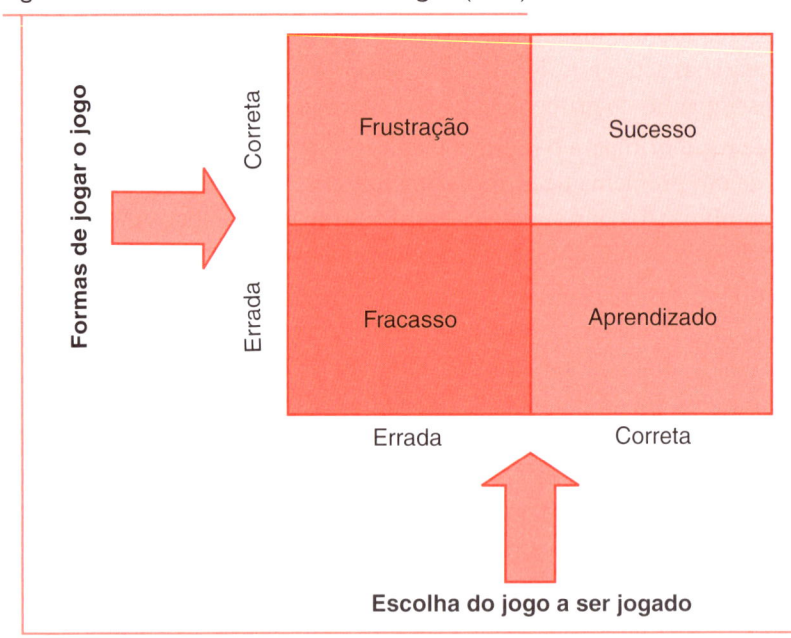

	Escolha Errada	Escolha Correta
Forma Correta	Frustração	Sucesso
Forma Errada	Fracasso	Aprendizado

A combinação dessas duas opções conduz aos quatro quadrantes da Matriz:

- √ se a escolha quanto ao jogo a jogar (a) for correta, e se a forma de jogar o jogo (b) também o for, temos uma clara indicação de **sucesso** nos negócios;
- √ se a escolha (a) for correta e a forma (b) for errada, temos uma indicação de insucesso, que caracterizamos como de **aprendizagem**. Isso significa que, embora a forma de jogar esteja errada, com o bom uso de resultados parciais e intermediários, pode-se ir aprendendo a maneira correta de jogar o jogo, caminhando, no futuro, para o quadrante de **sucesso**;
- √ se a escolha (a) for errada e a forma (b) for correta, temos uma indicação de possível **frustração**, pois os executivos entendem ter executado corretamente o jogo, mas não entendem por que, apesar disso, os resultados foram insatisfatórios! A frustração dos resultados pode levar os executivos, erradamente, a tentarem outra forma de executar o jogo, em vez de mudar o jogo a jogar, caminhando até para o quadrante do **fracasso**;

- se a escolha (a) e a forma (b) forem incorretas, teremos, certamente, uma indicação de **fracasso**, havendo pouca chance de recuperação.

A mensagem que se quer passar com essa matriz é de que todo o esforço deve ser direcionado, preferencialmente, à discussão de que jogo jogar, mesmo que isso exija o envolvimento da mais alta direção da empresa. Isso porque, as conseqüências de uma escolha errada do jogo a jogar são muito mais graves, a longo prazo, do que a decisão errada quanto à forma de jogar o jogo — pois, nesse caso, há ainda uma boa oportunidade de aprendizado, e no outro caso, não.

Infelizmente, muitas empresas, muitos empresários e, porque não dizer, muitas escolas de Administração estão investindo mais tempo e recursos ensinando as pessoas a jogarem o jogo de forma correta, esquecendo de dar o devido destaque ao mais importante, que é saber como escolher o jogo correto a jogar. A MJE pretende ser um bom instrumento para esse mister.

17.4.2 Como Decidir Qual Jogo Jogar

Algumas anomalias geralmente observadas em formulações de estratégias cooperativas e competitivas, em processos de planejamento estratégico, podem ser evitadas por meio do bom entendimento e do uso adequado dos conceitos da MJE.

Por meio da identificação de disfunções e inconsistências provocadas por escolhas inadequadas do posicionamento estratégico, e, conseqüentemente, pela escolha errada do jogo a jogar, é possível ter mais clareza nas análises e interpretações de situações reais de risco, de prejuízos ou de falta de sucesso empresarial.

Os conceitos derivados da utilização da MJE precisam ser incorporados às metodologias de formulação de estratégias e aos programas de capacitação gerencial nas empresas. Assim, executivos e gerentes poderiam estar mais bem preparados se adicionassem aos seus repertórios de atuação gerencial as seguintes habilidades específicas:

- reconhecer que cada situação de conflito de interesses é ímpar e que não existe solução padrão para tratar igualmente a todas;
- avaliar meticulosamente a situação de relação de forças em cada caso particular e selecionar o pressuposto de relação de forças aplicável ao caso: se hegemônico, se equilibrado, ou se fraco;
- examinar meticulosamente a situação de boa-fé e de fidelidade dos oponentes e escolher a postura mais adequada: se rival, se individualista, ou se cooperativa;
- identificar, na MJE, o jogo a jogar e escolher a estratégia mais adequada. Veremos, a seguir, algumas conseqüências desse raciocínio.

17.4.3 O Jogo de Cena Estratégico

A MJE proposta neste trabalho pode ser utilizada para analisar e explicitar um novo conceito, aqui chamado de **jogo de cena estratégico**.

Esse conceito serve para caracterizar os vários posicionamentos estratégicos presentes em um determinado momento em um complexo confronto estratégico entre dois jogadores, hierarquizados ou não.

Tal conceito parte da constatação de que nem sempre a posição estratégica expressa pelas ações, posturas e declarações da empresa, ou mesmo a percebida por seu principal oponente, coincide com a posição estratégica real que a empresa tem, presume ter, ou finge ter, naquele momento.

Assim, para efeitos ilustrativos, caracterizamos um confronto típico, até mesmo com vários posicionamentos possíveis de uma dada empresa em um determinado instante. As posições, exemplificadas ilustrativamente na Figura 17.9, do ponto de vista de um dado jogador, em uma situação competitiva específica, são descritas a seguir.

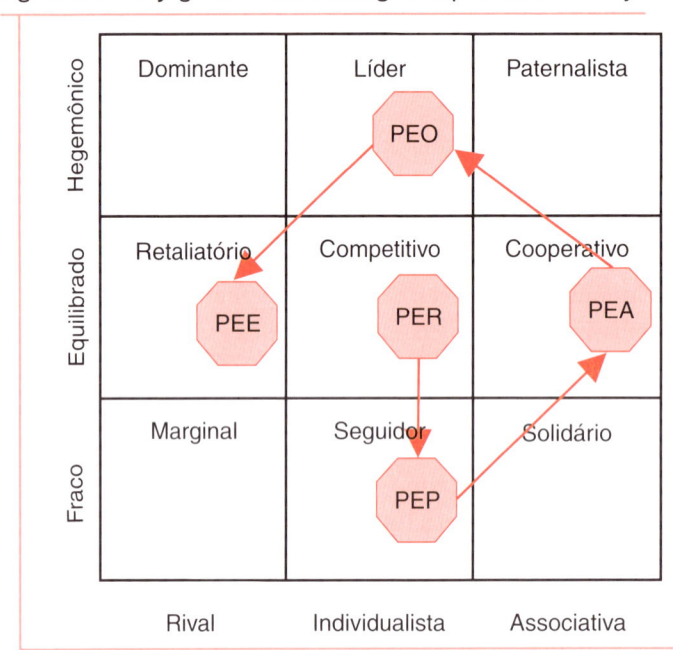

Figura 17.9 O Jogo de Cena Estratégico Representado na MJE

	Rival	Individualista	Associativa
Hegemônico	Dominante	Líder (PEO)	Paternalista
Equilibrado	Retaliatório (PEE)	Competitivo (PER)	Cooperativo (PEA)
Fraco	Marginal	Seguidor (PEP)	Solidário

Legenda:

PER — Posicionamento Estratégico Real do Jogador

PEP — Posicionamento Estratégico como Percebido pelo Próprio Jogador

PEA — Posicionamento Estratégico Assumido pelo Jogador

PEO — Posicionamento Estratégico como Observado pelos Demais Jogadores

PEE — Posicionamento Estratégico Ecoado pelos Demais Jogadores

- **Posicionamento Estratégico Real (PER)** — é a posição estratégica real da empresa (percebida ou não). Note-se que nem sempre o posicionamento percebido adequadamente pela empresa é o real, pois ela pode ser — ou pode estar — iludida por uma série de motivos, internos ou externos, às vezes por presunção ou excesso de humildade, ou ainda por informações ou conselhos enganosos, tanto internos quanto externos, principalmente no que se refere aos pressupostos de relação de forças.

- **Posicionamento Estratégico Percebido (PEP)** — posição que, internamente, a empresa entende estar. Pode ou não coincidir com o PER.
- **Posicionamento Estratégico Assumido (PEA)** — posição que a empresa decide expressar para o mercado e para seus concorrentes ou parceiros. Pode coincidir ou não com o PER ou com o PEP.
- **Posicionamento Estratégico Observado pelos Demais Jogadores (PEO)** — posição da empresa em questão tal como observada e interpretada por seus concorrentes ou parceiros. Nem sempre a "leitura da posição" feita por eles coincide com a posição assumida publicamente pela empresa em questão (PEA), pois podem achar que a empresa não esteja falando a verdade, ou seja, que esteja simplesmente blefando, o que pode ser muito provável.
- **Posicionamento Estratégico Ecoado pelos Demais Jogadores (PEE)** — posição em que os concorrentes demonstram ter interpretado as manifestações expressas pela empresa em questão. Ela pode não coincidir com o PEO, pois os competidores também podem estar blefando, e assim sucessivamente...

A Figura 17.9 ilustra estas posições, sendo auto-explicativa. Ela ilustra um caso de mapeamento de situações reais ou percebidas por meio de um jogo de cena estratégico utilizando a Matriz de Jogos Estratégicos como referência conceitual.

Esse modelo analítico-descritivo, se adequadamente usado, traz novas luzes para o entendimento e o tratamento das razões reais de comportamentos aparentemente estranhos e contraditórios de pessoas, empresas ou organizações, em insolúveis conflito de interesses.

Esse conceito pode ser aplicado, por exemplo, a blocos econômicos como o Mercosul e a Comunidade Européia, com a finalidade de entender e explicar o posicionamento de cada um dos países-membros desses blocos.

17.4.4 A Dinâmica do Posicionamento Estratégico

A MJE também pode ser utilizada para explicitar o conceito de **dinâmica do posicionamento estratégico**. Esse conceito caracteriza a evolução, ao longo do tempo, das várias posições estratégicas que uma empresa pode assumir em confrontos cooperativos ou competitivos.

Tal conceito parte da constatação de que o posicionamento estratégico, em condições normais, vai variando lentamente ao longo dos anos, em função de fatores externos e/ou mesmo internos da empresa.

Assim, para ilustrar esse caso, caracterizamos alguns posicionamentos de referência ao longo do tempo. Essas posições, exemplificadas ilustrativamente na Figura

17.10, para uma dada empresa, caracterizam as diversas fases da sua evolução ao longo do seu ciclo de vida.

Figura 17.10 A Dinâmica do Posicionamento Estratégico Representada na MJE

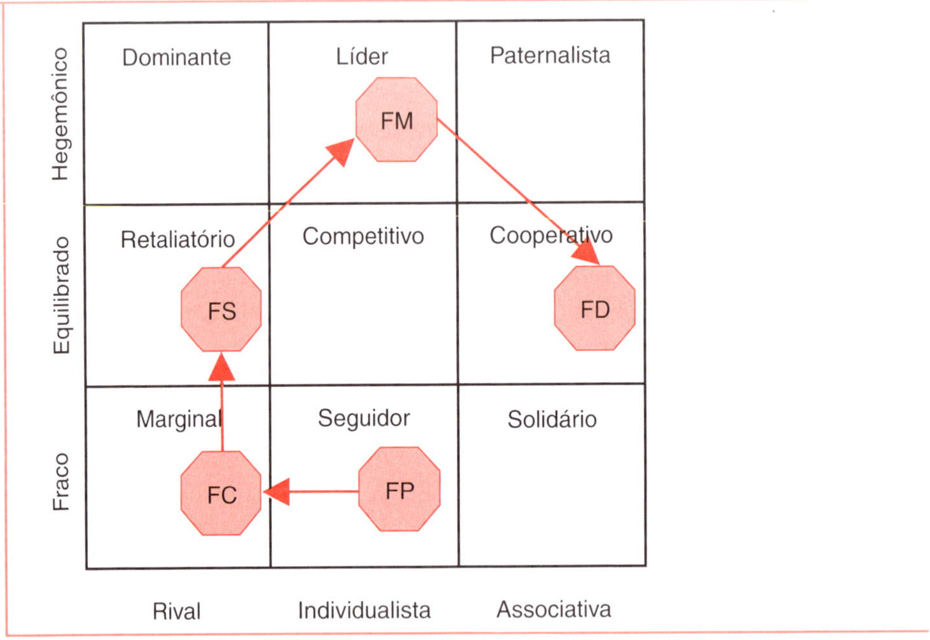

	Rival	Individualista	Associativa
Hegemônico	Dominante	Líder (FM)	Paternalista
Equilibrado	Retaliatório (FS)	Competitivo	Cooperativo (FD)
Fraco	Marginal (FC)	Seguidor (FP)	Solidário

Legenda:

FP — Pioneirismo — Fase de organização e lançamento da empresa

FC — Crescimento — Fase de crescimento acelerado

FS — Sedimentação — Fase de crescimento lento

FM — Maturidade — Fase de estagnação

FD — Declínio — Fase de queda e diminuição de atividades

As fases são as seguintes:
- Na **fase pioneira (FP)**, por exemplo, a empresa pode ter um comportamento de seguidor, tentando imitar, em escala reduzida, naturalmente, algum grande concorrente que seja paradigma do mercado, o líder.
- Com o passar dos anos, já na **fase de crescimento rápido (FC)** e conquista do mercado, ela pode achar que a melhor posição é competir ferozmente para tentar sobreviver e crescer, passando da posição de seguidor para a de marginal, por exemplo.
- Na **fase de sedimentação (FS)**, já maior, mas com um crescimento mais lento, a empresa já pode se sentir forte o suficiente para adotar uma posição retaliatória, tentando desafiar ou até mesmo roubar mercado de seus concorrentes para continuar crescendo.

- ✓ Se ela conseguir crescer o suficiente para dominar o mercado, evoluindo para uma **fase de maturidade (FM)**, poderá passar para uma posição de líder, buscando ditar as leis do mercado.

- ✓ Finalmente, já na **fase de declínio (FD)** — ou terminal —, cada vez menos forte, a empresa pode tentar uma posição cooperativa, buscando fazer arranjos com seus competidores, para não perder totalmente sua posição no mercado.

Quando se examina a história de pessoas, de empresas e de organizações no mundo dos negócios, é possível identificar situações de evolução dinâmica do posicionamento estratégico, como a aqui ilustrada. Cada leitor deverá relembrar a evolução do posicionamento estratégico de empresas históricas brasileiras, como as Indústrias Matarazzo, a Construtora Encol e até mesmo empresas aéreas como Panair, Transbrasil, Vasp, Varig e, agora, a TAM, a GOL e, talvez futuramente, a BRA.

17.4.5 Manobrabilidade, Flexibilidade e Polivalência Estratégica

Alguns conceitos novos derivados da aplicação da MJE devem ser incorporados ao arsenal disponível aos executivos para o melhor desempenho no processo de gestão estratégica. Alguns deles são:

- ✓ **Manobrabilidade estratégica** — descreve a capacidade de alguns empresários de entenderem e praticarem, de forma eficiente, o jogo de cena estratégico mais conveniente para os interesses de suas organizações a longo, médio e curto prazos.

- ✓ **Polivalência estratégica** — trata da capacidade empresarial para analisar especificamente cada caso particular de conflito de interesses, em cada subjogo, bem como de escolher e adotar, de maneira eficiente, o jogo estratégico mais adequado a cada caso específico.

- ✓ **Flexibilidade estratégica** — descreve a capacidade empresarial para decidir e implementar, de forma eficiente, as mudanças necessárias em seu posicionamento estratégico, no momento adequado e dentro da melhor dinâmica estratégica recomendável.

17.5 Negociações Estratégicas Usando a Teoria dos Jogos

Os conceitos expostos nos tópicos anteriores procuram orientar e "racionalizar" os processos de negociação e de solução de conflitos de interesses entre pessoas, empresas ou entidades.

Vamos ilustrar tais conceitos partindo de situações de conflito de interesse entre apenas dois jogadores-empresários, que buscam a solução de conflitos mediante um processo interativo de propostas e contra-propostas. Para a solução, parte-se de posições "ideais" para cada jogador, porém conflitantes, até se chegar, se possível, a uma solução de compromisso — a qual, embora não seja a ideal para nenhum deles, é a possível e, supostamente, aceitável por ambas as partes em disputa[6].

17.5.1 Negociação de Preço entre Comprador e Vendedor

Ilustremos essa situação com um jogo simples, entre uma empresa e um seu fornecedor, com apenas uma variável de decisão — por exemplo, o preço unitário de um insumo fundamental para o processo produtivo da empresa.

Do lado do fornecedor, ele deve examinar suas alternativas e responder à seguinte pergunta: "Qual o *menor* preço eu estaria disposto a receber por esse produto, abaixo do qual eu preferiria não fazer negócio com esse comprador?".

Do lado da empresa, ela precisa examinar suas alternativas e responder à seguinte pergunta: "Qual o *maior* preço eu estaria disposta a pagar por esse produto, acima do qual eu preferiria não fazer negócio com ele?".

O menor preço aceitável para o fornecedor e o maior preço aceitável para o comprador são chamados de Batna. O fornecedor tem um valor para a Batna, e o comprador tem outro.

Se a Batna do fornecedor for maior que a Batna do comprador, não há como fazer negócio, pois, para ambos, as alternativas que eles já têm devem ser melhores do que se fecharem o negócio em questão.

Se a Batna do fornecedor for menor ou igual à Batna do comprador, então, há possibilidade de negócio, pois qualquer solução intermediária de preços no intervalo entre as duas Batnas é melhor ou igual, para ambos, do que as alternativas que cada um já tem. A diferença entre a Batna do comprador e a Batna do vendedor é a *margem de manobra na negociação*. Cada jogador fará todo o possível para se apropriar da maior parte dessa margem: o fornecedor tentará vender pelo preço Batna do comprador, e o comprador tentará comprar pelo preço Batna do vendedor — o que só seria possível se cada um deles fosse capaz de conhecer a Batna do outro!

A forma de repartição de tal margem entre os dois jogadores não é óbvia nem simples. Ela será o resultado de uma longa negociação entre as partes, com propostas e contrapropostas de parte a parte, até que se chegue a um resultado satisfatório para ambos os jogadores.

O valor final dependerá de vários fatores, tais como: habilidade dos negociadores, persistência, paciência e até, por que não dizer, manobras de emulação ou blefes. Um jogador pode emular e propagar que tem uma boa alternativa (Batna), embora na verdade não a tenha, para melhorar a percepção de sua Batna pelo outro jogador e, assim, melhorar as contrapropostas dele.

Dessa forma, jogadores impacientes, ou que têm pressa em fechar o negócio, ou que não conseguem controlar seu lado emocional, por motivos reais ou pessoais, acabam ficando com a menor parte na repartição da margem.

---

[6] Os dois exemplos deste tópico foram inspirados em DIXIT, A. K.; SKEATH, S. *Games of strategy*. New York: W.W. Norton & Company, 1999. p. 521-549.

Disso decorre a importância de desenvolver cuidadosamente as alternativas ao "não-acordo", a fim de se obter a melhor Batna possível. Também é muito importante descobrir e avaliar as alternativas reais do seu oponente, para estabelecer o espaço de negociação realista e tirar dele o melhor possível, em um longo, cuidadoso e paciente processo de negociação.

17.5.2 Negociação para uma Possível Integração entre Software e Hardware para o Mercado

Tomemos agora uma situação um pouco mais complexa, na qual temos uma negociação entre duas empresas, A e B, que pretendem compor e lançar no mercado um novo sistema, formado por um *hardware*, a ser fornecido por A, e um *software*, a ser fornecido por B, como ilustrado na Figura 17.11.

Figura 17.11 Aplicação do Jogo de Negociação Cooperativa de Nash para um Produto de Integração *Hardware + Software*

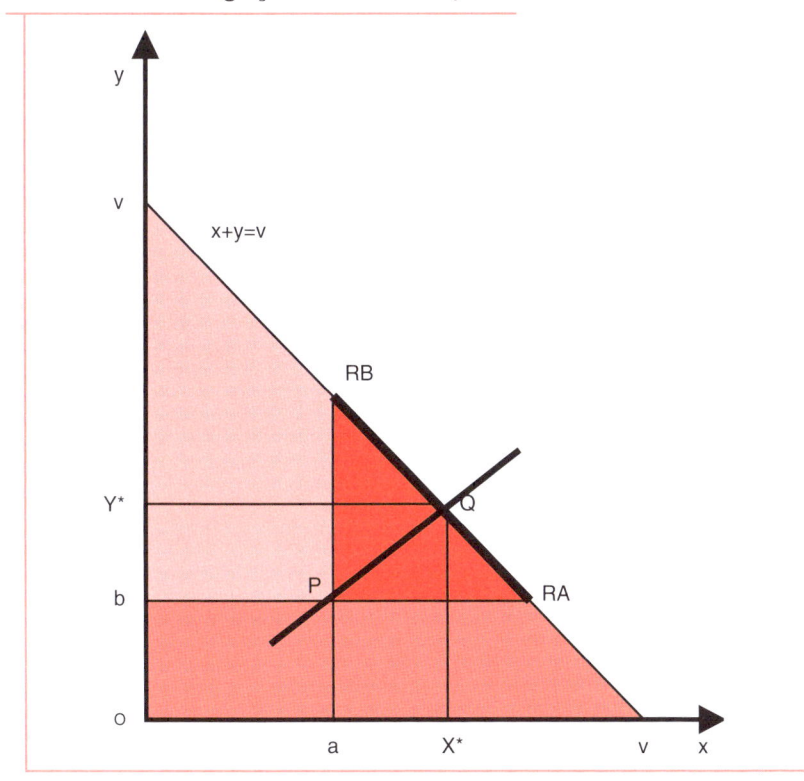

Fonte: Adaptado de DIXIT, A. K.; SKEATH, S. *Games of strategy*. New York: W. W. Norton & Company, 1991.

Seja $a = 700$ a Batna de A, representando o valor unitário pelo qual a empresa A consegue vender seu *hardware* ao mercado, independentemente de um acordo com B. Seja $b = 200$ a Batna de B, representando o valor unitário pelo qual a empresa B consegue vender seu *software* no mercado, independentemente de um acordo com

A. Seja $c = 3.000$ o valor unitário que o mercado estaria disposto a pagar pelo produto integrado com o *hardware* de A e o *software* de B. Seja $d = 100$ o custo unitário para integrar o *hardware* e o *software* e para colocar o produto no mercado. O resultado líquido dessa operação, se a negociação for bem-sucedida, é $r = 3.000 - 700 - 200 - 100 = 2.000$, por unidade vendida, valor a ser repartido, de alguma forma, entre A e B.

A questão fundamental, nessa negociação, é: "Como repartir esses 2000 entre A e B de tal forma que tanto A como B estejam convencidos de que tenham feito o melhor negócio possível?". Ora, isso deverá ser o resultado de um processo de negociação, que pode ser apoiado por um raciocínio com base no chamado jogo de negociação cooperativa de Nash.

Façamos uma pergunta: "As empresas A e B deveriam jogar, nesse caso, o jogo cooperativo ou o competitivo?". Como visto anteriormente, para fazer "crescer o bolo", é preciso cooperar; mas, para "fatiar o bolo", é preciso competir. Nesse caso, as empresas precisam inicialmente cooperar para gerar um novo produto e criar um novo mercado para ambas; mas, assim que a intenção de entrar em um novo mercado se materializar, a divisão da margem não deixa de ser um problema para a divisão, e, então, uma situação de competição se manifesta. Portanto, trata-se de um jogo típico de cooperação seguida de competição, ou, melhor, uma "co-opetição". Se a negociação para repartir a margem entre A e B não for razoável, as duas empresas estarão perdendo, ao todo, 2.000 por unidade que deixar de ser comercializada, e cada uma delas retorna para operar com as suas respectivas Batnas. Esse jogo é tipicamente aquele chamado de "ganha-ganha".

Vamos ilustrar as opções de solução no gráfico da Figura 17.11: o eixo horizontal do gráfico, *x*, representa o valor unitário que a empresa A teria a receber pelo negócio, e *y*, no eixo vertical, o valor unitário que a empresa B receberia no caso de o acordo ser bem-sucedido.

A princípio, o executivo negociador da empresa A, fornecedora do *hardware*, raciocinaria assim: "Sem o meu *hardware*, o novo produto não vai ao mercado; portanto, *y* (o que B receberia) deveria ser apenas $b = 200$, a Batna de B, que é o valor da alternativa que B tem pelo seu *software*. Então, a minha parte, *x*, deveria ser = 3.000 (o preço de venda) – 100 (custo de integração) – 200 (a parte da empresa B) = 2.700". Esse ponto [2.700, 200] está indicado, na figura, como R_A.

Já o negociador da empresa B, fornecedora do *software*, raciocinaria assim: "Sem o meu *software*, o novo produto não vai ao mercado; portanto, *x* (o que A receberia) deveria ser apenas $a = 700$, a Batna de A, que é o valor da alternativa que A tem pelo seu *hardware*. Então, a minha parte, *y*, deveria ser = 3.000 (preço de venda) – 100 (custo de integração) – 700 (parte da empresa A) = 2.200". Esse ponto, [700, 2.200] está indicado na figura como R_B.

Em condições normais de negociação, entre negociadores competentes e racionais, nem a empresa B aceitaria operar no ponto R_A nem a empresa A aceitaria operar no ponto R_B. A faixa de negociação, portanto, estaria em um ponto intermediário, no segmento de reta $R_A - R_B$, em que $x + y = 3.000 - 100 = 2.900$.

Definida a faixa de negociação, a fixação de um ponto de equilíbrio $[x^*, y^*]$ será encontrada após um longo processo de negociação, em que características pessoais do negociador, tais como boa argumentação, persuasão, obstinação, teimosia, resistência, exercício de força, paciência e até ameaças de sair do jogo, possibilitarão às partes chegarem, finalmente, a um valor que satisfaça às pretensões das duas empresas.

As empresas mais preparadas, que conheçam melhor o mercado, que tenham os melhores negociadores, que não demonstrem pressa em fechar o negócio a qualquer custo, que conheçam o negócio do seu parceiro etc., acabarão abocanhando a maior parte da margem do negócio — que, nesse caso, é de 2.000 por unidade vendida. Em negociações desse tipo, o raciocínio correto deveria ser "quanto eu vou ganhar" e não "quanto o outro vai ganhar", pois um negócio cooperativo só é bom quando é adequado para as duas partes, e ambas precisam ganhar.

É bom alertar, entretanto, que nem sempre as empresas conseguem chegar a um acordo em situações como essa, pois uma delas pode desistir da negociação por achar que a outra parte está intransigente em suas exigências, ou pedindo demais etc. Se isso acontecesse, seria o que se chama de um jogo "perde-perde", pois as duas empresas, por não conseguirem chegar a um acordo — embora, do ponto de vista de negociação, elas pudessem —, estão perdendo um grande potencial de novos negócios.

17.5.3 A Escolha da Estratégia Competitiva em Vendas Corporativas

Este tópico trata de formulação de estratégias para "vendas corporativas": chamamos de vendas corporativas as ações de comercialização de pessoa jurídica para pessoa jurídica, geralmente por meio de árduos processos competitivos e mediante negociações trabalhosas até a celebração de contratos específicos.

Em situações de conflito competitivo direto, na busca pela preferência de um cliente corporativo, por exemplo, um contrato de fornecimento, entre dois fortes concorrentes, a escolha da estratégia competitiva mais recomendável deve levar em conta pelo menos as duas dimensões representadas na Figura 17.12[7]:

- Qual a nossa força competitiva diante do cliente?
- Qual a força de nosso concorrente direto perante o cliente alvo?

Dependendo do resultado do cruzamento das respostas a essas perguntas — avaliadas em três níveis: forte, média e fraca —, a estratégia competitiva recomendada pode ser classificada em quatro opções, como se pode ler na Figura 17.12:

---

[7] As idéias básicas utilizadas para a construção desta matriz foram inspiradas em um curso aberto, intitulado "Conquistando Clientes Corporativos — Sucesso nas Vendas com Estratégias Competitivas", ministrado sob coordenação de Arivaldo Araújo, a quem muito agradecemos.

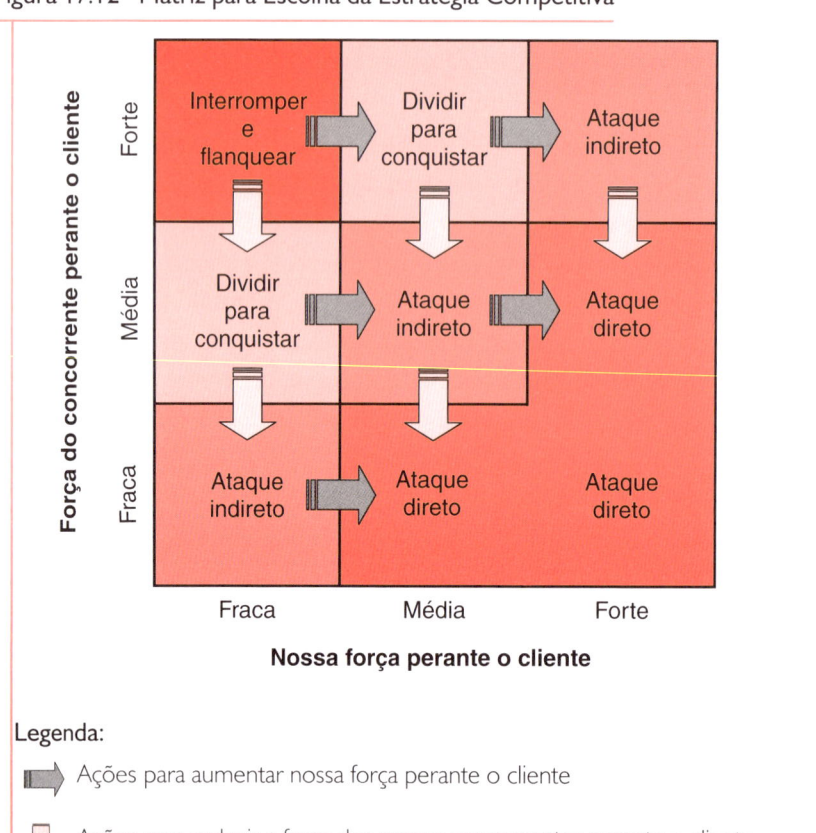

Figura 17.12 Matriz para Escolha da Estratégia Competitiva

	Fraca	Média	Forte
Forte	Interromper e flanquear	Dividir para conquistar	Ataque indireto
Média	Dividir para conquistar	Ataque indireto	Ataque direto
Fraca	Ataque indireto	Ataque direto	Ataque direto

Eixo vertical: Força do concorrente perante o cliente
Eixo horizontal: **Nossa força perante o cliente**

Legenda:

➡ Ações para aumentar nossa força perante o cliente

⬇ Ações para reduzir a força dos nossos concorrentes perante o cliente

1. **Ataque Direto:** Quando nós formos mais fortes que nosso concorrente principal, podemos lançar um ataque direto e tentar vencer;
2. **Ataque Indireto:** Quando há equilíbrio de forças com nosso concorrente, podemos fazer um ataque cuidadoso, preparado para ganhar ou perder. Se for para perder, que a perda seja a menor possível, suportável pela empresa;
3. **Dividir para conquistar:** Quando formos mais fracos que nosso concorrente, vamos tentar subdividir o contrato, ou a encomenda, procurando ficar ao menos com um pedaço razoável;
4. **Interromper e flanquear:** Se formos muito mais fracos que nosso concorrente, vamos tentar interromper as negociações e procurar adiar a decisão do cliente. A partir daí, vamos tentar mudar as regras do jogo, de forma que nossas desvantagens possam ser reduzidas ou eliminadas, e as vantagens do nosso concorrente possam ser reduzidas ou eliminadas.

Para nos preparar para as próximas oportunidades, precisaremos adotar cursos de ação específicos para melhorar nossa posição competitiva:

a) Ações para aumentar nossa força perante o cliente

b) Ações para reduzir a força de nosso concorrente perante o cliente

Para avaliarmos a nossa força perante o cliente (e também a de nosso concorrente) as cinco perguntas seguintes são muito úteis:
1. Temos solução compatível às reais necessidades do cliente?
2. Conseguimos "administrar o cenário" onde a competição e a negociação vão ocorrer?
3. Temos uma boa base instalada para atender bem às necessidades do cliente?
4. Conhecemos bem o processo de compra do cliente?
5. Temos alguma outra vantagem comparativa que nos favoreça?

O uso criterioso destas estratégias poderá levar a vitórias consistentes e repetidas.

Entretanto, não se pode dar garantias de sucesso absoluto dessas estratégias, pois elas dependerão, entre outras coisas, de ações que estejam sendo tomadas pelos concorrentes.

Manter-se muito bem informado sobre as ações dos concorrentes poderá ser um fator a mais para o aumento de nossa competitividade.

17.6 Conclusões e Recomendações

Algumas conclusões sobre este capítulo, aplicando a Teoria dos Jogos para a formulação de estratégias competitivas e cooperativas, podem ser ressaltadas:

- a Teoria dos Jogos pode ser usada como base conceitual para se modelar estratégias competitivas e cooperativas em complexas situações de conflito de interesses entre vários jogadores, tanto em jogos hierárquicos como em não hierárquicos;
- a MJE possibilita mapeamento efetivo e identificação dos diferentes posicionamentos estratégicos associados a estratégias clássicas da Teoria dos Jogos e a novos jogos em casos-limite;
- os *clusters* empresariais e arranjos produtivos locais, embora tenham uma teia de relacionamento mais complexa e diversificada do que as empresas em um mercado livre, também podem ser tratados adequadamente com os conceitos da Teoria dos Jogos, expressos na MJE.

Portanto, novos desafios apresentam-se aos empresários, executivos e consultores, em vista do aumento da complexidade do ambiente competitivo e cooperativo no mundo dos negócios e em decorrência das novas oportunidades e ameaças que estão surgindo em uma economia cada vez mais globalizada.

Podemos citar alguns desses desafios:
- reconhecer que toda situação de conflito de interesses pode ter um tratamento racional e criterioso, em vez da tradicional reação emocional ("gostei, não gostei, acho que dá, acho que não dá");

- ✓ reconhecer que as formas tradicionais de enfrentar os antagonistas e antagonismos podem e devem sofrer uma mudança urgente para que se aproveite, quando possível, todas as oportunidades de cooperação entre empresas, entidades, governo, fornecedores, clientes, complementadores e, por que não dizer, até entre concorrentes tradicionais;
- ✓ aprender a analisar criticamente toda situação de conflito de interesses e a identificar qual das células da MJE mais se ajusta à situação competitiva, caso a caso;
- ✓ introduzir, no repertório de ações gerenciais, novas formas de competir, de cooperar e até de enfrentar os antagonistas, de acordo com as análises aqui propostas;
- ✓ reconhecer que a escolha correta do jogo a ser praticado é até mais importante do que a escolha da forma correta de jogar.

Termos-chave

Este capítulo apresentou alguns conceitos da **Teoria dos Jogos** na formulação de estratégias competitivas e cooperativas.

Inicialmente, foram apresentados os conceitos de **árvores de decisão**, tanto as determinísticas como as probabilísticas, como base para introdução do conceito de **jogos discretos finitos**.

Também foi apresentado o conceito de **rede-de-valores** e, por meio dela, a maneira de se usar o conceito de "**coopetição**" no mundo dos negócios.

A **Matriz de Jogos Estratégicos (MJE)** foi introduzida como base à formulação de seis **jogos estratégicos**, sendo quatro inspirados nas estratégias clássicas da Teoria dos Jogos — jogo competitivo, jogo cooperativo, jogo retaliatório e jogo hierárquico líder/seguidor — e dois apresentados como novos jogos em situações-limite — jogo paternalista-solidário e jogo dominante-marginal.

Foram formulados e descritos os exercícios de **jogos de cena** e de **dinâmica do posicionamento estratégico**. Conceitos de **manobrabilidade**, de **polivalência** e de **flexibilidade estratégicas** também foram mostrados como novas habilidades que os executivos devem usar e assumir.

Um tópico sobre o **jogo de negociação cooperativa de Nash**, usando o conceito de **Batna**, foi apresentado e ilustrado.

Questões

1. Qual a diferença entre uma árvore de decisão e um jogo finito discreto? Explique e dê exemplos.

2. O que distingue um jogo estratégico **dominante-marginal** de um jogo estratégico **paternalista-solidário**? Dê exemplos.

3. Qual jogo, entre os seis da **MJE**, você indicaria para um pequeno empresário que está considerando aderir a uma franquia de uma cadeia de *fast-food*? Por quê?

4. Aplique o conceito de **jogo de cena** para explicar o posicionamento estratégico de uma grande empresa nacional que você conheça bem. Faça o mesmo para a dinâmica do posicionamento estratégico.

5. No problema descrito no Tópico 17.5.2, se você fosse o fornecedor, qual argumentação usaria, na mesa de negociação, para tentar aumentar a sua parcela na margem do negócio? Seria possível fazer algo para *aumentar* sua **Batna**? Seria possível, ainda, fazer algo para *reduzir* a Batna do comprador? Isso seria vantajoso para você? Explique por quê.

18

Jogos de Empresas para Capacitação Estratégica e Simulação Gerencial

Tópicos[1]

- Caracterização dos Jogos Estratégicos •
- Definições de Jogos e de Simulação de Empresas •
- Tipologias das Simulações Gerenciais •
- O Uso do Método de Simulações Gerenciais para Capacitação Estratégica •
- Exemplos de Utilização do Método •

Apresentação

Este capítulo apresenta o método de **jogos de empresas**, também chamado de **simulação gerencial**, para fins de capacitação gerencial, em geral, e estratégica, em particular.

Inicialmente, o método é caracterizado pela apresentação de suas origens e benefícios, ou seja, ele é formalmente definido, sendo diferenciado de outros métodos similares. Várias tipologias de classificação das alternativas de simulação gerencial são, então, definidas.

A utilização do método é explicada nos seguintes termos: sua dinâmica, etapas de aplicação, modo de avaliar os seus participantes e modo de avaliar o método.

Por fim, são exemplificados os dois tipos básicos de aplicação do método, momento em que se discutem as estratégias empresariais. O primeiro tipo usa a simulação como um instrumento para a elaboração, a condução e a avaliação de estratégias empresariais, como uma forma dinâmica, participativa e interativa de aprendizado. O segundo tipo utiliza a simulação como laboratório para realizar experimentos sobre estratégias empresariais.

---

[1] Este capítulo teve a valiosa colaboração de Ricardo R. S. Bernard, Ph.D. em Administração pela École des Hautes Études Commerciales (HEC), Montreal, Canadá, a quem muito agradecemos. Ele é professor de Jogos e Simulações Gerenciais na Universidade Federal de Santa Catarina (UFSC) e coordenador no Núcleo de Estudos em Simulação Gerencial (Nesig). Informações podem ser obtidas no *site* do núcleo: <http://www.nesig.ufsc.br>. E-mail: bernard@cse.ufsc.br.

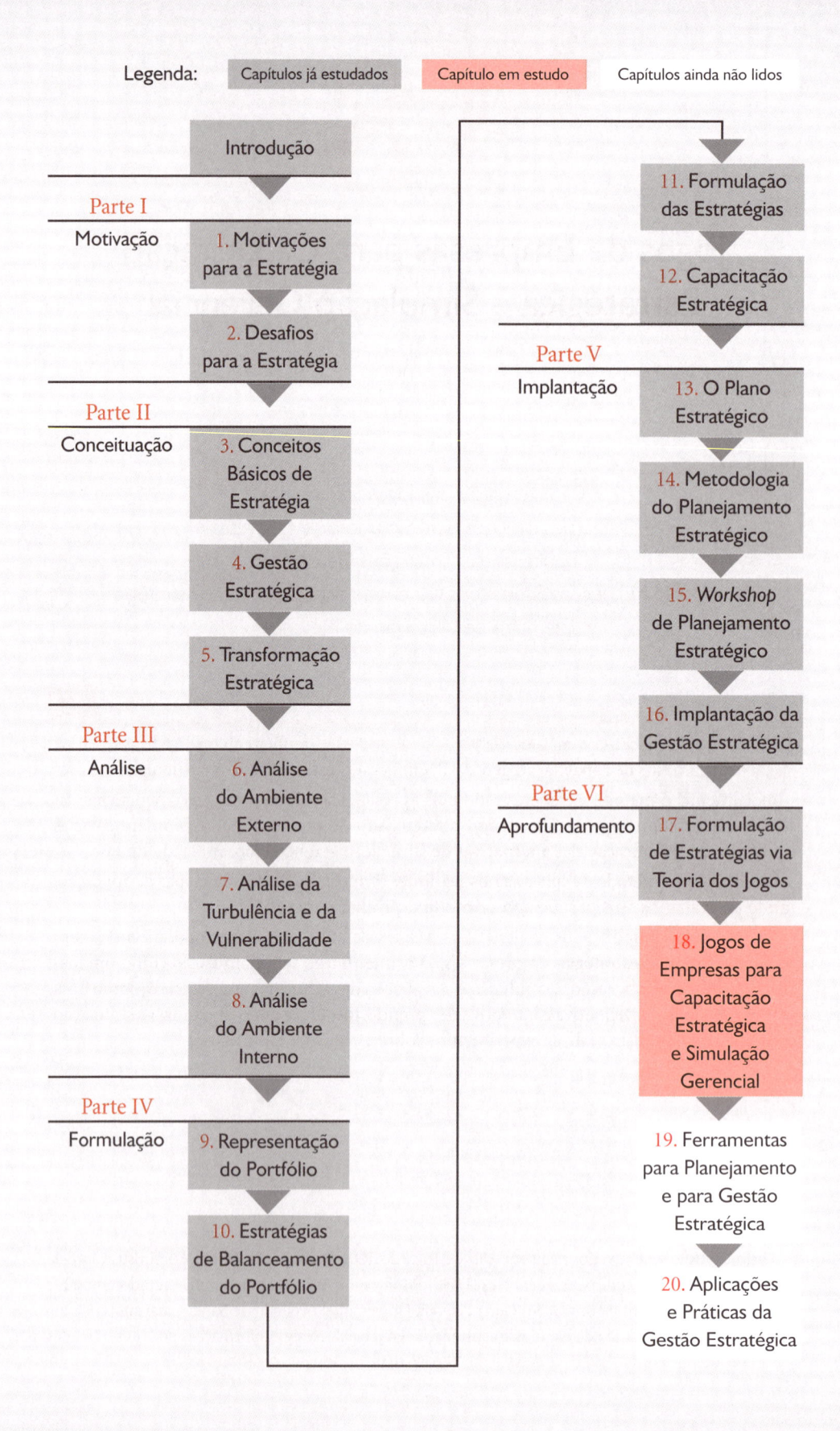

| Legenda: | Capítulos já estudados | Capítulo em estudo | Capítulos ainda não lidos |

Introdução

Parte I — Motivação
1. Motivações para a Estratégia
2. Desafios para a Estratégia

Parte II — Conceituação
3. Conceitos Básicos de Estratégia
4. Gestão Estratégica
5. Transformação Estratégica

Parte III — Análise
6. Análise do Ambiente Externo
7. Análise da Turbulência e da Vulnerabilidade
8. Análise do Ambiente Interno

Parte IV — Formulação
9. Representação do Portfólio
10. Estratégias de Balanceamento do Portfólio
11. Formulação das Estratégias
12. Capacitação Estratégica

Parte V — Implantação
13. O Plano Estratégico
14. Metodologia do Planejamento Estratégico
15. *Workshop* de Planejamento Estratégico
16. Implantação da Gestão Estratégica

Parte VI — Aprofundamento
17. Formulação de Estratégias via Teoria dos Jogos
18. Jogos de Empresas para Capacitação Estratégica e Simulação Gerencial
19. Ferramentas para Planejamento e para Gestão Estratégica
20. Aplicações e Práticas da Gestão Estratégica

O uso de métodos experimentais e vivenciais para a educação de profissionais remonta aos primórdios das civilizações, estando sempre presente, de uma forma ou de outra, em praticamente todas as culturas. A histórica figura do "aprendiz" é aquele adulto iniciante que está ao lado de quem sabe mais, observando-o atentamente. Muitas vezes, ele fica encarregado de tarefas mais simples, e vai crescendo no que modernamente se chama de *on-the-job training* (treinamento em serviço).

A experiência moderna tem mostrado que o ensino formal de profissionais que já estão há bastante tempo inseridos no mercado de trabalho — ocupando, às vezes, importantes posições de comando em empresas privadas, industriais, comerciais ou de serviços — tem uma série de limitações, algumas delas até impeditivas. De fato, os estudos especializados sobre educação de adultos têm evidenciado que os métodos de ensino tradicionais, baseados em apresentações, palestras, leituras e conferências, deixam muito a desejar, pois não motivam e não envolvem suficientemente os participantes nos seus problemas reais do dia-a-dia.

Diferentemente, as atividades lúdicas, como jogos e simulações de empresas em ambientes competitivos e turbulentos, são métodos que, se bem implementados, podem despertar emulação, entusiasmo e motivação, itens essenciais para um bom aprendizado. As aplicações pedagógicas modernas para formação e desenvolvimento de gestores e de tomadores de decisão no ambiente empresarial têm se utilizado, cada vez mais, de jogos implementados por modelos computacionais. Esses jogos têm sido usados, predominantemente, para treinamento em programação operacional de empresas, também chamada de **programação tática**, cobrindo *curtos horizontes de tempo*.

Cabe ressaltar que as decisões de cunho estratégico, objeto deste livro, exigem horizontes de tempo bem maiores, necessários para que, a longo prazo, as conseqüências — boas ou más — das decisões tomadas pelos jogadores, muitos períodos atrás, possam ser observadas, avaliadas e cotejadas com base nas alternativas que poderiam ter escolhido.

Assim, o objetivo deste capítulo é apresentar e valorizar essa metodologia de desenvolvimento de recursos gerenciais para planejamento e gestão estratégica, incentivando seu uso como um eficiente instrumento didático[2].

18.1   Caracterização dos Jogos Estratégicos

Os **jogos estratégicos** são conhecidos e utilizados há milhares de anos. O uso de jogos para a educação e desenvolvimento surgiu há cerca de três mil anos a.C., na China, como simulações de estratégias de guerra. Registros indicam que os jogos de guerra também foram utilizados nos séculos XVII e XVIII, mas tiveram o seu impulso definitivo durante as duas Grandes Guerras Mundiais.

---

[2]   COLOMBO, R.; COSTA, E. A. Jogo estratégico de empresas em sistemas dinâmicos com geração randômica de cenários para capacitação gerencial. In: XVII SLADE — CONGRESSO DA SOCIEDADE LATINO-AMERICANA DE ESTRATÉGIA. Camboriú, SC, abr. 2004; BOTTURA, C. P.; COSTA, E. A., Modelagem de ambiente empresarial competitivo como jogo dinâmico hierárquico estratégico estocástico para capacitação de executivos. In: XVII SLADE — CONGRESSO DA SOCIEDADE LATINO-AMERICANA DE ESTRATÉGIA. Camboriú, SC, abr. 2004a.

Com o fim da Segunda Guerra Mundial, muitos oficiais militares norte-americanos assumiram funções gerenciais em empresas civis. Diversas atividades militares foram incorporadas ao meio empresarial, entre elas, a pesquisa operacional, os métodos matemáticos de gestão e os **jogos de guerra**, que inspiraram o surgimento dos **jogos de empresas**, usados inicialmente nos Estados Unidos. O primeiro jogo de empresas conhecido surgiu em 1956 com o *Top Management Decision Game*, desenvolvido pela American Management Association. No ano seguinte, a empresa McKinsey & Company também desenvolveu o seu jogo de empresas, intitulado *Business Management Game*. Desde então, o uso de simulação de empresas para fins pedagógicos tem crescido, fazendo parte, hoje, dos currículos de praticamente todos os bons cursos de Administração de Empresas no mundo e no País.

O método aqui proposto apresenta três grandes benefícios como instrumento de **capacitação gerencial**:

1. O aprendizado é facilitado, porque os participantes tornam-se agentes ativos do processo. Essa é uma característica típica da **abordagem vivencial**, na qual o método está baseado. Ao assumirem a gestão de uma empresa, embora simulada, os participantes envolvem-se diretamente no processo, permitindo a aplicação de conhecimentos adquiridos anteriormente, bem como a experimentação de um sentimento real de sucesso ou fracasso em virtude das decisões tomadas. Isso torna o método muito dinâmico e altamente motivante.

2. Permite a integração de conhecimentos que foram adquiridos de forma isolada, nas diversas disciplinas estudadas — como produção, vendas, finanças, recursos humanos, planejamento etc. —, proporcionando uma **visão holística** do funcionamento integrado de uma empresa no seu ambiente de atuação.

3. A compactação artificial da variável *tempo*, propiciada pelo simulador, também permite que as decisões de longo prazo possam ser rapidamente avaliadas pelos participantes. Por esse motivo, o método pode ser considerado um **estudo de caso** com dimensão temporal e *feedback*.

18.2 Definições de Jogos e de Simulação de Empresas

18.2.1 Jogos de Empresas ou Simulação de Empresas?

Existem diferentes denominações para descrever o método aqui exposto, usadas em diversos contextos: expressões como *jogos de empresas, jogos de negócios, jogos gerenciais, simulação empresarial, simulação de gestão, gestão simulada* e *simulação gerencial* são também encontradas na literatura. Essa diversidade de nomes pode causar certa confusão, pois algumas dessas expressões também são utilizadas para denominar outros métodos.

A denominação **jogos de empresas** consolidou-se por causa de sua origem nos jogos de guerra. A palavra *jogo*, entretanto, também pode assumir diferentes acepções: em alguns contextos, ela pode representar, por exemplo, uma simples brincadeira, algo lúdico. No Capítulo 17, tal palavra tem um sentido bem definido, como um modelo de representação das atitudes de agentes autônomos, os "jogadores", frente às mais variadas situações de conflito de interesse.

Para evitar um sentido pejorativo, muitos usuários do método preferem substituir o termo *jogo* por *simulação*, gerando a denominação simulação empresarial[3] ou *simulação de negócios*. A palavra *simulação* origina-se do latim *simulare*, que significa simular, imitar. Em um contexto mais técnico, a simulação pode ser considerada a representação dinâmica de um fenômeno. A simulação empresarial ou de negócios seria, então, a representação da maneira como uma empresa — ou um negócio — opera. Dentro dessa percepção, é possível afirmar que os jogos de empresas representam um caso especial de simulação de empresas, em que os conflitos de interesse entre os agentes econômicos são explicitados, com o objetivo primordial de desenvolver a capacitação gerencial da empresa para a tomada de decisões táticas ou estratégicas.

Assim, as palavras *jogo* e *simulação* podem ser utilizadas como sinônimos, no contexto empresarial. A escolha entre qual dos termos utilizar é mais uma questão de preferência pessoal do que de apego a questões etimológicas ou epistemológicas. Para o nosso caso, no entanto, o termo *simulação* parece-nos mais apropriado por dois motivos:

1. a conotação negativa que a palavra *jogo* representa para algumas pessoas e em alguns contextos;
2. a expressão *jogos de empresas* também é muito utilizada na área de gestão de pessoas como um método de dinâmica de grupo focado nos aspectos comportamentais e motivacionais. De fato, o método utilizado para capacitação gerencial, no sentido mais amplo, e para o aprendizado de estratégias, em particular, também explora alguns aspectos comportamentais, mas a ênfase é no desenvolvimento de várias habilidades na tomada de decisões sob risco.

18.2.2 Simulação Empresarial

Em vista do exposto, a expressão *simulação empresarial* é considerada a mais apropriada ao nosso uso. Entretanto, ela também é utilizada por alguns para se referir a sistemas desenvolvidos para simular situações reais da vida de uma empresa. Nessa acepção, o objetivo não é a aprendizagem e a capacitação gerencial, típicas do método em discussão neste capítulo.

Um exemplo de técnica de simulação empresarial é a dinâmica de sistemas, na qual um determinado problema empresarial complexo é estudado. Relações de causalidade são levantadas. Um mapa causal é definido por um fluxo de informações, que é diagramado e modelado. Por meio de *software* específico, essa modelagem possibilita a simulação de determinada realidade, também chamada de micromundo,

---

[3] Nos Estados Unidos, a associação que estuda o tema é intitulada Association for Business Simulation and Experiental Learning. Disponível em: <http://www.absel.org>.

para que os gerentes possam desenvolver habilidades de tomada de decisões e conduzir experimentos sobre as conseqüências das decisões tomadas no micromundo modelado.

Outro exemplo são os sistemas de apoio à decisão, em que o usuário pode simular várias alternativas, antes de tomar a decisão final. Esses sistemas fazem parte do dia-a-dia de muitos gerentes de empresas de médio e grande porte.

18.2.3 Simulação Gerencial

O método de **simulação empresarial** para fins de aprendizado, que pretendemos abordar neste capítulo, está representando não apenas o funcionamento de uma empresa, mas principalmente o seu gerenciamento e, sobretudo, os conflitos de interesse entre gerentes ou agentes econômicos, no mercado, representados nos modelos de cada uma das empresas envolvidas.

Para evitar mal-entendido, o termo *empresarial* pode ser substituído por outros que façam referência ao papel do gestor no processo, como administração, gerenciamento ou gestão. Qualquer um dos três termos parece apropriado. Em inglês, também se usa a expressão *management simulation*, que, traduzido literalmente, significa simulação gerencial.

> Considerando que o método tem como objetivo primordial o aprendizado gerencial, pode-se definir a **simulação gerencial** como um método de capacitação gerencial em que os participantes competem entre si, tomando decisões para empresas simuladas que, processadas por um simulador, geram relatórios gerenciais para um novo ciclo de tomada de decisões.

Pela definição, é possível identificar as principais características desse método:
- tem por objetivo a capacitação gerencial;
- os participantes competem entre si por meio da gestão de empresas simuladas;
- o simulador é um componente essencial do método;
- o processo é cíclico.

18.3 Tipologias das Simulações Gerenciais

O método de simulação gerencial pode ser usado em diversas configurações, dependendo dos objetivos a serem atingidos e do simulador a ser utilizado. Para facilitar a configuração de seu uso, várias classificações são apresentadas, baseadas nas características inerentes ao simulador ou em sua forma de aplicação.

18.3.1 Quanto à Abrangência do Problema Gerencial

As simulações podem ser gerais, ou funcionais, de acordo com o nível de abrangência do problema gerencial tratado. A simulação geral desenvolve habilidades gerenciais no mais alto nível da estrutura organizacional da empresa. Nesse tipo de simulação, as principais áreas funcionais são consideradas, forçando os participantes a refletirem e a se posicionarem em relação às decisões estratégicas para a empresa.

Na simulação funcional, o enfoque é o desenvolvimento de habilidades em áreas específicas da gestão empresarial, como produção, vendas, finanças e recursos humanos. As decisões táticas são privilegiadas nesse tipo de simulação.

18.3.2 Quanto aos Objetivos Gerenciais

A simulação pode ser aplicada em equipe, ou individualmente, de acordo com os objetivos a serem alcançados. Nas simulações funcionais, como o objetivo é o desenvolvimento de habilidades gerenciais específicas, pode-se trabalhar de forma individual.

Nas simulações gerais, por sua vez, a formação de equipes é desejável, já que o processo envolve diversas áreas de uma empresa. Nesse tipo de tomada de decisão, os participantes adquirem não apenas habilidades técnicas, mas aprendem a observar e a avaliar aspectos comportamentais e interpessoais, muito importantes nos processos decisórios.

18.3.3 Quanto à Interação das Equipes

A **simulação interativa** ocorre quando as decisões tomadas para uma empresa simulada influenciam os resultados das outras, e vice-versa. O preço de venda de um produto praticado por uma empresa irá influenciar, por exemplo, não apenas a demanda da empresa que o praticou, mas também a demanda por produtos das empresas concorrentes! Uma decisão de investimentos de uma empresa, embora de longa maturação, pode também influenciar, a médio ou longo prazo, os resultados dos concorrentes.

Na **simulação não interativa**, os resultados de uma empresa não sofrem influência das decisões tomadas pelas demais — embora seja possível competir também de forma paralela, avaliando-se, separadamente, o resultado do desempenho das diferentes empresas simuladas.

Em uma simulação não interativa de programação da produção, por exemplo, as empresas podem estar preocupadas em produzir a um menor custo, independentemente das decisões das outras empresas. Essas mesmas empresas, no entanto, poderão ser comparadas, se forem analisados seus custos de produção em função das programações de produção definidas.

18.3.4 Quanto às Variáveis Envolvidas

O modelo matemático em que a simulação está baseada pode ter apenas variáveis determinísticas, ou também variáveis estocásticas. Nos **modelos determinísticos**, as decisões podem ser processadas várias vezes, e os resultados gerados serão *sempre os mesmos*. Nos **modelos estocásticos**, existem variáveis aleatórias, ou seja, com determinada probabilidade de ocorrência. Nestes modelos, os resultados gerados serão diferentes a cada processamento, mesmo que as decisões sejam idênticas.

Quando a simulação é utilizada para fins educacionais, é mais interessante utilizar modelos determinísticos, pois o coordenador terá mais domínio sobre o ambiente a ser simulado. Já para experimentos, a inclusão de variáveis estocásticas é o método mais indicado, pois, na vida real, muitas variáveis do mercado são aleatórias.

18.3.5 Quanto ao Nível de Informatização

Os modelos dos simuladores inicialmente eram manuais, mas passaram a ser informatizados, em função dos avanços tecnológicos. Por esse motivo, os simuladores empresariais podem ser classificados em quatro gerações, de acordo com o nível de informatização dos seus modelos:

- a primeira geração foi caracterizada pela ausência de qualquer uso de recursos computacionais;
- os simuladores de segunda geração foram concebidos para computadores de grande porte, os *mainframes*, entre as décadas de 1960 e 1970;
- o surgimento dos computadores pessoais, no início da década de 1980, proporcionou a criação dos simuladores de terceira geração;
- a quarta geração teve início com o uso da Internet, e engloba simuladores que já utilizam a rede como interface de entrada de decisões e apresentação dos relatórios, bem como simuladores que também realizam o processamento das decisões diretamente pela Internet.

De um modo geral, os avanços computacionais proporcionaram o desenvolvimento de simuladores mais complexos, com alto nível de precisão e com grande flexibilidade na sua utilização, até mesmo para a chamada **educação à distância**!

18.3.6 Quanto à Tomada de Decisão

As decisões para as empresas simuladas são tomadas, geralmente, sem recursos computacionais, com eventual auxílio de calculadoras. Dependendo dos objetivos da simulação, entretanto, as decisões podem ser tomadas com o auxílio de **Sistemas de Apoio à Decisão** (SAD). Nesse caso, os participantes têm a oportunidade de se apoiarem em sistemas tipo SAD, utilizados com freqüência no meio empresarial.

É aconselhável que, em ao menos dois períodos simulados, sejam realizadas tomadas de decisões manuais. Em primeiro lugar, para assegurar que os participantes realmente entendam as relações automatizadas pelo Sistema de Apoio à Decisão, seguindo o mesmo princípio do aprendizado de conceitos básicos da aritmética, quando não são permitidas as calculadoras. Em segundo lugar, para que os participantes possam comparar os dois processos de tomada de decisão e avaliar os benefícios do uso de um dado Sistema de Apoio à Decisão.

18.4 O Uso do Método de Simulações Gerenciais para Capacitação Estratégica

O método da simulação gerencial, também chamado de jogos de empresas, apresenta algumas características específicas, que são brevemente discutidas nos próximos itens.

18.4.1 Dinâmica do Método

Os participantes de um programa de capacitação gerencial devem ser divididos em equipes, que assumem a gestão de empresas simuladas nas suas mais diversas áreas — marketing, vendas, produção, finanças, recursos humanos etc. —, cooperando internamente, mas competindo externamente e disputando o mesmo mercado. As equipes devem tomar decisões para um determinado período, por exemplo, um trimestre ou um semestre. Para tanto, os participantes dispõem de relatórios empresariais do período anterior e de um jornal com notícias do período anterior, perspectivas, preços de insumos e taxas de juros.

Esse jornal é editado pelo coordenador da simulação, que recebe as decisões tomadas a cada período e processa-as por meio de um simulador empresarial. Como resultados, são gerados novos relatórios, permitindo que um novo processo de decisões inicie-se. Essa dinâmica repete-se por vários períodos, podendo ser simulados, em poucas horas, vários anos da gestão de uma empresa. A **dinâmica da simulação gerencial** é apresentada na Figura 18.1.

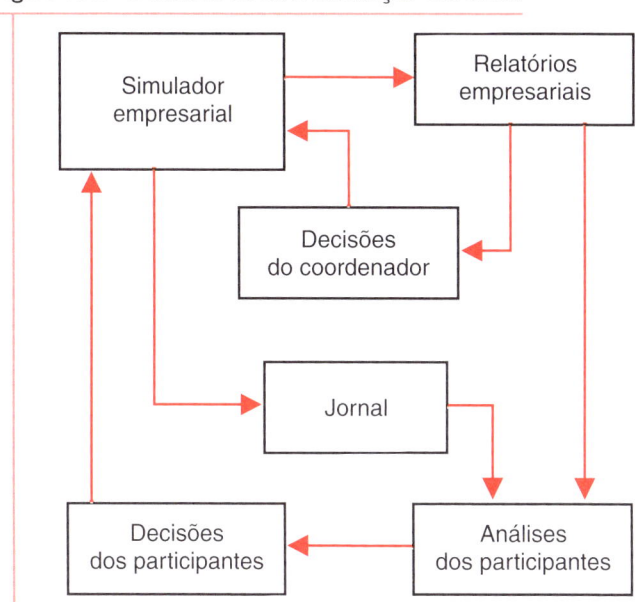

Figura 18.1 Dinâmica de uma Simulação Gerencial

18.4.2 Etapas de Aplicação do Método

A simulação gerencial pode ser dividida em cinco grandes etapas, como veremos a seguir:

- 1.ª etapa — a **preparação inicial** envolve a apresentação da dinâmica da simulação e da empresa simulada, divisão das equipes de trabalho e uma tomada de decisão para o teste, também chamada de "aquecimento". A divisão das equipes pode ser feita de forma aleatória, por um sorteio qualquer, com o coordenador ou os participantes definindo as equipes, ou com os participantes definindo as equipes conforme determinadas restrições. As decisões do período de aquecimento têm por objetivo fazer que os participantes da simulação entendam sua dinâmica e o funcionamento das empresas simuladas. Essas decisões são muito importantes, pois, no primeiro período simulado, a maior parte dos erros cometidos pelos participantes refere-se ao não-entendimento da empresa simulada ou do ambiente em que ela está inserida, e não ao desconhecimento gerencial.

2.ª etapa — a **simulação interna** inicia-se com um novo processamento das decisões de aquecimento, já considerando as modificações solicitadas pelas equipes. Desde o primeiro período da simulação interna, os erros e acertos vão sendo passados de período a período, já que a simulação gerencial está baseada na aprendizagem por experimentação, por meio do método de tentativa e erro. Esta etapa é representada por um conjunto de rodadas de simulação necessárias para que os participantes entendam perfeitamente o funcionamento interno da empresa simulada. A duração desta etapa depende do simulador utilizado, mas, geralmente, dura de três a quatro períodos. É nesta etapa que os erros ocorrem com mais freqüência. É aconselhável que o coordenador não interfira muito na parte macroeconômica, para que os participantes possam aprender mais rapidamente o funcionamento da empresa simulada. A passagem da simulação interna para a simulação externa é observada quando os participantes começam a interagir com o mercado de forma mais generalizada. Caso essa interação não ocorra de maneira espontânea, o coordenador deve utilizar artifícios para que ela ocorra.

3.ª etapa — a **transição** entre a etapa interna e a externa deve ser marcada por uma pausa para discussões e avaliações, no formato de uma assembléia geral. O coordenador inicia a assembléia apresentando análises macroeconômicas das quais ele foi responsável — definição de inflação, preços de insumo, taxas de juros etc. A seguir, cada equipe apresenta, brevemente, o desempenho de sua empresa. Rodadas de perguntas e respostas devem ser incentivadas. A entrega de trabalhos escritos também deve ser realizada, sempre que possível, como a preparação de relatórios de gestão e/ou planejamento estratégico da empresa para a etapa de simulação externa. A definição do planejamento das empresas simuladas é importante para que as equipes tenham objetivos estratégicos a atingir ao final do horizonte de simulação.

4.ª etapa — a **simulação externa** segue os mesmos moldes da etapa anterior, mas o coordenador realiza atividades complementares para que haja mais interação das empresas com o mercado, tais como mudanças abruptas de preços de insumos, negociações sindicais, leilão de matérias-primas ou produtos acabados, consultorias, pesquisas de mercado, premiações às empresas com melhores desempenhos em indicadores previamente definidos etc. A duração desta etapa depende do número de horas disponíveis para o exercício, mas ela não deve ser inferior a quatro nem superior a oito períodos.

- 5.ª etapa — a **finalização** é composta por uma sessão de duas horas para as avaliações finais do processo e dos resultados da simulação. Segue a mesma estrutura da primeira assembléia geral, com duas variações: em primeiro lugar, as avaliações das equipes devem ser baseadas no planejamento elaborado para as empresas simuladas. Tal como na vida real, o planejamento deve servir como uma bússola às empresas. Qualquer variação quanto ao planejado deve ser justificada. Em seguida, o coordenador deverá incentivar os participantes a fazerem uma reflexão sobre o que foi apreendido. Temas a serem discutidos podem incluir algumas questões, como: "De que maneira é possível traçar um paralelo entre a teoria, a prática simulada e a realidade?"; "Que lições tirar da experiência?"; "Qual a melhor forma de organização do trabalho da equipe?"; "Como ocorreu o processo de tomada de decisões?" entre outras.

18.4.3 Uso de Sistemas de Apoio à Decisão (SAD)

Muitos cursos de simulação gerencial já utilizam **Sistemas de Apoio à Decisão (SAD)** como recurso auxiliar no processo de tomada de decisão das empresas simuladas. Quando o experimento tem como enfoque principal as decisões estratégicas, os SADs são importantes, pois as decisões táticas são realizadas pelo próprio sistema.

Com o uso do SAD, a dinâmica de um processo de simulação gerencial, apresentada na Figura 18.1, é alterada em dois aspectos:

1. as análises são realizadas mediante a simulação de várias alternativas de decisões, feitas pelo módulo de previsão do SAD;
2. a troca de informações entre as empresas e o coordenador — que tradicionalmente ocorre é por meio de papéis feita de modo informatizado, via disquete, rede local ou mesmo via Internet.

A dinâmica de um experimento de simulação gerencial com o auxílio do SAD é apresentada na Figura 18.2[4].

A introdução de Sistemas de Apoio à Decisão nos cursos de simulação gerencial proporciona inúmeros benefícios. A parte operacional, por exemplo, é facilitada, pois se reduzem os erros de digitação das decisões, o tempo de tratamento das informações e, praticamente, elimina-se a necessidade de papéis para envio de decisões e recebimento de relatórios.

---

[4] A metodologia completa para utilização de Sistemas de Apoio à Decisão em cursos de simulação gerencial pode ser obtida em BERNARD, R. R. S.; BERNARD, P. L. S.; BERNARD, R. P. O uso de sistemas de apoio às decisões em cursos de simulação empresarial. In: XV ENANGRAD. Florianópolis, SC, ago./set. 2004.

Figura 18.2 Dinâmica de uma Simulação Gerencial com SAD

Legenda:

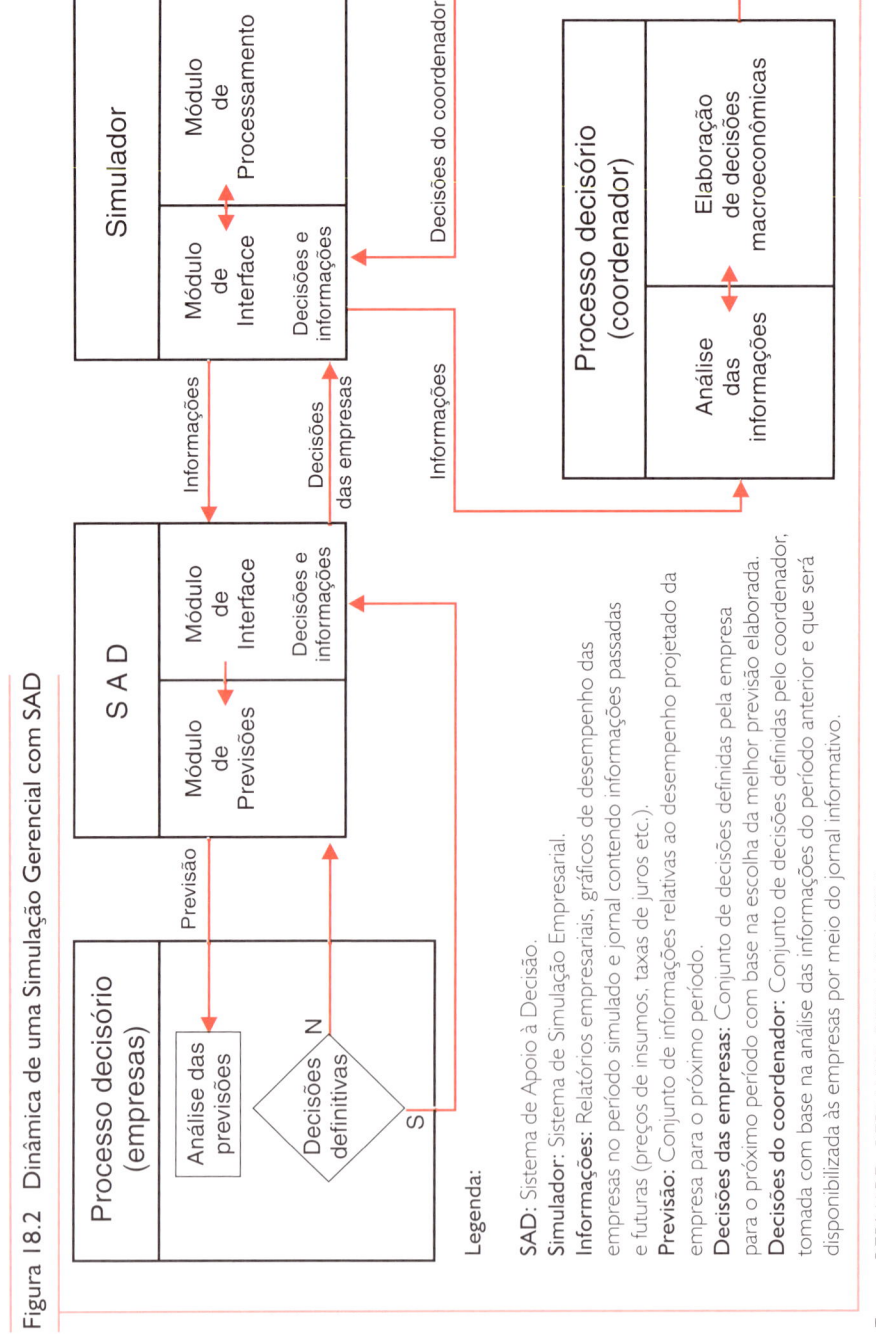

SAD: Sistema de Apoio à Decisão.
Simulador: Sistema de Simulação Empresarial.
Informações: Relatórios empresariais, gráficos de desempenho das empresas no período simulado e jornal contendo informações passadas e futuras (preços de insumos, taxas de juros etc.).
Previsão: Conjunto de informações relativas ao desempenho projetado da empresa para o próximo período.
Decisões das empresas: Conjunto de decisões definidas pela empresa para o próximo período com base na escolha da melhor previsão elaborada.
Decisões do coordenador: Conjunto de decisões definidas pelo coordenador, tomada com base na análise das informações do período anterior e que será disponibilizada às empresas por meio do jornal informativo.

Fonte: BERNARD; BERNARD, 2004.

Com relação ao processo decisório, o uso do Sistema de Apoio à Decisão permite a redução dos erros de análise, maior consciência da importância da informação no processo decisório, maior satisfação com a experiência simulada vivida, a melhoria no aprendizado de conceitos gerenciais importantes e a maior familiarização com a tecnologia computacional. Todos esses benefícios aumentam o valor da simulação como método de aprendizagem.

Um fato curioso é que, apesar dos benefícios, a introdução dos Sistemas de Apoio à Decisão não garante melhoria no desempenho econômico das empresas simuladas[5]. A relativa falta de complexidade dos modelos utilizados nas simulações pode ser a causa do desempenho, que não evolui.

Como simplificações da realidade, os modelos podem facilitar o processo de aprendizagem dos participantes, mas também podem impedir que os Sistemas de Apoio à Decisão sejam explorados em todo o seu potencial, quando utilizados em ambientes complexos e instáveis. Uma alternativa seria reduzir o tempo do processo de tomada de decisão. Nesse caso, o modelo simulado pode parecer mais complexo.

18.4.4 Avaliação dos Participantes

A avaliação dos participantes em cursos de simulação gerencial tem sido um tema controverso. A maioria dos coordenadores que utiliza a metodologia avalia seus participantes pelo desempenho da empresa simulada. No entanto, os próprios coordenadores, bem como estudos empíricos[6], têm demonstrado a inexistência de correlação entre desempenho da empresa simulada e aprendizado. Washbush e Gosen[7] justificam essa inconsistência afirmando que, na vida real, gerentes e empregados são continuamente avaliados nas empresas por seu desempenho e muito pouco por seu aprendizado. Mesmo no meio acadêmico, a avaliação ocorre basicamente pelo desempenho final (resultado) de trabalhos e provas, mas não pelo aprendizado ocorrido (processo). Dessa forma, o ideal seria que a avaliação das simulações gerenciais fosse feita utilizando ambos os critérios: desempenho gerencial e desempenho acadêmico.

Os critérios gerenciais referem-se especificamente ao desempenho na gestão da empresa simulada. Os indicadores normalmente utilizados são econômicos (patri-

---

[5] Para mais detalhes sobre as pesquisas realizadas, consultar: AFFISCO, J. F.; CHANIN, M. N. The impact of decision support system on the effectiveness of small group decisions: an exploratory study. *Developments in Business Simulations and Experiential Learning*, v. 16, 1989; KEYS, B. et al. Performance and attitudinal affects of a decision support package in a business game. *Developments in Business Simulations and Experiential Learning*, v. 13, p. 221-226, 1986.

[6] Para mais detalhes, consultar: ANDERSON, P. H.; LAWTON, L. The relationship between financial performance and other measures of learning on a simulation exercise. *Simulations & Gaming*, v. 23, 1992; WASHBUSH, J.; GOSEN, J. An exploration of game-derived learning in total enterprise simulations. *Simulations & Gaming*, v. 32, n. 3, p. 281-296, 2001.

[7] WASHBUSH; GOSEN, 2001.

mônio líquido e margem de lucro), financeiros (capital circulante líquido e gestão de caixa) e mercadológicos (participação de mercado e crescimento de vendas). Em alguns simuladores, esses indicadores são apresentados de forma agregada pelo valor das ações das empresas na Bolsa de Valores. Os indicadores da empresa simulada, apesar de serem de fácil atribuição, têm o problema de não permitirem a sua individualização *por participante*.

Os indicadores de desempenho da empresa simulada devem ser complementados, quando possível, por indicadores da função que o participante esteja exercendo — presidência, finanças, produção, vendas, marketing, recursos humanos. Dessa forma, as avaliações de desempenho gerencial são feitas não apenas por uma empresa simulada como um todo, mas também por função. Com isso, é possível aprimorar o sistema de avaliação da simulação gerencial, além de torná-la mais próxima da realidade, pois, na vida real, gerentes também são avaliados pelo desempenho de suas funções[8].

Quando a simulação gerencial é utilizada para fins de aprendizado de estratégias empresariais, é fundamental que a avaliação dos participantes seja feita também por indicadores de desempenho acadêmico, em virtude da inexistência de relação entre o desempenho gerencial simulado e o aprendizado. Os indicadores de desempenho acadêmico podem ser os mesmos utilizados para outros métodos de ensino — trabalhos escritos são um exemplo. Na simulação gerencial, esses trabalhos podem ser relatórios de gestão, planilha de custos, planejamento estratégico ou qualquer outra atividade de uma empresa real, e devem ter uma aplicação prática na simulação. Ao elaborar o planejamento estratégico para a empresa simulada, por exemplo, como descrito no Capítulo 13 (e como será visto no Tópico 20.3 do Capítulo 20), os participantes poderão aplicar seus conhecimentos utilizando várias abordagens estratégicas. Ao final da simulação, o coordenador avaliará as empresas com base no planejamento e nas análises e reflexões feitas pelos participantes, na execução do planejamento.

Uma outra forma de avaliar o desempenho acadêmico é por meio da presença ativa, da iniciativa e do envolvimento dos participantes durante as atividades. Em cursos tradicionais, esse critério é muito subjetivo. No curso de simulação gerencial, entretanto, os participantes envolvem-se de forma muito intensa, pois assumem o papel de gestores e, mesmo que sendo em uma empresa fictícia, virtual, o instinto de competição da maioria é querer fazer parte da empresa mais bem administrada do grupo. Esse instinto favorece o aprendizado, pois torna o participante um agente ativo do processo.

18.4.5 *Avaliação do Método*

O método da simulação gerencial baseia-se na abordagem da experiência vivencial, ou seja, o aprendizado é alcançado por meio da experiência durante a simulação. Inerente a essa abordagem é também o princípio do aprendizado pela tentativa e

---

[8] Uma metodologia completa para avaliar o desempenho gerencial individual dos participantes pode ser obtida pela leitura de BERNARD; BERNARD; BERNARD, 2004.

erro (experimentação). Usuários desse método constatam que o clima motivacional despertado nos participantes é muito grande, o que favorece o aprendizado. O método também deve ser avaliado, entretanto, quanto à sua validade, para que possa ser justificado como método de ensino e aprendizagem.

Existem três principais conceitos a serem considerados quanto à validação da simulação gerencial: fidelidade × aprendizado, verificação e validação.

A **fidelidade** refere-se ao nível de realismo que a simulação apresenta ao participante. Todavia, o ambiente organizacional é tão complexo que nenhum modelo é capaz de lidar com todas as suas variáveis e suas inter-relações funcionais. Conseqüentemente, a busca por um modelo com grande fidelidade pode trazer prejuízos ao processo de aprendizagem. Em termos práticos, significa que não adianta ter um simulador tão complexo que torne difícil sua operacionalização ou seu entendimento. O dilema entre a fidelidade e o aprendizado pode ser definido como o chamado **paradoxo da complexidade**, ou seja, o simulador deve ser o mais fiel possível à realidade; entretanto, se o modelo utilizado para a simulação agregar muitos fenômenos, as relações de causa e efeito podem se tornar obscuras, dificultando o aprendizado.

O conceito da **verificação** refere-se ao processo de avaliar se o modelo está operando conforme o esperado. É o processo de depuração do modelo para reduzir ao máximo os erros. Esse processo é realizado em duas etapas: o α-teste, realizado pelos próprios desenvolvedores, e o β-teste, realizado por usuários independentes. A verificação é condição necessária, mas não suficiente, para a validade do simulador.

A **validade** pode ser considerada o mais importante entre os três conceitos, pois envolve, em maior ou menor grau, os outros dois. O conceito de validade, em simulações gerenciais, pode ser analisado em duas dimensões: representacional/educacional e interna/externa. A **validade representacional** refere-se ao desenvolvimento do simulador. A **validade educacional** representa questões relacionadas ao processo de aprendizagem, ou seja, à maneira como o simulador é utilizado no ambiente de ensino. As **validades interna e externa**, por sua vez, estão intimamente ligadas aos aspectos representacionais e educacionais do método.

A validade interna é analisada por aspectos de modelagem do simulador — algoritmo, conteúdo, conceitos, grau de entendimento dos participantes sobre o modelo simulado; verifica-se, também, se as tomadas de decisões são realizadas com base nesse entendimento. Já a validade externa é analisada pelo grau de similaridade da simulação com as empresas e com o mercado que ela procura representar — realismo, precisão, capacidade preditiva — , pela demonstração de que a simulação ensina habilidades gerenciais, habilidades necessárias para o bom desempenho das empresas simuladas — validade como método de ensino e validade como um instrumento de avaliação[9].

---

[9] Análises mais aprofundadas sobre os conceitos de validade em simulação gerencial podem ser obtidas pela leitura de FEINSTEIN, A. H.; CANNON, H. M. Constructs of simulation evaluation. *Simulations & Gaming*, v. 33, n. 4, p. 425-440, 2003.

18.5 Exemplos de Utilização do Método

O método da simulação gerencial é utilizado em estratégias empresariais de duas formas: como laboratório para realização de experimentos sobre estratégias empresarias e como instrumento para a elaboração, condução e avaliação de estratégias empresariais, ou seja, o aprendizado em questões relacionadas às estratégias. Nos dois itens a seguir, são apresentados exemplos de aplicações dessas duas formas de uso.

18.5.1 Aplicações para Fins Educacionais

A aplicação das simulações gerenciais é mais intensa, sem dúvida, para fins educacionais. Essa aplicação refere-se não apenas ao meio acadêmico — graduação e pós-graduação —, mas também ao meio empresarial, por meio das universidades corporativas ou dos treinamentos *in company* para capacitação de empregados. No meio acadêmico, a primeira referência ao uso do método foi na Universidade de Washington, em 1957, apenas um ano após o surgimento do método no meio empresarial. Desde então o método passou por significativos avanços, e hoje é amplamente utilizado para fins educacionais[10].

No Brasil, o uso do método iniciou-se em meados da década de 1960, sendo utilizado principalmente nas disciplinas de política de negócios. O seu uso, entretanto, esteve restrito a poucas universidades brasileiras até a década de 1990. Um dos motivos foi a falta de simuladores, já que os modelos existentes eram de origem estrangeira e, muitas vezes, não se dispunha sequer de tradução para o português. Depois da metade da década de 1990, teve início um uso mais intensivo do método para o meio acadêmico. Disciplinas específicas foram criadas: jogos de empresa, simulação empresarial ou, ainda, simulação gerencial.

Dois fatores foram determinantes para a consolidação do método da simulação gerencial no meio acadêmico brasileiro: o primeiro foi o surgimento de empresas nacionais especializadas no desenvolvimento de simuladores, entre elas a Bernard Sistemas Ltda. A política de flexibilização do Ministério da Educação para a abertura de cursos superiores, aliada às novas diretrizes curriculares, também proporcionou a criação de novos cursos comprometidos em incluir disciplinas de integração da teoria à prática — segundo fator. Essa integração permitiu que conceitos relacionados a planejamento estratégico, formulação e implementação de estratégias, entre outros, pudessem ser praticados no meio acadêmico.

Considerando o uso da simulação gerencial para capacitação estratégica, algumas recomendações devem ser feitas:

- Com relação ao tipo de simulador a ser utilizado, ele deve ser genérico, ou seja, englobar as principais áreas de funcionamento de uma empresa — comercial, marketing, produção, finanças, recursos humanos.

---

[10] Pesquisas realizadas por FARIA, nos Estados Unidos, em meados da década de 1980, estimaram que a simulação gerencial era utilizada por cerca de 1.900 faculdades e pelas 4.600 maiores empresas daquele país. (FARIA, A. J. A. Survey of the use of business games in academia and business. *Simulations & Gaming*, v. 18, n. 2, p. 207-224, 1987).

- O coordenador da simulação deve exigir formalmente um planejamento estratégico das empresas simuladas, por exemplo, como será ilustrado no Tópico 20.3. Esse planejamento deve ser elaborado pelas equipes e, ao final, a avaliação geral da simulação deve ser focada em análises e comparações com base no planejamento previamente definido. Quando esse planejamento não é exigido, as decisões podem ser tomadas sem uma estratégia claramente estabelecida. Como conseqüência, a maior parte do tempo pode acabar sendo gasta em questões menos importantes, por exemplo, a definição dos preços em centavos, em vez de reflexões sobre as estratégias a serem adotadas pelas empresas simuladas.

- O planejamento estratégico *não* deve ser feito no início da simulação, pois é característica básica da maioria dos simuladores ter as situações iniciais das empresas exatamente idênticas. Ao longo do tempo, entretanto, as situações vão se diferenciando em função das decisões que vão sendo tomadas pelas diversas equipes. Como forma de avaliação de desempenho, essa igualdade é benéfica. Cabe ressaltar, porém, que a falta de diferenciação inicial das empresas simuladas dificulta um posicionamento estratégico individualizado.

- Um último ponto a ser observado, na utilização da simulação gerencial para o aprendizado de questões de estratégias empresariais, é o distanciamento entre o planejamento estratégico realizado e as decisões tomadas durante a simulação. Esse distanciamento também ocorre na realidade, mas, na simulação, parece ser ainda mais acentuado, pois os reflexos das ações tomadas ocorrem mais rapidamente, além de existir um maior controle sobre o ambiente. O correto seria os participantes selecionarem as estratégias e, a seguir, determinarem as decisões especificamente relacionadas com essas estratégias.

Antes de finalizar este tópico, é importante citar alguns exemplos de onde é possível participar de cursos de simulação gerencial para capacitação estratégica. No meio acadêmico, essa metodologia já está consolidada e pode ser encontrada em muitas faculdades e universidades do País, tanto nos cursos de graduação quanto nos de pós-graduação — tais como cursos de especialização, MBAs, mestrados em Administração etc.

Uma outra possibilidade é a participação em torneios realizados nacionalmente, com distribuição de prêmios aos mais bem classificados. Uma das opções é oferecida pelo Sebrae[11]. Podem participar deste torneio somente alunos de cursos de graduação do País. Outra opção é oferecida pela Bernard Sistemas[12], que aceita a participação não apenas de acadêmicos, mas de qualquer interessado em gerenciamento de empresas. Ambos os torneios tiveram sua primeira edição no ano de 2000 e são uma boa oportunidade de praticar a gestão pelas empresas simuladas.

---

[11] Mais informações no *site* do Sebrae. Disponível em: <http://www.desafio.sebrae.com.br>.

[12] Informações disponíveis em: <www.torneiogerencial.com.br>.

18.5.2 Aplicações como Laboratório de Pesquisa

As simulações gerenciais — ou jogos de empresas — estão baseadas em simuladores que são, em sua essência, modelos representativos simplificados de uma realidade empresarial. Os simuladores poderiam servir, portanto, como laboratórios de teste, para que experimentos possam ser realizados em escala reduzida. Entre as inúmeras possibilidades de pesquisas gerenciais, as estratégias empresariais têm sido muito pesquisadas com o uso de simuladores. Três interessantes experimentos podem ser citados:

1. SEGEV[13] examinou a relação existente entre tipos de estratégias (prospecção, análise, defesa e reação — modelo de Miles e Snow), elaboração e implementação de estratégias (empreendedor, adaptativo e planejado — modelo de Mintzberg) e desempenho empresarial (participação de mercado e indicadores de lucratividade). Os resultados indicaram correlações entre as associações prospecção x empreendedor e reação x adaptativo, bem como entre os ajustes de posicionamento estratégico/elaboração e implementação de estratégia x desempenho empresarial. Esses resultados foram similares aos obtidos em pesquisa de campo anteriormente realizada por nós.

2. O debate acadêmico sobre a formulação de estratégias empresariais também foi testado de forma experimental[14]. A Escola do Aprendizado, representada por Mintzberg, define a formulação da estratégia como um processo emergente de tentativa e erro durante a implementação da estratégia. As Escolas do Design e do Planejamento, representadas por Andrews e Ansoff, respectivamente, entendem que a formulação da estratégia é baseada em planejamentos e análises ocorridos anteriormente à implementação das estratégias, embora sejam admitidas revisões na estratégia a partir do *feedback* operacional. As duas formulações de estratégias foram associadas às estratégias de posicionamento de mercado de Porter (diferenciação e liderança em custos). Os resultados indicam que as formulações de estratégias emergentes e deliberadas ajustaram-se melhor à estratégia de diferenciação de produtos, e não à estratégia de liderança em custos.

3. As ferramentas estratégicas mais recentes também são motivos de experimentações. Uma delas foi conduzida por DAVID[15] para tentar determinar o impacto da utilização do **Balanced Scorecard** (BSC), referido no Tópico 19.4, nos indicadores de sucesso das empresas. Uma fase laboratorial foi conduzida com alunos de graduação do curso de Administração da Universidade de São Paulo (USP). Participaram dessa fase 32 empresas simuladas; cinco delas utilizaram o BSC. Os resultados indicaram não ser possível afirmar que não

---

[13] SEGEV, E. Strategy, strategy-making, and performance in a business game. *Strategy Management Journal*, 8, 6, p. 565-577, 1987.

[14] ROGER, J. N. An analysis of deliberate and emergent strategies relative to Porter's generic differentiation and cost lider: a bias and variance modeling approach. *Developments in Business Simulation and Experimental Learning*. Anais, 23, p. 68-73, 1996.

[15] DAVID, K. *Balanced scorecard*: aplicação e impactos. Um estudo com jogos de empresas. 2003. Dissertação (Mestrado em Administração) — FEA/USP, São Paulo.

há efeitos positivos sobre os indicadores de sucesso das empresas simuladas quando o BSC é utilizado. Uma pesquisa complementar também indicou que os motivos que levaram os gestores a optar pelo BSC foram diferentes entre as empresas simuladas (foco nos produtos) e as reais (foco no processo).

Esses três estudos são exemplos de como a simulação gerencial pode ser utilizada para fins de pesquisa. Como um laboratório de pesquisas, ela tem duas grandes vantagens:

1. A primeira é a *compactação do tempo*, ou seja, pesquisas que levariam anos para serem concluídas na vida real podem ser realizadas em algumas horas em uma simulação. Essa compactação do tempo é obtida porque, em uma simulação, cada tomada de decisão, que dura em média duas horas, equivale a um trimestre, ou a um semestre, da gestão de uma empresa real. Assim, em 24 horas de um curso de simulação gerencial é possível simular a administração de três a seis anos de uma empresa real.
2. A segunda vantagem é que, como um laboratório gerencial, é possível controlar inúmeras variáveis impossíveis de serem monitoradas na vida real. Assim, é possível manipular todas as variáveis macroeconômicas que o simulador contemple, tais como crescimento econômico, inflação, taxas de juros etc.

O grande desafio da simulação gerencial como laboratório de pesquisa relaciona-se com as validades interna e externa. Nesse aspecto, o simulador a ser utilizado deve ser o mais representativo possível da realidade que se deseja pesquisar.

Fatores exógenos indesejáveis ao simulador que podem gerar viés na pesquisa também devem ser observados, tais como:

1. os participantes costumam ser, em sua maioria, estudantes, e não gerentes;
2. não há um efeito a longo prazo na carreira dos participantes;
3. o envolvimento é a curto prazo;
4. os participantes podem querer simplesmente "jogar" o jogo, como uma atividade lúdica, e não administrar responsavelmente a empresa simulada;
5. as táticas de final de jogo podem surgir.

Esses fatores podem apresentar um viés (desvio indesejável) na pesquisa e devem ser evitados. A presença de estudantes, embora de mais fácil acesso, pode influenciar os resultados em pelo menos dois aspectos: a falta de conhecimento gerencial e o interesse pelas notas obtidas no curso, e não pela remuneração ou promoção, ou pelo sucesso da empresa na qual trabalham. O viés causado pelos alunos pode ser contornado com o uso de alguns grupos de gerentes reais para que os resultados possam ser comparados. As táticas de final de jogo podem ser evitadas se a informação do prazo do término do jogo não for divulgada aos participantes. O viés causado pelos fatores 2, 3 e 4, anteriormente citados, embora de difícil eliminação, podem ser reduzidos a níveis aceitáveis, caso o coordenador da simulação crie um clima de comprometimento entre aos participantes da simulação.

O uso da simulação gerencial para fins de pesquisa está sendo incentivado em vários centros no Brasil. Entre eles, o Núcleo de Estudos em Simulação Gerencial

(Nesig) da Universidade Federal de Santa Catarina[16]. A proposta desse núcleo é a de aprofundar as pesquisas que são feitas no Brasil, atualmente muito restritas às demonstrações de modelos de simuladores e suas aplicações. Assim, um vasto campo de pesquisas e de aplicações se abre aos profissionais, gestores, consultores e acadêmicos interessados nessa área de simulação empresarial.

TERMOS-CHAVE

Este capítulo apresentou um método de ensino intitulado **jogos de empresas**, também chamado de **simulação gerencial**, para fins de capacitação gerencial, em geral, e estratégica, em particular.

Inicialmente, o método foi caracterizado e suas origens e benefícios foram apresentados. O método foi formalmente definido, sendo diferenciado de outros métodos similares. Várias tipologias de classificação das alternativas de simulação gerencial foram definidas.

A utilização do método foi explicada por sua dinâmica, etapas de aplicação, avaliação dos seus participantes e o próprio método.

Finalmente, foram exemplificados os dois tipos básicos de aplicação do método, ao se discutirem estratégias empresariais. O primeiro deles usa a simulação como um instrumento para a elaboração, a condução e a avaliação de estratégias empresariais, como uma forma dinâmica, participativa e interativa de aprendizado. O segundo tipo utiliza a simulação como laboratório para realização de experimentos sobre estratégias empresarias alternativas.

QUESTÕES

1. Diferencie as seguintes expressões: **teoria dos jogos**, **jogos de empresas**, **dinâmica de sistemas**, **simulação empresarial** e **simulação gerencial**.

2. Quais são os principais benefícios do método de simulação gerencial — também chamado de jogos de empresas — para o aprendizado de estratégias empresariais?

3. Utilizando as tipologias discutidas no Tópico 18.3, defina as características desejáveis para um simulador a ser utilizado quando o enfoque for a capacitação em estratégias empresariais genéricas. Justifique as escolhas.

4. Quais benefícios a introdução de **Sistemas de Apoio à Decisão** (SAD) pode trazer aos cursos de simulação gerencial?

5. Por que a introdução dos SADs não tem acarretado melhorias perceptíveis no desempenho econômico das empresas simuladas?

6. Como o **paradoxo da complexidade** pode influenciar o aprendizado de estratégias empresariais?

---

[16] Várias pesquisas sobre o assunto, realizadas pelo Núcleo de Estudos em Simulação Gerencial (Nesig), podem ser acessadas pelo *site* <**www.nesig.ufsc.br**>.

19
Ferramentas para Planejamento e para Gestão Estratégica[1]

TÓPICOS

- Sistemas e Ferramentas para Gestão Estratégica em Manufatura
- Ferramentas de TI para Planejamento e Gestão Estratégica
- Gestão Estratégica da Qualidade
- Monitoramento da Implantação da Gestão Estratégica (BSC)
- Gestão Estratégica de Projetos

APRESENTAÇÃO

O objetivo deste capítulo é apresentar as principais **ferramentas para planejamento** e para gestão estratégica, bem como algumas situações em que tais ferramentas podem ser aplicadas.

Começamos apresentando os sistemas e as ferramentas para **estratégia em manufatura** e sua crescente aplicabilidade em organizações, que cada vez mais operam em ambientes competitivos, exigindo grande rapidez na tomada de decisões, com alto grau de complexidade.

Consideramos as principais ferramentas de **tecnologia da informação (TI)** para planejamento e gestão estratégica, uma vez que as organizações possuem um crescente volume de dados e informações disponíveis, o que torna o processo de planejamento e gestão estratégica mais eficiente com o auxílio de ferramentas computacionais.

Descrevemos as principais tendências para a gestão estratégica da qualidade, bem como algumas ferramentas já consolidadas nessa área. Também apresentamos uma metodologia de monitoramento da implantação da gestão estratégica (*Balanced Scorecard* — BSC), como um sistema de medição de desempenho na implantação e no controle da gestão estratégica.

Finalmente, apresentamos um roteiro para a **gestão estratégica de projetos**, como apoio à sistematização dos processos de implantação dos **projetos estratégicos**.

---

[1] Este capítulo foi elaborado tomando por base um texto preparado pelo professor Douglas Ribeiro, da Universidade São Francisco (USF), Bragança Paulista, SP, a quem muito agradecemos.

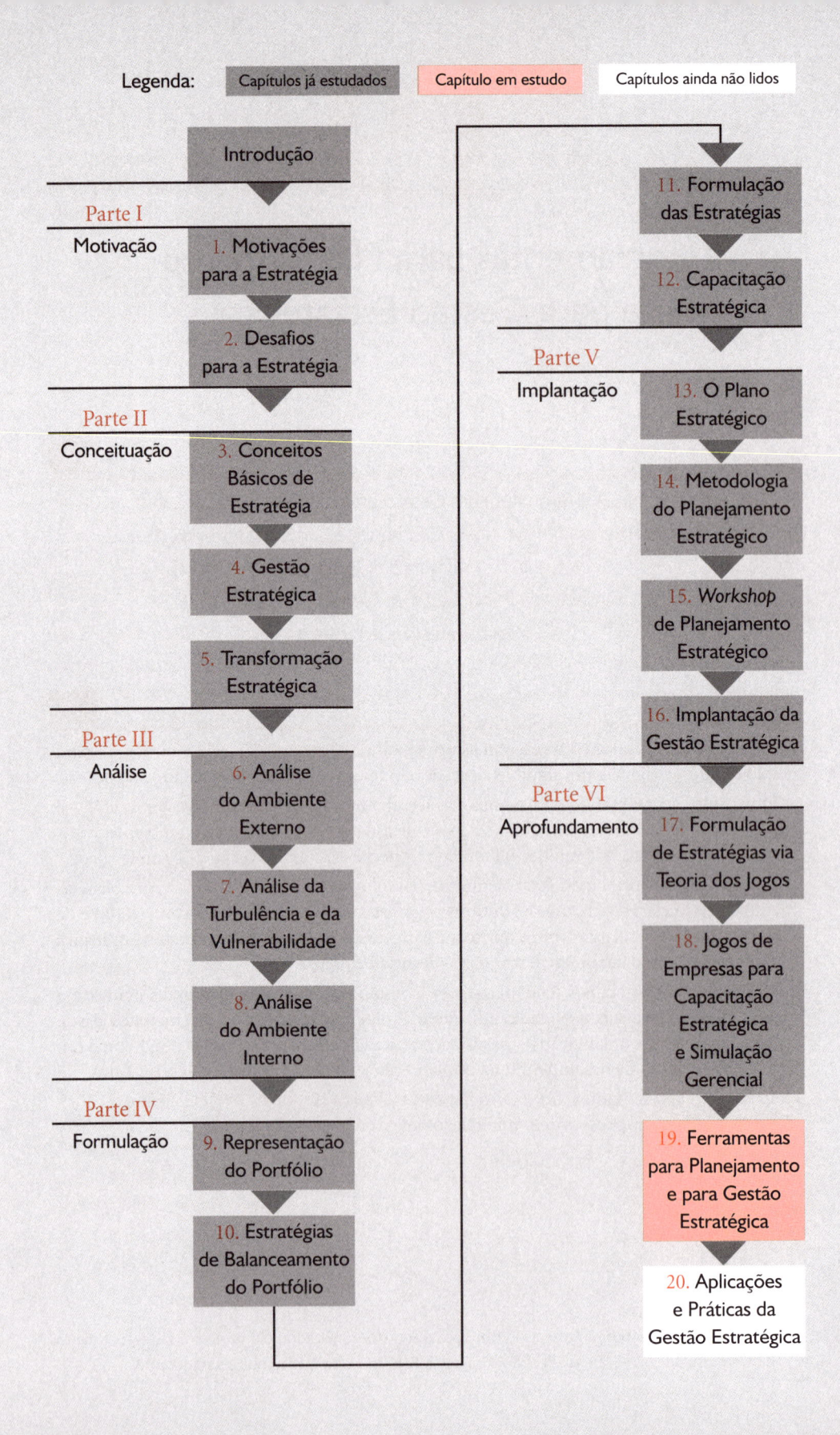

Legenda: Capítulos já estudados | Capítulo em estudo | Capítulos ainda não lidos

Introdução

Parte I — Motivação
1. Motivações para a Estratégia
2. Desafios para a Estratégia

Parte II — Conceituação
3. Conceitos Básicos de Estratégia
4. Gestão Estratégica
5. Transformação Estratégica

Parte III — Análise
6. Análise do Ambiente Externo
7. Análise da Turbulência e da Vulnerabilidade
8. Análise do Ambiente Interno

Parte IV — Formulação
9. Representação do Portfólio
10. Estratégias de Balanceamento do Portfólio
11. Formulação das Estratégias
12. Capacitação Estratégica

Parte V — Implantação
13. O Plano Estratégico
14. Metodologia do Planejamento Estratégico
15. *Workshop* de Planejamento Estratégico
16. Implantação da Gestão Estratégica

Parte VI — Aprofundamento
17. Formulação de Estratégias via Teoria dos Jogos
18. Jogos de Empresas para Capacitação Estratégica e Simulação Gerencial
19. Ferramentas para Planejamento e para Gestão Estratégica
20. Aplicações e Práticas da Gestão Estratégica

Um vasto arsenal de conceitos, ferramentas, instrumentos, métodos e processos vêm se tornando disponível a executivos e consultores de empresas para apoiar as tarefas de planejamento e de implementação da gestão estratégica em empresas e entidades.

Este capítulo elenca alguns desses recursos. Infelizmente, não há espaço neste livro para uma descrição circunstanciada de todos eles, mas o leitor tomará conhecimento de cada um deles e de sua aplicação. Indicaremos literatura especializada àqueles que queiram, ou que precisem, de um maior aprofundamento.

19.1 Sistemas e Ferramentas para Gestão Estratégica em Manufatura

Apresentamos, neste tópico, alguns desafios típicos que podem ser encontrados no dia-a-dia da manufatura ao se tentar colocar em prática as estratégias escolhidas. Elas abrangem a maioria das situações de sucessos e de fracassos, parciais ou totais, nas implantações de gestão estratégica.

19.1.1 Just-in-time, Kanban e Manufatura Enxuta

O *Just-in-time* (JIT)[2] é a abordagem gerencial que, por excelência, possibilitou ao Japão garantir supremacia na manufatura sobre as empresas ocidentais. As origens do JIT remontam à década de 1950, em que a Toyota Motor Company, por meio dos esforços de Taiichi Ono, desenvolveu um sistema de produção que respondia com rapidez e flexibilidade às demandas de mercado, com a menor geração possível de estoques.

O JIT é um método racional de fabricação por meio da completa eliminação de elementos desnecessários na produção, com o propósito de reduzir custos. A idéia básica, neste sistema, é produzir os tipos de *unidades necessárias, no tempo necessário e na quantidade necessária*.

Um importante componente da filosofia JIT é o *kanban*, uma palavra japonesa que significa, simplesmente, "cartão". Nos esforços para reduzir estoques, os japoneses utilizam um sistema no qual os estoques são "puxados" pelos centros de trabalho. Esse sistema, às vezes, utiliza um cartão, o *kanban*, para sinalizar a necessidade de material.

O JIT possui duas obsessões: a simplicidade e a redução de desperdícios. A simplicidade está na utilização de técnicas de controle capazes de acionar a produção somente mediante requisição imediata. A técnica *kanban* possibilita o acionamento da ordem de produção uma vez emitida pela operação *imediatamente posterior*. Quanto à redução de desperdícios, esta ocorre essencialmente pela redução do fluxo de materiais na linha de produção e nos estoques intermediários de matérias-primas, semi-acabados e produtos finais.

---

[2] Para aprofundar o assunto, recomendamos a leitura de CORRÊA, H. L.; GIANESI, I. G. N. *Just in time, MRP II e OPT*: um enfoque estratégico. 2. ed. São Paulo: Atlas, 1993.

A expressão **manufatura enxuta**, proveniente do inglês *lean manufacturing*, foi um termo cunhado no final dos anos 1980 por pesquisadores do MIT para definir um sistema de produção muito mais eficiente, flexível, ágil e inovador do que a produção fordista em massa; um sistema habilitado a enfrentar, da melhor maneira possível, um mercado competitivo em mudança constante.

Em linhas gerais, a filosofia da manufatura enxuta é a mesma do JIT. A diferença é que a expressão *manufatura enxuta* foi idealizada por americanos, enquanto o JIT foi criado por japoneses.

19.1.2 Teoria das Restrições (TOC)

A **Teoria das Restrições**, em inglês *Theory of Constraints* (TOC)[3], é um novo enfoque para o pensamento gerencial da manufatura que surgiu nos anos 1980. Sua premissa básica é gerenciar com base nas limitações ou restrições que o "sistema empresa" apresenta, focalizando, como objetivo econômico, a meta da empresa de maximizar o uso de seus recursos.

O ponto de partida da Teoria das Restrições é que todos os sistemas tangíveis, industriais ou de prestação de serviços devem ter, pelo menos, uma **restrição**, uma limitação, ou um "**gargalo**". A Teoria das Restrições é baseada no princípio de que existe uma causa comum para muitos efeitos, de que os fenômenos observados são conseqüência de causas mais profundas, muitas vezes imperceptíveis. Esse princípio procura ampliar e desenvolver uma visão sistêmica da empresa.

A filosofia da TOC é implementada observando-se cinco etapas seqüenciais, que formam um ciclo completo, muito parecido com o ciclo PDCA, visto no Capítulo 15, mas com uma diferença fundamental: o processo de melhoria da TOC visa o gargalo, e não a empresa como um todo. Essa premissa está baseada no pressuposto de que uma melhoria realizada no gargalo é uma melhoria no sistema como um todo. (É verdade que uma melhoria em um recurso ou operação "não gargalo" não representa uma melhoria global.) As cinco etapas da implantação da filosofia da TOC são apresentadas na Figura 19.1.

Esse método de análise das organizações pode ser aplicado em empreendimentos de qualquer setor da economia, como indústria, comércio, serviços, empresas de projetos, embora seu emprego mais freqüente seja em complexos processos seqüenciais, como em uma manufatura seriada. A **programação linear**, por exemplo, poderia ser utilizada como uma ferramenta para a realização da primeira etapa do ciclo da TOC, que é a identificação do gargalo.

---

[3] Para aprofundar o assunto, recomenda-se a leitura de GOLDRATT, E.; COX, J. *A meta*: um processo de aprimoramento contínuo. São Paulo: Educatur Editores, 1992.

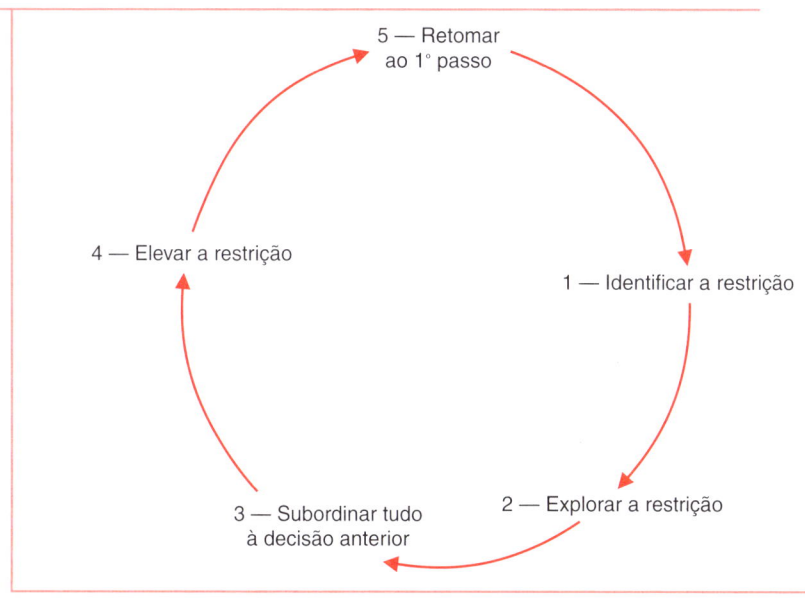

Figura 19.1 As Cinco Etapas da Aplicação da Teoria das Restrições (TOC)

```
                    5 — Retomar
                    ao 1° passo


4 — Elevar a restrição           1 — Identificar a restrição


      3 — Subordinar tudo        2 — Explorar a restrição
      à decisão anterior
```

Fonte: Adaptada de GOLDRATT, E.; COX, J. *A meta*: um processo de aprimoramento contínuo. São Paulo: Educatur Editores, 1992.

19.1.3 *Métodos Quantitativos de Suporte à Decisão (OR/MS)*

Em sistemas produtivos mais complexos, a otimização dos processos pode não ser tão óbvia ou intuitiva. Dois campos de investigação têm sido desenvolvidos, historicamente, buscando o mesmo fim: a **pesquisa operacional**, do inglês *Operations Research* (OR), e a **gestão científica**, do inglês *Management Science* (MS). Embora com enfoques ligeiramente diferentes, vamos chamá-los simplesmente de **OR/MS**.

Para essas metodologias de análise e de estudo, a OR/MS[4] usa equipes de especialistas com capacidades matemáticas, estatísticas, analíticas e de processamento de dados, bem como intuição e capacidade de julgamento, para apoiar o planejamento e a tomada de decisão no campo administrativo. Considerando o ambiente empresarial em que vivemos, são grandes as chances de que praticamente todos os administradores, em algum momento, venham a trabalhar diretamente como membros de uma equipe de OR/MS.

São exemplos de utilização da OR/MS: a escolha entre comprar ou fazer (*make or buy*); a escolha da carteira de investimentos; a escala de funcionários; a otimização do planejamento de produção — a simulação de sistemas empresariais, como descrito no Tópico 18.2.3 do Capítulo 18 —, entre outras aplicações.

---

[4] Para aprofundar o assunto, recomenda-se a leitura de ANDERSON, D. R.; SWEENEY, D. J.; WILLIAMS, T. A. *An introduction to management science*: quantitative approaches to decision making. 9. ed. Cincinnati: ITP, 2000, p. 900.

A OR/MS utiliza a lógica, a matemática, a teoria das probabilidades e, predominantemente, os computadores para resolver problemas complexos do mundo real em que o bom senso pouco pode ajudar. Na prática, isso é expresso na forma de três objetivos inter-relacionados: converter dados em informações significativas, apoiar a tomada de decisões e criar sistemas de solução úteis para usuários não técnicos.

Técnicas como modelagem de sistemas, otimização de sistemas, simulação de sistemas e controle de sistemas são alguns dos recursos que podem ser utilizados em OR/MS.

19.2 Ferramentas de TI para Planejamento e Gestão Estratégica

Os **Sistemas de Informação** (SI) computacionais estão presentes em praticamente todas as empresas e organizações modernas. O conhecimento detido pelas organizações encontra-se, muitas vezes, disseminado por diversos meios de suporte de informação. Ao utilizar um Sistema de Apoio à Decisão, o executivo pode especificar e modelar os processos de decisão, representar e gerir o conhecimento existente na organização, tirar partido do sempre crescente volume de dados armazenados por um sistema e, finalmente, tomar decisões mais racionais e baseadas em informações concretas.

Tais Sistemas de Informação permitem a coleta, o armazenamento, o processamento, a recuperação e a disseminação de informações. Os SIs são, hoje, quase sem exceção, baseados em computadores ou em redes de computadores e dão suporte às funções operacionais, gerenciais, estratégicas e de tomada de decisão existentes na organização. Os usuários de SI estão espalhados na organização, tanto nos níveis táticos como nos níveis operacionais e mesmo nos níveis estratégicos.

19.2.1 Bancos de Dados Relacionais (DW e DM)

Os **Bancos de Dados** (BD) são conjuntos integrados de registros formados por dados e informações internas e externas à organização, por conhecimentos e experiências de especialistas e por informações históricas acerca das decisões tomadas. Atualmente, os modelos de banco de dados mais utilizados para fins gerenciais são os relacionais, que permitem o fácil e rápido cruzamento de informações vindas de diferentes áreas de uma organização.

O *Data Warehouse* (DW), por sua vez, é um "armazém de dados", como o nome sugere, ou seja, uma base de dados carregada de forma incremental em um período de tempo. O DW armazena dados de vários bancos operacionais de uma organização. É uma fonte central de dados, que foram classificados, editados, padronizados e integrados, permitindo sua utilização para uma multiplicidade de formas de análise gerencial e para a tomada de decisão[5].

Um importante uso do DW é o *Data Mining* (DM). Nos DM, os dados são processados para identificar fatores e tendências-chave nos padrões das atividades, principalmente nos negócios de difícil percepção com base na intuição. Esse proce-

---

[5] Para aprofundar o assunto, recomenda-se a leitura de LAUDON, K. C.; LAUDON, J. P. *Managing information system*: managing the digital firm. 9th ed. New York: Prentice-Hall, 2006.

dimento pode ser utilizado para ajudar os gestores a tomar decisões sobre mudanças estratégicas nas operações empresariais e para obter vantagens competitivas no mercado ao se antecipar às tendências e às descontinuidades.

19.2.2 Sistemas de Planejamento e Controle de Produção (MRP, MRP I, MRP II e ERP)

O conceito original do MRP (*Material Requirements Planning*), utilizado nos anos 1960, referia-se ao planejamento das necessidades de materiais, peças e componentes para a manufatura. Atualmente, o conceito de MRP está mais focado na gestão de operações como um sistema corporativo integrado que apóia o planejamento de todas as necessidades de recursos do negócio. O MRP é usado, predominantemente, em empresas de manufatura, embora já haja exemplos de aplicação na área comercial e de serviços[6].

A Figura 19.2 apresenta a evolução dos sistemas de planejamento e controle de produção ao longo do tempo.

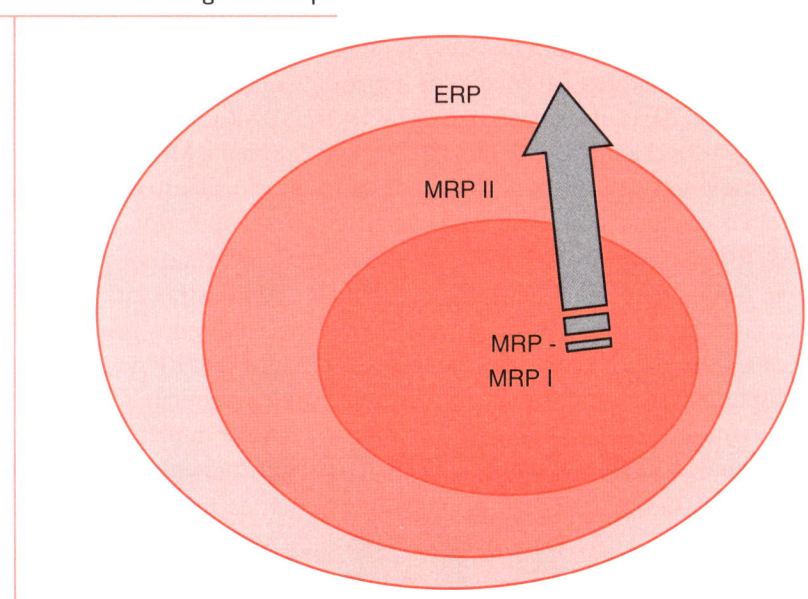

Figura 19.2   Evolução dos Sistemas de Planejamento e Controle de Produção ao Longo do Tempo

Fonte: Adaptada de CORRÊA, H. L.; GIANESI, I. G. N.; CAON, M. *Planejamento, programação e controle da produção MRP II/ERP*: conceitos, uso e implantação. 4. ed. São Paulo: Atlas, 2001.

O papel do MRP é dar suporte à decisão sobre a quantidade e o momento do fluxo de materiais em condições de demanda e de serviços. A experiência tem mostrado

---

[6]   Para aprofundar o assunto, recomenda-se a leitura de CORRÊA; GIANESI, 1993.

que um bom MRP pode reduzir os níveis dos estoques, liberando capital de giro e espaço físico, permitindo a implementação de novas linhas de produção com esses recursos, criando um círculo virtuoso: redução dos níveis de estoques, aumento da capacidade de produção, aumento dos lucros e maior capacidade de investimento.

O MRP, ou **MRP I**, como foi posteriormente chamado, permite, em princípio, que as empresas calculem os materiais dos diversos tipos, bem como que verifiquem em que momento são necessários, garantindo que sejam providenciados a tempo, para que se possam executar os processos de manufatura. Ele utiliza, como dados de entrada, os pedidos em carteira e as previsões de vendas passadas pela área comercial da empresa.

Após os anos 1980 e 1990, esse conceito ampliou-se tendo como base o planejamento das necessidades de materiais, consolidando o conceito de **Planejamento de Recursos de Manufatura**, do inglês *Manufacturing Resource Planning*, ou **MRP II**. Este permite que as empresas avaliem as implicações nas áreas financeiras (necessidades de recursos financeiros, de engenharia etc.), de equipamentos, pessoal, máquinas, assim como as implicações quanto às necessidades de materiais. O MRP II é visto como um plano global para a manufatura.

A evolução dos sistemas de planejamento das necessidades de recursos ainda está em curso. A novidade nessa evolução, o Planejamento dos Recursos Empresariais (**ERP**), do inglês *Enterprise Resource Planning*, é ainda mais abrangente do que o MRP II.

Um sistema de informação ERP enfatiza as informações financeiras com o intuito de identificar e planejar os recursos empresariais necessários para aceitar, fazer, remeter e cuidar dos pedidos dos clientes. Um sistema ERP difere do sistema MRP II nos requisitos técnicos, como interface do usuário, banco de dados relacional, uso de linguagem de quarta geração e ferramentas de engenharia auxiliada por computador.

Os sistemas ERP são constituídos por vários módulos de *software*, que podem ser implantados em conjunto ou separadamente, para ajudar a administrar várias atividades em diversas áreas funcionais de um negócio. Um dos mais utilizados pelas grandes empresas é o *software* R/3, da SAP, a maior fornecedora de software ERP no Brasil e no mundo, que disponibiliza módulos para vendas e distribuição, contabilidade financeira, controle financeiro, administração de ativos fixos, recursos humanos, fluxos de trabalho, soluções industriais, administração de materiais, planejamento da produção.

Entretanto, esses sistemas exigem grandes investimentos tanto em *hardware* quanto no próprio *software* e na sua implantação, levando até mesmo à necessidade de modificações e adaptações de seus processos para se ajustarem ao *software*, bem como demandando vários anos para sua total implementação. No mundo, os *softwares* mais vendidos para esse fim são o R/3, da SAP, o Baan e o PeopleSoft. No Brasil, além do R/3, há os *softwares* ERP da Oracle. Existem também versões de ERP adaptadas à realidade de médias empresas, tais como o Microsiga e o Datasul.

19.3 Gestão Estratégica da Qualidade

A qualidade tornou-se item obrigatório para qualquer sistema de planejamento e gestão estratégica, uma vez que os mercados estão se tornando cada vez mais competitivos, e os gestores estão reconhecendo o valor da fidelidade do cliente. Para mantê-la, não é suficiente que uma organização satisfaça seus clientes: os produtos e os serviços devem "encantar" os clientes de forma a mantê-los fiéis, o que só é possível por meio da oferta de produtos e de serviços da mais alta qualidade.

Nesta seção, serão apresentados alguns itens que costumam fazer parte dos sistemas de gestão estratégica das organizações.

19.3.1 Programas 5S

As atividades do chamado **Programa 5S** surgiram no Japão logo após a Segunda Guerra Mundial basicamente para combater a sujeira das fábricas e para melhorar o ambiente geral de trabalho. Ele chegou ao Brasil nos anos 1990, trazido de empresas japonesas, e tem por objetivo promover um conjunto de ações constantes em nível operacional que visam a promover a melhoria da qualidade de vida dos trabalhadores, diminuir desperdícios, reduzir custos, aumentar a produtividade, além de criar e manter um ambiente de trabalho saudável.

O **Programa 5S** tem por objetivo promover o entendimento e a aplicação de cinco conceitos fundamentados na cultura japonesa, expressos por cinco palavras começadas com a letra "s": *seiri* — senso de utilização; *seiton* — senso de ordenação; *seisou* — senso de limpeza; *seiketsu* — senso de saúde; *shitsuke* — senso de autodisciplina.

19.3.2 Círculos da Qualidade (CCQ)

Os **Círculos da Qualidade** (CCQ) também surgiram no Japão, nos anos 1970, com o nome original de **Círculos de Controle da Qualidade** (CCQ), como um esforço especial para melhorar a péssima qualidade dos produtos japoneses que estavam sendo exportados para todo o mundo.

Os CCQs são formados por um pequeno grupo de funcionários de uma mesma área que, voluntariamente, desenvolvem atividades a fim de melhorar a qualidade dos seus produtos ou serviços. Esse pequeno grupo de pessoas, dentro do espírito que coordena as atividades de controle de qualidade em toda a empresa, desenvolve atividades para melhoria e reformulação da própria área de trabalho, utilizando métodos de controle de qualidade por meio de auto e mútuo desenvolvimentos, de forma contínua e com a participação de todos.

O círculo geralmente é liderado por um facilitador treinado, que pode ser um supervisor, um colega de trabalho ou um líder de equipe. Os participantes do círculo passam algumas horas por semana, em geral dentro do horário de expediente da empresa, analisando e discutindo os problemas observados e sugerindo soluções. Depois de aprovadas, eles mesmos se ocupam da implementação das soluções propostas.

Muitas empresas brasileiras, nas décadas de 1970 e 1980, criaram Círculos de Controle da Qualidade seguindo o modelo japonês. Atualmente, essas práticas já não são mais utilizadas, tendo as empresas migrado para sistemas com certificação rigorosa, como ISO 9000, PNQ, TQM etc.

19.3.3 Gestão da Qualidade — Normas ISO 9000, QS 9000

A International Organization for Standardization (ISO), ao criar as **Normas ISO 9000**, em 1994, tinha por objetivo promover, em âmbito mundial, normas e padrões que permitissem melhorar a qualidade, aumentar a eficiência operacional, aumentar a produtividade e reduzir os custos dos produtos.

Hoje, a Norma ISO 9000 versão 2000 dispõe de um conjunto de padrões internacionais acerca de administração da qualidade e garantia da qualidade. Esses padrões têm importância cada vez maior para a realização de negócios internacionais. O exame de um processo de certificação, por essa norma, envolve a documentação dos procedimentos da qualidade da empresa, treinamento e motivação do pessoal para a qualidade e uma avaliação *in loco*, chamada de auditoria externa da qualidade. O processo de certificação pode levar de 12 a 18 meses, mas precisa ser revalidado periodicamente.

Com a obtenção do certificado, ocorre o registro em um diretório ISO, ao qual as empresas que buscam fornecedores podem ter acesso, a fim de obter uma lista das empresas que receberam esse certificado.

Muitas empresas brasileiras já estão certificadas por esta norma.

19.3.4 Qualidade na Gestão Ambiental — Norma ISO 14000

A necessidade de padronização da qualidade impulsionou o desenvolvimento de outros padrões internacionais: em 1996, a ISO criou normas para a avaliação da responsabilidade ambiental das empresas. Essas normas, denominadas ISO 14000, focalizam três áreas principais:

1. **Normas de Sistemas de Gerenciamento** — avaliam o desenvolvimento de sistemas e a integração da responsabilidade ambiental na atividade geral da empresa.
2. **Normas de Operações** — incluem o gerenciamento do consumo dos recursos naturais e da energia.
3. **Normas de Sistemas Ambientais** — avaliam as emissões, os efluentes e outros sistemas de eliminação de resíduos.

Muitas empresas brasileiras já estão certificadas por esta norma.

19.3.5 Gestão da Qualidade Total (TQM)

A expressão **Gestão da Qualidade Total**, do inglês *Total Quality Management*, ou **TQM**, refere-se a uma busca pela qualidade que envolve todos os setores, serviços, produtos e aspectos de uma dada organização[7]. Duas filosofias-chave predominam nessa abordagem: a primeira é o impulso incessante de aperfeiçoar, denominado aperfeiçoamento ou melhoria contínua; a outra é a meta da satisfação do cliente, que envolve atender — e até exceder — suas expectativas.

---

[7] Ver mais detalhes em MONTGOMERY, B. Tools for total quality management (TQM). In: WALLACE, T. F.; BENNETT, S. J. (Ed.). *World class manufacturing*: instant access guide. Essex Junction: VT, 1994.

Dessa forma, é possível afirmar que o objetivo dos programas de TQM é criar uma organização que produza produtos e serviços considerados de primeira classe por seus clientes. Isso significa que, para se obter excelência em qualidade, todo negócio deve ser feito de maneira correta da primeira vez, e ser continuamente aperfeiçoado.

Os principais elementos utilizados no TQM são: o compromisso e o envolvimento da alta administração da empresa; o envolvimento do cliente; o projeto voltado para a qualidade; os processos de produção voltados para a qualidade; o controle dos processos produtivos voltado para a qualidade; o desenvolvimento de parcerias com os fornecedores; o atendimento ao cliente; a distribuição e a instalação; o *empowerment* dos funcionários; o *benchmarking*; e a melhoria contínua.

19.3.6 Modelo de Excelência Gerencial da FNQ (MEG)

A Fundação Prêmio Nacional da Qualidade (FPNQ), hoje chamada FNQ, realizou o primeiro processo de premiação de empresas brasileiras em 1992, tomando como base os critérios do prêmio americano Malcolm Baldridge National Quality Award de 1991. Atualmente, o PNQ, na versão do Critérios de Excelência, já inclui critérios mais avançados, adaptados às características peculiares das empresas brasileiras.

O PNQ avalia a excelência empresarial: seu objetivo é promover a conscientização para a qualidade e a produtividade das empresas produtoras de bens e serviços, bem como facilitar a transmissão de informações e conceitos relativos às melhores práticas e às técnicas modernas e bem-sucedidas de gestão da qualidade[8].

Os itens hoje utilizados no chamado Modelo de Excelência Gerencial (MEG) para avaliação das empresas e os critérios de avaliação e pontuação em cada categoria são:

- liderança — sistema de liderança, cultura da excelência e análise crítica do desempenho global;
- estratégias e planos — formulação das estratégias, desdobramento das estratégias e planejamento da medição do desempenho; e seu acompanhamento;
- clientes — imagem e conhecimento de mercado e relacionamento com os clientes; e atuais potenciais;
- sociedade — responsabilidade socioambiental, ética e desenvolvimento social;
- informações e conhecimento — gestão das informações da organização, gestão das informações corporativas e gestão do capital intelectual;
- pessoas — sistemas de trabalho, desenvolvimento de competências, desenvolvimento e qualidade de vida;
- processos — gestão de processos relativos ao produto, gestão de processos de apoio, gestão de processos relativos aos fornecedores e gestão econômico-financeira;
- resultados — resultados relativos aos clientes e ao mercado, resultados econômico-financeiros, resultados relativos às pessoas, resultados relativos aos fornecedores, resultados dos processos relativos ao produto, resultados relativos à sociedade, resultados dos processos de apoio e organizacionais.

---

[8] FUNDAÇÃO NACIONAL DA QUALIDADE. *Critérios de excelência.* 20. ed. São Paulo: FNQ, 2013.

19.3.7 Qualidade na Governança Corporativa

O conceito e as práticas de **governança corporativa** surgiram com o objetivo de incentivar a ética nos negócios, principalmente nas grandes empresas mundiais de capital aberto que operam nas mais importantes Bolsas de Valores do mundo, agravado pelos escândalos de gestão fraudulenta que abalaram grandes corporações americanas. Uma empresa que tenha uma boa governança corporativa pode ser identificada por algum tipo de certificação, concedida por órgãos de grande credibilidade em níveis nacionais e internacionais.

Segundo o Código Brasileiro do Instituto Brasileiro de Governança Corporativa (IBGC), a

> governança corporativa é o sistema pelo qual as sociedades são dirigidas e monitoradas, envolvendo os relacionamentos entre Acionistas/Cotistas, Conselho de Administração, Diretoria, Auditoria Independente e Conselho Fiscal. As boas práticas de governança corporativa têm a finalidade de aumentar o valor da sociedade, facilitar seu acesso ao capital e contribuir para a sua perenidade[9].

O objetivo central da governança corporativa é indicar caminhos para todos os tipos de sociedades — por ações, de capital aberto ou fechado, limitadas —, embora sua disseminação tenha sido maior entre as grandes corporações de capital aberto com ações em Bolsa.

A Bolsa de Valores de São Paulo (Bovespa) criou um selo de práticas diferenciadas de governança corporativa, classificando as empresas com melhor governança corporativa em duas categorias: Categoria Nível 1 e Categoria Nível 2. As empresas com essas qualificações estão destacadas, no pregão, em uma lista à parte, naquilo que foi chamado de "novo mercado", para valorizar suas ações e propiciar maior confiança e credibilidade de boa gestão corporativa aos seus potenciais investidores.

19.4 Monitoramento da Implantação da Gestão Estratégica (BSC)

O Balanced Scorecard (BSC)[10] começou a ser desenvolvido em meados dos anos 1990, motivado pela crença de que os métodos existentes de avaliação do desempenho empresarial estavam tornando-se obsoletos ou ineficazes.

Em 1992, foi publicado o primeiro artigo sobre o assunto, com o título The balanced scorecard — measures that drive performance, na revista *Harvard Business Review (HBR)*. Mas somente em 1996, Kaplan e Norton, os chamados "pais do BSC", conectaram o conceito de painel de indicadores — *scorecards* — com a estratégia organizacional, no artigo Using the balanced scorecard as a strategic management system, também pela *HBR*. Daí em diante, o BSC teve sua divulgação associada à implementação e à execução bem-sucedida de estratégia organizacional.

---

[9] Extraído do site do Instituto Brasileiro de Governança Corporativa. Disponível em: <http://www.ibgc.org.br/ibConteudo.asp?IDArea=2>. Acesso em: 10 ago. 2006.

[10] Para aprofundar o assunto recomenda-se a leitura de KAPLAN, R. S.; NORTON, D. P. *A estratégia em ação*: balanced scorecard. 10. ed. Rio de Janeiro: Campus, 1997.

O surgimento desse modelo de análise e acompanhamento ocorreu em função da necessidade de avaliação mais ampla do desempenho organizacional, não se baseando apenas nos resultados financeiros, que, embora necessários, não são suficientes para a avaliação completa de uma organização moderna.

Os resultados financeiros como única fonte de avaliação mostraram-se satisfatórios na era "industrial", em que o valor da empresa era criado quase exclusivamente com base em ativos tangíveis e de fácil mensuração. O BSC, entretanto, utiliza também medidas não econômicas de desempenho, tais como satisfação do cliente, aperfeiçoamento de pessoal, capital intelectual, entre outras, visando a compor uma visão *balanceada* do desempenho da empresa, considerando todos os fatores relevantes.

19.4.1 O Modelo BSC

O modelo BSC é fundamentado nas relações de causa e efeito entre os vários indicadores de cada enfoque, o que permite uma integração completa entre os indicadores qualitativos e os quantitativos. Isso fornece um equilíbrio na mensuração de desempenho estratégico, permitindo correções mais precisas para eventuais desvios no processo de implementação dos planos estratégicos, transformando a estratégia em ação.

Os objetivos e medidas do BSC focalizam o desempenho organizacional de quatro perspectivas: **enfoque financeiro**, **enfoque no cliente**, **enfoque nos processos internos** e **enfoque no crescimento e aprendizagem**, como veremos a seguir.

Figura 19.3 Os Quatro Enfoques do BSC: Finanças, Cliente, Processos Internos, Aprendizado e Crescimento

Finanças
"Para sermos bem-sucedidos financeiramente, como deveríamos ser vistos por nossos acionistas?"

Clientes
"Para alcançarmos nossa visão, como deveríamos ser vistos por nossos clientes?"

Visão e estratégia

Processos internos
"Para satisfazermos nossos acionistas e clientes, em que processos de negócios devemos alcançar a excelência?"

Aprendizado e crescimento
"Para alcançarmos nossa visão, como sustentaremos nossa capacidade de mudar e melhorar?"

Fonte: Adaptada de KAPLAN, R. S.; NORTON, D. P. *A estratégia em ação*: balanced scorecard. 10. ed. Rio de Janeiro: Campus, 1997.

19.4.2 O Enfoque Financeiro

De acordo com Kaplan e Norton[10], "os objetivos financeiros servem de foco para os objetivos e medidas das outras perspectivas do **BSC**; qualquer medida selecionada deve fazer parte de uma cadeia de relações de causa e efeito que culminam com a melhoria do desempenho financeiro".

É correto afirmar que os objetivos financeiros de uma organização representam os resultados a longo prazo. Dessa forma, medidas como *retorno sobre o investimento* (ROI) e *valor econômico agregado* (EVA) são excelentes indicadores para esta perspectiva.

Segundo esses autores, qualquer organização apresenta basicamente três fases do ciclo de vida organizacional: *crescimento*, *sustentação* e *maturidade*. Para cada uma dessas fases, a empresa deve ter objetivos financeiros *diferentes*:

1. Na fase de **crescimento**, as empresas normalmente possuem produtos e serviços com potenciais significativos de crescimento, porém demandam maiores investimentos para aumentar a participação de mercado, investimentos esses que geralmente são feitos em instalações, tecnologias e desenvolvimento de novos produtos e serviços.
2. Na fase seguinte, de **sustentação**, a empresa busca maiores retornos sobre o capital investido e, ao mesmo tempo, o aumento de sua participação no mercado a cada ano.
3. Na última fase, a de **maturidade**, os novos investimentos já não são tão elevados; nesta fase, a empresa deseja colher o retorno de todos os investimentos feitos nas fases anteriores.

19.4.3 O Enfoque no Cliente

Esse enfoque pode ser considerado a base para a criação de valor, já que o valor a ser criado deve ser o foco de qualquer organização. Kaplan e Norton estabeleceram basicamente cinco indicadores-chave para esse enfoque:

1. **participação de mercado** — tem por objetivo medir a proporção de um negócio em um determinado mercado em relação ao mercado total, tais como valores financeiros e monetários, unidades vendidas e número de clientes;
2. **aquisição de novos clientes** — mede a taxa pela qual se avalia se um negócio atrai ou ganha os novos clientes, como o número de novos clientes e o percentual de propostas aceitas;
3. **retenção de clientes** — mede a taxa pela qual se avalia se um negócio retém e mantém relações contínuas com seus clientes, como o percentual de renovação de contratos e o número de clientes;
4. **satisfação dos clientes** — mede o nível de satisfação para um critério específico, como o tempo, a qualidade, a manutenção e os custos;
5. **rentabilidade dos clientes** — mede o lucro diretamente associado a um cliente específico ou a grupo de clientes.

---

[10] KAPLAN; NORTON, 1997, p. 49.

Ao proporem esses indicadores para a perspectiva dos clientes, Kaplan e Norton deixaram claro que os executivos devem buscar, além do encantamento e da satisfação dos clientes, a tradução de suas declarações de missão e estratégia em objetivos específicos, baseados no mercado e nos clientes.

19.4.4 O Enfoque nos Processos Internos

Nesse enfoque, o objetivo é identificar os processos internos críticos que estejam relacionados com os resultados das perspectivas financeira e do cliente. A organização deve estabelecer uma cadeia de valor que obedeça a três processos genéricos que criam valor: processo de inovação, processo de operações e processo de serviço pós-venda, como descritos a seguir.

1. **Processo de inovação** — esse processo da cadeia de valor está fundamentado na pesquisa e desenvolvimento (P&D). Dois componentes são considerados no processo de inovação: pesquisas de mercado e visualização de novos mercados e oportunidades. Como exemplos de indicadores para o processo de inovação, temos o *percentual de vendas gerado por novos produtos* e o *percentual de vendas gerado por produtos atuais*.

2. **Processo de operações** — em termos gerais, pode-se dizer que esse é o processo de transformação dos recursos em bens ou serviços. Ele engloba desde a aquisição dos recursos produtivos necessários até a entrega do bem ou serviço ao cliente. Podemos considerar, como indicadores desse processo, a *qualidade* e o *tempo de ciclo*.

3. **Processo de serviço pós-venda** — compreende todos os serviços prestados aos clientes após a venda e a entrega do bem ou a prestação dos serviços, tais como garantias, consertos e devoluções. Um exemplo de indicador para esse processo é o *nível de atendimento pós-venda*.

A figura a seguir mostra um modelo de cadeia de valores genérica.

Figura 19.4 Ilustração de uma Cadeia de Valores Genérica, desde a Identificação da Necessidade do Cliente até a Satisfação da Necessidade do Cliente

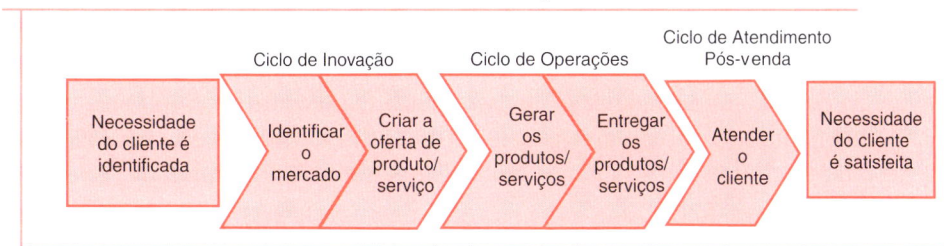

Fonte: Adaptada de PORTER, M. E. *Vantagem competitiva*. Rio de Janeiro: Campus, 1990.

19.4.5 O Enfoque no Crescimento e no Aprendizado

Esse enfoque trata da capacidade da empresa em se adaptar ao ambiente externo (macroambiente) por meio dos procedimentos realizados no ambiente interno (microambiente). Para conduzir as ações no ambiente interno à empresa, deve-se observar três aspectos principais: pessoas, sistemas e procedimentos organizacionais, descritos a seguir.

1. **Pessoas** — refere-se à capacidade dos funcionários de criarem valor para a empresa, ou seja, como eles podem ajudar a empresa na melhoria dos processos e, conseqüentemente, no aumento de valor para os clientes. Nesse item, podemos destacar indicadores como *grau de satisfação dos funcionários*, *retenção dos funcionários* e *produtividade dos funcionários*.
2. **Sistemas** — devido ao grande volume de informações de que se dispõe atualmente, os sistemas de informações estão sendo considerados essenciais para qualquer tipo de organização.
3. **Procedimentos organizacionais** — esse aspecto está diretamente relacionado à cultura organizacional da empresa, uma vez que seu foco está nas ações e políticas internas referentes ao desenvolvimento organizacional.

A implantação do BSC faz que se alinhem desde as metas e os objetivos da alta administração até o chão de fábrica. Assim, segundo Kaplan, teremos "a visão e a estratégia compartilhada".

A empresa com uma estrutura organizacional muito complexa, que possa ser classificada como detentora de várias unidades produtoras de bens ou serviços diferentes quase independentemente, deve ser separada por unidades de negócio para a implementação do modelo BSC.

Com o BSC, o gestor poderá monitorar a tomada de decisões estratégicas e analisar minuciosamente os pontos críticos dos processos organizacionais. Isso ocorre por meio do levantamento dos indicadores que melhor apontem para os objetivos da empresa em cada um dos enfoques do BSC, estabelecendo as relações de causa e efeito e, conseqüentemente, o surgimento dos vetores de desempenho. Cabe lembrar que os vetores de desempenho nada mais são do que indicadores de tendências; as medidas ou indicadores de resultado são indicadores de fato.

19.4.6 Os Indicadores do BSC

Como vimos no Capítulo 14, toda implantação de um plano estratégico necessita de acompanhamento, e o BSC fornece um conjunto abrangente de medidas de desempenho que serve de base para um sistema de medição e gestão da missão e da estratégia de cada unidade de negócio. Isso possibilita o controle simultâneo do desempenho financeiro e do progresso na construção de capacidades e na aquisição dos ativos intangíveis necessários para o crescimento da empresa ou entidade.

Os indicadores do BSC ajudam a responder a duas classes de perguntas-chave:

1. "Estamos atingindo os nossos objetivos?". Como resposta, teremos indicadores de posição, os *lagging indicators*, que fazem referência ao *passado*.

2. Atingiremos os nossos objetivos?". Como resposta, teremos os indicadores de tendências, os *leading indicators*, que fazem referência ao *futuro*.

Um outro conceito de medida utilizado pelo BSC é o "vetor" (*driver*), que se refere a fatores que impulsionam o desempenho dos indicadores, tais como o tempo, a qualidade e o preço.

Um tempo adequado de resposta aos pedidos de clientes, por exemplo, afeta tanto o indicador de retenção de clientes (*lagging indicator*) quanto o indicador da pesquisa de satisfação de clientes (*leading indicator*).

19.5 Gestão Estratégica de Projetos

Esta seção retoma e amplia o tema abordado no Tópico 12.5.1 do Capítulo 12 e no Tópico 16.2, sobre o tratamento de cada programa de capacitação tratado como um projeto. A metodologia de gestão de projetos, como preconizada pelo Project Management Institute (PMI)[11], conforme já ressaltamos, passou a ser adotada em muitas empresas brasileiras como a plataforma conceitual, operacional e administrativa para a condução de suas atividades de implantação.

Existem muitas vantagens para a adoção dessa prática, com as devidas adaptações ao caso específico de gestão estratégica. O que se propõe, aqui, é que se trate a implantação de uma gestão estratégica de uma entidade como se fosse um macroprojeto, composto de vários projetos específicos menores, devidamente concatenados no *escopo*, no *tempo* e no *orçamento*.

Todo projeto tem um início, um meio e um término. Ele tem um gerente e uma equipe designada. Tem premissas explícitas, escopo, cronograma, responsabilidades e orçamento detalhados, além de um sistema de supervisão que reporta o progresso do projeto aos mais altos níveis da organização. Assim, apresentam-se, a seguir, as dez macrovariáveis que devem ser administradas em uma gestão integrada de um projeto — as quais tinham sido vistas brevemente no Tópico 16.2.

19.5.1 Gestão das Premissas

A gestão das premissas faz que se busque assegurar que as bases do projeto, adotadas como hipótese de trabalho, permaneçam válidas e vigentes ao longo de todo o projeto. O gerente do projeto precisa verificar, continuamente, se as premissas e cenários adotados, tanto para o projeto como para o planejamento da sua implantação, ainda permanecem válidos.

Caso contrário, ele deve tomar as providências para rever o planejamento do projeto, a fim de verificar se ele ainda tem validade para a organização e se os métodos escolhidos continuam aplicáveis. Esse processo de gestão é chamado de gestão das premissas do projeto.

---

[11] PMI STANDARDS COMMITTEE, 1996.

19.5.2 Gestão da Integração

A **gestão da integração** corresponde a uma atividade gerencial que é estruturada sobre um elenco de funções, cargos, entidades internas ou externas, órgãos públicos e *stakeholders* que, direta ou indiretamente, estão envolvidos no desenvolvimento do projeto. Ou seja, deve-se assegurar que os vários elementos e entidades envolvidos com o projeto estejam adequadamente integrados, concatenados e coordenados.

A gestão da integração é um processo complexo, que vai das especificações técnicas, ou funcionais, ao cumprimento dos últimos resultados da operacionalização do projeto, quando concluído. É uma atividade de coordenação central do projeto e de gerenciamento das suas interfaces.

19.5.3 Gestão do Escopo

A **gestão do escopo** requer assegurar que o projeto inclua todos os serviços e atividades necessários, e *somente os necessários*, para atingir os objetivos estabelecidos para o projeto.

O gerente do projeto e sua equipe devem cuidar para que fique bem claro e explícito o que está incluído, bem como *o que não está incluído*, no conteúdo do projeto sob sua responsabilidade.

É necessário que se descrevam as **macroatividades**, as **atividades** e as **microatividades**, seu inter-relacionamento lógico e temporal, e a forma de acompanhar e de controlar sua execução. Mecanismos formais de alteração de escopo e de sua aprovação precisam ser definidos e implementados, com suas conseqüências em termos de cronograma e, principalmente, de orçamento.

19.5.4 Gestão do Tempo

A **gestão do tempo** visa a assegurar a conclusão do projeto no prazo combinado. Deve-se estimar a **duração** de cada micro ou macroatividade. Além disso, deve-se estabelecer seqüência das atividades, ou seja, do seu relacionamento lógico e de precedência. Deve-se identificar o **caminho crítico**, as folgas, os intervalos e os marcos de verificação do progresso da implantação do projeto, bem como a duração total do projeto.

Por meio do acompanhamento e do cotejo periódico da duração efetivamente realizada em cada microatividade com a duração programada para ela, os cálculos de caminho crítico, folgas, marcos intermediários e duração total do projeto devem ser revisados e refeitos. Revisões do cronograma precisam ser comunicadas a todos os envolvidos direta ou indiretamente com o projeto.

Além da capacidade de monitorar o andamento de cada atividade ou microatividade, é conveniente identificar alguns pontos de controle mais importantes, facilmente identificáveis ao longo do projeto.

Ressalte-se que, enquanto o microcontrole pode ser delegado e descentralizado, os *checkpoints* ou pontos de verificação asseguram que o progresso de cada linha de ação e do projeto como um todo seja acompanhado e atestado pela gerência do projeto. Além do mais, a consciência de que esses pontos de controle receberão uma atenção especial da direção da organização também serve de motivação extra para a pontualidade dos trabalhos.

A utilização de redes de precedência, que se originaram das técnicas de *Program Evaluation and Review Technique* (PERT), ou **Técnica de Revisão e Avaliação de Programas**, e *Critical Path Method* (CPM), ou **Método do Caminho Crítico**, é uma ferramenta muito útil para a gestão do tempo dentro da gestão estratégica de projetos.

O CPM usa uma representação gráfica das atividades de um projeto por meio de um conjunto de nós e arcos e seus respectivos tempos estimados de início e término, dando ao gestor o conhecimento das etapas mais importantes dos projetos em termos de tempo, o caminho crítico, ou seja, aquelas atividades que devem ser acompanhadas com maior atenção para evitar atraso no prazo final do projeto. A Figura 19.5 ilustra o caminho crítico para um simples projeto de pintura das instalações de uma fábrica.

Figura 19.5 Ilustração de um PERT/CPM Mostrando o Caminho Crítico em um Projeto de Pintura das Instalações de uma Fábrica

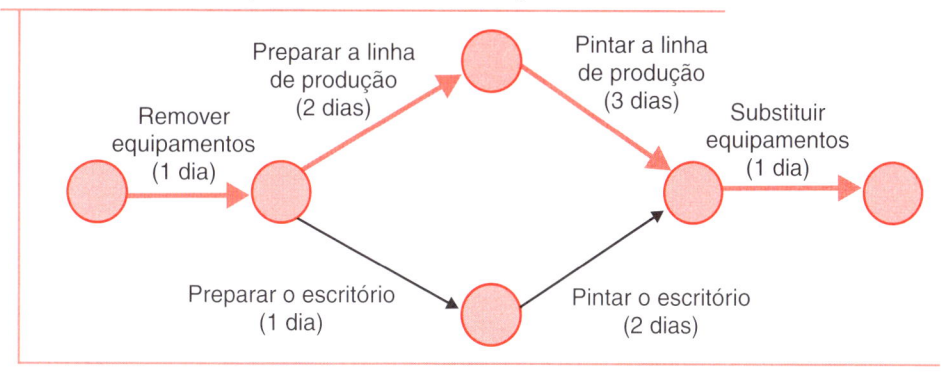

Fonte: Adaptada de CORRÊA; GIANESI; CAON, 2001.

Analisando a figura, fica evidente que o caminho crítico é formado pelas atividades de remover os equipamentos, preparar a linha de produção, pintar a linha de produção e substituir os equipamentos. Dessa forma, essas atividades merecem atenção especial, pois qualquer atraso nelas redundará em atraso do projeto como um todo.

A técnica PERT, freqüentemente, é confundida com o método do caminho crítico. No entanto, embora esta técnica esteja associada ao CPM, a diferença principal entre elas é que, no CPM, os tempos de cada atividade são supostos *variáveis determinísticas*, enquanto na técnica PERT, os tempos de cada atividade são tratados como *variáveis aleatórias*, para as quais se estima a duração mais provável, a otimista e a pessimista. Com isso, é possível obter, por exemplo, uma curva de probabilidades para a duração do projeto como um todo, bem como os respectivos limites de confiança para prazos especificados.

Existem *softwares* específicos para gestão de projetos com módulos de gestão do tempo e de redes de precedência. Entre os mais conhecidos e utilizados, podemos citar o MS Project, da Microsoft Corp., o MacProject, da Claris Corp., e o Primavera Project Planner (P3) for Windows, da Primavera.

19.5.5 Gestão do Custo

A **gestão do custo** tem por finalidade assegurar que o projeto estará completo dentro do orçamento aprovado pela direção da empresa.

Similarmente às variáveis relacionadas ao tempo, os custos também precisam ser orçados e acompanhados. Nesse caso também se pode utilizar, quando for necessário, os conceitos de custo mais provável, custo otimista e custo pessimista, com o que se obterá uma curva de probabilidades do orçamento total do projeto, bem como os respectivos limites de confiança para valores especificados.

O cotejo periódico entre o custo realizado e o custo orçado, para cada microatividade e para seus agregados, pode indicar a necessidade de revisões do orçamento total ou parcial do projeto. Mudanças nos números globais também precisam ser aprovadas pelos mesmos que autorizaram os números iniciais.

19.5.6 Gestão da Qualidade

A **gestão da qualidade** implica assegurar que o projeto satisfará aos requisitos especificados e às necessidades solicitadas. Além das características de escopo, de tempo e de custo, deve-se estabelecer, desde o início, quais parâmetros operacionais, funcionais e financeiros o projeto deve atender, tanto na sua implementação quanto na sua operação normal, quando completado.

Esses parâmetros quantitativos e qualitativos podem envolver as características do desempenho operacional, os índices de satisfação dos clientes e usuários, a segurança física ou patrimonial e até a proteção ao meio ambiente.

Devem-se reportar os desvios que venham a ser observados ou previsíveis em qualquer dos parâmetros de qualidade anteriormente referidos, devendo-se tomar providências corretivas.

Assim, um gerente e sua equipe de projeto farão um **Plano da Qualidade**, o qual descreve como e o que será feito para assegurar que os parâmetros de qualidade especificados sejam alcançados. Sem burocracia excessiva, os procedimentos formais, como os exigidos pela ISO 9001, BS 8800 e ISO 14001, são sugestões bastante úteis.

Alguns conceitos de gestão da qualidade encontram-se no Tópico 19.3.

19.5.7 Gestão dos Recursos Humanos

A **gestão dos recursos humanos** consiste em tornar mais efetivo o desempenho das pessoas envolvidas com o projeto. No início do projeto, o gerente e sua equipe devem fazer um levantamento das características qualitativas e quantitativas com relação ao pessoal necessário à implementação do projeto.

Um plano de recursos humanos, especificando o que, quando, como e quanto das necessidades de recursos humanos para o projeto é muito útil. Recrutamento e seleção, desenvolvimento, treinamento e capacitação, motivação, remuneração, por exemplo, são tópicos que precisam ser considerados no plano.

Eventuais ações de treinamento, identificadas inicialmente como necessárias em alguns aspectos específicos do projeto, podem ser necessárias e devem ser incluídas no escopo, no cronograma e no orçamento do projeto.

19.5.8 Gestão das Comunicações

A **gestão das comunicações** tem como objetivo assegurar que as informações sobre o projeto sejam geradas, coletadas, tratadas, armazenadas e disseminadas nas formas adequadas. O gerente e sua equipe deverão especificar processos, mecanismos, formatos, mídias e periodicidade ou freqüência das comunicações internas e externas sobre as informações relacionadas ao projeto.

Muitos problemas de implementação, até mesmo prejuízos ou atrasos, podem ser evitados com uma comunicação formal eficaz. As comunicações urgentes e, por isso, informais ou verbais, devem sempre ser seguidas de uma comunicação oficial que documente os fatos. As grandes fases, os grandes marcos e os eventuais atrasos devem merecer comunicação interna e externa adequadas.

É importante salientar que, em uma implementação de diretrizes estratégicas, dificilmente alguém na organização deixa de ser afetado, alguns mais ou outros menos. Além disso, muitas pessoas em outras organizações — como fornecedores, clientes, parceiros e comunidade, e até outros *stakeholders* — podem também ser envolvidas.

O sucesso da nova orientação estratégica depende, em maior ou menor grau, das atitudes e das ações de todas essas pessoas e entidades. O gerenciamento de recursos humanos e das comunicações deve, portanto, ocupar-se dessa visão ampla das organizações envolvidas.

Novos recursos já disponíveis na Internet, como portal on-line, com controle de acesso conveniente, bem como o acesso ou a disseminação de mensagens automáticas, por exemplo, podem dar um ritmo muito maior à comunicação entre os participantes do projeto, cada vez mais necessária.

19.5.9 Gestão dos Riscos

A **gestão dos riscos** consiste em identificar, analisar, avaliar e dar tratamento adequado aos riscos do projeto. Assim, o gerente e sua equipe devem qualificar e quantificar os riscos envolvidos no projeto sob sua responsabilidade.

Cabe lembrar que os riscos nem sempre são financeiros: podem ser de atraso, de falta de algum recurso essencial, de falta de segurança pessoal ou patrimonial, de não-realização de alguma premissa, ou de ações na Justiça impetradas por interessados que se considerem prejudicados, entre outros. A quantificação financeira dos riscos deve ser examinada, e sua cobertura e repasses de riscos devem ser especificados, aprovados e providenciados. Riscos de *performance* e ambientais, além dos econômico-financeiros e de duração total do projeto, não podem ser ignorados.

Durante o andamento do projeto, o gerente e sua equipe devem acompanhar a avaliação de riscos para verificar se eles ocorreram ou não, e se sua probabilidade, *timing* ou impacto provável tiveram alteração significativa, para mais ou para menos.

Em projetos de grande complexidade e profundos impactos, recursos computacionais de simulação Monte Carlo ou outros métodos analíticos disponíveis podem ser os indicados.

19.5.10 Gestão das Aquisições

A **gestão das aquisições** tem como objetivo assegurar que as aquisições de bens e serviços necessários à realização do projeto sejam feitas de forma adequada, dentro das especificações, do orçamento e do tempo.

O gerente e sua equipe devem providenciar uma sistemática eficaz para que essas aquisições sejam especificadas no nível adequado e efetuadas nas melhores condições para a empresa ou entidade.

Sempre que os volumes envolvidos assim o justifiquem, um **Plano de Aquisição** deve ser elaborado, a fim de assegurar que as aquisições sejam feitas a tempo de não prejudicarem o cronograma de andamento do projeto. Especificações detalhadas, seleção e qualificação de fornecedores, contratação das aquisições e administração dos contratos de fornecimentos devem ser executadas pela equipe de projeto.

Quando a empresa já tiver mecanismos e setores centralizados dedicados exclusivamente ao suprimento geral, o papel do gerente do projeto e de sua equipe passa a ser acompanhar as providências em andamento pelo setor de compras, gerando alarmes e ações preventivas e corretivas sempre que se detectem ou se antecipem essas necessidades.

TERMOS-CHAVE

Este capítulo apresentou as principais **ferramentas para planejamento** e para gestão estratégica, bem como algumas situações em que tais ferramentas podem ser aplicadas.

Começamos apresentando os sistemas e as ferramentas para **estratégia em manufatura** e sua crescente aplicabilidade em organizações, que cada vez mais operam em ambientes competitivos, exigindo grande rapidez na tomada de decisões, com alto grau de complexidade.

Descrevemos as principais ferramentas de **tecnologia da informação (TI)** para planejamento e gestão estratégica, considerando que as empresas dispõem de um crescente volume de dados e informações, o que torna o processo de planejamento e gestão estratégica mais eficiente com o auxílio dessas ferramentas computacionais.

Também descrevemos as principais tendências para a gestão estratégica da qualidade, bem como algumas ferramentas já consolidadas nessa área. Uma metodologia de monitoramento da implantação da gestão estratégica, o *Balanced Scorecard* (BSC), foi apresentada como um sistema de medição de desempenho na implantação e no controle da gestão estratégica.

Finalmente, apresentamos um roteiro para a **gestão estratégica de projetos**, como mais um recurso para a sistematização necessária dos processos de implantação dos **projetos estratégicos**.

Questões

1. Quais são e como são utilizados os **sistemas** e as **ferramentas para gestão e planejamento** apresentados neste capítulo em uma manufatura específica que você conhece?

2. Qual a importância da **gestão estratégica da qualidade** para o sucesso de uma empresa de serviços?

3. O que é o *Balanced Scorecard* (BSC) e como utilizá-lo em uma empresa comercial?

4. O que o CPM e o PERT têm em comum? E em que eles diferem? Por quê? Quando se deve usar um ou outro?

5. Quando e como se utiliza a metodologia de gestão de projetos para a coordenação de um projeto de grande porte, como a implantação de uma refinaria de petróleo ou de uma usina hidroelétrica? Como essa mesma metodologia poderia ser utilizada para implantação de um supermercado? E para o lançamento de um novo produto no mercado brasileiro?

20
Aplicações e Práticas da Gestão Estratégica

TÓPICOS

- As Sete Dimensões do Diagnóstico Estratégico
- Como Organizar e Conduzir um *Workshop* de Planejamento Estratégico
- Roteiro para Elaboração de um Projeto de Planejamento Estratégico
- Aplicação da Gestão Estratégica para Outros Tipos de Entidades e Organizações
- Formulação de Cenários Alternativos para o Planejamento Estratégico

APRESENTAÇÃO

Este capítulo apresenta um roteiro de sete dimensões de **diagnóstico estratégico**, cobrindo a avaliação crítica dos tópicos: **situação estratégica**, **prontidão estratégica**, **estratégia competitiva**, **estratégia do portfólio**, **flexibilidade e vulnerabilidade**, **capacitação estratégica** e **vigilância estratégica**.

Traz também recomendações práticas aos **facilitadores** e **instrutores** quanto à organização de *workshops* de planejamento estratégico, como providências que devem ser tomadas antes, durante e depois do evento.

Os leitores encontrarão, também, um roteiro genérico e abrangente para a elaboração de um projeto de planejamento estratégico, em 16 tópicos ou quesitos, que pode ser de grande utilidade tanto para estudantes de cursos de graduação ou pós-graduação em Administração de Empresas como para consultores e executivos que pretendam usar, na prática, os principais tópicos propostos neste livro.

Tecemos algumas considerações e recomendações para aplicação da gestão estratégia em **entidades do terceiro setor** (ETS), *clusters* e **cadeias produtivas integradas**.

Apresentamos a técnica para formulação dos **Quatro Cenários Alternativos** (QCA) para planejamento e para gestão estratégica. Os conceitos de **estratégia roleta-russa** e de **estratégia robusta** também são descritos e aplicados.

Legenda: Capítulos já estudados | Capítulo em estudo | Capítulos ainda não lidos

- Introdução

Parte I — Motivação
1. Motivações para a Estratégia
2. Desafios para a Estratégia

Parte II — Conceituação
3. Conceitos Básicos de Estratégia
4. Gestão Estratégica
5. Transformação Estratégica

Parte III — Análise
6. Análise do Ambiente Externo
7. Análise da Turbulência e da Vulnerabilidade
8. Análise do Ambiente Interno

Parte IV — Formulação
9. Representação do Portfólio
10. Estratégias de Balanceamento do Portfólio
11. Formulação das Estratégias
12. Capacitação Estratégica

Parte V — Implantação
13. O Plano Estratégico
14. Metodologia do Planejamento Estratégico
15. *Workshop* de Planejamento Estratégico
16. Implantação da Gestão Estratégica

Parte VI — Aprofundamento
17. Formulação de Estratégias via Teoria dos Jogos
18. Jogos de Empresas para Capacitação Estratégica e Simulação Gerencial
19. Ferramentas para Planejamento e para Gestão Estratégica
20. Aplicações e Práticas da Gestão Estratégica

Este capítulo apresenta alguns complementos e recomendações úteis ao processo de planejamento e gestão estratégica, tanto no plano pedagógico como no de aplicações práticas em empresas, entidades e organizações. Em certo sentido, ele complementa e aprofunda alguns tópicos relevantes que foram tratados, em termos preliminares, nos capítulos anteriores.

Esses tópicos são fruto de nossa vivência em atividades de consultoria em gestão estratégica para empresas e entidades, bem como da atuação como professor do módulo de gestão estratégica em vários cursos de MBA.

20.1 As Sete Dimensões do Diagnóstico Estratégico

Um bom diagnóstico, abrangente, meticuloso e sincero, é o ponto de partida de um profícuo processo de planejamento e gestão estratégica. Uma falha grave no diagnóstico da empresa pode levá-la ao equívoco clássico de "resolver certo o problema errado", como comentado no Tópico 17.4.1.

Apresentamos, a seguir, de forma sintética, um roteiro de questões que indicam tendências, descontinuidades, oportunidades, ameaças, catalisadores, ofensores, bem como os pontos fortes, pontos fracos e pontos a melhorar na empresa, conforme conceituado nos Capítulos 6, 7 e 8.

20.1.1 Diagnóstico da Situação Estratégica[1]

- Como está a **competitividade** da organização?
- Como está o **portfólio** de serviços e/ou produtos?
- Como está o grau de **vulnerabilidade** em relação às ameaças? E a flexibilidade em relação às mudanças?
- Como está a **capacitação** para construir as transformações necessárias?
- Como estão os **recursos estratégicos**? Estão assegurados em relação ao tempo e em quantidade e qualidade necessárias?
- Como estão os processos de desenvolvimento e de **inovação**?
- Como está a estrutura de **poder** e de **liderança**? A **sucessão** está sendo tratada e encaminhada?
- Como estão sendo tratados os temas societários? E o controle do capital da sociedade?
- Como estão sendo acompanhados e tratados os temas e problemas estratégicos e operacionais da organização?
- Existe algum processo formal para projetar e construir o futuro da organização? Está implantado e é efetivo?

---

[1] Para aprofundar o assunto, reveja o Capítulo 4, em especial o Tópico 4.1.

20.1.2 Diagnóstico da Prontidão Estratégica[2]

- √ A direção da empresa dedica-se ao futuro do ambiente e da organização? Os dirigentes têm boa sensibilidade e percepção de oportunidades e riscos? A alta administração está atenta e ocupa-se em sanar eventuais **lacunas estratégicas** que possam existir?

- √ A direção da empresa dedica atenção às grandes **mudanças estratégicas** que podem afetar, positiva ou negativamente, os negócios ou atividades da organização?

- √ Existem **obstáculos institucionais**, regulamentares ou estatutários, que podem bloquear o pensamento e as ações estratégicas? Existem obstáculos culturais, verdades absolutas e paradigmas enraizados que bloqueiam a percepção de oportunidades imperdíveis ou ameaças graves? A organização está sempre disposta a questionar e a rever as suas "verdades" do passado? E as do presente?

- √ A organização consegue tomar iniciativas, rapidamente e com eficácia, em situações de emergência, mesmo onde não existam normas ou procedimentos formais anteriores que especifiquem, com exatidão, o que fazer em cada caso?

- √ A organização possui uma **cultura gerencial** de persistência na busca incessante de objetivos e metas de longo prazo? Ela evita iniciativas erráticas e "**espasmódicas**" para mudar as prioridades a cada semana ou a cada mês, movida por novidades ou modismos?

- √ A organização evita reforçar ou difundir uma cultura de **sucesso garantido no passado**, estando disposta a buscar crescimento, sem se prender a eventuais êxitos do passado?

- √ As **comunicações internas** na empresa fluem com rapidez na horizontal, na vertical e na diagonal? São usados múltiplos e variados mecanismos, meios e formas de comunicação na organização?

- √ Existem **cultura organizacional** e práticas de medições e de análises baseadas em dados, fatos, análises e evidências objetivas? Existe comunicação confiável, ou seja, disseminação das decisões com objetivos específicos e funcionais e sobre a implantação da gestão estratégica na empresa?

- √ O **sistema de reconhecimento e de recompensa** aos colaboradores da organização é congruente e reforça os alegados princípios, valores, visão, missão e estratégias da organização? E da nova cultura que se quer implantar?

- √ As necessidades dos clientes ou do público-alvo são antecipadas e/ou rapidamente identificadas, processadas e respondidas pela organização?

---

[2] Para aprofundar o assunto, reveja o Capítulo 4, em especial o Tópico 4.2.

20.1.3 Diagnóstico da Estratégia Competitiva[3]

- Está havendo mudanças drásticas no **ambiente competitivo**? A direção da organização está atenta a elas e tomando as providências necessárias?
- Existem **novos concorrentes** chegando ao mercado? A direção da organização está atenta a eles e revendo sua estratégia competitiva?
- Os **fatores-chave de sucesso** na competitividade estão mudando rapidamente? Providências estão sendo tomadas para tratá-los?
- A organização está investindo na **capacitação** adequada para ser mais forte naquilo que realmente contribui para os novos **cenários** que estão surgindo?
- Estão ocorrendo jogadas audaciosas dos competidores que ameacem as atividades da organização? A direção da organização está preparada para implantar as contramedidas consideradas necessárias e efetivas?
- Está havendo mudanças nas atitudes, preferências ou hábitos dos clientes? A direção da organização conhece essas novas tendências e sabe como tratá-las?
- Estão sendo lançados novos produtos e/ou serviços no mercado com os quais a organização não está preparada para concorrer? A direção da organização já tem preparado e implantado um plano contingente para contornar essa desvantagem?
- A organização está mantendo ou aumentando sua **participação no mercado**? O tamanho do mercado está crescendo?
- Há alguma condição que impeça a livre concorrência (regulamentações, barreiras a importações e exportações, práticas antiéticas de mercado)? A eventual quebra dessas barreiras está contemplada nos planos contingentes da organização, tanto aquelas que a favorecem como as que a prejudicam?

20.1.4 Diagnóstico da Estratégia do Portfólio[4]

- As perspectivas de crescimento e de volumes nos mercados atuais são satisfatórias?
- As perspectivas de obtenção de resultados a longo prazo são boas?
- Existem muitas novas **oportunidades** demandando escolhas difíceis para investimentos em novas atividades? Em caso afirmativo, a direção da organização está atenta e orientada para tomar as melhores decisões estratégicas?
- Há atividades e negócios antigos, históricos, demandando recursos e atenção da direção, sem nenhuma perspectiva real de voltarem a dar resultados compensadores? Em caso afirmativo, a direção da organização já tomou as decisões e ações adequadas para interromper essas atividades?

---

[3] Para aprofundar o assunto, reveja os Capítulos 4 e 11, em especial os Tópicos 4.4.1 e 11.1.

[4] Para aprofundar o assunto, reveja o Capítulo 4, em especial o Tópico 4.4.2, e os Capítulos 9 e 10.

- √ Ocorrem conflitos internos em disputa por recursos de investimentos em novos negócios de futuro duvidoso? Caso a resposta seja positiva, existem mecanismos, métodos e procedimentos formais para estabelecer uma política racional e seletiva de investimentos de cunho estratégico?
- √ Existem investimentos agressivos em novos negócios com indicações de que eles nunca venham a dar um retorno compensador? E a direção da organização já tomou as providências para interromper ou reorientar esses investimentos?
- √ A maioria das áreas estratégicas de negócios da empresa está concentrada em uma única fase do ciclo de vida? Ou em um único tipo de risco? Existe uma estratégia em implantação para solucionar essa questão?

20.1.5 *Diagnóstico da Capacitação Estratégica*[5]

- √ Há dificuldades em se cumprirem as novas estratégias estabelecidas? Onde estão os "gargalos" de capacitação para as operações atuais e para implantação das novas estratégias?
- √ Há deficiências ou inadequações na competência do corpo dirigente? Em caso afirmativo, existem programas em andamento para capacitar a alta direção? E no corpo gerencial? E no corpo profissional? Em caso afirmativo em algum deles, existem programas para capacitação de pessoal técnico, gerencial, ou administrativo?
- √ Existe um processo eficaz de **desenvolvimento de fornecedores**?
- √ Existe um processo eficaz de **desenvolvimento de produtos**?
- √ Os sistemas de comunicação e de informações atendem às necessidades atuais e futuras da organização?
- √ As instalações físicas, as máquinas e os equipamentos estão na quantidade, qualidade e atualização tecnológica exigidas pelos produtos e serviços que a organização oferece e/ou pretende oferecer ao mercado ou ao seu público-alvo?
- √ Existem métodos, processos e sistemas claramente detalhados para executar as atividades comerciais, produtivas e administrativas, de forma racional e adequada?
- √ Os profissionais demonstram capacidade de aprender continuamente e compartilhar o seu aprendizado? E a organização como um todo? Há incentivos claros para os que se mobilizam a aprender e a ensinar?
- √ A organização tem mecanismos eficazes para aprender rapidamente o que precisa ser aprendido, visando à implantação das novas estratégias?

---

[5] Para aprofundar o assunto, reveja o Capítulo 4, em especial o Tópico 4.4.4, e o Capítulo 12.

20.1.6 Diagnóstico da Flexibilidade e da Vulnerabilidade[6]

- √ Está tudo mudando muito rápido, para direções incertas? A direção da organização está agindo para contornar essas situações e dar um direcionamento para elas?
- √ Há novas **leis e regulamentações** — ou desregulamentações — no setor em que a organização atua? A organização já está preparada para enfrentar essas novas situações?
- √ Existem **riscos e turbulências** potenciais no ambiente externo? A direção da organização possui meios para, rapidamente, reconfigurar-se, a fim de operar nessas novas condições? Existe um **plano contingente** pré-aprovado para as principais eventualidades?
- √ Há grandes **oportunidades** no horizonte, cujo aproveitamento esteja dependendo de decisões e providências urgentes a serem tomadas? A direção está atenta e já deu os passos necessários?
- √ As atividades, os mercados ou os recursos estão concentrados em um mesmo fator de risco? Qual? Em caso afirmativo, há ações concretas preparadas e/ou em implantação para minorar essa contingência?
- √ Existe um processo sistemático de examinar continuamente o horizonte da organização para detectar eventuais problemas e oportunidades futuras?
- √ Existem planos claros, detalhados e conhecidos pelos envolvidos para prevenir ou minorar os efeitos desastrosos, no caso de os riscos se concretizarem?
- √ O processo e os métodos de criação, desenvolvimento e maturação de novos produtos ou serviços são rápidos, eficazes e adequados?
- √ Os colaboradores têm um perfil polivalente, que permita rápida mudança de produtos, serviços, mercados ou público-alvo, sem necessidade de grandes e demoradas contratações ou programas de capacitação custosos e demorados?
- √ A organização está estruturada, predominantemente, para atuar por projetos e processos, em vez do tradicional organograma funcional? Em caso negativo, o que está sendo feito para alterar essa forma de trabalhar?

20.1.7 Diagnóstico da Vigilância Estratégica[7]

- √ Quais são as principais macromudanças (**tendências ou descontinuidades**) estratégicas que podem provocar impactos direta ou indiretamente nos negócios da empresa? E dos seus clientes? E de seus fornecedores? E dos seus complementadores ou parceiros? E de seus concorrentes? E de seus *stakeholders*? Esses eventos geram mais impactos positivos ou mais impactos negativos para a empresa?

---

[6] Para aprofundar o assunto, reveja o Capítulo 4, em especial o Tópico 4.4.3, e o Capítulo 7.
[7] Para aprofundar o assunto, reveja o Capítulo 4, em especial o Tópico 4.5, e o Capítulo 7.

- √ Existe um processo sistemático, com responsabilidades definidas internamente, para avaliar os eventos futuros — mesmo que pouco prováveis — que podem afetar a empresa?
- √ Existe um processo sistemático para avaliar a **gravidade**, a **urgência** e a **tendência** desses eventos?
- √ Como são tratados e acompanhados periodicamente esses eventos quanto à sua **evolução**, **probabilidade**, *timing* e **grau de importância**?
- √ Existem **planos de ação** em implementação para tratar os eventos mais graves?
- √ Existem **planos de ação contingentes** para os eventos futuros não tão graves, porém prováveis?
- √ Quais são os eventos futuros mais importantes, com *impacto potencial positivo*? Há planos em implementação para aproveitar esses eventos?
- √ Quais são os eventos futuros mais importantes, com *impacto potencial negativo*? Há planos em implementação para remediar os problemas desses eventos?
- √ Existem **fatores potencializadores**, entre os eventos positivos, que fazem que a concomitância de dois ou mais deles possa gerar efeitos sinergicamente positivos?
- √ Existem **fatores potencializadores**, entre os eventos negativos, que fazem que a concomitância de dois ou mais deles possa gerar efeitos sinergicamente desastrosos?

20.2 Como Organizar e Conduzir um *Workshop* de Planejamento Estratégico

As **funções e responsabilidades dos instrutores** e **facilitadores** dos *workshops* de planejamento estratégico foram descritas no Capítulo 15.

Antes de prosseguirmos, recomendamos a leitura cuidadosa dos seguintes tópicos:
- √ o facilitador e o instrutor (Tópico 15.1.2);
- √ a escolha do facilitador e do instrutor (Tópico 15.2.5);
- √ o facilitador da gestão estratégica (Tópico 15.4.2).

Este tópico detalha e aprofunda os encargos e providências sob responsabilidade do **facilitador** e do **instrutor**, em três grandes fases do trabalho: *antes*, *durante* e *após* o *workshop*.

As atividades que envolvem o **instrutor** estão fortemente concentradas durante o *workshop*, embora haja algumas poucas atividades antes e depois, conforme descritas a seguir. Já o **facilitador** tem muitas tarefas antes, durante e após o *workshop*.

20.2.1 Recomendações ao Facilitador

O trabalho do **facilitador** inicia-se com sua convocação e designação pelo dirigente responsável pela organização do evento, aqui chamado de Diretor de Contato.

O Diretor de Contato é o dirigente responsável, perante a Diretoria Geral, para dar todo o apoio à realização do *workshop* e reportar à Direção Geral o andamento, os problemas e os resultados do trabalho, conforme descrevemos a seguir.

1. Providências a serem tomadas *antes* do *workshop*
    - √ preparar o Roteiro (ver site) detalhado, conforme o Nível de Intervenção Estratégica (ver site);
    - √ selecionar data e local e submeter à aprovação;
    - √ selecionar os participantes, os convocados e os convidados;
    - √ preparar e distribuir o material de leitura prévia;
    - √ submeter todos os itens mencionados anteriormente à aprovação do Diretor de Contato designado;
    - √ preparar uma apostila, com cópia das transparências PowerPoint, para que os participantes sigam as apresentações conceituais e tenham os enunciados dos trabalhos das equipes;
    - √ obter um número suficiente de exemplares deste livro, se for o caso, para distribuir aos participantes;
    - √ preparar todo o material constante da lista de Equipamentos e Materiais de Apoio (ver site);
    - √ montar e instruir as equipes de secretaria, de apoio e de síntese;
    - √ vistoriar o local para verificar instalações, iluminação, disponibilidade de recursos locais (tomadas, voltagem, som etc.) para o plenário, as salas das equipes de trabalho, a equipe de apoio e a secretaria;
    - √ vistoriar as condições de refeição e *coffee-break*;
    - √ preparar e conferir as convocações, os convites e as respectivas confirmações, inclusive na véspera;
    - √ vistoriar todo o material de trabalho necessário;
    - √ preparar recursos para atendimento de emergências (médicas, de segurança, de clientes, operacionais, administrativas, de deslocamentos, familiares e de outros imprevistos);
    - √ identificar eventuais participantes com necessidades especiais (locomoção, dietas, audição, visão etc.) para atendê-los adequadamente, na medida do possível.

2. Ações a serem realizadas *durante* o *workshop*
    - √ coordenar o evento como um todo, controlando o tempo de cada segmento — fazer ajustes, quanto ao tempo, para adequá-lo a eventuais variações imprevistas em algum segmento;
    - √ orientar a secretaria na montagem das equipes para cada um dos trabalhos a serem realizados, conforme a metodologia sugerida em Instruções para montagem das equipes (ver site);
    - √ coordenar e supervisionar os trabalhos das equipes, mas sem entrar no mérito de suas conclusões;

- vistoriar o andamento da equipe de apoio e secretaria, como refeições, limpeza, segurança etc.;
- providenciar a rotação dos crachás sobre as mesas, visando à maior integração dos participantes;
- assegurar que a **equipe de síntese** faça seu trabalho com qualidade e em tempo, inclusive a produção das revisões dos relatórios, à medida que os participantes forem entregando seus comentários, críticas e sugestões;
- supervisionar o trabalho da secretaria na produção do "documento final" do *workshop*.

3. Ações a serem realizadas *depois* do *workshop*
   - coordenar a produção do "documento final" dos trabalhos do *workshop*;
   - apresentar o "documento final" ao Diretor de Contato em até 15 dias corridos após o término do *workshop*;
   - acompanhar o processo de aprovação do documento pela Diretoria Geral e fazer eventuais correções ou adições por ela determinadas;
   - coordenar a execução dos detalhamentos dos **planos de ação** necessários;
   - compatibilizar e complementar os números do documento final, preenchendo eventuais lacunas;
   - acompanhar as execuções dos planos de ação reportando os progressos, os resultados e as eventuais dificuldades ao Diretor de Contato;
   - coordenar as reuniões de acompanhamento da implantação dos planos de ação com os responsáveis pelos projetos;
   - coordenar as reuniões de acompanhamento e revisão do plano estratégico com a Direção Geral da entidade.

20.2.2 Recomendações ao Instrutor

1. Providências a serem tomadas *antes* do **workshop**

   Como o **instrutor** atua, basicamente, durante o *workshop*, as principais recomendações preparatórias são:
   - acertar, com o **facilitador**, o local e as condições para realização do *workshop*;
   - detalhar, com o facilitador, o **roteiro passo a passo**, abrangendo a integração dos participantes, as apresentações conceituais, os trabalhos em equipe, os filmes motivacionais, os momentos de congraçamento e de descontração;
   - vistoriar o local para verificar instalações, iluminação, disponibilidade de recursos de apoio e de infra-estrutura (tomadas, voltagem, som etc.);
   - preparar as transparências (eletrônicas ou físicas) que serão usadas para os módulos de instrução constantes do roteiro;
   - verificar disponibilidade de tempo para cada módulo;
   - assegurar-se de que os conceitos necessários para os exercícios constantes do roteiro programado pelo facilitador sejam ministrados e explicados antes que eles venham a ser necessários para os exercícios;

- testar, com *antecedência* de pelo menos três horas, os equipamentos de som, de iluminação, o computador, o projetor multimídia, o retroprojetor, o videocassete ou o leitor DVD, bem como os filmes, as canetas e pincéis atômicos para os *flip-charts*;
- verificar a existência de transparências virgens, de canetas para transparências e de papel sulfite;
- verificar os crachás de mesa, a arrumação das salas para as equipes de trabalho, de apoio, de secretaria e de equipe de síntese.

2. Ações a serem realizadas *durante* o *workshop*:
   - fazer as exposições programadas, usando todos os recursos audiovisuais disponíveis;
   - esclarecer as dúvidas conceituais e metodológicas dos participantes, sem entrar no mérito da aplicação específica;
   - acompanhar e coordenar o debate sobre os filmes motivadores que forem apresentados;
   - verificar se os resultados dos trabalhos das equipes estão relacionados aos conceitos e à metodologia apresentados;
   - dar apoio ao trabalho da equipe de síntese e verificar se os sumários por ela preparados estão relacionados aos conceitos e à metodologia apresentados.

3. Ações a serem realizadas *depois* do *workshop*
   - dar apoio ao facilitador na consolidação final do plano estratégico, se solicitado, quanto aos aspectos conceituais e metodológicos;
   - fazer revisões conceituais e metodológicas para o corpo dirigente, se for solicitado para isso.

Outras informações, sugestões e instruções detalhadas para as atividades preliminares e posteriores ao *workshop*, bem como durante sua realização, podem ser encontradas no *site* do livro (**ver mapa do *site*, nas páginas XXXVIII e XXXIX**).

20.3 Roteiro para Elaboração de um Projeto de Planejamento Estratégico

Um plano estratégico aqui sugerido, para trabalho de estudantes, acadêmicos, consultores e gerentes, na sua versão mais abrangente, é composto de 16 tópicos, os quais são descritos a seguir.

Embora o tópico esteja mais voltado para estudantes de Administração de Empresas, esse roteiro também poderá ser usado em situações empresariais, com as devidas simplificações ou adições.

Caberá ao professor-instrutor, entretanto, a responsabilidade de avaliar o grau de prontidão dos seus estudantes e selecionar, dentre os 16 tópicos, aqueles que eles têm condições de efetuar com bom aproveitamento, dispensando aqueles tópicos para os quais perceba que terão muita dificuldade ou que não estejam ainda preparados para enfrentá-los.

O plano deverá ser sucinto e assertivo, descrevendo apenas as conclusões e as recomendações dos participantes. O resultado do trabalho será uma apresentação em PowerPoint, por exemplo, com um material dotado de 15 a 25 transparências. O prazo para apresentação será combinado na primeira aula. O projeto será executado, preferencialmente, em equipes de quatro a cinco estudantes, de preferência com perfis pessoais e profissionais bem diferenciados, para aumentar a troca de experiência entre eles e, conseqüentemente, o aprendizado. Os colegas escolherão um(a) moderador(a) e um(a) relator(a) para os trabalhos da equipe.

A apresentação final deverá ter, obrigatoriamente, a participação de todos os membros da equipe. Cada equipe terá, no máximo, 20, minutos para apresentar o trabalho. Haverá mais cinco minutos para respostas às perguntas do professor e dos demais colegas. Por exigüidade do tempo total, os 20 minutos não poderão ser excedidos de forma nenhuma. O(a) moderador(a) da equipe controlará o tempo. A ordem de apresentação dos projetos será sorteada na hora, para evitar preferências. A clareza e a concisão também serão fatores importantes a serem avaliados pelo professor.

Seguem os itens a serem desenvolvidos, em forma de roteiro, com as respectivas recomendações, instruções e conceitos necessários para o desenvolvimento de um bom plano estratégico, tanto para uso didático como para uso profissional.

20.3.1 Descrição do Empreendimento

Escolham um empreendimento, uma empresa ou um projeto em andamento, na área privada, de preferência na área de interesse da turma, o qual se conheça bem, tenha acesso a informações gerais e pelo qual se esteja interessado no crescimento, permanência e sobrevivência. Pode ser, por exemplo, um pequeno negócio já em andamento, um novo empreendimento industrial, comercial ou de serviços, um programa de diversificação e expansão, um negócio em situação de crise, com riscos de fechar, ou até uma ONG ou uma entidade do terceiro setor.

Digam, neste tópico, qual foi o empreendimento escolhido e qual a razão da escolha. Formadas as equipes, escolhidos os projetos, o(a) moderador(a) e o(a) relator(a), informem todos os dados ao professor.

Descrevam o empreendimento em uma ou duas transparências. Sua origem, seus fundadores/iniciadores, quais eram suas atividades iniciais e quais são as atuais. Estimem um número mensal de pessoas ou clientes atendidos, o número de colaboradores envolvidos (tanto remunerados quanto voluntários), suas áreas de atuação e o movimento financeiro da organização escolhida (entradas, saídas, investimentos). Falem brevemente sobre os problemas pelos quais o empreendimento está passando e quais são os desafios que se apresentam aos seus dirigentes para assegurar sua sobrevivência e permanência. Façam uma breve análise diagnóstica de sua situação estratégica, de sua prontidão estratégica e da mentalidade estratégica de seus dirigentes do primeiro, do segundo e do terceiro nível hierárquicos, usando, no que for aplicável, os questionários do Tópico 20.1.

20.3.2 Visão do Empreendimento[8]

Formulem uma redação para a visão do empreendimento, conforme as seguintes orientações: o objetivo deste tópico é formular uma proposta de visão para a empresa ou entidade, de forma sintética, clara e inspiradora. Deve ser uma redação específica para a empresa ou entidade, algo que a distinga, que a caracterize; aquilo que se pretende que a empresa ou entidade venha a ser no futuro. Mas cuidado: a "**visão**" não é um *slogan* para a empresa. O *slogan* é uma frase de marketing, para uso externo. A **visão** é primordialmente voltada para uso interno à empresa.

Conceito de Visão — o conceito de visão está expresso no Capítulo 3, em especial o Tópico 3.2.

20.3.3 Missão e Abrangência do Empreendimento[9]

Formulem uma redação para a missão e uma para a abrangência do empreendimento. Devem ser redações sucintas, claras, escritas de forma a torná-las específicas para a empresa ou entidade escolhida, algo que a distinga, que a caracterize.

Conceito de Missão — Qual a razão de ser da empresa ou entidade? Por que e para que ela existe? Qual o seu papel na cidade, na região ou no país?

Conceito de Abrangência — Quais são os limites reais ou auto-impostos para a atuação da empresa ou entidade? Onde ela deve concentrar sua atenção, seu esforço e sua energia? E para quais grupos humanos? Citem os limites geográficos, temporais, políticos, legais ou outros para atuação da empresa ou entidade.

20.3.4 Princípios e Valores do Empreendimento[10]

Formulem uma redação para os princípios e valores do empreendimento. O objetivo deste tópico é formular uma proposta de um corpo sintético de valores e princípios para a empresa ou entidade. Eles devem ser específicos para ela, algo que a distinga, que a caracterize.

Conceito de Princípios — são os pontos básicos sobre os quais a empresa ou entidade fundamenta sua atuação e dos quais ela não deveria estar disposta a abrir mão. São as verdades e crenças básicas da organização. São os balizamentos que devem limitar e condicionar as decisões e os processos decisórios da empresa ou entidade no cumprimento de sua missão.

Conceito de Valores — são as virtudes e características meritórias, existentes ou desejáveis, que a organização tem ou quer ter e/ou incentivar.

---

[8] Para aprofundar o assunto, reveja o Capítulo 3, em especial o Tópico 3.2.
[9] Para aprofundar o assunto, reveja o Capítulo 3, em especial o Tópico 3.2.
[10] Para aprofundar o assunto, reveja o Capítulo 4, em especial o Tópico 3.3.

20.3.5 Análise do Ambiente Externo[11]

Formulem uma avaliação do ambiente externo do empreendimento, começando por catalisadores e ofensores e, depois, oportunidades e ameaças, conforme as seguintes conceituações:

Conceito de Catalisadores — são situações externas atuais, **tendências** ou **descontinuidades**, que, se adequadamente aproveitadas pela empresa ou entidade, podem influenciá-la positivamente no cumprimento de seu **propósito**.

Conceito de Ofensores — são situações externas atuais, **tendências** ou **descontinuidades**, que, se não eliminadas ou prevenidas, podem afetar negativamente a organização no cumprimento de seu **propósito**.

Conceito de Oportunidades — são situações externas, **tendências** ou **descontinuidades** futuras, que, se adequadamente aproveitadas pela empresa ou entidade, podem influenciá-la positivamente no cumprimento do seu **propósito**.

Conceito de Ameaças — são situações externas, **tendências** ou **descontinuidades** futuras, que, se não eliminadas, minimizadas ou prevenidas pela empresa ou entidade, podem afetá-la negativamente no cumprimento do seu **propósito**.

Observação: lembrem-se de que podem existir fatores externos que possibilitam a caracterização, ao mesmo tempo, como **catalisadores** e como **ofensores**, ou como **oportunidades** e como **ameaças**. A equipe deve estar atenta para identificar cada um deles.

20.3.6 Análise do Ambiente Interno[12]

O objetivo deste tópico é identificar os principais pontos fortes, pontos fracos e pontos a melhorar na empresa ou entidade.

Conceito de Pontos Fortes — são características positivas, presentes na empresa ou entidade, tangíveis ou intangíveis, que influenciam favoravelmente a organização no cumprimento do seu **propósito**.

Conceito de Pontos Fracos — são características negativas, presentes na empresa ou entidade, tangíveis ou intangíveis, que a influenciam negativamente no cumprimento do seu **propósito**.

Conceito de Pontos a Melhorar — são características positivas, presentes na empresa ou entidade, tangíveis ou intangíveis, porém não em nível suficiente para influenciar positivamente a organização no cumprimento do seu **propósito**.

Os **10-Ms do autodiagnóstico**, apresentados no Tópico 8.3, o **Gráfico-radar**, no Tópico 8.4 e o **Gráfico-radar das áreas críticas**, no 8.5, são formas sintéticas e comunicativas de representar os resultados dessa análise.

---

[11] Para aprofundar o assunto, reveja o Capítulo 6, em especial o Tópico 6.2.

[12] Para aprofundar o assunto, reveja o Capítulo 8, em especial o Tópico 8.2.

20.3.7 Segmentação do Mercado em Áreas Estratégicas[13]

O objetivo deste tópico é identificar as principais áreas estratégicas de negócio nas quais a empresa ou entidade atua e pretende atuar no futuro.

Conceito de Áreas Estratégicas — entende-se como área estratégica uma combinação de tipo de serviço *versus* tipo de público-alvo *versus* tecnologia *versus* geografia, para a qual se pretenda desenvolver estratégias competitivas e/ou cooperativas, metas, planos de ação, orçamentos e planos de capacitação específicos.

Observação: espera-se que a lista final tenha entre quatro e sete áreas atuais de atuação, e entre quatro e sete novas áreas de atuação.

20.3.8 Análise e Balanceamento do Portfólio[14]

O objetivo deste tópico é esboçar uma avaliação do grau de adequação e do balanceamento do portfólio da empresa ou entidade, mapeando as áreas estratégicas atuais e as novas nos quatro quadrantes do portfólio e analisando-o como um todo.

Conceito de Portfólio — chama-se de portfólio ao conjunto de áreas estratégicas em que a empresa ou entidade atua ou pretende atuar.

Conceito de Atratividade — a avaliação da atratividade leva em conta o interesse despertado, na empresa ou entidade, por uma área estratégica particular. Ela depende do volume e do crescimento do mercado, do estágio do ciclo de vida, da concorrência, dos resultados e do grau de riscos do negócio ou da atividade.

Conceito de Competitividade — a avaliação da competitividade leva em conta o número e a presença de concorrentes, dos fatores-chave de escolha no mercado particular e da força da empresa ou entidade para conquistar e manter posições competitivas.

Conceito de Balanceamento do Portfólio — tem-se um portfólio bem balanceado se:

- ele procura manter as áreas de negócio bem distribuídas entre os quadrantes nascedouro, estrela e vaca leiteira;
- ele não tem nenhuma área estratégica na posição de cão de estimação;
- as áreas de negócio estão bem distribuídas pelos estágios do ciclo de vida do produto, do serviço, ou do mercado;
- as áreas de negócio não estão todas vulneráveis *a um mesmo* fator de risco;
- houver sinergia positiva entre as diversas áreas de negócios, se não houver nenhuma situação de sinergia negativa entre elas.

20.3.9 Estratégias Competitivas[15]

O objetivo deste tópico é formular estratégias competitivas recomendáveis para garantir uma atuação vencedora da empresa ou entidade. As estratégias competitivas

---

[13] Para aprofundar o assunto, reveja o Capítulo 9, em especial o Tópico 9.1.
[14] Para aprofundar o assunto, reveja o Capítulo 9, em especial o Tópico 9.5, e o Capítulo 10.
[15] Para aprofundar o assunto, reveja o Capítulo 11, em especial os Tópicos 11.1 e 11.2, e o Capítulo 17.

devem ser desenvolvidas de forma específica e individualizada para cada uma das áreas estratégicas selecionadas. Qual é a ação ou quais são as ações recomendadas para a empresa naquele mercado em vista das posições assumidas pelos concorrentes? Decisões como manter, expandir, investir ou desativar são estratégias genéricas possíveis. Recomenda-se o estudo do Capítulo 17 para decidir "qual jogo jogar", se cooperativo, se competitivo, se equilibrado, se hierárquico, dentro da Matriz de Jogos Estratégicos (MJE).

Conceito de Estratégias Competitivas — o que a empresa ou entidade decide fazer em cada área estratégica, considerando-se as oportunidades e ameaças específicas, os fatores-chave de escolha, a potencialidade daquele mercado e a posição estratégica assumida por seus concorrentes diretos.

20.3.10 Estratégias Corporativas[16]

O objetivo deste tópico é formular as estratégias recomendáveis para o desenvolvimento da empresa, a fim de garantir sua atuação vitoriosa, visando o pleno cumprimento do seu propósito, a médio e longo prazo.

Conceito de Estratégias Corporativas — o que a empresa ou entidade opta fazer, em grandes linhas, considerando-se as tendências, as oportunidades e as ameaças, os catalisadores e os ofensores do ambiente externo, bem como os pontos fortes, os pontos fracos e os pontos a melhorar, identificados na empresa ou entidade. Estratégias corporativas genéricas possíveis: expansão, diversificação, alianças, parcerias, globalização, investimentos, qualidade, entre outras, como mostrado no Tópico 11.5.

20.3.11 Estratégias Funcionais e Planos de Capacitação[17]

O objetivo deste tópico é formular as estratégias funcionais da organização e um esboço de um plano de capacitação para a empresa ou entidade, destinados ao próximo período de planejamento, envolvendo aspectos corporativos, competitivos e os referentes às áreas funcionais da empresa.

Conceito de Estratégias Funcionais — chamam-se de estratégias funcionais as ações que a empresa decide tomar para assegurar o fornecimento confiável — atual e futuro — dos recursos estratégicos necessários à boa operação da organização, tais como recursos humanos, recursos financeiros, tecnologias, matérias-primas etc. Os conceitos de estratégias funcionais e de plano de capacitação estão detalhados no Capítulo 12. Ressalte-se que deve ficar muito clara a justificativa dos planos propostos, como decorrência direta das lacunas detectadas.

---

[16] Para aprofundar o assunto, reveja o Capítulo 3, em especial o Tópico 3.5, e o Capítulo 11, em especial os Tópicos 11.3 e 11.5.

[17] Para aprofundar o assunto, reveja o Capítulo 12, em especial os Tópicos 12.4 e 12.5.

20.3.12 Objetivos e Metas[18]

O objetivo deste tópico é formular os objetivos e as metas para a empresa ou entidade destinados aos próximo período de cinco a dez anos.

Conceito de Objetivos e Metas — são resultados quantitativos ou qualitativos que a empresa ou entidade se propõe a alcançar, em um prazo predeterminado, como medidas objetivas de verificação da implementação de suas estratégias. Os objetivos e metas não devem ser exageradamente ambiciosos, para não desanimar os executores, por considerá-las inatingíveis. No entanto, não devem ser tão frouxas, fáceis de atingir ou manter, a fim de que não sejam insuficientes para criar um ambiente de animação e de motivação para a construção do futuro almejado.

Conceito de Objetivos — são resultados *quantitativos ou qualitativos* que se propõe a *manter*, ao longo do tempo, como medidas objetivas de verificação do cumprimento e da manutenção das estratégias estabelecidas.

Conceito de Metas — são resultados *quantitativos ou qualitativos* que se propõe a alcançar, *em certa data*, como medidas objetivas de verificação do alcance das estratégias estabelecidas.

Observações:

- os objetivos e as metas devem *decorrer* das estratégias propostas, e não o contrário;
- por uma questão metodológica, sugere-se agrupar os objetivos e as metas em períodos de longo, médio e curto prazo, nessa ordem.

20.3.13 Planos de Ação[19]

O objetivo deste tópico é esboçar planos de ação para a implementação das estratégias estabelecidas nos objetivos e metas, propostos nos tópicos anteriores.

Conceito de Plano de Ação — um bom plano de ação deve ser simples, realista e realizável. Um plano de ação deve conter uma seqüência de passos ou etapas (ver Quadro 13.7), descrevendo-se, para cada uma: "O que deve ser feito? Quem deve fazer? Como deve fazer? Quando deve estar pronto? Quais os recursos necessários?".

Observações:

- como o número de planos de ação, no caso geral, costuma ser muito grande, a equipe deverá escolher, ilustrativamente, apenas um plano para apresentação no final do curso. Mas, na vida real, todos os planos de ação para os tópicos relevantes precisam ser apresentados;
- para os projetos mais complexos, envolvendo muitas atividades inter-relacionadas, sugere-se adotar o material contido no Tópico 19.5, usando a metodologia de gestão de projetos.

---

[18] Para aprofundar o assunto, reveja o Capítulo 13, em especial o Tópico 13.1.1.
[19] Para aprofundar o assunto, reveja o Capítulo 13, em especial o Tópico 13.4.

20.3.14 Investimentos Estratégicos[20]

O objetivo deste tópico é formular um esboço de um **plano de investimentos** para a empresa ou entidade, para o próximo horizonte de planejamento. Os **investimentos** devem decorrer das estratégias propostas. Esse nexo de decorrência precisa ficar explícito no documento. Usem apenas valores anuais, arredondados. Dependendo do porte dos investimentos, poderão ser aplicadas técnicas de avaliação de investimentos, tais como **Análise de Fluxo de Caixa**, **Valor Presente Líquido** (VPL), **Tempo de Retorno do Investimento** (*Payback Period*), **Taxa Interna de Retorno** (TIR) ou outras[21].

Conceito de Investimento Estratégico — este conceito está contido no Capítulo 13. É importante lembrar que deve ficar clara a justificativa dos investimentos propostos, como decorrência direta das estratégias competitivas, corporativas e funcionais, além dos objetivos e metas propostos.

20.3.15 Orçamento Estratégico[22]

O objetivo deste tópico é esboçar, em forma de uma simples planilha ou tabela, um orçamento estratégico da empresa ou entidade, ano a ano, por cinco a dez anos, mostrando receitas, custos, margens por área de atuação e totais. Usem apenas valores anuais, arredondados. Sugere-se examinar o Capítulo 13 para um modelo do orçamento estratégico, detalhando-se, pelo menos: entradas e receitas, custos de produção, despesas gerais, margens brutas, margens líquidas, investimentos estratégicos, fontes de recursos financeiros, eventuais pagamentos de empréstimos e financiamentos.

20.3.16 Cronograma-macro de Implantação[23]

O objetivo deste tópico é esboçar, de forma simples, a seqüência macro de atividades para a implantação da gestão estratégica na empresa ou entidade, semestre a semestre, para um horizonte de cinco a dez anos, indicando as principais atividades, projetos, programas e eventos-chave da implantação. Indiquem, se possível, a interdependência entre os programas e atividades. Sugerimos buscar inspiração nas Figuras 13.2 e 13.3 e na Tabela 14.1.

20.4 Aplicação da Gestão Estratégica para Outros Tipos de Entidades e Organizações

A maioria das conceituações e metodologias apresentadas neste livro aplica-se, primordialmente, a empresas convencionais, ou seja, empresas que estão no livre mercado, disputando seus clientes e competindo com seus concorrentes.

---

[20] Para aprofundar o assunto, reveja o Capítulo 13, em especial o Tópico 13.5.1.

[21] Veja ROSS, S. A.; WESTERFIELD, R. W.; JORDAN, B. D. *Princípios de administração financeira*. 2. ed. São Paulo: Atlas, 2002.

[22] Para aprofundar o assunto, reveja o Capítulo 13, em especial o Tópico 13.5.2.

[23] Para aprofundar o assunto, reveja o Capítulo 13, em especial o Tópico 13.5.3 e as Figuras 13.2, 13.3, bem como o Capítulo 14, em especial o Tópico 14.4 e a Tabela 14.1.

O que dizer, entretanto, das **cooperativas**, das **associações**, dos *clusters* empresariais, das **cadeias produtivas integradas**, das **organizações sem fins lucrativos** e das **entidades do terceiro setor**? São esses tipos de organização que abordaremos a seguir.

20.4.1 As Entidades do Terceiro Setor (ETS)[24]

O conceito de **entidade do terceiro setor**, aqui abreviado por ETS, é bastante elástico, variando de autor para autor. No entanto, neste livro, chamaremos de ETS simplesmente aquelas organizações da sociedade civil em que o objetivo não é a geração de lucros, mas o atendimento de alguma necessidade da sociedade, ou de algum grupo específico, independentemente de sua forma jurídica ou de sua regulamentação. Esse tipo de entidade tem existência que perpassa os séculos; um exemplo, no Brasil, são as Santas Casas de Misericórdia e outras organizações congêneres. Mais recentemente, reconhecendo as dificuldades do Estado e dos governos de suprirem todas as necessidades da sociedade, as iniciativas particulares, da sociedade civil organizada, foram se ampliando. Fala-se que hoje, no Brasil, existem mais de 200 mil organizações dessa natureza, empregando muito mais de um milhão de pessoas, de empresas informais àquelas contempladas pela estrutura jurídica do País.

Nesta categoria, estão, por exemplo, as fundações, as associações comunitárias, as associações esportivas, as entidades filantrópicas, educacionais, de promoção humana, as associações religiosas, os partidos políticos, as entidades de representação ou de defesa de direitos, as associações profissionais, independentemente de sua forma de regulamentação, voltadas para crianças, adolescentes, moradores de rua, carentes, minorias, imigrantes, doentes, idosos e uma infinidade de grupos-alvo com algum tipo de necessidade especial, não plenamente atendidas pelas iniciativas dos poderes governamentais. Embora muito diferentes entre si, faremos, a seguir, algumas considerações sobre certas características presentes em praticamente todas as ETS.

20.4.1.1 Peculiaridades diferenciadoras das ETS

Administrar uma ETS é muito diferente de administrar uma empresa, principalmente por causa de suas peculiaridades, mencionadas a seguir:
- ausência de medidas objetivas de lucros e resultados quantitativos;
- ausência do sentido de competição, o que, às vezes, leva à ausência de motivação;
- interesses políticos, pessoais, familiares, religiosos ou ideológicos estão acima dos conceitos de eficiência, eficácia, produtividade, qualidade ou excelência;
- força da tradição dos fundadores, engessando as organizações e dificultando as ações criativas e inovadoras;

---

[24] Este tópico tem por base informações e dados contidos em CARVALHO, F. Práticas de planejamento estratégico e sua aplicação em organizações do terceiro setor. 2004. Dissertação (Mestrado em Administração) — Faculdade de Economia, Administração e Ciências Contábeis, Universidade de São Paulo, São Paulo.

- baixos salários e remuneração dos administradores, gerentes, supervisores e funcionários, dificultando o recrutamento dos "melhores" do mercado para administrar a ETS.

Muitas dessas peculiaridades se devem à própria natureza das ETS, cujas principais características diferenciadoras podem ser:
- alto grau de informalidade, principalmente ao se considerar que muitas dessas entidades estão nas mãos de voluntários, muitos dos quais trabalham com outros propósitos pessoais que não o de usar da melhor maneira possível os escassos recursos disponíveis;
- a motivação para o trabalho não costuma ser associada a metas de eficácia e eficiência, mas aos ideais compartilhados por seus membros;
- as fontes de financiamento limitam e condicionam os planos e sonhos;
- raramente dispõem de dados objetivos, o que faz os planos serem muito condicionados a opiniões e crenças de algumas pessoas ou do grupo fundador, sem base na realidade atual.

20.4.1.2 Planejamento e gestão estratégica da ETS

Apesar das peculiaridades das ETS, elas *também* precisam de planejamento e gestão estratégica. Na verdade, por mais estranho que possa parecer, são justamente as ETS que mais precisam de um bom planejamento e uma boa gestão estratégica. Isso porque:
- elas trabalham com pessoas que se motivam muito mais por participar de "obras" que envolvem grandes causas do que pela remuneração em si. Assim, uma visão inspiradora, uma missão clara e convincente, estratégias compartilhadas e formuladas em consenso geram uma energia ainda maior para a superação de todas as dificuldades que se apresentam às ETS, como a falta de recursos;
- essas entidades buscam seus recursos em "corações generosos", que são muito mais facilmente sensibilizados a contribuir se puderem entender o verdadeiro papel assistencial, social, religioso ou comunitário que elas se propõem a cumprir;
- como as demandas são muito grandes e as necessidades imensas, a busca de um foco claro e disciplinado permitirá a uma ETS concentrar seus esforços e conseguir resultados para demonstrar à sociedade e aos seus beneméritos e financiadores que ela está "fazendo a sua parte".

20.4.1.3 Recomendações para implantação eficaz de gestão estratégica em uma ETS

Com base em nossa experiência, atuando como facilitador e instrutor em iniciativas de planejamento e gestão estratégica em mais de três dezenas de ETS, em áreas como educação e saúde, em entidades beneficentes, religiosas, missionárias, promoção humana, bem como baseando-nos na experiência de outros consultores, mostramos, a seguir, alguns desafios específicos que precisam ser enfrentados para se implementar mecanismos e processos de gestão estratégica nesses tipos peculiares de organização:

- desenvolver, de forma consensual, uma formulação de visão, de missão, de princípios e de valores muito claros, verdadeiros e inspiradores;
- repensar o conceito de resultados, já que o objetivo não é o lucro em si: "O que realmente se espera que a entidade produza para a sociedade? Como avaliar isto? Como medir?";
- formular um painel de indicadores de desempenho operacional e estratégico que faça sentido para os beneficiários da entidade — o seu público-alvo — e demais *stakeholders* (ver Tópico 6.4), principalmente os que contribuem financeiramente para o seu sustento. O BSC, descrito no Tópico 19.4, é também uma boa sugestão;
- trabalhar focando o *propósito* e a *missão*, apesar de toda a tentativa — e tentação... — de, por idealismo ou irrealismo, expandir as atividades para além do foco e dos escassos recursos disponíveis;
- treinar o maior número de pessoas, nos diversos níveis, com os conceitos de gestão estratégica, para que todos possam participar efetivamente e construtivamente nos exercícios e, principalmente, na implantação dos resultados;
- usar o mecanismo de elaboração do planejamento como instrumento de envolvimento e de comprometimento das pessoas; um plano feito por uma consultoria, por melhor que seja, nunca traz esse benefício essencial;
- implantar mecanismos incisivos de acompanhamento periódico de resultados, para rever os planos e as ações, fazendo correções rápidas sempre que se fizer necessário;
- evitar a busca do "ótimo ideal" a qualquer custo, pois isso, muitas vezes, resulta em imobilismo; deve-se dizer e agir, considerando que, às vezes, o "ótimo" é inimigo do "bom" e, muitas vezes, o "bom" é inimigo do "razoável";
- utilizar extensiva e persistentemente o roteiro para elaboração de um projeto didático de planejamento estratégico, descrito no Tópico 20.3, com as simplificações que se fizerem necessárias; a maioria dos financiadores que conhecemos somente se compromete com novas contribuições se tiverem certeza de que a entidade está sendo bem administrada, de que os recursos têm destino predeterminado e de que receberão relatórios circunstanciados da aplicação dos recursos e dos resultados obtidos;
- lembrar que a maioria dos fundos de financiamento de projetos, governamentais ou privados, exige relatórios claros, concisos e convincentes para solicitação de dotações; aquelas entidades capazes de demonstrar que sabem o que querem, e que sabem administrar bem os recursos recebidos, terão preferência nos recursos futuros.

20.4.2 Os Clusters

Um *cluster* é um aglomerado de empresas ou entidades, com finalidades semelhantes e/ou complementares, tais como produtivas, comerciais, de serviços, de entretenimento, ou uma combinação delas.

Usamos uma caracterização proposta em Zaccarelli[25]:

> ... um *cluster* não é uma organização formalizada de empresas, na qual elas se inscrevem e ganham uma carteirinha de membro do *cluster*, como se fosse um clube ou associação. O *cluster* existe naturalmente, mesmo que as empresas que dele participam não tenham consciência de sua existência... Nesse sistema, elas acabam agindo como um todo integrado, embora os empresários nunca tenham planejado isso formalmente.

É claro que esse conceito é genérico, precisando ser aplicado com cuidado a cada caso particular; mas ele dá uma idéia do sentido original da palavra *cluster* e sua interpretação.

Um *cluster* pode surgir de iniciativas individuais esparsas, não coordenadas e não combinadas, lenta e espontaneamente, crescendo e organizando-se autonomamente, atendendo a alguma necessidade do mercado percebida individualmente por vários agentes econômicos. Ele cresce em um círculo virtuoso, por meio de um feliz efeito de contágio positivo, e, à medida que suas vantagens competitivas integradas forem se manifestando, o *cluster* continua crescendo e fortalecendo-se.

Mais recentemente, agências de incentivo ao empreendedorismo, como o Sebrae e outras, têm promovido esforços de incentivo à formação de *clusters*. Mas, efetivamente, um *cluster* só "decola" e solidifica-se se houver condições prévias reais para sua existência. Portanto, as ações externas só podem incentivar, motivar, capacitar, acelerar e até financiar empresas ou pessoas que se disponham a participar de um *cluster*.

Vale dizer que um *cluster* tem muito mais uma característica de "anarquia auto-organizada" do que de uma estrutura hierárquica rígida ou burocrática. Ele é muito mais parecido com uma revoada organizada de pássaros, com uma colônia de fungos, com o caótico movimento de pedestres em uma praça, do que com a movimentação ordenada e disciplinada de um pelotão do exército.

Assim, a estrutura organizacional de um *cluster* é o que se pode chamar de uma **heterarquia**, ou seja, não há um chefe, um cabeça, um controlador-mor, mas tudo funciona como se houvesse um, como nos sistemas auto-organizados.

20.4.2.1 Como competir em um *cluster*

Uma forma interessante de tratar os aspectos competitivos de um ***cluster***, como uma entidade organizacional virtual complexa, em múltiplos relacionamentos com clientes, fornecedores, complementadores e concorrentes, é o uso do já apresentado conceito de rede de valor — como visto no Tópico 17.1.4 e ilustrado na Figura 20.1, a seguir.

Para um *cluster*, os jogos cooperativos são os mais indicados para o relacionamento com clientes, com fornecedores e com complementadores; já os jogos competitivos são os indicados para o relacionamento com outros *clusters* e com empresas concorrentes, como se fez para uma empresa isolada no Tópico 17.1.4.

---

[25] ZACCARELLI, S. B. *Estratégia e sucesso nas empresas*. São Paulo: Saraiva 2000, p. 198.

Figura 20.1 A Rede de Valores para um *Cluster*

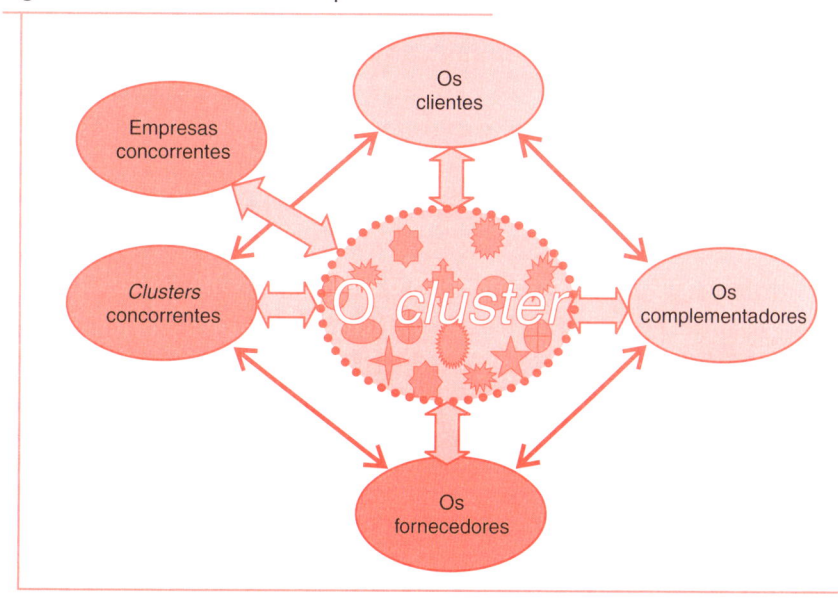

Cada empresa individual pertencente a um *cluster*, por sua vez, pode formular suas próprias estratégias competitivas e cooperativas, considerando agora os clientes internos e externos ao *cluster*, fornecedores internos e externos, complementadores internos e externos, bem como concorrentes internos e externos, como se pode observar na Figura 20.2, a seguir.

Figura 20.2 A Rede de Valores para uma Empresa Dentro do *Cluster*

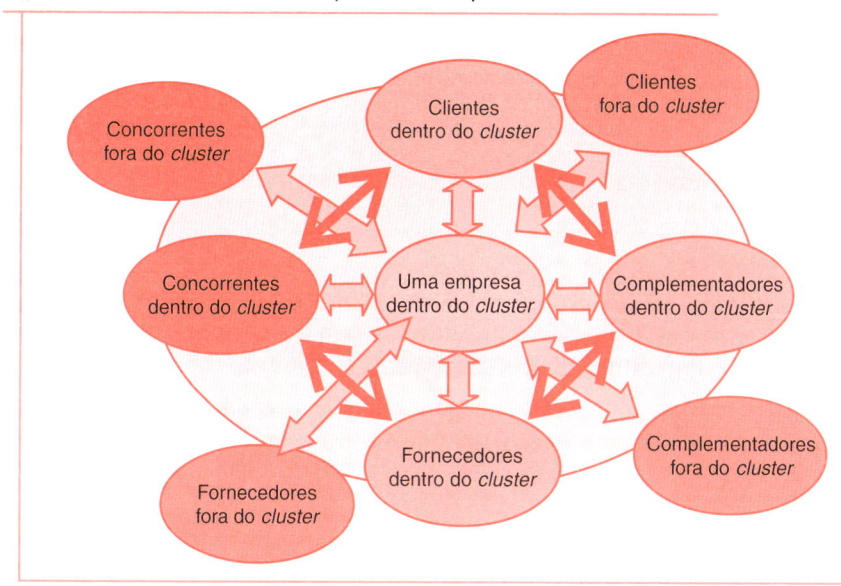

20.4.2.2 As forças competitivas de um *cluster*

Algumas questões intrigantes surgem quando se examina, estrategicamente, ao longo dos anos, o surgimento, o crescimento, a estagnação e a eventual morte de um *cluster*:

- Por que alguns *clusters* "vingam" e crescem saudáveis?
- Por que outros *clusters* "abortam" e morrem?
- Seria possível antecipar as chances reais de um *cluster* vingar ou abortar?

Causas estruturais e causas conjunturais podem estar presentes para explicar este fenômeno. Vejamos, primeiro, as **circunstâncias estruturais**.

Para responder às perguntas levantadas anteriormente, é importante identificar quais são as forças competitivas geralmente presentes em um *cluster* vencedor. ZACCARELLI[26] sugere a seguinte lista:

- alta concentração geográfica;
- existência de todos os tipos de empresas e instituições de apoio;
- empresas altamente especializadas;
- presença de muitas empresas de cada tipo;
- aproveitamento total de materiais reciclados e subprodutos;
- grande cooperação entre as empresas;
- intensa disputa: substituição seletiva permanente das menos competitivas;
- uniformidade de nível tecnológico;
- cultura da sociedade adaptada às atividades do *cluster*.

Acrescentamos à lista de Zaccarelli mais um item:

- logística e suprimentos integrados.

Quando uma ou mais das dez forças competitivas citadas estiverem ausentes ou forem insuficientes, pode-se dizer que o *cluster* pode ter um ou mais "gargalos": são os gargalos estruturais decorrentes da ausência ou deficiência de uma ou mais das forças competitivas. Nesse caso, podem advir algumas conseqüências:

- os itens faltantes, deficientes ou fracos podem inviabilizar a cadeia produtiva dentro do *cluster*;
- o único fornecedor que atende ao gargalo dentro do *cluster* pode exigir condições inaceitáveis, tornando o produto final do *cluster* muito caro, prejudicando a sua competitividade e sobrevivência;
- o item faltante, se adquirido fora do *cluster*, pode estar em condições, preços, prazos ou qualidade inaceitáveis, prejudicando a competitividade do *cluster* e dificultando seu crescimento e sobrevivência.

---

[26] ZACCARELLI, 2000, p. 200.

Além das circunstâncias estruturais, várias **circunstâncias conjunturais** podem dificultar o crescimento de um *cluster*, ou até mesmo inviabilizá-lo: variações cambiais exageradas, liberação de importação, crescimento abrupto do preço de matéria-prima, nacional ou importada, mudança de regimes tributários e saltos tecnológicos fora do *cluster*, por exemplo, podem "matar" ou prejudicar grandemente um *cluster* anteriormente saudável.

Dessa forma, muitos *clusters* não conseguem crescer e sobreviver, por vários motivos, alguns estruturais, outros conjunturais. Nesse caso, o processo que se seguirá, o de desmontagem de um *cluster*, é chamado de "desclusterização".

Uma eventual guerra comercial entre dois *clusters* (de estados ou até de países diferentes), ou entre um *cluster* e uma grande empresa, pode levar o *cluster* a perder sua sustentabilidade e viabilidade econômica. A desclusterização, se ocorrer, é um doloroso processo de readequação das empresas à nova realidade, fora do *cluster*, algumas fechando, outras fazendo *downsizing*, outras mudando de ramo ou de local. Conseqüentemente, há potencial perda de empregos, de renda e de investimentos.

Em vista do exposto, podemos colocar algumas questões estratégicas capitais que precisam ser analisadas e decididas, pelos gestores e executivos, pelos empresários e autoridades públicas, sobre a criação, a manutenção, o crescimento ou a desativação de um *cluster*:

- Para a empresa que estiver fora do *cluster*: ela deve ou não entrar?
- Para a empresa que estiver dentro do *cluster*: ela deve permanecer ou sair?
- Para autoridades, bancos e entidades de fomento: eles devem incentivar o surgimento e o crescimento de certo *cluster* de aparente alto potencial?
- Para todos: o que deve ser feito para fazer crescer ou para manter um *cluster* existente?
- Para todos: como fazer uma desclusterização de um *cluster* fadado ao fracasso com o mínimo custo social e econômico possível?

20.4.3 *As Cadeias Produtivas Integradas*

Os setores industriais, comerciais, de serviços e de entretenimento, por exemplo, têm se constituído, em muitas ocasiões e lugares, cada vez mais, em conglomerados de empresas, devidamente articulados, para produção de um bem complexo, para o oferecimento de ambientes próprios para comercialização, para prestação de serviços integrados.

Como exemplos clássicos, podemos citar uma montadora automobilística, a qual articula, a montante e a jusante, uma vasta cadeia de fornecedores de autopeças, de peças, de componentes, de serviços complementares e até de comercialização, distribuição do bem final ao mercado e do pós-venda. O mesmo raciocínio aplica-se a complexos comerciais, como um grande *shopping center*, os complexos hospitalares e de cuidado da saúde, de alimentação, ou os grandes pólos de entretenimento.

Como formular estratégias nessas megaorganizações, às vezes virtuais, em que muitas empresas, grandes e pequenas, muito diversificadas em tecnologia, em porte e em estilo gerencial, participam, de alguma forma, em algum passo da cadeia de produção?

O fato é que, praticamente quase tudo o que se disse no Tópico 20.4.2, para os *clusters*, pode ser aplicado, com as devidas adaptações, para as cadeias produtivas integradas, tanto para as empresas que estão cogitando participar dessas cadeias como para aquelas que pensam em sair delas.

Com as adaptações necessárias, as grandes cooperativas de produção podem, também, ser consideradas complexos integrados de produção, de serviço, de artesanato ou similares.

20.5 Formulação de Cenários Alternativos para o Planejamento Estratégico

Os conceitos de cenário e cenários alternativos já foram tratados, em caráter preliminar, nos Tópicos 6.5.1 e 6.5.2, em que foram apresentados os conceitos de cenário mais provável, cenário otimista e cenário pessimista, bem como os exercícios de análise de sensibilidade para testar as estratégias escolhidas a vários cenários prováveis. Neste tópico, extenderemos aqueles conceitos para situações de maior complexidade, de mais longo prazo e de grande nível de incertezas, inclusive quanto a tendências alternativas.

20.5.1 A Importância dos Cenários sobre o Planejamento Estratégico

Talvez uma palavra que melhor descreva os novos tempos seja, cada vez mais, a incerteza. Os tempos de nossos avós poderiam ser considerados altamente previsíveis, com tendências e descontinuidades que se poderiam antecipar com razoável precisão. Talvez a maior dúvida seria a respeito do "quando" algum evento iria acontecer e de seu porte real, significado e impacto sobre a vida das pessoas e empresas. Entretanto, nós estamos vivendo momentos em que os planos de longo prazo, das empresas e entidades, estão sendo altamente afetados por fatores imprevisíveis, como em uma estrada de múltiplas encruzilhadas fora de nosso controle, que levam o nosso futuro para contextos imprevisíveis, completamente diferentes entre si.

Este tópico apresenta uma metodologia relativamente simples para delineamento de contextos alternativos futuros, todos plausíveis e, conseqüentemente, sem possibilidade de serem descartados ou ignorados no momento de se escolherem as estratégias para uma empresa ou entidade.

20.5.2 O Foco para Desenvolvimento de Cenários

Nossa primeira consideração é de que os cenários desenvolvidos para uma dada empresa não podem ser simplesmente copiados para outra. Cada empresa tem suas peculiaridades, suas estratégias propostas e, conseqüentemente, grandes decisões a tomar. E cada futuro possível pode *afetar diferentemente* cada empresa em questão.

Daí a importância de se identificar, em primeiro lugar, quais podem ser os maiores dilemas dos executivos no momento de tomarem suas decisões estratégicas. Por exemplo: investir ou desinvestir? Diversificar ou se concentrar no foco do negócio? Espalhar geograficamente ou espalhar na linha de produtos? Atuar localmente ou atuar globalmente? Integrar a cadeia de produção ou concentrar-se nas atividades de maior valor agregado? Capacitar-se mais em processos produtivos, em sistemas e em automação, ou capacitar-se mais em pessoas? Dar mais autonomia às unidades operacionais, ou forçar mais o centralismo decisório? Abrir o capital, ou mantê-lo fechado? Manter a administração familiar, ou profissionalizar a gestão? Atuar sozinho, ou participar de *clusters* ou de arranjos produtivos? Manter-se autônomo, ou celebrar parcerias estratégicas? — entre outros questionamentos.

20.5.3 As Grandes Forças que Modelam o Futuro

Escolhidos os principais dilemas dos executivos, deve-se questionar quais os grandes divisores de águas, mundiais, nacionais, regionais ou locais, que poderão afetar significativamente, tanto positiva como negativamente, as macroescolhas da empresa. Um divisor de águas é um fenômeno fora do controle da empresa, em que cada uma das vertentes possíveis pode levar o futuro da empresa para desfechos completamente diversos, e até opostos, entre si.

As principais fontes de tendências e descontinuidades são:

- **Temas sociais** — como novos hábitos, comportamentos, preferências, valores, cultura, lazer, família, educação, padrões éticos, estilos de vida, desigualdades sociais etc.;
- **Temas econômicos** — como globalização, regionalização, câmbio, inflação, crescimento, renda, desemprego, privatizações, distribuição de rendas etc.;
- **Temas políticos e geopolíticos** — como movimentações geopolíticas, mudanças nas formas de governo, tendências à esquerda e à direita, federalismo, centralismo, liberalismo, políticas públicas, políticas fiscais, de investimento etc.;
- **Temas tecnológicos** — como redes sem fio, convergêngia 3G, telefonia móvel, satélites, nanotecnologia, biocibernética, células-tronco, novas fontes de energia etc.

20.5.4 A Construção dos Quatro Cenários Alternativos (QCA)

A metodologia proposta neste livro para a construção dos **Quatro Cenários Alternativos** (QCA) passa pela escolha inicial de apenas duas dessas muitas tendências ou descontinuidades, de desfechos imprevisíveis, chamadas aqui simplesmente de divisor de águas A e divisor de águas B.

Deve se escolher, criteriosamente, aqueles divisores que:

- podem afetar profundamente os negócios da empresa, positiva ou negativamente;
- têm, no mínimo, dois principais desfechos imprevisíveis e antagônicos;
- são razoavelmente independentes entre si, ou seja, o desfecho de uma não implica o desfecho da outra (nem é por ela implicado).

Constrói-se, em seguida, uma tabela simples (2 × 2), com as duas dimensões escolhidas, divisor A na horizontal e divisor B na vertical. Essa matriz com quatro quadrantes, Cenários 1, 2, 3 e 4 (C1, C2, C3, C4), como mostrado na Figura 20.3, representa quatro cenários alternativos mutuamente exclusivos, gerados com base nos dois divisores escolhidos.

Apenas para ilustrar, escolhemos, na Figura 20.3, para o divisor A, os desfechos A^+ e A^-, e, para o divisor B, os desfechos B^+ e B^-. Assim:

- O cenário C1, no quadrante superior direito, será o resultante dos desfechos A^+ e B^+.
- O cenário C2, no quadrante superior esquerdo, será o resultante dos desfechos A^- e B^+.
- O cenário C3, no quadrante inferior direito, será o resultante dos desfechos A^+ e B^-.
- O cenário C4, no quadrante inferior esquerdo, será o resultante dos desfechos A^- e B^-.

Figura 20.3 Formulação de Quatro Cenários para o Planejamento Estratégico

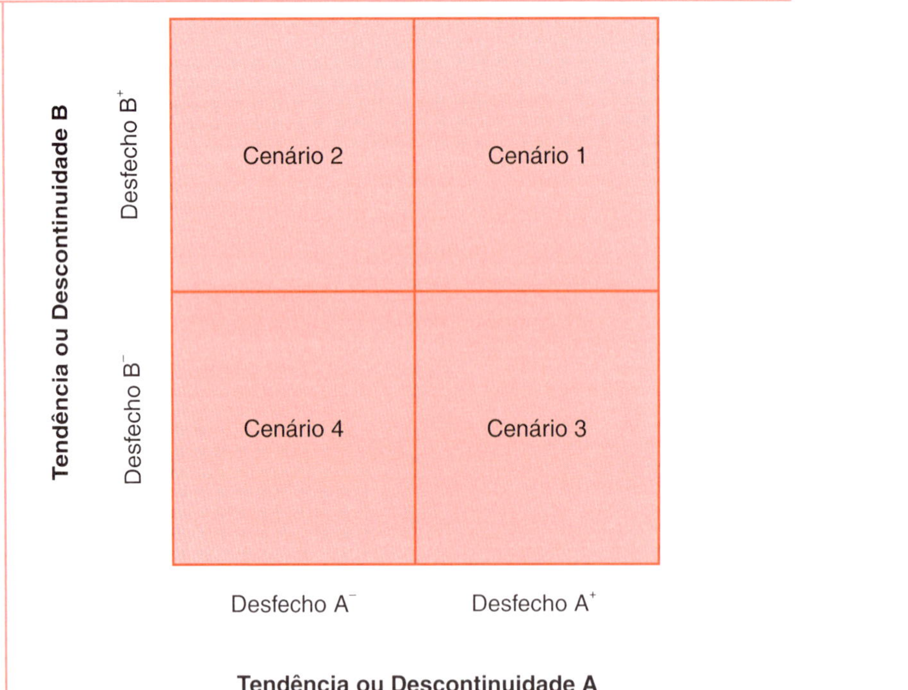

É importante ressaltar que não há nenhuma conotação de valor, ordem ou hierarquia entre os quatro cenários.

Considere-se, também, que cada um dos quatro cenários deve ser descrito como se fosse uma situação atual, real, ressaltando-se, em tempo presente, como seria o mundo de negócios naquelas supostas condições. Vale também lembrar que os cenários construídos dessa maneira funcionam mais como uma caricatura, um filme de ficção, um livro de ficção científica, uma encenação sobre um futuro possível. Como nas caricaturas, alguns exageros são permitidos como forma de realçar as características peculiares daquele cenário que afetam ou podem afetar as atividades da empresa.

Dissemos, anteriormente, que os cenários assim construídos são mutuamente exclusivos, e o são, por construção. No entanto, eles devem funcionar como quatro casos ou situações extremas, até exageradas, de possibilidades reais de acontecer. A capacidade imaginativa, aqui, é muito importante, pois esse jogo de faz-de-conta ajuda a encenar com mais realismo as oportunidades e as ameaças que podem advir sobre a empresa, seus clientes, seus concorrentes, seus fornecedores, seus complementadores, ou seus *stakeholders*.

Assim, esses quatro cenários devem ser batizados com termos, expressões, figuras de linguagem ou ícones que mais caracterizem aquele cenário específico, como se fosse o título de um livro, de um filme, de uma peça de teatro, de uma pintura, de uma escultura, de um programa de televisão, ou até uma gíria, ou uma expressão engraçada.

Como meros exemplos ilustrativos, citamos alguns: Crescimento com ordem, Globalização predatória, Naufrágio à vista, A vitória da persistência, Estagnação na pobreza, O triunfo do individualismo, O retorno do "Grande Irmão", Desenvolvimento integrado, A vaca foi para o brejo... Para esta tarefa, a imaginação não deve ter limites. Um bom "batismo" facilita a comunicação e o entendimento das principais características do cenário em questão.

20.5.5 O Uso dos Quatro Cenários Alternativos para o Planejamento Estratégico

Construídos os quatro cenários alternativos, vamos utilizá-los no planejamento estratégico. As etapas de Análise Externa, do Capítulo 6, Análise Interna, do Capítulo 8, e as Estratégias dos Capítulos 9, 10, 11 e 12, embora em forma singela, devem ser repetidas, com a mesma seriedade e profundidade, para cada um dos quatro cenários, ainda que os dirigentes acreditem que um dos quatro cenários seja muito mais provável que os demais.

20.5.6 Estratégias Roleta-russa e Estratégias Robustas

Existem estratégias e cursos de ação que são muito favoráveis para a empresa, mas apenas se o Cenário 1, por exemplo, ocorrer. Entretanto, se ocorrer o Cenário 2, 3 ou 4, as estratégias podem se transformar em situações desastrosas para a empresa, podendo mesmo inviabilizar seus negócios. Essas estratégias são "ótimas" para um dado cenário, mas "péssimas" para algum outro. Essas estratégias de alto risco, que implicam apostas perigosas, são chamadas de **estratégias roleta-russa**.

"Fugindo" das estratégias roleta-russa, deve-se buscar as **estratégias robustas**. Uma estratégia é robusta em relação à diversidade de cenários estudados se, embora não seja "ótima" para a empresa, para o cenário mais provável, o Cenário 1, por exemplo, a empresa conseguir sobreviver razoavelmente, mesmo que ocorram os Cenários 2, 3 ou 4 — embora menos prováveis.

Um bom planejamento estratégico, nesse contexto, deve selecionar e privilegiar as estratégias robustas em detrimento das estratégias roleta-russa.

20.5.7 Sinais Antecipadores na Vigilância Estratégica

O **Sistema de Vigilância Estratégica**, como Descrito no Tópico 4.5, deverá incluir parâmetros e sinais a serem monitorados continuamente pela empresa, os quais indiquem se o divisor de águas A está caminhando mais para o desfecho A^+ do que para o desfecho A^-, bem como se o divisor de águas B está caminhando mais para o desfecho B^+ do que para o desfecho B^-. Uma eficiente antecipação de uma dessas tendências indicará a necessidade de uma revisão parcial ou total dos cenários e, conseqüentemente, das estratégias.

TERMOS-CHAVE

Este capítulo apresentou um roteiro com as sete dimensões de **diagnóstico estratégico**, cobrindo a avaliação crítica dos tópicos: **situação estratégica**, **prontidão estratégica**, **estratégia competitiva**, **estratégia do portfólio**, **flexibilidade e vulnerabilidade**, **capacitação estratégica** e **vigilância estratégica**.

Trouxe, também, recomendações práticas aos **facilitadores** e **instrutores** quanto à organização de um *workshop* de planejamento estratégico, para a tomada de providências antes, durante e depois do evento.

Os leitores encontraram, ainda, um roteiro genérico e abrangente para a elaboração de um projeto de planejamento estratégico, em 16 tópicos ou quesitos, os quais são de grande utilidade tanto para estudantes de cursos de graduação ou pós-graduação em Administração de Empresas como para consultores e executivos que pretendam usar, na prática, os principais tópicos propostos neste livro.

Foram feitas algumas considerações e recomendações quanto à aplicação dos conceitos e métodos de gestão estratégia em **entidades do terceiro setor** (ETS), *clusters* e **cadeias produtivas integradas**.

Finalmente, foi apresentada a técnica para formulação dos **Quatro Cenários Alternativos** (QCA) para planejamento e gestão estratégica. Os conceitos de **estratégia roleta-russa** e de **estratégia robusta** também foram descritos e aplicados.

QUESTÕES

1. Quais das sete dimensões de **diagnóstico estratégico** são as mais relevantes para uma empresa pioneira em fase de rápido crescimento? Por quê?

2. Quais as principais diferenças no planejamento de uma **entidade do terceiro setor** (ETS) e de uma empresa familiar? Explique.

3. Quais as principais diferenças entre uma estratégia de uma empresa dentro de um *cluster* e uma empresa fora dele e concorrendo com ele?

4. Quando e em quais condições valeria a pena utilizar a técnica dos **Quatro Cenários Alternativos** (QCA)?

5. Aplique a técnica dos QCA para qualquer uma das conhecidas indústrias de confecções do pólo industrial de Santa Catarina e mencione uma possível **estratégia roleta-russa** e uma possível **estratégia robusta** para ela.

Referências

AFFISCO, J. F.; CHANIN, M. N. The impact of decision support system on the effectiveness of small group decisions: an exploratory study. *Developments in Business Simulations and Experiential Learning*, v. 16, 1989.

ANDERSON, D. R.; SWEENEY, D. J.; WILLIAMS, T. A. *An introduction to management science*: quantitative approaches to decision making. 9. ed. Cincinnati: ITP, 2000.

ANDERSON, P. H.; LAWTON, L. The relationship between financial performance and other measures of learning on a simulation exercise. *Simulations & Gaming*, v. 23, 1992.

ANSOFF, H. I. Strategies for diversification. *Harvard Business Review*, Sep./Oct. 1957.

_____. *Implanting strategic management*. New Jersey: Prentice-Hall International, 1984.

_____; DECLERCK, R. P.; HAYES, R. L. (Org.). *Do planejamento estratégico à administração estratégica*. São Paulo: Atlas, 1986.

BAIN & COMPANY. Ferramentas para vencer. *HSM Management*, n. 6, jan./fev. 2000a.

_____. Quem tem medo das ferramentas gerenciais? *HSM Management*, n. 19, mar./abr. 2000b.

ASSAD, N. A. *As cinco fases da comunicação na gestão de mudanças*. São Paulo: Saraiva, 2010.

BARKER, J. A. *Paradigms, the business of discovering the future*. New York: Harper Business, 1993.

BARNA, G. *O poder da visão*. São Paulo: Abba Press, 1995.

_____. *Transformando visão em ação*. Campinas: Cristã Unida, 1997.

BASAR, T.; OLSDER, G. J. *Dynamic non-cooperative game theory*. 2. ed. Philadelphia: SIAM, 1999.

BERNARD, R. R. S.; BERNARD, P. L. S.; BERNARD, R. P. O uso de sistemas de apoio às decisões em cursos de simulação empresarial. In: XV ENANGRAD. Florianópolis, SC, ago./set. 2004.

BOAVENTURA, J. M. G.; FISCHMANN, A. A. Como estudar o futuro para formular a estratégia. In: XXXVIII ASAMBLEA CLADEA 2003. Latinamerican Council of Management Schools. Lima, Peru, out. 2003.

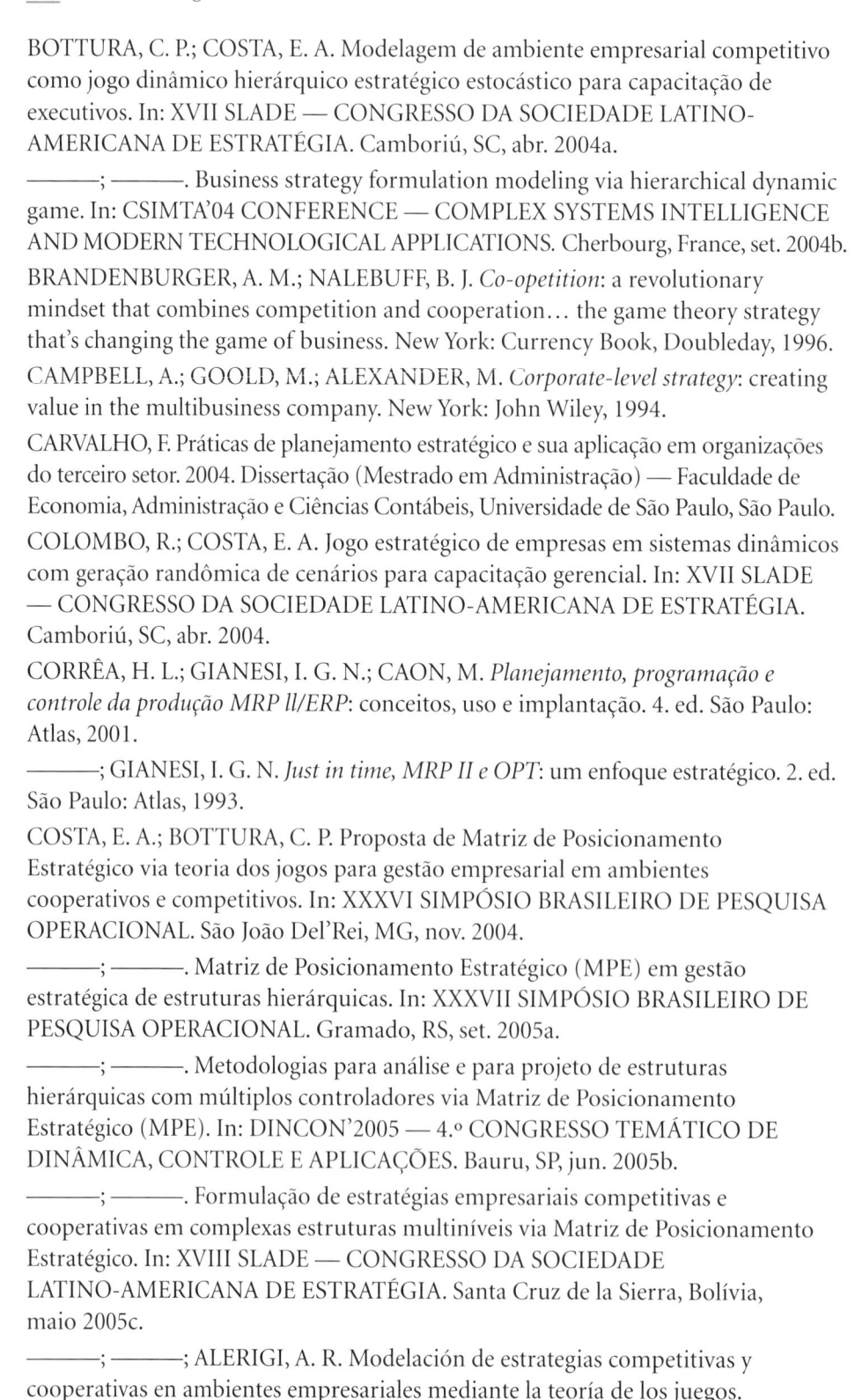

BOTTURA, C. P.; COSTA, E. A. Modelagem de ambiente empresarial competitivo como jogo dinâmico hierárquico estratégico estocástico para capacitação de executivos. In: XVII SLADE — CONGRESSO DA SOCIEDADE LATINO-AMERICANA DE ESTRATÉGIA. Camboriú, SC, abr. 2004a.

———; ———. Business strategy formulation modeling via hierarchical dynamic game. In: CSIMTA'04 CONFERENCE — COMPLEX SYSTEMS INTELLIGENCE AND MODERN TECHNOLOGICAL APPLICATIONS. Cherbourg, France, set. 2004b.

BRANDENBURGER, A. M.; NALEBUFF, B. J. *Co-opetition*: a revolutionary mindset that combines competition and cooperation… the game theory strategy that's changing the game of business. New York: Currency Book, Doubleday, 1996.

CAMPBELL, A.; GOOLD, M.; ALEXANDER, M. *Corporate-level strategy*: creating value in the multibusiness company. New York: John Wiley, 1994.

CARVALHO, F. Práticas de planejamento estratégico e sua aplicação em organizações do terceiro setor. 2004. Dissertação (Mestrado em Administração) — Faculdade de Economia, Administração e Ciências Contábeis, Universidade de São Paulo, São Paulo.

COLOMBO, R.; COSTA, E. A. Jogo estratégico de empresas em sistemas dinâmicos com geração randômica de cenários para capacitação gerencial. In: XVII SLADE — CONGRESSO DA SOCIEDADE LATINO-AMERICANA DE ESTRATÉGIA. Camboriú, SC, abr. 2004.

CORRÊA, H. L.; GIANESI, I. G. N.; CAON, M. *Planejamento, programação e controle da produção MRP ll/ERP*: conceitos, uso e implantação. 4. ed. São Paulo: Atlas, 2001.

———; GIANESI, I. G. N. *Just in time, MRP II e OPT*: um enfoque estratégico. 2. ed. São Paulo: Atlas, 1993.

COSTA, E. A.; BOTTURA, C. P. Proposta de Matriz de Posicionamento Estratégico via teoria dos jogos para gestão empresarial em ambientes cooperativos e competitivos. In: XXXVI SIMPÓSIO BRASILEIRO DE PESQUISA OPERACIONAL. São João Del'Rei, MG, nov. 2004.

———; ———. Matriz de Posicionamento Estratégico (MPE) em gestão estratégica de estruturas hierárquicas. In: XXXVII SIMPÓSIO BRASILEIRO DE PESQUISA OPERACIONAL. Gramado, RS, set. 2005a.

———; ———. Metodologias para análise e para projeto de estruturas hierárquicas com múltiplos controladores via Matriz de Posicionamento Estratégico (MPE). In: DINCON'2005 — 4.º CONGRESSO TEMÁTICO DE DINÂMICA, CONTROLE E APLICAÇÕES. Bauru, SP, jun. 2005b.

———; ———. Formulação de estratégias empresariais competitivas e cooperativas em complexas estruturas multiníveis via Matriz de Posicionamento Estratégico. In: XVIII SLADE — CONGRESSO DA SOCIEDADE LATINO-AMERICANA DE ESTRATÉGIA. Santa Cruz de la Sierra, Bolívia, maio 2005c.

———; ———; ALERIGI, A. R. Modelación de estrategias competitivas y cooperativas en ambientes empresariales mediante la teoría de los juegos.

In: FORUN EN CLUSTERS Y EMPRESAS INTEGRADORAS — TECNOLÓGICO DE MONTERREY. Campus Toluca, México, ago. 2005.

———; et al. Aplicação da Matriz de Posicionamento Estratégico (MPE) para formulação de estratégias competitivas e cooperativas na interação com competidores. In: XL ASAMBLEA CLADEA 2005, Latinamerican Council of Management Schools. Santiago, Chile, out. 2005.

——— et al. The game to play: expanding the co-opetition proposal. In: 66th AMAM — 2006 ANNUAL MEETIN OF THE ACADEMY OF MANAGEMENT. Atlanta, Estados Unidos, ago. 2006 (paper aceito para apresentação).

DAVID, K. *Balanced scorecard*: aplicação e impactos. Um estudo com jogos de empresas. 2003. Dissertação (Mestrado em Administração) — FEA/USP, São Paulo.

DIXIT, A. K.; SKEATH, S. *Games of strategy*. New York: W.W. Norton & Company, 1999.

———; NALEBUFF, B. J. *Thinking strategically*. New York: W.W. Norton & Company, 1991.

COULTER, M. K. *Strategic management in action*. Upper Saddle River (NJ): Prentice-Hall, 1998.

CRAINER, S. *The ultimate book of business gurus*. Oxford: Captone Publishing Limited/New York: Amacom, 1998.

FARIA, A. J. A. Survey of the use of business games in academia and business. *Simulations & Gaming*, v. 18, n. 2, p. 207-224, 1987.

FEINSTEIN, A. H.; CANNON, H. M. Constructs of simulation evaluation. *Simulations & Gaming*, v. 33, n. 4, p. 425-440, 2003.

FORRESTER, J. W. *Industrial dynamics*. Cambridge (Mass): MIT. Press, 1961.

FUNDAÇÃO NACIONAL DA QUALIDADE. *Critérios de excelência*. 20. ed. São Paulo: FNQ, 2013.

GOLDRATT, E.; COX, J. *A meta*: um processo de aprimoramento contínuo. São Paulo: Educatur Editores, 1992.

HAMEL, G. *Competence-based competition*. New York: John Wiley, 1995.

———; PRAHALAD, C. K. *Competindo pelo futuro*. Rio de Janeiro: Campus, 1995.

HAMMER, M. *A revolução da reengenharia*: um guia prático. Rio de Janeiro: Campus, 1995.

HENDERSON, B. D. *Perspectives on strategy from the Boston Consulting Group (The Star of the Portfolio)*. New York: John Wiley & Sons, 1998.

HUNGER, J. D. *Strategic management*. Reading (MA): Addison-Wesley, 1996.

———; WHEELEN, T. L. *Essentials of strategic management*. Reading (MA): Addison-Wesley, 1997.

HUSSEY, D. *Strategy and planning*: a manager's guide. 5. ed. Chichester, West Sussex, UK: Wiley, 1999.

KANTER, R. M. *When giants learn to dance*: mastering the challenge of strategy, management and careers in the 1990s. New York: Simon and Schuster, 1989.

KAPLAN, R. S.; NORTON, D. P. *A estratégia em ação*: balanced scorecard. 10. ed.

Rio de Janeiro: Campus, 1997.

KEPNER, C. H.; TREGOE, B. B. *O administrador racional*: uma abordagem sistemática à solução de problemas e tomada de decisões. São Paulo: Atlas, 1981.

KEYS, B. et al. Performance and attitudinal affects of a decision support package in a business game. *Developments in Business Simulations and Experiential Learning*, v. 13, p. 221-226, 1986.

KOTLER, P. *Administração de marketing*. São Paulo: Prentice-Hall, 2000.

LAUDON, K. C.; LAUDON, J. P. *Managing information system*: managing the digital firm. 9th ed. New York: Prentice-Hall, 2006.

LUFT, J.; INGHAM, H. *The Johari window*: a graphic model of interpersonal awareness proceedings of the western training laboratory in group development. Los Angeles: Ucla, 1955.

MINTZBERG, H.; AHLSTRAND, B.; LAMPEL, J. *Strategy safari*. New York: The Free Press, 1998.

MONTGOMERY, B. Tools for total quality management (TQM). In: WALLACE, T. F.; BENNETT, S. J. (Ed.). *World class manufacturing*: instant access guide. Essex Junction: VT, 1994.

MONTGOMERY, C. A.; PORTER, M. E. (Org.). *Estratégia*: a busca da vantagem competitiva. Rio de Janeiro: Campus, 1998.

OHMAE, K. *The mind of the strategist*. New York: McGraw-Hill, 1982.

OLIVEIRA, D. P. R. *Excelência na administração estratégica*. São Paulo: Atlas, 1999.

OLIVER WIGHT INTERNATIONAL, INC. *The Oliver Wight ABCD checklist for operational excellence*. 5. ed. New York: John Wiley & Sons, 2000.

PASCALE, R.; ATHOS, A. *The art of japanese management*. London: Penguin, 1981.

PMI STANDARDS COMMITTEE. *PMBOK*: a guide to the project management body of knowledge. Newton Square (PA): Project Management Institute, 1996.

PORTER, M. E. *Técnicas para análise de indústrias e da concorrência*. Rio de Janeiro: Campus, 1986.

———. *Vantagem competitiva*. Rio de Janeiro: Campus, 1990.

POTTS, R.; LAMARSH, J. *Master Change, Maximize Success*. San Francisco: Chronicle Books, 2004.

ROGER, J. N. An analysis of deliberate and emergent strategies relative to Porter's generic differentiation and cost lider: a bias and variance modeling approach. *Developments in Business Simulation and Experimental Learning. Anais*, 23, p. 68-73, 1996.

ROSS, S. A.; WESTERFIELD, R. W.; JORDAN, B. D. *Princípios de administração financeira*. 2. ed. São Paulo: Atlas, 2002.

SCHELLING, T. C. *The strategy of conflict*. New York: Harvard University Press, 1960.

SCHERKENBACH, W. W. *O caminho de Deming para qualidade e produtividade*.

Rio de Janeiro: Qualitymark, 1990.

SEGEV, E. Strategy, strategy-making, and performance in a business game. *Strategy Management Journal*, 8, 6, p. 565-577, 1987.

SENGE, P. M. *A quinta disciplina*: arte e prática da organização que aprende. 7. ed. São Paulo: Best Seller, 2000.

SLACK, N. *Vantagem competitiva em manufatura*. São Paulo: Atlas, 1993.

―――― et al. *Administração da produção*. São Paulo: Atlas, 1997.

STERN, C. W.; STALK JR., G. *Perspectives on strategy from The Boston Consulting Group*. New York: John Wiley & Sons, 1998.

TIFFANY, P.; PETERSON, S. D. *Planejamento estratégico*. Rio de Janeiro: Campus, 1999.

TREACY, M.; WIERSEMA, F. D. *A disciplina dos líderes de mercado*: escolha seus clientes, direcione seu foco, domine seu mercado. Rio de Janeiro: Rocco, 1995.

VERNON-WORTZEL, H.; WORTZEL, L. H. *Strategic management in the global economy*. New York: John Wiley, 1997.

WASHBUSH, J.; GOSEN, J. An exploration of game-derived learning in total enterprise simulations. *Simulations & Gaming*, v. 32, n. 3, p. 281-296, 2001.

WERNERFELT, B. A resource-based view of the firm. *Strategic Management Journal*, v. 5, p. 171-180, Apr./June 1984.

――――. From critical resources to corporate strategy. *Journal of General Management*, v. 14, p. 4-12, Spring 1989.

――――. The resource-based view of the firm: ten years after. *Strategic Management Journal*, v. 16, p. 171-174, March 1995.

WRIGHT, P.; KROLL, M. J.; PARNELL, J. A. *Strategic management concepts*. Upper Saddle River (NJ): Prentice-Hall, 1998.

ZACCARELLI, S. B. *Estratégia e sucesso nas empresas*. São Paulo: Saraiva, 2000.

Índice Remissivo

A

Abordagem vivencial, 332
Administração espasmódica, 27
Affisco, J. F., 341
Alerigi, A. R., 293
Alexander, Marcus, 231
Alianças e parcerias, 178
   cuidados nas, 178-179
   motivações básicas para formar, 178
Ambiente de aversão a riscos, 27-28
Ameaças, 285, 386
American Management Association, 332
Análise
   de Fluxo de Caixa, 390
   de sensibilidade, 398
   do ambiente
      externo, 79-94
         análise dos concorrentes e da concorrência, 87-89
         catalisadores, ofensores, oportunidades e ameaças, 81, 85-87, 111
         descontinuidades, 81-85
         partes interessadas, 89-91
         tendências, 81-85
            de evolução
               lenta, 83
               rápida, 83
      interno, 95-123
Anderson, D. R., 353
Anderson, P. H., 341
Andrews, 346
Ansoff, I., 139, 231-232, 346
Aprendizagem, 314

Áreas
   críticas, 191
   estratégicas críticas, 192
   internas
      críticas, 109
      de análise, 109
Árvore de decisão, 297-299
   esperança matemática, 298
   eventos aleatórios, 298
Ataque
   direto, 324
   indireto, 324
Athos, Anthony, 232
Atitude
   estratégica, 12-13
   otimista, 12
   pessimista, 12
   pragmática, 11
   tradicionalista, 10-11
Atividades, 366
   lúdicas, 331
Atratividade, 127, 129, 132-134, 138, 140, 142-143, 387
   análise da, 133-135
   fatores de, 133
   grau de, 127, 132-134
   relativa, 134
Auditoria externa da qualidade, 358
Automóveis de passeio modelo *flex-fuel*, 141
Avaliação
   da turbulência, 101-104
   da vulnerabilidade, 104-106
   dos impactos, 100

B

Baan, 356
Backward integration, 177
Balanced scorecard (BSC), 219, 240, 244, 287, 346, 360-361
   indicadores, 364-365
      preço, 365
      qualidade, 365
      tempo, 365
   modelo, 361
      enfoque
         financeiro, 361, 362
            crescimento, 362
            maturidade, 362
            sustentação, 362
         no cliente, 361, 362
            aquisição de novos clientes, 362
            participação de mercado, 362
            rentabilidade dos clientes, 362
            retenção de clientes, 362
            satisfação dos clientes, 362
         no crescimento e aprendizagem, 361
            pessoas, 364
            procedimentos organizacionais, 364
            sistemas, 364
         nos processos internos, 361, 363
            processo de
               inovação, 363
               operações, 363
               serviço pós-venda, 363
Bancos de Dados (BD), 354
Barker, Joel A., 21
Bases metodológicas, 231-233
   características da metodologia aplicada, 232
      amadurecimento, 232
      conceitos estratégicos, 232
      estágio de implementação, 232
      familiarização, 232
      grau de prontidão, 232
      enfoque estratégico, 233
      estilo do trabalho, 233
Batna, 320
Benchmarking, 57, 113, 183, 185, 254, 258, 359
Benefício-custos, 222
Benefício-recursos, 222
Bernard Sistemas, 345
Bernard, P. L. S., 339
Bernard, R. P., 339
Bernard, R. R. S., 339
Bernard, Ricardo, 329
Biotecnologia, 176
Board, 276
Bolsa de Valores de São Paulo (Bovespa), 360
Bottom-up, 237
Bottura, C. P, 293
BRA, 319
Brainstorming, 98, 100, 113, 118, 172
Brandenburger, A. M., 301
BS 8800, 368
Business Management Game, 332

C

Cadeias produtivas integradas, 273, 397-398
Caminho crítico, 366
Campbell, Andrew, 231
Cannon, H. M., 343
Capacitação, 43, 60-61, 150, 189
   áreas críticas de, 194
   concentração exclusiva em, 189-190
   estratégica, 61
   gerencial, 189, 332
   gestão estratégica da, 202
   grupamento por linhas de responsabilidade gerencial, 194-195
   lacunas de, 190-191, 199
      a partir das estratégias, 191
      prioridade decrescente, 192-193
      priorização das, 213, 216
   organizacional, 60
   plano de, 43, 192, 197
   plano estratégico de, 189
   programas de, 192
   tratada como projeto, 200
   vínculo entre estratégias e, 190
Carreiristas, 284
Carvalho, F., 391

Catalisadores, 386
Cenários, 91-93
    alternativos, 92-93, 398
    mais provável, 93, 398
    otimista, 93, 398
    pessimista, 93, 398
Chanin, M. N., 341
Checklist, 118, 131
Checkpoints, 366
Ciclo
    de vida do produto, 130, 134
    malsucedido, 156-157
    medíocre, 156
    PDCA, 246, 265-268, 281
    PEVA, 246, 265
    virtuoso, 155-156
Cinco forças competitivas, 231
    ameaça dos substitutos, 231
    novos concorrentes, 231
    poder de barganha dos
        compradores, 231
        fornecedores, 231
    rivalidade entre concorrentes, 231
Círculos da Qualidade (CCQ), 357
Claris Corp., 368
Clientes, 359
Clusters empresariais, 273, 393-396
    como competir em, 394-395
    forças competitivas de, 396
        circunstâncias
            conjunturais, 397
            estruturais, 396
Comércio eletrônico, 103
Commodities, 170
Commodity, 158
Compatibilidade, 178, 179
Competências
    centrais, 231
    essenciais, 176
Competição, 302
    e cooperação, 177
        auto-suficiência plena, 177
        falso dilema entre cooperar e competir, 177

Competitividade, 57, 129, 132, 137, 138, 140, 142, 143, 179, 387
    análise da, 137
    fatores de, 231
    grau de, 127, 132, 135, 137
Complexo de avestruz, 22
Complexos
    comerciais, 397
    hospitalares, 397
    integrados de
        artesanato, 398
        produção, 398
        serviço, 398
Computadores pessoais, 336
Comunicações móveis do tipo celular, 141
Concorrência pública, 103
Concorrentes
    atuais, 88
    potenciais, 88-89
Construção do futuro, 7
Construtora Encol, 319
Cooperação, 302
Core competencies, 176
Corrêa, H. L., 351
Cox, J., 352
Crainer, Stuart, 231
Crescimento, 231
Critérios de Excelência 2005, 359
Critical Path Method (CPM), 367
Cronograma de implantação, 235
    macro 390
Cultura, 23-24
    centenária, 24
    de sucesso garantido no passado, 24-25
Curva S, 151-152

D

10-Ms do autodiagnóstico, 114, 116-117, 194, 386
    management, 114
    mão-de-obra, 114
    máquinas, 114
    marketing, 114
    materiais, 114

meio ambiente, 114
meio físico, 114
mensagens, 114
métodos, 114
money, 114
Data Mining (DM), 354
Data Warehouse (DW), 354
David, K., 346
Demanda cruzada, 89
Desempenho, 200
    objetivos de, 200
Dez macrovariáveis, 277-278
Diagnóstico
    da capacitação estratégica, 378
    da estratégia competitiva, 377
    da estratégia do portfólio, 377-378
    da flexibilidade e da vulnerabilidade, 379
    da situação estratégica, 375
    da vigilância estratégica, 379-380
    de prontidão estratégica, 376
Diagrama de precedência, 224
Dificuldades de percepção de, 19, 21
    oportunidades, 21-22
    riscos e ameaças, 22
Dinâmica
    de sistemas, 333
    do posicionamento estratégico, 317-319
    industrial, 82
Diversificação
    diagonal, 175
    horizontal, 174
    relacionada, 173
    vertical, 175
Druwe, Daniel, 285

E

E-business, 180, 185
E-commerce, 140, 180, 185
Educação à distância, 140, 336
Efeito gatilho, 84
E-learning, 185
E-mails, 143

Empatia, 179
Empreendimento
    análise do ambiente
        externo, 386
        interno, 386
    análise e balanceamento do portfólio, 387
    cronograma-macro de implantação, 390
    descrição do, 384
    estratégias
        competitivas, 387
        corporativas, 388
        funcionais e planos de capacitação, 388
    investimentos estratégicos, 390
    missão e abrangência do, 385
    objetivos e metas, 389
    orçamento estratégico, 390
    planos de ação, 389
    princípios e valores do, 385
    segmentação do mercado em áreas estratégicas, 387
    visão do, 385
Empresas
    jogos de, 189
    simulações de, 189
Enterprise Resource Planning (ERP), 356
Entidades do terceiro setor (ETS), 273, 391
    implantação eficaz de gestão estratégica em uma, 392-393
    peculiaridades diferenciadoras das, 391-392
    planejamento e gestão estratégica das, 392
Entrada de uma empresa multinacional, 103
E-procurement, 180, 185
ERP da Oracle, 356
Escolas do *Design*, 346
Estilo (*style*), 232
Estratégia(s), 7, 192, 232
    baseadas em
        competências essenciais, 176
        Recursos (RBV), 172-173, 176
    com ênfase em qualidade, 183
    competitiva, 51, 57, 169-173, 190, 192, 295, 387-388
    gestão da, 57, 58

Produtos
    e serviços diferenciados, 170-171
    ou serviços como *commodities*, 170
conceitos básicos, 33-49
corporativas, 173, 190, 388
  de capacitação, 198
  genéricas, 182-185
de alianças e parcerias, 177-178
de atuação externa, 129
de concentração e foco, 183
de diversificação 152, 173-177
  ancorada nas competências essenciais, 176-177
  diagonal, 175-176
  horizontal, 174
  relacionada, 173
  vertical, 175
de equilíbrio, 305
  de Nash, 308, 311
  de Pareto, 308, 310
  de Stackelberg, 309, 311
de expansão, 180-181
de inovação, 173
  contínua, 171
de internacionalização, 185
de liquidez, rapidez e leveza, 184
de manufaturas, 184
de novos estilos de
  colaboradores, 185
  liderança, 184-185
de operação em rede, 183
de simplicidade organizacional, 184
de tecnologia da informação, 185
de tratamento ao cliente, 182
desafios, 19-29
e capacitação, 190
e planos, 359
formulação das, 45, 167-186
funcionais, 388
implantação das, 219
inovação, 171-172
Minimax, 308, 309-310
motivações, 7-18
para construção do futuro, 43-44

para fora, 190
para o mercado, 129
robustas, 401
roleta-russa, 401
típicas de cada quadrante, 149-150
  cão de estimação, 149, 153-154
  estrela, 149, 150-152
  nascedouro, 149-150
  vaca leiteira, 149, 151-153
Estratégica(s)
  acompanhamento da implantação, 243-244
  ciclo
    estratégico, 245-246
    operacional, 244-245
    ambiente, 244
    capacitação, 244
    corrigir, 244
    executar, 244
    propósito, 244
    verificar, 244
  área(s), 57, 127, 134, 140-141, 173, 387
    ciclo de vida das, 144-145
    corporativa, 216-217
    plano para cada, 214
    segmentação em, 129-133
  arquitetura, 231
  avaliação
    da situação, 51, 212
    de vigilância, 212
  capacitação, 187-203, 336-337
    programa de, 197, 200
  diagnóstico da situação, 53-54
  diretrizes, 43,
  flexibilidade, 319
  gestão, 19, 39, 51-63, 149, 202, 211
    com base nas premissas e cenários, 73
    da qualidade, 356-360
    determinantes da gestão efetiva, 287-288
      implantação da, 271-289
      aqui e agora, 274
      diagnóstico inexistente ou inadequado, 273
      dificuldades típicas, 273

falta de
  comando para implementação, 277
  comprometimento da gerência, 274-275
  flexibilidade no processo, 276
  metodologia adequada e consensual, 276
  vinculação dos investimentos com o orçamento operacional, 276-277
  implantação como um projeto, 277-279
  mudanças inesperadas durante o processo, 275
  novidade do mês, 274
manobrabilidade, 319
mentalidade, 14-16
miopia, 15, 274
negociações usando a teoria dos jogos, 319-325
opção, 33, 35, 38, 39, 40, 41, 43, 144, 145, 152, 158, 160, 163, 165, 183, 211
  busca da excelência operacional, 39
  fornecimento de produtos e serviços de ponta, 39
  relacionamento e intimidade com clientes, 39, 160
plano de capacitação, 202
polivalência, 319
prontidão, 54-55
sistema de vigilância, 61-62, 73, 98, 106, 402
transformação, 19, 65-75, 202
  contínua, 72-74
  fase
    da maturidade, 70-71
    do crescimento, 68-69
    pioneira, 67-68
  readequação, 71-72
Estratégico(s)
  conceitos, 232
  diagnóstico, 51, 53, 56
  direcionamento, 56
  investimentos, 219-222, 390
  mapeamento dos segmentos, 138-145
  orçamento, 222-224, 390
    contempla
      grandezas físicas, 223
      o investimento inteiro, 223
      os resultados, 223
    estratégico gerencial, 222
    mostra as fontes, 223
    plurianual, 222
    sumário, 222
  planejamento, 7, 17, 51, 55, 92
    projeto completo, 213
    workshop de, 249-269
  plano, 104, 207-227, 231
    formulação do, 209-213
    roteiro do, 210-213
  programa de investimento, 200
  sete dimensões do diagnóstico, 375-380
  sucesso, 73-74
  temas, 51, 61, 98
  triângulo, 33, 40-43, 69
    centro do, 42-43
    vértice
      da capacitação, 42
      do ambiente externo, 41-42
      do propósito, 41
  trilema, 33, 39, 144, 152
  visão geral do processo de planejamento, 169
Estrutura (*structure*), 232
  de sustentação operacional, 281
  para a transformação, 281
    apoio externo, 282
    velhos paradigmas, 282
Estudo de caso, 332
Etapas de implantação, 233
  cronograma-macro, 241-243
  detalhamento, 233, 235
  implantação, 233
    acompanhamento, 235
    execução, 235
  preparação, 233
    diagnóstico, 234
    sensibilização, 234
  revisão, 233, 235
  seqüência conceitual, 241-243
  workshop, 233, 234, 235
    ambiente externo, 234
    ambiente interno, 234

opção estratégica, 235
propósito da instituição, 235
turbulências, 234
vulnerabilidade, 234
Eventos
  de precaução, 104
  de vigilância, 104, 106
  prioritários, 104
Excelência
  em produtos, 152
  operacional, 145, 152

F

Faria, A. J. A., 344
Fase
  de crescimento rápido (FC), 318
  de declínio (FD), 319
  de maturidade (FM), 319
  de sedimentação (FS), 318
  pioneira (FP), 318
Fator-chave de escolha, 127, 135-137, 170-171, 174, 191-192, 200
Fatores-chave de sucesso, 286
  na gestão estratégica, 287
  na implantação, 286
Feedback, 332
Feinstein, A. H., 343
Ferramentas gerenciais, 15-17
Feudalismo, 26
Fiat, 236
Fidelidade, 343
Forrester, Jay W., 92
Forward integration, 177
Fracasso, 314, 315
Frustração, 314
Fundação Nacional da Qualidade (FNG), 359

G

Geração de valor, 173
Gestão
  científica, 353
  da flexibilidade, 59-60
  da integração, 278, 366
  da qualidade, 278, 368
    total, 358
  da vulnerabilidade, 59-60
  das aquisições, 279, 370
  das comunicações, 279, 369
  das *interfaces*, 278
  das premissas, 278, 365
  de projetos, 225
  do custo, 278, 368
  do escopo, 278, 366
  do tempo, 278, 366-368
  dos recursos humanos, 278, 368-369
  dos riscos, 279, 369-370
  eficaz de recursos, 172
  estratégica da capacitação, 60-61
Gianesi, I. G. N., 351
GOL, 319
Goldratt, E., 352
GOOLD, Michael, 231
Gosen, J., 341
Governança corporativa, 243, 360
Gráfico de Gantt, 225
Gráfico-radar, 109, 115, 118-122, 216, 386
  da área estratégica, 216
  das áreas críticas, 120-122, 216
Grandes pólos de entretenimento, 397
Grau de
  impacto, 95
  interesse e relevância, 98
  vulnerabilidade, 104
Gravidade, 98
Guerra
  estratégias de, 331
  jogos de, 331, 332

H

Habilidades (*skills*), 232
Hamel, Gary, 22, 231
Hammer, Michael, 197, 280
Henderson, Bruce, 231
Heterarquia, 394
Home banking, 23

I

IBM, 143
Identidade Organizacional, 35
Identificação dos eventos futuros, 97-99
Implantação
    cronograma de, 224-226
    programa de, 219
        ciclo completo, 221
Incompatibilidades, 179
Indecisos, 283
Indústrias Matarazzo, 319
Informações e conhecimento, 359
Informática, 176
Inovação, 144
Instituto Brasileiro de Governança Corporativa (IBGC), 360
Integração
    horizontal, 177
    vertical
        a jusante, 177
        a montante, 177
Interdependência, 179
International Organization for Standardization (ISO), 357
    9000, 357
    9001, 368
    14000, 358
    14001, 368
Internet, 176, 336
Interromper e flanquear, 324
Itens
    altamente recomendáveis, 213
    indicativos e eventuais, 213
    prioritários, 213
    recomendáveis, 213

J

Janela de Johari, 112
Jogo(s)
    assimétricos, 304
    competitivos, 311
    cooperativos, 301
    de soma variável, 308
    de cena estratégico, 315-317
    de empresas, 332
    de soma
        constante, 308
        zero, 308-309
    desequilibrados, 304
    discretos finitos, 299-301
    dominante-marginal, 311-312
    em situações de casos-limite, 311
    equilibrados, 303
    estratégicos
        caracterização dos, 331-332
        cooperativos, 310
        retaliatórios, 309-310
    hierárquicos, 304, 309, 311
    não cooperativos de soma variável, 308
    não hierárquicos, 304
    paternalista-solidário, 313
    seqüencial, 299
Joint ventures, 281
Jordan, B. D., 390
Jornal, 337
Just-in-time (JIT), 351

K

Kaizen, 280
Kanban, 351
Kaplan, R. S., 360
Kepner, C. H., 98
Keys, B., 341
Know-how, 181
Kotler, Philip, 181

L

Lagging indicators, 364-365
Lawton, L., 341
Layouts, 199, 281
Leading indicators, 365
Líder, 304
Liderança, 359

M

MacProject, 368
Macroatividades, 241, 366
Macroprocessos, 197, 241
Mainframes, 336
Make or buy, 353
Management
  Science (MS), 353
  simulation, 334
Manufacturing Resource Planning (MRP II), 356
Manufatura, 216
  enxuta, 351, 352
Máquinas de
  escrever elétricas, 143
  fax com papel térmico, 143
Market share, 88, 302
Material Requirements Planning (MRP), 355
Matriz
  da Eficácia Estratégica (MEE), 314-315
  de Diversificação de Ansoff, 173
  de Jogos Estratégicos (MJE), 304-308, 325
    concorrente, 307
    conflito de interesses, 305
    cooperativo, 307
    dominante, 307
    líder, 307
    marginal, 307
    paternalista, 307
    posicionamento estratégico, 305
      postura dos jogadores, 305-306
        rival, individualista e associativa, 305
      relação de forças, 304-306
        hegemônico, equilibrado e fraco, 305
    retaliatório, 307
    seguidor, 307
    seis jogos estratégicos, 308-313
    solidário, 307
  de Portfólio de Ansoff, 139
    Cash cow (vaca leiteira), 139
    Dog (cachorro), 139
    Problem children (criança problema), 139
    Star (estrela), 139
  de Slack, 199-200

  do BCG (*Boston Consulting Group*), 139, 231
    Cash cows (vacas leiteiras), 139
    Dogs (cachorros), 139
    Stars (estrelas), 139
    Wildcats (gatos selvagens), 139
  GE-McKinsey, 139
    Cash cows (*milk*), 139
    Dogs (*divest*), 139
    Stars (*optimize*), 139
    Wildcats (*upgrade or maintain*), 139
McKinsey & Company, 332
Medicamentos genéricos, 158
Melhorias
  contínuas, 280
  drásticas, 280-281
    downsizing, 280-281, 397
    reengenharia, 280
    rightsizing, 280
  níveis de, 279-280
Mensagens, 120
Mentais
  barreiras, 21
  modelos, 21
Mentalidade
  imediatista, 15
  operacional, 15-16
Metas intermediárias, 209
Método do Caminho Crítico, 367
Microatividades, 366
Microsoft, 236, 368
Miles, 346
Mintzberg, 346
Modelo de Excelência Gerencial (MEG), 359
Modelos
  determinísticos, 335
  estocásticos, 335
Modus operandi, 178
Mortalidade infantil, 176
MRP I, 356
MS Project, 225, 368
Mudança(s), 282-283
  atitudes recomendáveis durante, 286
  climáticas, 23
  da opinião pública, 23
  da pirâmide etária, 23

demográficas, 23
estratégicas, 22-23
geopolíticas, 23
impacto das, 282
nas atitudes e pressões em relação ao meio ambiente, 23
nas leis e regulamentações, 23
no ambiente externo, 46
no estilo de vida das pessoas, 23
no papel da mulher e de minorias, 23
tecnológicas, 23

N

Nalebuff, B. J., 301
Negociação
 de preço, 320-321
 para integração entre *software* e *hardware*, 321-323
Nestlé, 236
Normas de
 operações, 358
 sistemas
  ambientais, 358
  de gerenciamento, 358
Norton, D. P., 360
Núcleo de Estudos em Simulação Gerencial (Nesig), 347

O

Objetivos e metas, 209-210, 218, 389
Obstáculos
 culturais, 19, 23-25
 gerenciais, 19, 27-28
 organizacionais, 19, 25
Ofensores, 386
Ohmae, Kenichi, 231
Operations Research (OR), 353
Oportunidades (*Opportunities*), 81, 285, 386
OR/MS, 353
Orçamento
 de investimento, 235
 operacional, 222

Organização
 abrangência, 35, 37-38, 181, 385
 missão, 35, 36-37, 111, 129, 150, 181, 184-185, 385
 princípios e valores, 35, 38-39, 129, 150, 184-185, 385
 propósito, 35-38, 184
 visão, 35-36, 111, 129, 150, 184-185, 385
Organização não governamental sem fins lucrativos (ONG), 9, 47
Organizações
 burocráticas, 25-26
 de pequeno porte, 226
 em feudos, 26-27
Otimistas inveterados, 283
Ótimo de Pareto, 310

P

Pacote de serviços ou produtos, 103
Padrão mundial, 182
Panair, 319
Pão de forma, 142
Paradigmas, 24
Paradoxo da complexidade, 343
Participação acionária, 243
Pascale, Richard, 232
Payback Period, 390
PeopleSoft, 356
Perfil do investidor, 165
Pesquisa operacional, 353
Pessimistas empedernidos, 283
Pessoal (*staff*), 232
Pessoas, 359
Pipeline (processo contínuo), 160
Planejamento
 de recursos de manufatura, 356
 dos recursos empresariais, 356
 organizacional, 7
Plano(s)
 conceitual, 47
 contingentes, 106
 da qualidade, 368
 de ação, 217-219, 235, 389
  específicos, 106

de aquisição, 370
estratégico de capacitação, 189
Ponto de equilíbrio, 308
de Nash, 311
de Stackelberg, 311
Ponto de sela, 308
Pontos
a melhorar, 81, 109, 111, 113, 189, 386
cegos, 111
fortes, 81, 109, 111, 113, 150, 189, 386
fracos, 81, 109, 111-113, 189, 386
Porter, Michael, 197, 231, 346
Portfólio, 58-59, 138, 164, 192, 387
análise do, 127
balanceamento do, 147-166
da instituição, 127
decisões mais importantes sobre o, 154
diversificação de riscos no, 163-165
estratégia do, 59
gestão estratégica do, 58-59
matriz de, 138, 145, 149, 231
problemático, 159
quadrante do, 231
quatro quadrantes do, 139
representação do, 127-146
rotação do, 155
saudável, 159
sinergia, 161
alta, 165
negativa, 161
nula, 161
positiva, 161-163
Posição estratégica
dominante, 312
marginal, 312
paternalista, 313
solidária, 313
Posicionamento Estratégico
Assumido pelo Jogador (PEA), 316-317
como Observado pelos Demais Jogadores (PEO), 316-317
Percebido pelo Próprio Jogador (PEP), 316-317
Ecoado pelos Demais Jogadores (PEE), 316-317
Real do Jogador (PER), 316-317
Prahalad, 22
Preços mais baixos, 170
Prêmio Nacional da Qualidade (PNQ), 359
Primavera Project Planner, 368
Priorização das lacunas da manufatura, 199-200
Probabilidade, 99
Processo(s), 196-197, 359
conceito
clássico de, 196
moderno de, 197
de gestão
de produtos, 197
estratégica, 197
de suporte e administrativos, 198
gestor do, 197
organização por, 196
pedido-caixa, 198
previsão-disponibilidade, 198
Produto, 196
Program Evaluation and Review Technique (PERT), 367
Programa 5S, 357
Programação
linear, 352
tática, 331
Project Management
Body of Knowledge (PMBOK), 200
Institute (PMI), 200, 277-278, 365
Promon, 139

Q

Quadrante
das estrelas, 127, 140-141
das vacas leiteiras, 127, 141-142
do nascedouro, 127, 140
dos cães de estimação, 127, 143
Qualidade na gestão ambiental, 358
Quatro Cenários Alternativos (QCA), 93, 97, 399-401

R

R/3 da SAP, 356
Realistas proativos, 283,
Recurso, 176
Rede de supermercados, 140
Rede-de-valor da empresa, 302-303
   clientes, 302
   complementadores, 302
   concorrentes, 302
   co-opetição ou coopetição, 303, 322
   fornecedores, 302
Regra 40-30-20, 14
Regras de sucesso, 24
Reinvenção da empresa, 47
Relatórios empresariais, 337
Resource Based View (RBV), 172, 176
Resultados, 359
Retorno sobre o investimento (ROI), 362
Ribeiro, Douglas, 349
Riscos da não-mudança, 48
Roger, J. N., 346
Roteiro-modelo, 210

S

7Ss de Pascale, 232
Sebrae, 345
SEGEV, 346
Seguidores, 304
Segurança, 177
Seiketsu — senso de saúde, 357
Seiri — senso de utilização, 357
Seisou — senso de limpeza, 357
Seiton — senso de ordenação, 357
Seminários internos, 232
Senge, Peter M., 21
Seqüência W, 236-241
   decisão e divulgação, 239-240
   direcionamento e alinhamento, 237
      opiniões dos
         clientes, 238
         concorrentes, 238
      pontos
         a melhorar, 237
         fortes, 237
         fracos, 237
   implementação e acompanhamento, 240
   reflexões e proposições, 239
      consolidações e compatibilizações, 239
Serviço, 197
Serviços
   delivery, 141
   gerais de reparos, 143
Shitsuke — senso de autodisciplina, 357
Shopping center, 397
Siderúrgica, 142
Simulação
   de empresas, 332-334, 337
   gerencial, 334, 342
      abrangência do problema gerencial, 334-335
      aplicações para fins educacionais, 344-345
         coordenador da simulação, 345
         cursos de graduação, 345
         especialização, 345
         MBAs, 345
         pós-graduação, 345
      avaliação
         do método, 342-343
         dos participantes, 341-342
      interação das equipes, 335
      laboratório de pesquisa, 346-348
      nível de informatização, 336
      objetivos gerenciais, 335
      para capacitação estratégica, 336-337
         aplicação do método, 337-339
         finalização, 339
         preparação inicial, 337
         simulação
            externa, 338-339
            interna, 338
         transição, 338
      tipologias, 334-336
      tomada de decisão, 336
      variáveis envolvidas, 335-336
   interativa, 335
   não interativa, 335
Simuladores de terceira geração, 336
Simulare, 333

Sinergia, 178
Sistemas (*systems*), 232
    controle de, 354
    de Apoio à Decisão (SAD), 336, 339, 340
    de Informação (SI), 354
    modelagem de, 354
    otimização de, 354
    simulação de, 354
Slack, Nigel, 199
Snow, 346
Sociedade, 359
Soma variável, 302
Soma zero, 302
Stakeholders, 89-91, 196, 278, 369, 393
Strengths (forças), 81
Subcontratações e terceirizações, 179-180
Subjogos, 304
Sucesso, 314
SWOT, 81, 111

T

3-Cs estratégicos, 231
    cliente, 231
    competição, 231
    corporação, 231
Tabus, 24
TAM, 319
Taxa
    de difusão da inovação, 151
    Interna de Retorno (TIR), 390
Técnica de revisão e avaliação de programas, 367
Tecnologia
    CDMA ou GSM, 141
    de Informação (TI), 185
Telecomunicações, 176
Telefonia
    celular, 142
    fixa tradicional, 142
Temas
    econômicos, 399
    políticos e geopolíticos, 399
    sociais, 399
    tecnológicos, 399

Tempo de Retorno do Investimento, 390
    mau uso do, 13-14
Tendência, 98
Teoria
    das probabilidades, 354
    das restrições, 352
    de gestão de caixa, 231
    dos Jogos
        ambientes empresariais cooperativos e competitivos, 295
        blefe, 296
        caminhos da racionalidade, 295
        conceitos da, 295-296
        conflito de interesses, 295
        decisões passadas, 295
        hostilidade gratuita, 295
        negociação, 296
        palpites intuitivos, 295
        par ou ímpar, 296
        percepção seletiva da realidade, 295
        receita de bolo, 296
        soluções de compromisso, 296
Theory of Constraints (TOC), 352
Threats (ameaças), 81
Timing, 95, 99, 104
Tomada de decisões, 354
Top Management Decision Game, 332
Top-down, 236
Total Quality Management (TQM), 358
Transbrasil, 319
Transferência de tecnologia, 181
Traumas organizacionais, 27
Treacy, Michael, 39, 281
Tregoe, Benjamin B., 98
Treinamento *on-the-job*, 280, 331
Turbulência, 95, 99

U

Universidade
    de São Paulo (USP), 346
    Federal de Santa Catarina (UFSC), 348
    particular, 140
    São Francisco (USF), 349
Urgência, 98

V

Validade, 343
  educacional, 343
  externa, 343
  interna, 343
  representacional, 343
Valor
  crítico, 85
  de mercado, 178
  Econômico Agregado (EVA), 362
  Presente Líquido (VPL), 390
Valores compartilhados (*shared values*), 232
Vantagens competitivas, 172, 176, 231
Vasp, 319
Verificação, 343
Visão baseada em recursos, 172, 176
Visão holística, 332
Vulnerabilidade, 95, 99

W

Washbush, J., 341
Weaknesses (fraquezas), 81
Wernerfelt, Birger, 172
Wiersema, Fred, 39, 281
Wight, Oliver, 285
Workshop, 169, 232-234, 236, 238, 242, 249, 251, 380
  compromisso da alta administração, 254
  conceito de, 251
  convite e convocação dos participantes, 256
  de planejamento estratégico, 251
  diagnósticos, 258
  equipamentos e materiais de apoio, 381
  equipe de síntese, 256-257, 262-263
  escolha
    da data, 255
      falta de prontidão, 255
    do local, 255-256
  recursos audiovisuais
    flipcharts, 256
    projetor multimídia, 256
    retroprojetores, 256
  reuniões plenárias, 256
  exposições conceituais, 260
  facilitador e instrutor, 252-253, 257, 260-263
    de gestão estratégica, 265
    funções e responsabilidades, 380
    recomendações, 380-383
  funcionamento do, 259
  instruções para montagem das equipes, 381
  material
    de leitura prévia, 257-258
    didático, 258
  montagem das equipes, 261
    moderador, 261
    relator, 261
  nível de intervenção estratégica, 381
  participantes do, 251-252
  preparação do, 253
  próximos passos, 264
    providências para os, 264-265
  recursos de infra-estrutura, 257
  roteiro do, 259
  serviços de apoio, 263-264
  trabalhos
    de secretaria, 263
    em equipe, 260-261

Z

Zaccarelli, S. B., 394, 396
Zona
  apropriada, 200
  de ação urgente, 200
  de excesso, 200
  de melhoramento, 200